人慈

Human kind

A Hopeful History

Rutger Bregman

羅格·布雷格曼——著
唐澄暐——譯

獻給我的父母

「你讓人看看他自己像什麼樣，他就會變得更好。」

安東・契訶夫（Anton Chekhov, 1860-1904）

目次

各界讚譽

你是否覺得自己身處一個險惡的世界？

媒體常看到謀殺、偷竊、虐童的報導；金融界一再出現的貪婪與詐騙；政治人物的出爾反爾，爾虞我詐。是的，通常你會這麼覺得。所以我們要小心翼翼地活著，避免被他人的惡意傷害。或許，自己也學會一些狡詐的權術，一起參與這個遊戲。人性險惡，似乎已經成為毋需爭辯的事實。

作者在書中引用一個問答。教授問學生，請問你住在哪個星球？

星球Ａ：飛機墜機後，生存者禮讓最需要救援的人。

星球Ｂ：事故發生後，生存者爭先恐後地往出口擠，不惜將他人踏在腳下。

一次又一次，幾乎所有的學生都選Ｂ。但其實，我們是活在星球Ａ。為什麼大多人覺得人性卑劣？《人慈》詳細解釋這個偏見的由來，以及我們為此付出的重大代價。想想看，你是否知道一些知名的「人性險惡」案例。

譬如兩軍對陣，殺得你死我活。作者用證據論述，人對於殺害同類有種本能的抗拒。開槍率比大多數人想像中要低。

譬如復活節島在資源耗盡後，同類相殘的長耳族與短耳族。作者指出，近代研究已經開始懷疑這個故事的正確性。真正為復活節島帶來災難的，是來自歐洲的疫病與南美的奴隸販子。

又或者，你看過一些心理實驗或社會案例。譬如在深夜返家的女子，在門口被兇嫌持刀刺殺。整條街的鄰居袖手旁觀，無人伸出援手。

又譬如電擊實驗。受測者在指導者的指示下，一次又一次給出更高伏特的電擊。似乎只要給予權威式的指令，人人都可以成為劊子手。

作者深入調查，告訴讀者，當初的報導與實驗的偏頗之處。為什麼這些記者與心理學家，要將敘事與結果往人心險惡的方向呈現?很簡單，恐怖與可怕，才可以吸引注意。假如一則新聞說，本國已經連續六十天沒有兇殺案。可能沒有人要看。假如一個實驗結果說，人都很良善。大多人都抗拒造成他人痛苦的指令。這篇論文可能很難發表。人天生喜歡看新奇、危險的事物，造成有人不斷餵養我們這類的訊息。鋪天蓋地的負面報導，時間久了，大家就覺得，人性就是那麼卑劣啊。

我們忽略了在一九一四年耶誕節，對峙的英軍與德軍，走出壕溝一同歡慶佳節。我們忽略了挪威，把囚犯當人看待所帶來的低再犯率。我們也沒看到哥倫比亞政府針對反抗勢力發動的溫暖宣傳，比起槍炮彈藥，更有效地消滅了游擊隊人數。

人，其實沒有大多人想像中那麼壞。對於人性的正確了解，帶來許多不同的可能。在公司管理，你可以不再使用棍子與蘿蔔的方式。相信員工的自主性，反而帶來更大的生產力與更高的工作滿意度。在兒童教養，相信小孩自行玩耍學習的能力，讓父母不再需要努力將小孩的時間表填滿。讓自己與小孩，都得到放鬆。最根本的，相信人性，讓我們不再活得那麼累，處處提防他人。也讓我們與家人、與同事、與其他人的關係，有了正面進展的可能。

人不是因為陰暗狡詐而取得進展，人是因為人性的溫暖與互助本能，才成就如此文明。這世上有壞人。但大多數人，比你想像中更為良善。翻開《人慈》，看見人性的正面力量，重新建構你的世界觀。——綠角，財經作家

這本書會改變你對人性的看法，這種改變會讓你和你接觸的人們一起成為更好的人。這說法聽起來相當「魔幻勵志」，但書裡提供了值得參考的科學依據：在現代文明社會人類時常作惡，這不代表我們本性如此，只是我們的心理機制和行為傾

向並不是為了在現代文明社會當個好人而演化的。知道了這些事情，我們更能掌握自己，了解別人，改變彼此，好好過日子。——朱家安，哲學作家

善惡的評價並非絕對，文化與環境對人類的行為也影響深遠。在均富的社會中，合作與溝通的動機就會明顯增加。心理學家們研究同理心與病態人格，常可以看到某些心理功能的缺乏，跟我們以為的惡行關係密切——相反來說，當心理功能完好，依附發展也都順遂，人與人之間的連結就會變得更自然。願我們藉著這本書，能看見自己與他人的良善，並且尋求理解與共好。——洪仲清，臨床心理師

人性就是貪婪、自私、弱肉強食？當紅荷蘭史學家羅格的《人慈》將會完全顛覆你對人性的既有認知。這是今年必讀的一本書！因為我們如何看待人性，我們就會展現出怎樣的人性。——超級歪，YouTuber

對於人類天生的善良正直，羅格．布雷格曼做出一段非常強力的信仰宣言。他從不使用那種眼光帶淚、感傷留戀或天真幼稚的手段，而是提供扎實且有說服力的理由來證明，即便有太多明顯的反面證據，我們仍然可以相信，自己不是別人會讓

我們誤信的那種野蠻而貪婪到無可救藥、暴戾又巧取豪奪的物種。——史蒂芬．佛萊（Stephen Fry）

人類事務中的每一次革命——而我們現在就身處其中一次！——都發生在我們對於「人類」這個詞賦予新意的時候。藉由明白表達一種更溫和的人類觀（且背後支撐的科學更精良），羅格．布雷格曼成功地再度喚起這段對話。這本書為我們帶來了真正的未來希望。——布萊恩．伊諾（Brian Eno）

《人慈》提供了哲學和歷史的支柱，進而讓我們有了信心去與人合作、去為人和善並信賴彼此，而能打造一個更好的社會。——瑪里亞娜．馬祖卡托（Mariana Mazzucato），《萬物的價值》（*The Value of Everything*）作者

有些書挑戰我們的想法，但《人慈》挑戰的是那些想法奠基的大前提。本書勇敢、大刀闊斧的論點，會讓你重新思考你本來所相信的社會、民主和人性。在整片憤世嫉俗的大海上，這本書是世界所需堅固不沉的救生艇。——丹尼爾．品克（Daniel H. Pink），《動機，單純的力量》（*Drive*）作者

這是一本令人振奮的精彩好書。我不只想要所有的親朋好友都來讀，更希望人人都能一讀。這對創造更美好的世界不可或缺。——理查．威金森（Richard Wilkinson），《社會不平等：為何國家越富裕，社會問題越多？》（*The Spirit Level*）作者

精彩好讀……有趣、新鮮，讓人手不釋卷。——詹姆斯．瑞班克斯（James Rebanks），《山牧之愛》（*The Shepherd's Life*）作者

這本驚人的書將改變你看待世界以及人類同胞的方式。它能拓展智識，而且更重要的是，能拓展心胸。我們從未比此刻更需要這樣的思想。——約翰．海利（Johann Hari），《照亮憂鬱黑洞的一束光》（*Lost Connections*）作者

羅格．布雷格曼這本非凡的新書令人驚喜。——蘇珊．坎恩（Susan Cain），《安靜，就是力量》（*Quiet*）作者

羅格・布雷格曼是我最喜歡的其中一位思想家。他的最新著作挑戰我們對人性的基本假設，某種程度上開啟了充滿新機會的世界。《人慈》有著最優秀的書籍或論點所具備的簡單、觀察敏銳與強大力道。——楊安澤

我已經很久很久沒讀過文筆如此驚人、洞見如此敏銳又如此有啟發性的書了。事實上，已經久到我不太記得上次是什麼時候了。——丹尼・杜林（Danny Dorling），《1%：貧富不均，這才是全球經濟大危機！》（*Inequality and the 1%*）作者

這本書推翻了人類天生惡劣自私的憤世嫉俗觀點，並為人性描繪出另一幅肖像；不只更令人振奮——也更為準確。羅格・布雷格曼是我們這時代其中一位最發人省思的思想家。——亞當・格蘭特（Adam Grant），《給予》（*Give and Take*）作者

把你手上的報紙暫時丟開，讀讀這本書。——貝瑞・史瓦茲（Barry Schwartz），《務實智慧》（*Practical Wisdom*）作者

我不知道有哪篇反駁馬基維利所謂『人除非必要否則絕不行善』的言論，比羅

格．布雷格曼這本書還要強力、敘述更詳細。他對人性的重新評價、對事實證據的忠實程度一如其振奮人心的力道。——莎拉．布萊弗．赫迪（Sarah Blaffer Hrdy），《母親及其他》（*Mothers and Others*）作者

《人慈》清楚表達了我們人類學家爭論了十幾年的事情，但講得漂亮多了。想要跟上科學新知嗎？讀讀這本書。本書是破解迷思的最佳範例，也是給二十一世紀的新希望故事。——傑森．希克爾（Jason Hickel），《分隔》（*The Divide*）作者

《人慈》深入綜述了「我們人類天生壞而不可靠」的想法錯在何處。羅格．布雷格曼用栩栩如生的描述和故事，帶我們回顧那些灌輸這種想法但其實有問題的實驗，並提供我們更樂觀的人類觀。——法蘭斯．德瓦爾（Frans de Waal），《瑪瑪的最後擁抱》（*Mama's Last Hug*）作者

這篇文筆美妙、記載詳實、破解迷思的作品，現在是我的人人必讀好書第一名。讀讀這本書，然後給你憤世嫉俗的朋友一人買一本。——彼得．格雷（Peter Gray），《會玩才會學》（*Free to Learn*）作者

第二次世界大戰前夕，英軍司令部察覺他們當下正面臨生存威脅。倫敦正處於重大危機中。根據某位溫斯頓．邱吉爾所言，該城構成了「世界上最大的標靶，一種碩大無朋的胖乳牛，一頭價值連城的胖乳牛綁在那吸引掠食猛獸」。[1]

想當然地，掠食猛獸就是阿道夫．希特勒與其旗下的戰爭機器。如果英國人民在他那批轟炸機帶來的恐怖下崩潰，國家就完蛋了。「交通會停擺，無家可歸者會尖叫求助，城市會陷入混亂，」一位英國將軍如此擔憂著。[2]上百萬平民百姓將屈服於壓力，而軍隊甚至連戰鬥都無暇顧及，因為光是歇斯底里的平民就讓他們忙不過來了。邱吉爾預測，至少有三到四百萬倫敦人會逃離該市。

任何人若想鑽研所有釋放出來的邪惡，就只需要一本書：由法國人古斯塔夫．勒龐（Gustave Le Bon），這位在他所處年代堪稱最有影響力的學者，所寫的《群眾心理》（*Psychologie des foules*）。希特勒從頭到尾讀完了這本書。墨索里尼、史達林、邱吉爾和小羅斯福也是。

勒龐的書一步步詳述人們怎麼回應危機。他寫到，人們幾乎是立即「從文明的階梯上連降好幾階」。[3]恐慌和暴力爆發開來，而我們人類便顯露真正本性。

一九三九年十月十九日，希特勒對將領們指示了德國的進攻計畫。「納粹德國空軍針對英國抵抗意志的致命一擊，」他說道，「在指定時刻後就可以發動，也必定會發動。」[4]

在英國，人人感覺剩下的時間愈來愈少。人們考慮過一個退無可退的最後計畫，就是在倫敦挖出地下避難網，但擔心那些因恐懼而癱瘓的平民將永遠不出來，因此最後廢棄不用。最後一刻，相關單位在城外連忙蓋起少許野戰精神醫院，準備照料第一波受害者。

接著就開始了。

一九四〇年九月七日，三百四十八架德國轟炸機飛越英吉利海峽。晴朗的天氣讓許多倫敦人走出門外，所以當警報在下午四點四十三分響起時，所有的人都望向了天空。

九月的那一天將在史書中被記為「黑色星期六」，而其後的事件則會被稱作

「倫敦大轟炸」（the Blitz，指「閃電突襲」）。在接下來的九個月裡，單倫敦就挨了超過八萬枚炸彈。整片整片街坊鄰里徹底遭到摧毀。首都有一百萬棟房屋遭損壞或摧毀，而有超過四萬名英國人失去性命。

所以當時英國人有什麼反應？當整個國家被連續轟炸了幾個月之後，會發生什麼事？人們有變得歇斯底里嗎？他們的舉止是否變得禽獸不如？

讓我從一位加拿大精神科醫師的目擊紀錄開始講起。

一九四〇年十月，約翰．麥克迪醫師（Dr John MacCurdy）開車穿過倫敦東南部，前去拜訪一片損害特別嚴重的貧困鄰里。那裡還剩下來的，就只有炸彈坑和傾頹建物的一團大雜燴。如果要找個確確實實深受混亂所擺布的地方，那找這裡就準沒錯。

那麼，這位醫生在空襲警報響起的下一刻看到了什麼？「小男孩們依然在人行道上四處玩耍，顧客繼續討價還價，一名警員百無聊賴地指揮交通，而腳踏車騎士正拒絕向死亡和交通規則屈服。就我所看見的，根本沒有哪個人往天空瞧一眼。」[5]

事實上，如果要說所有描述倫敦大轟炸的紀錄有什麼共通點，那就是描述了那幾個月籠罩著倫敦的詭異平靜。一位在某對英國夫妻家的廚房採訪的美國記者，注意到他們即便窗玻璃在窗框中嘎嘎作響仍啜飲著茶。記者想知道，他們都不害怕嗎？「喔，不會呀，」他們如此回答。「就算會，那對我們有什麼好處？」[6]

顯然，希特勒忘了把一件事算進去：典型英國性格。僵硬的上唇，冷面笑匠式的幽默感，好比說店家在毀壞的店面前張貼的公告：「更照常營業」（More Open Than Usual）。或者像某位酒吧老闆在一片毀壞中貼出的廣告：我們窗戶沒了，但精神（譯註：Spirit 亦可指烈酒）還是一樣好。進來嚐嚐。[7]

英國人對德國空襲的耐性，就跟忍耐火車誤點一樣強。雖然確實讓人火大，但整體來說還能容忍。說來也巧，倫敦大轟炸期間火車也真的持續營運，而希特勒的戰術到頭來也沒對英國經濟造成多大打擊。對英國戰爭機器造成較大損害的，反而是一九四一年四月復活節那個星期一，當時所有人都放假一天。[8]

在德國展開轟炸行動的幾週內，情報的更新發布就有如天氣預報：「今晚有大閃電（轟炸）。」[9] 根據一位美國觀察者所言，「英國人對此失去興趣的速度比什麼都來得快，根本就沒人在找掩護了。」[10]

那精神上的崩壞呢？先前專家警告將出現的幾百萬受創者都去哪了？很奇怪，到哪都找不到這群人。的確有悲傷和憤怒，這是不可否認的；的確有人失去所愛而極其哀慟。但精神病房還是空蕩蕩。不只如此，公共心理衛生其實改善了。酗酒的情況減少了。跟承平時期相比，自殺的人也少了。戰爭結束後，許多英國人將會懷念倫敦大轟炸的日子，那時候人人幫助彼此擺脫困境，且沒人會在乎你的政治立場，或者在乎你有沒有錢。[11]

「英國社會在許多方面都因大轟炸而強化，」一位英國歷史學家日後如此寫道。「希特勒預期造成的結果則是幻想破滅。」[12]

知名大眾心理學家古斯塔夫．勒龐所提出的理論，經現實檢驗後實在是相當不正確。危機逼出的並非人的劣根性，而是優秀的素質。硬要說的話，英國人在文明階梯上還往上走了幾階。「在具有眾多噩夢般特質的種種環境下，」一位美國記者在她的日記中吐露，「尋常人等的勇氣、幽默感和善良，還是一樣令人讚嘆。」[13]

這些由德國轟炸所帶來的超乎預期影響，在英國激起了戰略爭論。當英國皇家空軍也準備調動轟炸機隊打擊敵人時，問題就在於怎麼進行才最有效。

說來奇怪，即便眼前都有了實證，英國的軍事專家還是覺得有辦法打垮一個國家的士氣。用炸彈就可以打垮。他們的推論是，的確，這樣打對英國人沒有效，但他們是特例。地球上沒有誰的冷靜明智和堅忍毅力能和英國人相比。德國人當然不能，他們打從根本「缺乏道德品質」，代表他們連英國人挨過的「四分之一轟炸量都撐不住」。[14]

贊同這觀點的人，有一個是邱吉爾的好友弗雷德里克．林德曼（Frederick Lindemann），又稱徹韋爾子爵（Lord Cherwell）。在一張難得拍了他的照片中，高大的他拄著一根拐杖，戴著小禮帽，表情冰冷。[15]在空軍戰略的激辯中，林德曼始終立場堅定：轟炸必然有用。就像古斯塔夫．勒龐一樣，他不看好大眾，認定這些人膽小如鼠，很輕易就會恐慌。

為了證明他的論點，林德曼派出一組精神科醫師前往伯明罕（Birmingham）和赫爾（Hull）這兩個德國轟炸造成特大傷亡的城市。他們訪問數百名在大轟炸中失去家園的男女老少，向他們打聽最小的細節——「一路問到喝了幾品脫酒和在藥房買了多少阿斯匹靈。」[16]

幾個月後醫師團隊向林德曼回報。用粗大字體印在標題頁的結論如下：

「無證據顯示士氣崩壞。」[17]

所以，林德曼怎麼處理這項清清楚楚的發現呢？他視而不見。林德曼已經鐵了心認定轟炸戰略必然有用，這麼一丁點事實不會改變他的心意。

所以他在交給邱吉爾的備忘錄上，說的就天差地別：

> 調查似乎證明，夷平一個人的家最能危及士氣。人們對這件事的在意程度更甚於朋友甚至親人死去。在赫爾，儘管只有十分之一的家園被夷平，壓力的徵兆還是很明顯。從上面的數字來看，我們可以對德國五十八個主要城鎮造成同等嚴重的傷害。這幾乎毫無疑問地可以打垮德國人的意志。[18]

這就終結了轟炸效用的爭辯。日後一位歷史學家形容，這整段過程有著「顯而易覺的獵巫氣味」。[19]科學家若本著良心反對這種瞄準德國平民的戰術，就會遭人譴責是懦夫，甚至叛徒。

同時，那些炸彈販子覺得該給敵人更慘烈的轟擊。邱吉爾做出了指示，於是整個德國陷入一片地獄光景。當轟炸總算結束，死傷人數已超過倫敦大轟炸的十倍。

在德勒斯登（Dresden），光是某天晚上死去的男女老少就超過了整場戰爭中死去的倫敦人。德國超過一半的城鎮和城市都毀了，整個國家變成一堆巨大的悶燒瓦礫。

這整段期間，只有一小隊同盟國空軍真正在攻擊工廠和橋樑之類的戰略目標。一直到戰事的最後幾個月，邱吉爾都還堅持，最能確保贏得戰爭的方式就是把炸彈丟到平民頭上來粉碎國家士氣。一九四四年一月，一份英國皇家空軍的備忘錄欣慰地確認了這個觀點：「我們炸得愈多，效果就愈符合要求。」

英國首相用他那出名的紅筆在這幾個詞底下畫線。[20]

所以轟炸真的有預期的效果嗎？

讓我再次從一位備受敬重的精神科醫師的目擊紀錄開始說起。一九四五年五至七月間，弗雷德里希．潘斯醫生（Dr Friedrich Panse）訪問了將近一百位家園遭摧毀的德國人。「那之後，」其中有個人說，「我真的是充滿了活力並點了根雪茄。」另一個人說，一場空襲之後，他整個人的情緒可說興奮不已，「就像打贏了一場勝仗那樣。」[21]

並沒有大規模歇斯底里的跡象。在那些剛被襲擊的地方，居民反而覺得寬心。

「鄰居們樂於伸出援手，」潘斯如此記錄著。「若考量到精神緊張狀態的期間和嚴重程度，這裡的整體氛圍可說是不可思議地穩定且節制。」[22]

密切關注德國人口的親衛隊保安處（Sicherheitsdienst）所做的報告，也呈現類似的現象。空襲過後，人們幫助彼此。他們把受害者從瓦礫中脫出，他們撲滅火災。希特勒青年團的成員四處奔走，照料無家可歸者和傷者。有個雜貨商開玩笑地在店門口掛出告示：「有賣災後奶油！」[23]（好吧，英國人的幽默比較好笑。）

一九四五年五月德國投降之後沒多久，有一群同盟國經濟學家受美國國防部之託，造訪了這個戰敗國來研究轟炸的效應。最重要的是，美國人想知道這個戰術是不是贏得戰爭的好方法。

科學家們的研究結果其實很簡單：轟炸平民是徹底的失敗。事實上，轟炸似乎強化了德國戰時經濟，也就因此延長了戰事。他們發現，一九四〇至四四年間德國坦克生產量變成當初的九倍，而戰鬥機則是十四倍。

另一支英國經濟學家團隊得出同樣的結論。[24]他們所調查的二十一個遭毀壞城鎮，其生產量的增長速度都比作為對照組的十四個未遭轟炸城鎮來得快。「我們逐漸開始了解到，」一位美國經濟學家坦承，「此刻我們面對的是這場戰爭中一個極大的失算，搞不好是最大的。」[25]

這整個慘痛事件最吸引我的一點，就是主要的參與者全都掉進同一個陷阱。希特勒和邱吉爾，羅斯福和林德曼——他們全部表態支持古斯塔夫．勒龐的主張，也就是我們的文明狀態不過是膚淺一層。他們都確信空襲會把這脆弱表象炸成碎片。但他們炸得愈猛，這層表面卻變得愈厚。看起來這根本就不是一層薄膜，而是老繭。

不幸的是，軍事專家腳步太慢，沒能跟上這一點。二十五年後，美軍在越南丟下的火力，會達到整個二戰的三倍。[26]這次他們甚至敗得更慘。即便證據已經在我們面前，我們還是會用個什麼辦法來否定它。直到今日，許多人還是深信，英國人在倫敦大轟炸期間的恢復力可以看作是一種英國人獨有的特質。

但那並不是英國人獨有的特質。那是人類的普遍本質。

第一章
新的現實主義

1

本書要談一個激進的想法。

一個長久以來人人都知道會讓統治者緊張的想法。一個被宗教和意識形態所否定、被新聞媒體所忽視，並從世界史紀錄中抹除的想法。

同時，每一種科學分支都認為這想法有其正當性。這個想法被演化所證實、被日常生活所確認。這種想法實在太根深蒂固於人性，反而不受人注意而遭忽視。

我們得要有勇氣，去更加認真看待這想法，它才真有可能開啟一場革命。徹頭徹尾改變整個社會。因為，一旦你領略它真正的意義，它就完全會是一種扭轉心靈的藥物，保證你眼中的世界再也不會跟之前一樣。

所以，那個激進的想法到底是什麼？

就是，大部分的人，內心深處，其實是相當正派的。

我不覺得有誰解釋起這個想法，會解釋得比荷蘭格羅寧根大學（University of Groningen）的社會心理學教授湯姆．波茲美斯（Tom Postmes）來得好。多年來，他一直都在問學生同一個問題。

想像有一架飛機緊急降落並斷成三截。當機艙濃煙密布，裡頭的每個人都了解到：我們得逃出去。這時會發生什麼事？

- 在A星球上，乘客們轉頭問旁邊的人有沒有事。那些需要援助的人第一批獲救脫困。人們即便面對完全陌生的人，也願意奉獻自己的生命。
- 在B星球上，人人都只顧自己性命。恐慌爆發開來。出現大量的推擠。孩童、老人和行動不便者被人們在腳底下踩踏。

問題來了：我們活在哪個星球上？

「我估計大約有百分之九十七的人認為我們活在B星球上。」波茲美斯教授說。「但真相其實是，幾乎在所有的情況下，我們都是活在A星球上頭。」[1]

你問誰都一樣。不管左派還是右派，有錢人還是窮人，教育程度從無到學識豐富——都會做出一樣的錯誤判斷。「他們不知道。大一生、大三生還是研究生都不知道。大部分例子中，專業人士不知道，甚至連緊急應變人員都不知道。」波茲美斯感嘆道。「而且不是因為缺乏研究。我們打從第二次世界大戰就能取得這些資訊了。」

甚至連歷史上最重大的災難也是發生在A星球上。就以鐵達尼號沉沒為例。如果你看過電影，你可能會以為人人都被恐慌所蒙蔽（除了弦樂四重奏以外）。但事實上，撤離行動相當井然有序。一位目擊者回憶道：「沒有慌張或歇斯底里的跡象，沒有恐懼的喊叫，也沒有人來來回回亂跑。」[2]

或以九一一恐怖攻擊事件為例。當世貿雙塔失火後，數以千計的人都知道有生命危險，仍冷靜地順樓梯而下。他們讓路給消防員和傷者。「而人們居然會說『不不，你先走。』」有一位倖存者後來這樣描述。「我當時無法相信，都到這種時候了，人們居然真的會說『不不，給你坐別客氣』。這太離奇了。」[3]

有一個長久存在的迷思是，人類天性就是自私，既有侵略心又容易恐慌。荷蘭生物學家法蘭斯．德瓦爾（Frans de Waal）喜歡把那稱作「飾面理論」（veneer theory）：其概念是，文明就只是一層薄薄的飾面，而那飾面只要稍稍刺激一下就會崩裂。[4]但實際上正好相反。我們人類就是在危機襲來時——當炸彈落下或洪水上漲時——才會展現最好的素質。

二〇〇五年八月二十九日，卡崔娜颶風（Hurricane Katrina）掃過紐奧良。應該要保護城市的堤防和防洪牆都沒能發揮功用。風暴過後，有百分之八十的地區住家遭淹沒，且至少一千八百三十六人喪命。那堪稱美國史上破壞力最強的一場自然災害。

那整個星期的報紙都刊滿了紐奧良各地的性侵和槍擊紀錄。駭人聽聞的報導，描述了四處流竄的匪徒和洗劫，也有報導提到狙擊手瞄準了救援直升機。在充當該城最大暴風避難所的梅賽德斯－賓士超級巨蛋（Mercedes-Benz Superdome）中，有大約兩萬五千人擠在一起，沒有電力和用水。據記者報導，有兩個嬰兒的喉嚨被切開，還有一個七歲大的孩子被性侵謀殺。[5]

警察局長說整個城市正逐漸陷入無政府狀態，而路易西安那州州長也擔心同樣的情況。「最讓我憤怒的是，」她說，「這種災難總是引發人最惡劣的一面。」[6]

這個結論有如病毒般傳開。備受推崇的歷史學家提摩西・賈頓・艾許（Timothy Garton Ash）在英國《衛報》（*The Guardian*）清楚講出了太多人在想的事情：「若把有條理且文明的生活的基本主要成分——食物、住處、飲用水、最低限度的人身安全——都拿走，我們就會在幾個小時內回到霍布斯式的自然狀態，一場所有人對抗所有人的戰爭。〔……〕少數人會短暫化為天使，但多數人就回復到猿猴狀態。」偉大的飾面理論又現身了。根據賈頓・艾許所言，紐奧良把「我們覆蓋在炙熱岩漿般的自然本質（包括人性）上的薄薄外殼」打開了一個小洞。[7]

要到好幾個月後，等到記者都走了，洪水排乾而專欄作家都跑去下個主題發表意見時，研究者才揭露紐奧良的實情。

聽起來像是槍聲的，其實是瓦斯桶安全閥碰一聲爆開。在超級巨蛋裡有六個人死去：四個自然死亡，一個用藥過度，另一個自殺。警察局長不得不承認，他無法證明有官方通報的性侵或謀殺。的確，是有出現洗劫行為，但大部分都是合力求生的團體，在某些案例中甚至是和警方聯手。[8]

德拉瓦大學（University of Delaware）災害研究中心的研究者的結論是「所有

情急下的行動中，本質上有利於社會的占了壓倒性多數」。[9]有一群名副其實的「無敵艦隊」前來把人們從逐漸升高的洪水中救出，其中最遠的船隻甚至是從德州而來。成千上百的平民組成救援小隊，好比說一群自稱「羅賓漢盜賊團」（Robin Hood Looters）的人——十一位友人組成這個團體，四處尋找食物、衣物和藥品交給需要的人。[10]

簡而言之，卡崔娜並沒有使紐奧良充斥利己主義和無政府狀態。整個城市反而充滿勇氣和善心。

颶風證實了「人類如何應對災難」的科學研究。德拉瓦大學災害研究中心證明，情況就和我們平常電影看到的相反，從一九六三年以來近七百次實地研究中，從來都沒有出現過徹底的大混亂。從來都不是「隨人顧性命」。犯罪行為——謀殺、竊盜、性侵——通常會減少。人們不會整個休克，他們會保持冷靜並展開行動。「洗劫的情況不管有多嚴重，」一位災害研究者指出，「只要和促使人們大量無償分享物資和勞務的廣泛利他主義相比，始終都是相形見絀。」[11]

大災難使人展現出最良好的素質。但我從來沒看過哪個有這麼多扎實證據在背後支持的社會學研究結果，會如此漫不經心地遭到忽視。媒體塞給我們的畫面，和災難降臨時的實際狀況始終都是相反的。

但同一時間，在紐奧良，那一切陰魂不散的謠言卻一直在害人喪命。

緊急應變人員不想毫無防衛就冒險進入城市，因此動員緩慢。後來國民兵被找了過來，行動達到最高峰時，駐守當地的部隊人數達到近七萬兩千人。「這些部隊知道怎麼開槍殺人，」州長說，「我也認為他們會動手。」[12]

所以他們就動手了。在該城東邊的但澤格橋（Danziger Bridge）上，警方對六名沒有武器的無辜黑人居民開槍，殺死一名十七歲男孩，以及一位四十歲的智能障礙男性（涉案的其中五名警員後來被判處重刑）。[13]

的確，紐奧良的災難是個極端例子。但災難期間的運作模式一直都差不多是同一套：逆境來襲，然後會有一波自發的合作行動來回應，接著官方單位一個個恐慌起來，而釋放出第二波災難。

「我個人的印象是，」以二〇〇九年出版的《地獄裡打造的天堂》（*A Paradise Built in Hell*）一書精湛記錄卡崔娜劫後餘波的雷貝嘉．索爾尼（Rebecca Solnit）寫道，「精英恐慌（elite panic）來自那些以他們自己的形象來看全人類的掌權者。」[14]

獨裁者和專制者，統治者和將領──他們假定普通人也跟他們一樣被利己主義所支配，所以常常訴諸蠻力來避免一些只會發生在他們腦中的事態。

2

一九九九年夏天，比利時波嫩（Bornem）的一間小型學校有九名孩童得了某種神祕的病。他們早上來上學都沒有症狀；午餐過後就生病了。頭痛、嘔吐、心悸。多方尋找解釋的老師們唯一能想到的，就是那九個孩子下課時喝的可口可樂。

風聲沒多久就傳到了記者那邊。可口可樂總部那頭，電話開始響起。同一天晚上公司發布了新聞稿，表示正從比利時各商店下架回收數百萬瓶可樂。「我們正火速進行調查，並希望能在接下來幾天內有確切答案。」一位發言人表示。[15]

但已經太遲了。症狀已散布至全比利時，並跨過邊界進入法國。救護車火速將面色蒼白、一跛一跛的孩子送診。幾天內，人們的疑心擴散至所有可口可樂產品。芬達、雪碧、雀巢茶飲、動元素……似乎全都會危及孩童。「可口可樂事件」是該公司一百零七年歷史中一次最嚴重的財務打擊，迫使公司在比利時回收一千七百萬箱軟性飲料並銷毀倉儲。[16]到最後，其損失成本超過了兩億美金。[17]

接著怪事發生了。幾星期後，毒理學家發布了實驗室報告。他們測試那幾罐可樂之後發現了什麼？什麼也沒。沒有殺蟲劑。沒有病原體。沒有有毒金屬。都沒有。他們測試幾百名病人血液、尿液樣本的結果呢？零。面對當時已經在一千名以上的男孩女孩身上記錄到的劇烈症狀，科學家無法找到一丁點化學成因。

「那些小孩真的病了，那一點是毫無疑問的，」一位研究者說。「但不是因為喝可樂生病的。」[18]

可口可樂事件討論的是一個自古以來的哲學問題。

真實是什麼？

有些事情不管你信不信，它就是真的。水在攝氏一百度會沸騰。吸菸會致死。甘迺迪總統於一九六三年十一月二十二日在達拉斯遇刺。

其他事情的話，則是如果我們相信，就有機會是真的。我們的信念變成了社會學家所謂的「自我應驗預言」：如果你預測一間銀行會破產，而那說服了許多人把帳戶結清的話，那麼，該銀行肯定就會破產。

或者以安慰劑效應來看。如果你的醫生給你一顆假藥丸，說那會治好你不舒服的地方，那麼你確實有機會真的感覺比較好。安慰劑愈激勵人心，機會就愈大。大致上來說，注射比藥丸更有效，而在過去甚至連放血都有效——不是因為中世紀醫學有多先進，而是因為人們覺得那麼激烈的療程必然要有效。

那麼，終極的安慰劑是什麼？手術！穿上白袍、施打麻醉劑，然後停下來給自己倒杯咖啡。當病患恢復清醒，就跟他們說手術成功了。由《英國醫學期刊》（*British Medical Journal*）進行的普遍檢視，比對了實際上的手術程序和假手術（在背痛和胃灼熱的症狀下會進行），發現安慰劑在四分之三的案例中也有幫助，甚至在一半的案例中就跟真的手術一樣有效。[19]

但反過來也是一樣有效。

吃一顆假藥丸、心想著那會讓自己生病，也有可能會成真。警告你的父母說有一種藥有嚴重副作用，那就真的可能會發生。出於明顯的理由，所謂的「反安慰劑」效應尚未進行過廣泛測試，因為說服健康的人相信自己生病有著棘手的倫理問題。儘管如此，所有的證據都主張，反安慰劑能夠有強大效力。

一九九九年夏天，比利時健康當局做出的結論也是如此。波嫩那幾個孩子喝的可樂可能真的有一兩罐哪裡不對勁。誰知道呢？但在那之外，科學家的看法就堅定明確：全國其他幾百個孩子是感染了一種「群體精神官能症」，口語一點來說：那是他們想像出來的。

不是說那些受害者都在假裝。有超過一千名比利時小孩真的出現噁心、發熱、發暈的情況。如果你夠相信一件事，那件事就有可能成真。如果反安慰劑效應能讓人獲得什麼教訓，那就是想法從來都不只是想法而已。我們相信的事物造就了我們。我們求仁得仁。而我們所預測的事物，就會發生。

或許你已看出我從這一點要帶出什麼說法：我們擔憂人性的這種觀點，也是反安慰劑。

如果我們「相信」大部分人不值得信任，那我們對待彼此的方式也將會如此。很少有哪種想法在形塑世界時，有著跟「我們對其他人的看法」一樣強大的力量。因為到最後，你會如願以償。如果我們要對付我們這時代最大的挑戰——從氣候危機到我們對彼此愈來愈強的不信任——那麼我覺得，我們需要開始著手的地方，就是我們對人性的看法。

先說清楚：這本書不是替人性本善傳教。我們很明顯地不是天使。我們是複雜的生物，有著好的一面和不那麼好的一面。問題在於，我們要轉向哪一面。

我的論點就只是如下：我們——出於天性、身為孩童時、在無人島上、當戰爭爆發、當危機襲來——對於自己好的一面有著強烈偏好。我將呈獻大量的科學證據，證明對人性有著更正面看法是多麼切實際的事。同時我深信，如果我們開始這麼相信，那這件事就可以更真實。

一則來源不明的寓言故事在網上四處流傳。故事裡有個我認為簡單但意義深遠的真理：

一名老人對他的孫子說：「我心中有一場爭鬥，那是兩匹狼的惡鬥。一匹是惡狼——憤怒、貪婪、嫉妒、傲慢又膽小。另一匹是善狼——平和、慈愛、謙遜、慷慨、誠實且值得信賴。這兩匹狼也在你心中爭鬥，也在每個人心中爭鬥。」

一會兒之後，男孩問：「哪一匹狼會贏？」

老人露出微笑。

「你餵養的那匹。」

3

過去幾年裡，舉凡我向人提起這本正在撰寫的書，人們都會目瞪口呆。他們表達的是不相信。一位德國出版人斷然拒絕我的出書提案。她說，德國人不相信人性本善。一位巴黎知識界的成員向我保證，法國人就得要用政府的鐵腕手段來治理才行。當我在二〇一六年總統大選後造訪美國，每個地方的所有人都問我，我到底有沒有把事情想清楚。

大部分的人都很正派？我有沒有在看電視啊？

沒多久之前，兩位美國心理學家的研究再一次證明了人們可以多麼頑固地堅持人性自私的想法。研究者給受試對象呈現好幾種「別人做了顯然很善良的事情」的情況。他們發現了什麼？基本上，他們發現我們已被訓練成眼觀四處都只看到自私自利的人。

看到有人扶老人過馬路？有夠愛出風頭。

看到有人拿錢給無家可歸的人？他一定是想求自己心安啦。

就算研究者讓受試對象知道了「陌生人送還遺失皮夾次數」的可證數字，或者「絕大部分的人都不會欺騙或偷竊」的事實，大部分人對人性還是不會有更正面的見解。「相反地，」心理學家們寫道，「他們認定那些看起來似乎無私的行為到頭來一定還是出於私心。」[20]

犬儒主義（Cynicism）是關乎一切的理論。憤世嫉俗者始終是對的。

說到這，你可能會想：等等，我可不是聽這種說法長大的。我那邊的人會彼此信任、互相幫助、夜不閉戶。的確，從小處來看你是對的，我們可以輕易地假設人們都很正派。像我家人、我朋友、我鄰居跟我同事都是。

但當我們拉大範圍到其他人時，懷疑之心很快就取而代之。就好比「世界價值觀調查」（World Values Survey）這個由一群社會科學家組成的人際網從一九八〇年代開始在將近一百個國家進行的大型調查。一個標準問題是：「整體而言，你會說大部分的人都可以信任，還是你會說和人打交道得要小心翼翼？」

結果十分令人灰心。幾乎每個國家裡的大部分人，都覺得別人不能信任。甚至連在法國、德國、英國和美國等老牌民主政體中，大部分人對人類同胞的觀感都還是這樣差。[21]

長久以來一直吸引我的問題是，我們為什麼如此負面地看待人類。我們的本能促使我們信任身邊團體的成員，但為什麼到了全體人類，我們的態度就變了？為什麼有那麼多的法律規範、那麼多的公司機構一開始假設的前提都是人不能信任？為什麼明明科學一直說我們住在A星球，我們卻堅持自己活在B星球？

是缺乏教育嗎？不太可能。我將在本書介紹幾十位堅信「人生而不道德」的知識分子。政治信念嗎？也不是。把「人類深陷罪惡」視為信仰原則的宗教還不少。很多資本家都假定我們是被利己所驅動。許多環保主義者把人類看作地球上一種毀滅性的瘟疫。看法有千千萬萬種；對人性的意見卻只有一種。

這不禁讓我納悶。為什麼我們都想像人類很壞？是什麼讓我們開始相信自己天性邪惡？

想像一下有一種新藥上市了。它超級容易成癮，沒多久人人都上癮了。科學家進行調查，並很快做出結論，認為這種藥造成人（我在此引用他的話）「錯誤認知風險、焦慮、較低落情緒、習得性無助、輕蔑敵視他人，（以及）減敏作用」。[22]我們會使用這種藥嗎？我們會容許孩子嘗試這種藥嗎？我們的政府會讓它合法化嗎？以上這些問題的答案全都是：會。因為我這裡說的，已經是我們這時代最大的一種癮頭。這是我們每天用的藥，獲得高額資助且大規模分發給我們的孩子。

那種藥就是新聞。

從小到大，別人都教我要相信新聞對個人成長有益。身為一個關懷社會的公民，讀報看晚間新聞是你的職責。我們愈密切關注新聞，就更加見多識廣，我們的民主政體也愈健康。許多家長現在還是這麼教小孩，但科學家正在做出非常不一樣的結論。許多研究發現，新聞會危害心理健康。[23]

在一九九〇年代開啟這個研究領域的第一人，就是喬治．葛本納（George Gerbner, 1919–2005）。他也創造了一個詞來描述他發現的現象：險惡世界症候群（mean world syndrome），臨床症狀是犬儒主義、厭世和悲觀。密切關注新聞的人更有可能同意「大部分人只在乎自己」之類的陳述。他們更常相信我們各自都無助於改善世界。他們更有可能會焦慮沮喪。

幾年前，三十個不同國家的人被問了同一個簡單問題：「整體來說，你覺得世界是變好、不變還是變壞？」在每個國家，從俄羅斯到加拿大，從墨西哥到匈牙利，絕大部分的人都回答說情況正在「變壞」。[24]但現實正好相反。過去幾十年裡，嚴重赤貧、戰爭受害、幼童死亡、犯罪、饑荒、童工、天災死亡和墜機次數全都大幅下滑。我們正活在史上最富有、最安全、最健康的時代。

所以，為什麼我們意識不到這一點？很簡單。因為新聞講的是例外事件，而事件如果愈例外——不管是恐怖攻擊、暴動還是自然災害——新聞價值就愈高。你永遠不會看到頭條寫「過著嚴重赤貧生活的人數從昨天起減少了一三七〇〇〇人」，即使說過去二十五年的每一天都大可這樣正確無誤地報導出來。[25]你也永遠不會看到哪個直播把現場時間交給記者，然後說：「記者現在人在某個無人之處，這裡今天還是沒有戰爭的跡象。」

兩年前，有一組荷蘭的社會學家分析了媒體如何報導墜機事故。一九九一至二〇〇五年間，當事故次數持續減少時，他們發現媒體對這類事故的關注持續增加。接著情況就像你恐怕已猜到的那樣，人們愈來愈害怕搭這些愈來愈安全的飛機。[26]

在另一項研究中，一組媒體研究者彙編了超過四百萬則移民、犯罪和恐怖主義相關新聞條目的資料庫，來找出有沒有任何模式。他們發現，當移民或暴力減少時，報紙反而會給它們「更多」報導。「因此，」他們結論道，「新聞和現實似乎沒有關係，甚至有著負向關係。」[27]

當然，說起「新聞」時，我並不是指所有報導工作。各式各樣的報導工作幫助我們更了解世界。但所謂的新聞——我指的是報導即時、突發、聳動事件的新聞——最為普遍。西方國家中十個成人有八個是每日新聞的消費者。平均來說，我們一天會花一小時來解新聞癮。一輩子累加起來，就會是整整三年。[28]

為什麼人類那麼容易受新聞的黯淡無望所影響呢？有兩個理由。第一個是心理學家所謂的負面偏誤（negativity bias）：比起好事，我們對壞事更為敏感。過往我們狩獵採集的日子裡，我們寧可嫌自己大驚小怪老被蜘蛛和蛇嚇到，也不願少被嚇到一次就沒以後了。恐懼太多殺不死人；恐懼太少卻一定可以。

第二個理由，我們也受可得性偏差（availability bias）所困擾。如果我們可以輕易回想某事物的例子，我們就會假定該事物比較普遍。我們每天被空難、擄童、斬首等各種固守於記憶的恐怖故事所轟炸，這情況就徹底歪曲了我們對世界的觀感。就如黎巴嫩統計學家納西姆・尼可拉斯・塔雷伯（Nassim Nicholas Taleb）語帶挖苦的說法：「我們沒有理智到能曝露在媒體下。」[29]

在這個數位時代，餵給我們的新聞只會愈來愈極端。在過去，記者並不太熟悉讀者的個別樣貌，他們是為大眾撰寫。但臉書、推特和 Google 背後的人們很熟悉你。他們知道什麼東西會讓你震驚恐懼，什麼東西會讓你想點下去。他們知道如何抓住你的注意力不放，好讓他們把最能獲利的那一份個人化廣告送上來給你。

這種當代媒體狂熱，不過就是針對平凡無奇的日常發動的一場攻擊。我們就老實承認吧，那是因為大多數人的生活其實相當好預測。挺好的，但很無聊。所以，儘管我們比較喜歡人生無聊的好鄰居（幸虧大部分的鄰居都符合要求），「無聊」這件事卻不會讓你坐起身來注意。「挺好的」沒辦法賣廣告。所以矽谷才一直提供我們愈來愈聳動的引誘式點擊標題，就像一位瑞士小說家講過的妙語，它們完全清楚「新聞之於心靈，就像糖分之於身體」。[30]

幾年前我下定決心要改變一下。早餐不再看新聞或滑手機。從現在開始，我會去拿一本好書。關於歷史的、心理的、哲學的。

然而，沒過多久，我就注意到某個熟悉的東西。大部分的書也都是在談例外事物。銷量最佳的歷史書始終都在談災難和逆境、暴政和壓迫。都在談戰爭、戰爭，然後為了增添口味，所以繼續談戰爭。如果有那麼一次沒講戰爭，那就一定是在歷史學家所謂的「戰間期」（interbellum）：顧名思義，戰爭之間的時期。

在科學界，人性本惡的觀點也統治了幾十年。查一查人性相關書籍，你會發現像是《雄性暴力：人類社會的亂源》（*Demonic Males*）、《自私的基因》（*The Selfish Gene*）、《隔壁的兇手》（*The Murderer Next Door*）之類的書名。生物學家長期以來假定的，都是前途最黯淡的演化理論，在那種理論中，即便一種動物看似做了什麼好心的事，也會被框進自私的範疇。家庭之愛？那叫裙帶關係！猴子會分享一串香蕉？那是被白吃白喝的利用了！[31]就如一位美國生物學家所取笑的，「看起來像是合作的，到頭來都是機會主義和剝削的混合。〔……〕抓抓某個『利他者』，然後就看到一個『偽君子』在流血。」[32]

那在經濟學方面呢？差不多一樣。經濟學家把我們人類定義為「經濟人」（*homo economicus*）：總是抱定主意要追求個人私利，就像自私算計的機器人。經濟學家在這樣的人性概念上，打造了一座理論和模型的大教堂，但那到頭來也只是在告知別人有這麼一大堆法則而已。

然而沒有一個人研究過經濟人實際上到底存不存在。應該說，二〇〇〇年經濟學家約瑟夫．亨里奇（Joseph Henrich）領銜的團隊開始研究之前都沒有。他們造訪了五大陸十二個國家的十五個社群，檢測了農人、遊牧民族、狩獵採集者，都是為了尋找這種數十年來引領經濟理論的經濟人祖先。結果完全沒成功。每一次的每個結果都顯示，人就是那麼正派、就是那麼好心。[33]

出版了這份頗具影響力的研究結果之後，亨里奇繼續探索這種被眾多經濟學家拿來當軸心編造理論的虛構人類。他最終找到了：找到有血有肉的經濟人。只是說homo（人）這個詞並不適切。結果發現，所謂的經濟人並不是一種人類，而是一種黑猩猩。「已經在簡單的實驗中證明，經濟人模型這種堪稱典範的預測，在預測黑猩猩的行動上極為成功，」亨里奇語帶挖苦地說道。「所以，所有的理論工作並非白白浪費，就只是應用到錯誤的物種。」[34]

比較不好笑的是，這種看壞人性的觀點已經充當反安慰劑用了好幾十年。一九九〇年代時，經濟學教授羅伯特．法蘭克（Robert Frank）開始好奇，「把人類視為終究自我本位的生物」會怎樣影響他的學生。他把一系列的功課指派給他們，而設計這些功課的目的，就是要測量他們的慷慨程度。結果呢？他們讀經濟學愈久，他們就變得愈自私。「我們教什麼就變成了什麼。」法蘭克做出如此結論。[35]

「人類天性自私」這種信條，在西方正典中有著神聖傳統。修昔底德（Thucydides）、奧古斯丁（Augustine of Hippo，譯註：除「希波的奧古斯丁」外，亦有「教父奧古斯丁」、「聖奧古斯丁」等稱號）、馬基維利、霍布斯、路德、喀爾文、伯克（Edmund Burke）、邊沁、尼采、佛洛伊德以及美國開國元勛等偉大思想家，都有自己版本的文明飾面理論。他們都假定我們活在 B 星球上頭。

憤世嫉俗的觀點早在古希臘時期就在流傳。在最早的一位歷史學家修昔底德描述公元前四二七年凱基拉島（Corcyra）內戰的文字中，就能讀到這想法。「隨著文明生活的平常習俗陷入混亂，」他寫道，「那種即便有法律時都準備好要犯罪的人性，便在此時傲然展現它真正的本色。」[36]也就是說，人們的行徑變得有如禽獸。

負面觀點也早在基督教初期就滲入其中。奧古斯丁（354-430）協助推廣了人生而有罪的想法。「無人能免於罪，」他寫道，「就算是在世上生命只有一天長的嬰孩也一樣。」[37]

一直到新教徒和羅馬天主教分裂的宗教改革期間，這個原罪概念都還是很受歡迎。根據神學家兼宗教改革家約翰．喀爾文（John Calvin）所言，「我們的本質不只貧乏且缺乏善，而且還豐沛飽含每一種閒不下來的邪惡。」這種信念寫進了新教徒的關鍵文本中，例如告訴我們人類是「完全無法行任何善，且傾向於行所有惡」的《海德堡探題》（*Heidelberg Catechism*, 1563）。

很怪的是，不只傳統基督教，連把理智置於信念之上的啟蒙運動，都根基於一種不看好人性的觀點。虔誠的正教派堅信我們人類基本上是墮落邪惡的，而我們盡力所能做到的，至多就是塗上薄薄一層的虔信光澤。啟蒙運動的哲學家也認為我們墮落邪惡，但他們開的處方是用一層理性的外衣來蓋住腐敗。

說到人性概念，整個西方思想長久以來的連續性實在驚人。「人一般來說都是如此：他們忘恩負義、變化無常、偽善，」政治科學的創始者尼可洛・馬基維利（Niccolò Machiavelli）如此歸納。「如果可以，人人都會成為暴君，」美國民主政體的創立者約翰・亞當斯（John Adams）也如此同意。「我們是無止盡的一代代殺人犯之後代，」當代心理學的創始者西格蒙德・佛洛伊德（Sigmund Freud）如此診斷。

十九世紀時，查爾斯・達爾文（Charles Darwin）用演化論嶄露頭角，而那也很快就獲得了飾面處理。知名的科學家湯瑪斯・亨利・赫胥黎（Thomas Henry Huxley，又稱「達爾文的鬥犬」）四處宣教說，生命是一場「人對人、國家對國家」的大戰。[38]哲學家赫伯特・史賓賽（Herbert Spencer）斷言我們應該為這種大戰搧風點火，因為「大自然的所有工夫，都是在消滅（窮者）——把他們從世界上清除，為更好的人們騰出空間」，並以這觀點賣了幾十萬本書。[39]

最奇怪的是，人們幾乎一致推崇這些思想家為「現實主義者」，而持異論者則因為相信人性的正派而遭到嘲笑。[40]奮力爭取自由平等而一輩子遭人誹謗鄙視的女性主義者艾瑪．高德曼（Emma Goldman）曾經寫道：「可憐的人性，多少可怕的罪行以汝之名而犯！〔……〕精神的郎中騙得愈兇，就愈會篤定堅信人性邪惡軟弱。」[41]

要到最近，來自各領域的科學家才得出結論，表示我們應該要徹底修正對人性的不看好。這樣的覺察才剛開始萌發，以至於他們多數人都沒發現自己有同伴。一如某位著名心理學家從我這得知了生物學的新思潮之後發出的驚呼：「喔天啊，所以說那邊也這樣了嗎？」[42]

4

在開始描述我對人類新觀點的探索歷程之前，我想要先分享三個警告。

首先，支持人性本善就是挺身對抗九頭蛇——那隻海克力斯每砍掉一顆頭就會長回兩顆的七首神話怪獸。犬儒主義運作起來就跟那很像。你每挫敗一個憤世嫉俗的論點，就會再冒出兩個頂替它。飾面理論是一隻怎麼殺都會爬回來的殭屍。

第二，支持人性本善就是擺明了反對當權派。對掌權的人來說，對人性抱持樂觀希望就是徹徹底底在威脅他們。是顛覆，是煽動。它表明了我們不是得要勒緊韁繩、克制約束的自私野獸。它點明了我們需要不一樣的領導。一間公司的員工如果有內在動機，就不需要管理人；民主政體有投身事務的公民，就不需要職業政客。

第三，支持人性本善，就代表你得挺過一場嘲笑奚落的風暴。人們會說你天真幼稚、愚笨遲鈍。你推論中的任一個弱點都會遭到無情揭穿。基本上，當憤世嫉俗者比較輕鬆。把人類墮落當信條來講道的悲觀教授，可以愛預料怎樣就預料怎樣，反正他的預言如果現在沒成真，就再等著瞧：失敗隨時都可能來臨。就算不如他預期，他故作中肯的調調也已經避免了最糟情況。末日的預言不管怎樣喋喋不休，聽起來都像是深刻到了極點呀。

相較之下，抱持希望的理由總是轉瞬即逝。都沒出差錯是吧——那是目前都還沒有。沒人騙你是吧——是你還沒被騙。一個理想主義者就算一輩子都正確，人們還是會說他天真而棄之不理。這本書就是想要改變這一點。因為今日看似不合理、不實際且不可能的事，可能到了明天就發現其實是必然如此。

該要對人性有新觀點了。該要有新的現實主義了。該要對人類有新看法了。

第二章

真實的《蒼蠅王》

1

開始寫這本書時，我就知道有一個故事非提不可。

那故事發生在太平洋某處的一個無人島上。一架飛機剛墜毀。倖存者就只有幾個英國學童，他們不敢相信自己運氣這麼好，就好像他們剛墜落在某本冒險童書上似的。就只有綿延數英里的沙灘、貝殼和水面。還有更棒的：沒大人。

第一天，這群男孩制定了一個民主政體之類的東西。有個男孩——拉爾夫——被選為該團體的領袖。身強體壯、有魅力又英俊的他，是這一幫孩子裡的金童。拉爾夫的計畫很簡單：一、開心玩。二、活下來。三、點起狼煙讓經過的船隻看到。

第一件事成功了。其他的呢？不太成功。大部分男孩都對大吃大喝和嬉戲玩耍比較感興趣，而不想顧火堆。紅頭髮的傑克對獵野豬產生熱情，隨著時間過去，他和他朋友變得愈來愈輕率不顧後果。等到終於有艘船真的從遠方通過時，他們已經沒在顧火堆了。

「你這樣是破壞規則！」拉爾夫憤怒指責。

傑克聳聳肩。「有人在乎嗎？」

「沒規矩就什麼都沒了啊！」

夜晚降臨時，男孩們深陷恐懼，害怕他們認為潛伏在島上的野獸。事實上，唯一的野獸只在他們心中。沒多久，他們便開始在臉上彩繪，脫下他們的衣服。他們還產生了無法克制的衝動——去掐、去踢、去咬。

所有男孩裡，只有一個試著保持頭腦冷靜。因為比其他人更圓滾滾，而被叫作豬仔的那個男孩，患有氣喘、戴眼鏡，而且不會游泳。豬仔是沒人聆聽的理智之聲。「我們是什麼？」他痛心疾首地思索。「人類？還是動物？還是野蠻人？」

好幾週過去了。接著，有一天，一名英國海軍軍官抵岸。如今這座島已是一片悶燒中的不毛之地。包括豬仔在內的三個小孩已經死亡。「我本來以為，」那名軍官責備他們，「一群英國男孩做起事來，應該要比現在這樣更好才對啊。」拉爾夫，這群原本規矩端正的男孩們的領袖，瞬時潸然淚下。

「拉爾夫為無邪的終結而落淚，」我們如此讀道，也為了「人心的黑暗而落淚……」

這個故事從來都沒真實發生過。這是英國一名男老師在一九五一年編出來的。「如果我寫一個故事，是關於幾個男孩在一座島上，展現出他們實際上會發生的行為，」威廉・高汀（William Golding）有天這麼問他太太，「這點子應該不錯吧？」[1]

高汀的《蒼蠅王》（*Lord of the Flies*）最後將暢銷數千萬本，翻譯成三十多種語言，並被譽為二十世紀的經典作品之一。

事後來看，這本書成功的祕訣很清楚。高汀描繪人類深陷黑暗深淵的能力可說精湛無比。「就算我們從一張白紙開始，」他在寄給出版者的第一封信裡寫道，「我們的本性還是會逼我們把白紙搞得一團髒。」[2] 或者像他後來說的，「人產生邪念就像蜜蜂產蜜一樣。」[3]

當然，高汀有一九六〇年代的「時代精神」（zeitgeist）支持他的想法，當時一個新世代正拿第二次世界大戰的惡行質問他們的父母。他們想知道，奧斯威辛（Auschwitz）集中營是個反常現象，還是我們每個人心裡都藏著一個納粹？

威廉・高汀以《蒼蠅王》暗示後者為真，並一舉成功。成功到讓影響力十足的批評家萊昂內爾·特里林（Lionel Trilling）都主張，這本小說「標記出文化裡的突變」。[4]到最後，高汀甚至憑所有作品獲得一座諾貝爾獎。他的作品「以清晰的逼真敘述技藝和虛構故事的多樣性與普遍性，」瑞典諾貝爾委員會寫道，「闡述了今日世界中的人類狀況。」

如今，人們根本就不把《蒼蠅王》當作「只是」一本小說來讀。當然，它是編造出來的故事，會和其他虛構小說擺在同個架上，但高汀對人性的看法也讓該書成為飾面理論名副其實的教科書（譯註：教科書的英文是「文本書」）。在高汀以前，沒有人在以兒童為主題的書中試過這麼坦白的現實主義。這本書沒去寫大草原上的屋子或者孤單的小王子，而是（在表面上）讓人殘酷地一瞥孩子們的「真面目」是什麼樣子。

2

我第一次讀《蒼蠅王》是在青少年時。我還記得讀完後在心中反覆思索，感覺理想幻滅。但我一刻也沒想到要去懷疑高汀對人性的看法。

一直到多年後重拾這本書，那種懷疑才開始出現。當我開始深入作者生平後，我才知道他曾是個多麼不快樂的人。是一名酗酒者，有憂鬱傾向，是個會打自己小孩的人。「我始終了解納粹，」高汀如此坦言，「因為本質上來說我也是那一類。」而他寫《蒼蠅王》「有一部分是出於那樣悲哀的自我認識」。[5]

高汀對其他人興趣缺缺。就如他的傳記作者所觀察到的，他甚至連把認識的人的名字拼對都嫌麻煩。「對我來說，比實際認識人更要緊的，」高汀說，就是「姓人名類的這個人的本質」。[6]

所以我就開始想：到底有沒有人研究過，真正的小孩自己獨守荒島時會做些什麼？我針對這題目寫過一篇文章，文中我把《蒼蠅王》拿來和當代科學見解比對並做出結論，認為孩子們的行為很有可能與書中大異其趣。[7]我引用了生物學家法蘭斯．德瓦爾的話，他曾說：「沒有一丁點證據顯示讓孩子自行其是會做出這種事。」[8]

我那篇文章的讀者以懷疑的態度回應。我舉的所有例子都是在家、在學校，或者在夏令營裡的孩子。這些例子沒有回答根本的問題：如果孩子被丟在荒島上完全與世隔絕，會發生什麼事？

於是，我對真人版《蒼蠅王》的追尋就這麼開始了。

當然，幾乎不太可能會有哪間大學准許研究者把年幼實驗對象單獨留在野外好幾個月，即使是一九五〇年代也一樣。但有沒有可能某時某地曾經意外發生這種情況？好比說，發生了船難之後？

我便從基本的網路搜尋開始：「孩童船難」、「真人版《蒼蠅王》」、「孩子在島上」。我第一批搜到的是有關二〇〇八年某個挑撥參與者彼此對立而令人生厭的英國實境節目。但在網上搜了一陣子之後，我偶然發現一個沒沒無聞的部落格講述了一個很吸引人的故事：「一九七七年的某一天，六個男孩從東加（Tonga）出海釣魚。〔……〕遇上大風暴，男孩們的船隻失事，流落到一座荒島。這個小部落做了些什麼？他們立下約定絕不起口角。」[9]

這篇文章沒有提供任何資料來源。又點了幾個小時滑鼠之後，我發現這個故事來自一本由知名無政府主義者科林．沃德（Colin Ward）所寫的書，這本一九八八年出版的書叫作《鄉村的孩子》（*The Child in The Country*）。而沃德又是引用一篇由義大利政治人物蘇珊娜．阿涅利（Susanna Agnelli）替某個國際委員會之類的單位所匯編的報告。

感覺希望無窮的我繼續搜尋那篇報告。運氣站在我這邊：我突然在英國某二手書店搜到一本。兩週後這本書就落在我家門墊上。快速翻閱後，我在第九十四頁找到了我在找的東西。

六個男孩孤守小島。同樣的故事、同樣的細節、同樣的措詞，而且——又一次地——沒有來源。[10]

好吧，我心想，或許我可以追查這位蘇珊娜·阿涅利，問問看她從哪邊知道這個故事的。但這回運氣沒那麼好：她於二〇〇九年過世了。我推論，如果這件事真的發生過，一九七七年應該會有一篇關於這件事的報導。不只如此，那些男孩可能還活著。但儘管我盡可能在一份份文件檔案中搜尋，還是找不到一點東西。

有時候欠缺的就只是運氣。有天在仔細查找報紙檔案的時候，我打錯了年分，於是就深陷於一九六〇年代。而它就在那邊。阿涅利那份報告提到的一九七七年搞了半天是誤植。

在一九六六年十月六日發行的澳洲報紙《世紀報》（*The Age*）上，有個頭條讓我一眼就注意到：「東加乘船落難者週日播放」。文章是在談三週前於太平洋群島東加（一九七〇年以前都還是英國的保護國）南方一個岩石小島上找到的六個男孩。這些男孩困在阿塔島（'Ata）上超過一年之後，被一名澳洲船長救了起來。根據該篇文章，那位船長甚至找了一個電視台來拍攝這些男孩的冒險重演紀錄片。「他們生還下來的故事已被視為海上偉大經典故事之一。」那篇文章如此結論。

我滿心疑問。那些孩子還活著嗎？我能找到電視片段嗎？不過最重要的是，我有了線頭：船長的名字是彼得·華納（Peter Warner）。搞不好連他都還活著！但你要如何著手找出地球另一頭的某個老年人現在在哪裡？

當我搜索船長的姓名時，我又碰上了好運氣。我碰巧看到澳洲麥凱（Mackay）的地方小報——《水星日報》（*Daily Mercury*）最近某期頭條寫著：「五十年老友情義不變」。旁邊印著的是兩個男人的小幅照片，他們微笑著，一個人手臂繞著另一個人。文章開頭是這樣的：「在立斯摩爾（Lismore）附近陶雷拉（Tullera）的香蕉園深處，坐著一對照理來說湊不到一起的好夥伴〔……〕這兩人有著足以掩蓋實際年齡的笑顏和四溢的能量。年紀大的這位八十三歲，是一位富裕實業家的兒子。年紀小的這位六十七歲，是名副其實的天然之子。」[11]

他們的名字呢？彼得·華納和馬諾·托陶（Mano Totau）。而他們是在哪裡認識的？

在一座荒島上。

3

我們在某個九月早晨動身，我和太太瑪芝（Maartje）在澳洲東岸的布里斯本（Brisbane）租了一輛車，而我心焦地坐在駕駛座。我的緊張不安，可能和考了六次才考過路考有關，且我現在得開在道路左側（譯註：澳洲為右駕，與荷蘭及台灣相反）。但也是因為：我正要去拜訪「海上偉大經典故事之一」的一位主角。

大約三小時後，我們抵達了目的地，在一片連 Google 地圖都被難倒的無人地帶之中。他就在那，坐在泥土路邊一棟貼著地的矮房子前：那位五十年前救了六個男孩的人。彼得．華納船長。

在我講他的故事之前，有幾件關於彼得的事你應該先知道，因為光是他的一生就已值得拍一部電影。他是亞瑟．華納（Arthur Warner）的么子，而此人曾經是澳洲最有錢有勢的人之一。一九三〇年代，亞瑟掌控著一個叫作電子工業（Electronic Industries）的巨大帝國，主宰了該國當時的收音機市場。

過去彼得曾經受訓追隨他父親的腳步。然而在十七歲那年，他跑了。他航向海洋尋找冒險。「我比較想與自然而非人類搏鬥。」他後來如此解釋。[12]

接下來幾年彼得航遍四海，從香港到斯德哥爾摩，從上海到聖彼得堡。五年後當這個揮霍無度的兒子終於返鄉時，他自豪地向父親秀出一份瑞典的船長證書。反應冷淡的老華納要他兒子去學個管用的工作。

「哪個最簡單？」彼得問。

「財會。」亞瑟跟他撒了謊。[13]

彼得又花了五年夜校生活來獲得學位。接著他去父親的公司上班，然而大海仍在呼喚他，只要有機會脫身，彼得就會跑去塔斯馬尼亞，他自己在那有一支漁船船隊。就是這份漁業兼差讓他在一九六六年冬天來到東加。他安排了一次謁見國王的機會，請求國王允許他在東加水域設陷阱抓龍蝦。可惜的是，陶法阿豪・杜包四世（Taufa'ahau Tupou IV）陛下拒絕了。

失望的彼得返回塔斯馬尼亞，但航程中他稍微繞了點路，到皇家水域外撒網。他就是在那時候看到的：蔚藍海面上有一座小島。

阿塔島。

彼得知道，已經很久沒有船在那下錨了。曾經有人在島上居住，直到一八六三年黑暗的那一天為止；當時一艘奴隸船出現在海平線上，帶了島上土著再度啟程。那之後，阿塔島就被遺棄了——因遭到詛咒而被遺忘。

但彼得注意到有些古怪。他透過雙筒望遠鏡仔細瞧，看到綠色的懸崖上有小片的燃燒痕跡。「熱帶地區很少會看到火自己燒起來，」半個世紀後他這麼告訴我們。「所以我決定一探究竟。」當他的船隻抵達島嶼西側時，彼得聽到瞭望台上傳來一聲喊叫。

「有人在呼叫！」他的一個船員大喊。

「胡說八道，」彼得喊回去。「只是海鳥在叫啦。」

但接著，他從雙筒望遠鏡裡看到一個男孩裸著身，頭髮長到了肩膀。這個野東西從崖邊跳了出去，縱身入水。突然間更多男孩跟著他跳下海，聲嘶力竭地尖叫。

彼得清楚記得玻里尼西亞有個習俗是把危險罪犯扔到偏遠島嶼上，所以他下令船員裝填子彈。第一個男孩沒多久就到了船邊。「我的名字是史蒂芬，」他以標準的英語喊著。「我們一共六個人，我們自己估計在這邊已經十五個月了。」

彼得相當懷疑。一上船，這些男孩就聲稱他們是東加首都努瓜婁發（Nuku'alofa）寄宿學校的學生。他們因為受夠了學校的供餐，有天就決定駕一艘漁船出航，卻遇上了暴風。

挺會編的嘛，彼得心想。他用雙向無線電打到努瓜婁發。「我這邊有六個小孩，」他跟話務員說。「如果我給你名字，你能打給學校問問看他們是不是那邊的學生嗎？」

「稍候。」對方回應。

二十分鐘過去。

終於，「一個帶著淚的話務員接起無線電，然後說：『你找到他們了！本來都沒人指望他們活著了。連葬禮都舉行了。如果真的是他們，那這就是奇蹟啊！』」（當彼得講到這段的時候，眼中些許泛淚。）

我問彼得有沒聽過《蒼蠅王》這本書。

「有啊，我還讀過，」他笑了。「但那跟這完全兩回事嘛！」

接下來的幾個月，我盡可能試著重建小小的阿塔島上發生了什麼事。後來證明彼得的記憶力十分傑出。即使已八十來歲，他敘述的每件事都還是和其他資料來源相符。[14]

4

我最重要的其他資料來源，就住在離彼得這邊幾個小時車程的地方。當時十五歲，現在已將近七十的馬諾·托陶，把船長當作他最好的一個朋友。在我們拜訪彼得的幾天後，馬諾也準備在他位於布里斯本北方騙人灣（Deception Bay）的車庫歡迎我和我太太。

馬諾跟我們說，真實的《蒼蠅王》是從一九六五年六月開始。主角是六個男孩，全都是努瓜婁發一間嚴格的天主教寄宿學校「聖安德魯斯」（St Andrew's）的學生。年紀最大的十六歲，最小的十三歲，而他們有一個主要共通點：他們無聊到極點。這群青少年渴望冒險而不是功課，渴望海上生活而不是學校生活。

所以他們想出一個脫逃計畫：逃到約五百英里外（譯註：實際直線距離約七百二十五公里）的斐濟，或者甚至一路到紐西蘭。「學校裡很多別的小孩都知道，」馬諾回憶道，「但他們都覺得是在開玩笑。」

只有一個障礙。他們沒一個人有船，於是決定跟他們全體都不喜歡的一名漁夫塔尼埃拉・烏希拉（Taniela Uhila）先生「借」一艘。

這些男孩沒花多少時間準備航程。他們打包的日用品就只有兩袋香蕉、幾顆椰子和一個小瓦斯爐。沒有一個人想到要帶地圖，更別說羅盤了。而他們也沒一個是有經驗的水手。只有最年輕的大衛知道如何掌舵（據他所言，這「就是他們要我一起來的原因」）。[15]

旅程開始時很順利。當天晚上沒人留意到小船離港。天氣良好；只有溫和的微風吹皺平靜的海面。

但那天晚上男孩們犯了個大錯，他們睡著了。幾個小時後他們因為海水沖在頭上而醒來。一片漆黑，他們能看到的就只有滿是泡沫的浪頂包圍著他們。他們揚起帆，而風立刻就將它撕成碎片。下一個壞掉的就是舵。「等我們回家，」年紀最大的席薙開玩笑說，「我們得跟塔尼埃拉說他的船就跟他一樣——太老太多毛病。」[16]

接下來幾天就沒什麼好開玩笑的了。「我們漂流了八天，」馬諾跟我說。「沒有

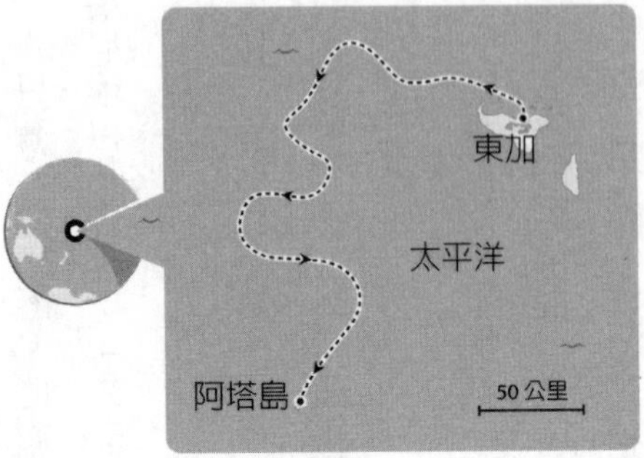

在太平洋漂流八天，六個男孩航行到阿塔島的路徑

食物，沒有水。」男孩們試著抓魚。他們設法用挖空的椰子殼蒐集一些雨水並平等分配，每個人早上喝一小口，晚上再喝一口。席雍試圖用瓦斯爐把海水煮滾，但水打翻了，還把他的腿燙傷了一大塊。

接著，到了第八天，他們在海平線上看到了奇蹟。陸地。更準確一點來說，一座小島。不是有沙灘和棕櫚樹搖曳的熱帶樂園，而是一大堆龐然巨岩從海面上突起一千英尺多。

現在，人們認為阿塔島不宜人居。一位強健的西班牙冒險家在幾年前發現了這點。他本來以為那裡很適合替有特殊需求的有錢人舉辦船隻殘骸探索旅遊。他前去探查，但僅僅待了九天，這個可憐人就得打消計畫。當一位記者問，他的公司會不會拓展到這個岩石露頭上，他以百分百確信的語氣做出回答。

「絕對不會，這個島實在太硬了。」[17]

但這群青少年的體驗就滿不一樣。「當我們抵達時，」華納船長在他的回憶錄中寫道，「男孩們已經建立了一個小社區，有菜園、挖空來儲雨水的樹幹、有著奇形怪狀啞鈴的運動房、一個羽球場、雞欄和一堆不熄滅的火，全都憑藉著手工、一把舊刀片和大量的決心做出來。」[18]

經過無數次失敗後，設法用兩根棍子弄出火花的是史蒂芬（日後成為一位工程師）。儘管虛構的《蒼蠅王》男孩為了火而大打出手，真實世界的《蒼蠅王》男孩卻顧好了他們的火焰，所以一年多下來，火從來沒熄過一回。

這些孩子一致同意分成兩隊來工作，替菜園、廚房和看守等工作擬訂嚴格的值勤表。他們有時候會爭吵，但一旦發生了，他們就會用強行暫停的方式來解決。爭吵的雙方會去島嶼兩頭平靜火氣，然後，「差不多四個小時過後，」馬諾後來回憶道，「我們會把他們帶回來相聚。接著我們會說『OK，現在道歉吧。』我們就是這樣維持友情的。」[19]

他們的一天從歌唱和祈禱開始，也以歌唱和祈禱結束。柯羅用一片漂流木、半顆椰子殼和從壞掉的船上搶救出來的六條鋼索，做了一把臨時吉他——這是彼得多年來珍藏的一把樂器——並彈奏它來提振大家的心情。

他們的心情是需要提振。一整個夏天幾乎都沒下雨，讓男孩們渴到發狂。他們試圖打造木筏離開小島，但它在猛烈的浪頭上碎裂開來。[20] 接著，又有場暴風掃過小島，把一棵樹砸在他們的小屋上。

最糟糕的是，有天史蒂芬失足摔落懸崖弄斷了腿。其他男孩小心翼翼地摸著路到底下找他，然後幫助他回到上頭。他們用樹枝和葉子固定他的腿。「別擔心」，席薙開玩笑說。「我們會做你的工作，你就像陶法阿豪·杜包國王那樣躺一邊就行了！」[21]

男孩們終於在一九六六年九月十一日星期天獲救。

生理上來說，他們的狀態好到極點。當地的波瑟西·佛努阿醫師（Dr Posesi Fonua）後來表示，他們強健的體格和史蒂芬完美癒合的腿都令他驚訝不已。

但這群男孩的小冒險並沒有在此收尾，因為，當他們回到努瓜婁發之後，發現警察正等著見他們。你可能期待著那些警官會因為該城的六個失蹤孩子回家而激動不已。但並非如此。他們登上了彼得的船，逮捕了男孩們並把他們關進牢房。十五個月前帆船被那些男孩「借」走的塔尼埃拉．烏希拉先生仍十分憤怒，已決定提起訴訟。

不過那些男孩很走運，因為彼得想到了一個計畫。他認為，這起船難的經歷是完美的好萊塢素材。六個孩子困守孤島……這個故事足以讓人們講個好幾年。而且身為他父親公司的會計員，他掌管了公司的電影權利，也認識電視台的人。[22]

有哪些事該做，船長可是一清二楚。首先，他從東加打電話給雪梨的第七頻道（Channel 7）主管。「澳洲的權利可以給你，」他跟他們說。「全世界的權利歸我。然後我們就來把這些孩子救出監獄，把他們帶回島上。」彼得接著拜訪了烏希拉先生，付他一百五十英鎊擺平那艘老船的事，以配合拍片為條件讓男孩們獲釋。

幾天後，來自第七頻道的一支團隊，搭乘每週一趟的 DC-3 老爺機航班來到東加。彼得把場面描述給瑪芝和我聽的時候一直偷笑。「三個穿著都市西裝和尖頭鞋的那種電視人，從飛機裡踏了出來。」

等到整組人帶著六個男孩踏上阿塔島的時候，第七頻道的那票人已經臉色發青了。更慘的是，他們不會游泳。「不用擔心，」彼得向他們保證。「這些男孩會救你們。」

船長划著小船把這些發著抖的人送進海浪裡。「你們就從這裡下去。」即便五十年後，這段回憶仍讓彼得熱淚盈眶——這次是笑到流淚。「我把他們扔了出去，然後這些澳洲來的電視人就沉了下去，那幾個東加人跟著潛下去，把他們拉起來，帶他們穿過浪花，把他們甩到石頭上。」

接著，這組人得要攀登懸崖，這就把一天用完了。當他們總算到了頂上，電視劇組已經累壞了，精疲力盡。不意外地，阿塔島紀錄片沒有成功。不只鏡頭拍得很糟，大部分的十六毫米底片也遺失了，最後總長只剩下三十分鐘。「其實呢，」彼得更正了一下，「是二十分鐘，還加廣告。」

我一聽說有這部第七頻道的紀錄片，當然就想看看。彼得手上沒有，所以回荷蘭後，我就聯絡了一位專精追查及修復古早影音錄製品的機構。他們盡可能地找了，卻完全找不到。

接著彼得再度出手，幫我介紹一位叫史蒂夫·包曼（Steve Bowman）的獨立製片人，他曾於二〇〇六年拜訪過這幾位「男孩」。他們的故事從沒得到應有的注意，令史蒂夫挫折不已。因為發行商破產，他的紀錄片從沒能播出，但他自己的未剪接採訪影片還在。他很好心地同意和我分享這些畫面，還介紹我和那群孩子中年紀最大的席雍認識。接著他宣布說，他擁有僅存的一份原始十六毫米紀錄片。

「我可以看看嗎？」我問史蒂夫。

「當然可以。」他回答。

就是這樣——偶然於一個不清不楚的部落格撞見一個關於六個船難孩童的故事，接著又過了幾個月後——我突然就在我的筆記型電腦上看起了一九六六年的原始影片。「我是席雍．法陶阿（Sione Fataua），」影片是這麼開始的。「我和聖安德魯斯高中的五個同學於一九六五年六月被沖上這個島的岸邊。」

當男孩們回到東加的家裡時，整個氣氛是一片喜氣洋洋。幾乎整個哈阿菲瓦島（Háafeva）的人——人口為九百——都到場迎接他們回來。「一個宴會結束沒多久，馬上下一個宴會就開始準備了。」一九六六年紀錄片旁白這麼講述。

彼得被譽為國家英雄。他很快就接獲來自陶法阿豪．杜包四世本人的口信，邀請船長再度相見。「感謝您拯救我的六位臣民。」國王陛下說。「那麼，有沒有什麼需要我幫忙？」

船長想都不用想。「有的！我希望能在那片水域捕龍蝦，並在這裡開始營業。」

這次國王同意了。彼得回到雪梨，辭去他父親公司的職務，請人造了一艘新船。接著他把六個孩子帶來，把當初造就這一切的東西給了他們：也就是一個看見東加以外世界的機會。他雇用席雍、史蒂芬、柯羅、大衛、路克和馬諾當他這艘新漁船的船員。

船的名字呢？阿塔號。

5

這就是真人版《蒼蠅王》。

到頭來，這其實是個感人的故事——也就是暢銷小說、百老匯戲劇和賣座電影的基本元素。

這也是一個沒人知曉的故事。阿塔島的男孩們沒沒無聞，威廉·高汀的書卻還是人人愛讀。媒體歷史學家甚至讚揚他無意間開創了今日電視上一種最受歡迎的娛樂類型：電視實境秀。

從《老大哥》（*Big Brother*）到《誘惑島》（*Temptation Island*），所謂實境秀的前提是，如果放任人類自行其是，行為就會有如野獸。「我把《蒼蠅王》讀了又讀，」賣座節目《我要活下去》（*Survivor*）系列的創作人在一場訪談中透露。「我十二歲那年第一次讀這本書，差不多二十歲時又讀了一次，三十歲又讀了一次，然後自從我們做起節目之後又開始讀。」[23]

這整個類型的開山作，是MTV台的《真實世界》（*The Real World*）。自從一九九二年第一次播出以來，每集開頭都有一名演出成員朗讀：「這是七個陌生人的真實經歷（……）來看看當人們不想再客套、開始來真的，會發生什麼事。」

說謊、欺騙、挑釁、引發敵意——每一集節目都要我們相信「來真的」是這種意思。但花點時間檢視這類節目的幕後，你就會發現，有人以各種只能說怵目驚心的方式去矇騙參賽者、去狂灌他們酒、去挑撥離間。這種節目能證明的就只是，把人的劣根性展現出來，需要用上多少操作手段。

另一個實境節目《孩子國》（*Kid Nation*），曾經試著把四十個孩子一起丟進美國新墨西哥州的鬼鎮（譯註：已經無人居住的城鎮），希望他們到頭來會激烈爭吵。結果沒發生。「他們不時就會發現我們相處得太融洽了，」一名參加者日後回

彼得·華納，二〇一七年九月。拍攝者：Maartje ter Horst

憶道，「而他們就得要觸發點什麼，來讓我們吵起來。」[24]

你大可說：這哪有什麼重要的？我們都知道那只是娛樂。

但故事很少只是故事而已。故事也可以是反安慰劑。在近期一項研究中，心理學家布萊恩·吉布森（Bryan Gibson）證實，觀看《蒼蠅王》那一型的電視節目會讓人變得更好鬥。[25]以孩童來說，觀看暴力影像和成年後出現侵犯行為的相關性，比石棉和癌症的相關性更強，也比攝取鈣和骨質的關聯性來得強。[26]

憤世嫉俗的故事更影響著我們看待世界的方式。在英國，有另一個研究證實，

馬諾・托陶，二〇一七年九月。拍攝者：Maartje ter Horst

看比較多電視實境節目的女孩，也比較常表示耍狠及撒謊是人生成功的必要之舉。[27]一如媒體科學家喬治・葛本納做的總結：「誰來說文化的故事，誰就真的支配了人類行為。」[28]

現在該由我們來說個不一樣的故事了。真實的《蒼蠅王》是個友情和忠誠的故事，描述我們如果可以依靠彼此將會強上多少。當然，這只是一個故事。但如果我們要幾百萬青少年必讀《蒼蠅王》，那麼我們也該跟他們講講真實的孩子驚覺受困於孤島的那一刻。「我在我們的社會研究課借用了他們的生還經歷，」東加聖安德魯斯高中一位教過那些男孩的老師，在多年後如此回憶道。「我的學生們都意猶未盡。」[29]

所以彼得和馬諾怎麼了？如果你人碰巧在立斯摩爾附近陶雷拉郊外的香蕉園裡，你很有可能會巧遇他們：兩個年紀不小的人，互相開著玩笑、搭著彼此的肩膀。一個是大實業家的兒子，另一個出身比較低。但卻是一輩子的朋友。

我太太拍完彼得的照片之後，他轉身在一個小櫃子裡東翻西找了一陣，然後拖出重重一疊紙放在我手上。他解釋道，那是他的回憶錄，寫給他的兒女和兒孫。

我低頭看了第一頁。「人生教了我許多事，」文章這樣起頭，「其中包括了一個經驗，就是你永遠要尋找人的善良光明面。」

第一部 自然狀態

人類不管在何時何處都大致相同，就這方面歷史不會告訴我們什麼新鮮奇怪的事。它的主要用處，就只是發掘人性中不變及普遍的原則。

——大衛・休謨（David Hume, 1711-1776）

阿塔島上六個男孩的溫馨故事是不是反常案例？還是說它指出了某個更深遠的意義？它是一個孤立的軼事，還是一個人性的典範實例？

換句話說，我們人類是比較傾向於善還是惡呢？

這是哲學家千百年來拚了命想解答的問題。就想想英國人湯瑪斯・霍布斯（Thomas Hobbes, 1588–1679），他的《利維坦》（*Leviathan*）一六五一年出版時引發了震撼。霍布斯遭到嚴厲批評譴責，然而我們如今仍知道他的大名，並老早遺忘了批評他的人。我手上這版本的《牛津西方哲學史》（*The Oxford History of Western Philosophy*）描述他這本代表作是「有史以來最偉大的政治哲學著作」。

或者以法國哲學家尚—雅克・盧梭（Jean-Jacques Rousseau, 1712–78）為例，他寫了連續好幾冊讓他麻煩愈陷愈深的著作。他遭到譴責，書遭到焚毀，還有單位對他發出逮捕令。但那些不足為道的控訴者已經無人記得，而盧梭至今仍為人所知。

這兩人從沒見過面。盧梭出生時，霍布斯都過世三十三年了。儘管如此，他們在哲學擂台上還是持續較量。擂台這邊角落，是使我們相信人性惡毒的悲觀主義者——霍布斯。那個斷言只有文明社會能把我們從更根本的本能中拯救出來的人。另一邊角落，是聲稱人人內心深處皆善良的那個人——盧梭。他認為「文明」根本不是我們的救星，反而正是毀了我們的元凶。

就算你從沒聽過這兩人，這兩名重量級拳手的對立觀點，仍是社會最深刻分歧的根源。我沒聽過有哪個爭辯的輸贏有這麼重大，或者有這麼深遠的衍生結果。更嚴厲的懲罰 vs 更好的社會福利，感化院 vs 藝術學院，從上而下的管理制度 vs 賦權管理，老派的養家餬口者 vs 背著嬰兒的老爸——不管拿任何你想得到的爭辯來舉例，都會回歸霍布斯與盧梭的對抗上。

我們先從霍布斯開始吧。他是頭幾位聲稱「如果我們真想了解自己，就得了解我們祖先怎麼生活」的哲學家之一。想像一下我們回到五萬年前。我們要如何在狩獵採集的日子裡交流？我們要如何在沒有法典、沒有法庭或法官、沒有監獄或警察的時候舉止合宜？

霍布斯認為他知道。「認識自己，」他寫道，剖析你自己的恐懼和情感，然後你將「藉此讀出並知悉所有其他人遇上類似場合時會有什麼思緒和情感」。

當霍布斯把這方法運用在自己身上時，他所做的診斷確實令人沮喪。

他寫道，從前我們都很自由。我們高興做什麼就做什麼，而後果非常恐怖。

據他所言，那種自然狀態下的人類生活，「孤單、匱乏、糟糕、野蠻，而且短暫。」就他推論，理由很簡單。人是由恐懼所驅使。對他人的恐懼，對死亡的恐懼。我們渴望安全，而且「對一股又一股的權力有種永久不得平息、只有死亡才會停下的欲望」。

結果是什麼呢？據霍布斯所言，是「一種所有人對上所有人的戰爭狀態。」（*Bellum omnium in omnes.*）

但他向我們保證，不用擔心。可以駕馭混亂狀態然後建立和平——只要我們都同意交出自由。把我們的身心靈都放入單一位君主的手中。他用《聖經》裡的海怪來命名這個絕對的統治者：利維坦。

霍布斯的想法，替一個在他死後將由眾多管理者、獨裁者、統治者、將領複述數千次——不不，應該是數百萬次——的論點提供基本哲學依據，而那論點就是「給我們權力，不然就完蛋了。」

把時間快轉大約一百年，我們就會在某天遇到尚—雅克・盧梭這位沒沒無聞的音樂家，正往巴黎城外萬塞訥（Vincennes）的監獄走去。他正要去探視他的朋友德尼·狄德羅（Denis Diderot），後者是一位窮困的哲學家，因為講了一個政府首長情婦的不當笑話而被關了起來。

而事情就是在那時候發生的。當盧梭停步在樹蔭下休息，並快速翻過最新一期的《法蘭西信使》（*Mercure de France*）時，他的視線落在一則將要改變他一生的廣告上。那則廣告是在徵人參加一場第戎學院（Academy of Dijon）舉辦的小論文比賽。參賽者按規定要回答下面這個問題：「科學和藝術的復興是否對道德的淨化有所貢獻？」

盧梭立刻就知道自己的答案。「在閱讀的那一刻，」他後來寫道，「我看見了另一個宇宙，並成為另一個人。」在那一瞬間，他認清了文明社會不是一份福氣，而是一道詛咒。當他繼續動身前往那位無辜友人受監禁的地方時，他了解到「人性本善，且人們就只是因為這些制度才變得邪惡的」。

盧梭的小論文獲得了首獎。

在接下來那些年裡，盧梭逐漸成為他那時代的一位頂尖哲學家。而且，我不得不說，他的著作今日讀來依舊令人愉悅。盧梭不只是一位偉大的思想家，也是才華洋溢的寫作者。就看看這段對人類發明私人財產的猛烈抨擊：

誰率先圈起一塊地，異想天開說「這是我的」，還找到頭腦簡單的人相信他，那他就是文明社會的真正創始者。如果有個人拔掉木樁或填平壕溝，並向同胞大聲疾呼：千萬別聽信這騙子，如果你們忘記土地的成果是由我們全體平等共享，忘記土地不屬於任何人，你們就是迷失了！那他可以讓人類免去多少犯罪、多少戰爭、多少兇殺，還有多少不幸和恐懼啊！

盧梭主張，自從那可恨的文明社會誕生後，一切就走偏了。農耕、城市化、國家狀態──它們未能將我們高高抬離混亂，反而奴役我們並注定我們的下場。發明書寫和印刷機只是讓問題更加惡化。「多虧了印刷，」他寫道，「霍布斯那危險的白日夢〔……〕將會永久存續。」

盧梭相信，在官僚和君主還沒出現的美好過去中，一切都比較好。過去當人類以一種「自然狀態」存在時，我們還是有同情心的生命。現在我們變得既憤世嫉俗又自私自利。我們曾經健康又強壯，現在我們懶惰又虛弱。在他看來，文明至今都是個大錯。我們始終都不該揮霍我們的自由。

盧梭的想法，替一個在他死後將由眾多無政府主義者、鼓吹者、隨心所欲者、煽動叛亂者複述數千次——不不，應該是數百萬次——的論點提供基本哲學依據，而那論點就是「給我們自由，不然就完蛋了。」

所以三百年後，我們就像現在這樣了。

少有其他哲學家對我們的政治、教育和世界觀具有像上述兩人這般的深遠影響。整個經濟學科從此建立在霍布斯把我們看成理性、自私個體的這種人性概念上。至於盧梭這邊，他那種（在十八世紀堪稱革命性的）「兒童應自由不受約束地長大」的信念，則是在教育方面有著極大影響力。

直至今日，霍布斯和盧梭的影響仍十分驚人。我們當今的保守陣營和進步陣營、現實主義陣營和理想主義陣營，都可以追溯至他們兩人。舉凡一名理想主義者主張要更自由平等，盧梭就稱許地眉開眼笑。每當憤世嫉俗者抱怨這只會激發更多暴力，霍布斯就會同意地點頭。

這兩人的著作可不是給人輕鬆閱讀的，尤其盧梭留下了特別多詮釋空間。但目前我們正處在一個測試他們基本爭論點的時刻。畢竟，霍布斯和盧梭是只做抽象推論的理論家，而我們一直都在蒐集科學證據，至今已蒐集了幾十年。

在本書第一部分，我會仔細檢驗這個問題：哪一位哲學家是對的？我們是否該慶幸我們的自然狀態已被拋在身後？還是說我們曾經是高貴的野蠻人？這問題的解答會決定太多事情。

第三章

幼犬人的興起

1

關於人類，首先要了解的是，從演化的角度來說，我們只是嬰孩。我們這物種才剛出現而已。想像一下整個地球的生命史只有一年長，而非四十億年。一直到十月中，細菌都還獨處於世。要到十一月。我們所熟知的、有枝芽或者骨骼大腦的生命才出現。

那我們人類呢？我們十二月三十一日才進場，大約是在晚上十一點。接著我們花了約一小時當狩獵採集者四處漫步，要到十一點五十八分才總算發明農業。其他被我們稱作「歷史」的每一件事物，都發生在午夜前的最後六十秒：那些金字塔和城堡、騎士和淑女、蒸汽引擎和火箭飛行器等等。

在眨眼瞬間，智人（Homo sapiens）就散布到了全球，從地球上最冷的苔原到最熱的沙漠。我們甚至成為第一個飛出地球外還踏足在月球上的物種。

但為何是我們？為什麼第一位太空人不是一根香蕉？或者一頭乳牛？或者一隻

黑猩猩？

這些問題乍聽之下很傻。但從基因上來看，我們和香蕉有百分之六十相同，百分之八十和乳牛無法區分，和黑猩猩則有百分之九十九一模一樣。是我們來擠牛奶而不是牛來擠我們奶，或者是我們把黑猩猩關在籠裡而不是反過來，這些都不算是必然事實。為什麼那百分之一會造成天差地別呢？

過去我們長期認為自己的特殊地位是上帝計畫的一部分。人類比較好、比較聰明且優於任何活著的生物——是祂所造之物的巔峰。

但再想像一下，假設一千萬年前（前述月曆上大約是十二月三十日），外星人造訪地球。他們那時有辦法預測智人崛起嗎？不可能。人屬（Homo）都還不存在。地球當時就真的是「決戰猩球」（譯註：原英文片名為《人猿星球》〔*Planet of the Apes*〕），當然不會有人在興建城市、寫書或發射火箭。

令人難堪的真相就是，我們——自認如此獨特的生物——也是「演化」這種盲目過程的產物。我們屬於靈長類這種聲音刺耳、成員大部分都是毛茸茸生物的家族。一直到午夜前十分鐘，我們甚至都還有其他人族相伴。[1]後來他們都神祕地消失了。

地球生命史（四十億年）
以一年的形式來呈現

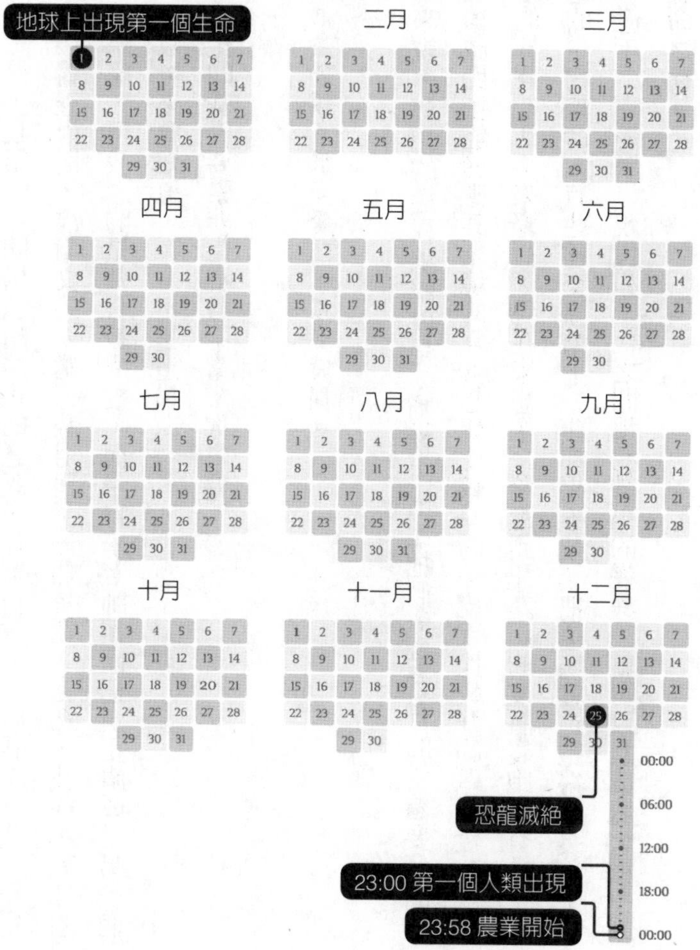

我清楚記得，我第一次開始領略演化的意義是什麼情況。當時我十九歲，正用iPod聽著一場講查爾斯．達爾文的演講。我沮喪了一個星期。當然，我從小就知道這個英國科學家，但我念的是基督教學校，而生物學老師僅僅把演化講成是另一個荒唐理論。我後來會知道，呃，不是這樣。

生命演化的基礎要素非常直截了當。你需要：

很多苦頭。很多奮鬥。很多時間。

簡單來說，演化的過程總歸就是：動物生出比牠們能夠養育的量還要多的後代。那些稍微比較能適應其環境的（就想想比較厚的毛皮或比較好的保護色）就有大一點點的機會能活下來繁衍。現在來想像一場跑到死為止的友誼賽跑，有幾十億又幾十億的生物斃命，有些連交棒給下一代都來不及。把這場賽跑跑得夠長——好比說四十億年——那麼，親代和子代之間那些微小的變異，就可以長成龐大而多采多姿的生命之樹。

就這樣。簡單，但了不起。

對一度考慮當牧師的生物學家達爾文來說，一旦無法調和自然的殘酷與《聖經》的造物故事，他對上帝的信念就毀滅了。他寫道，就想想寄生蜂，這種把卵下在活生生毛蟲體內的昆蟲。卵一孵化，幼蟲就從裡到外吃掉毛蟲，製造了一種既恐怖又漫長的死亡。

什麼樣的喪心病狂會發明這種東西啊？

其實，就真的不是誰發明的。沒有策劃者，沒有宏大的設計。疼痛、苦難和搏鬥就只是演化的引擎。你怎麼能責怪達爾文延後了好幾年才發表他的理論呢？他曾經寫信給一位朋友說，那就「像是坦承自己殺了人」。[2]

那之後的演化論看似就更讓人不快樂了。一九七六年，英國生物學家理查．道金斯（Richard Dawkins）發表了他的代表作，談論基因在生命演化中的至關重要作用，書名很有力地取為《自私的基因》。讀這本書讓人很沮喪。你在指望自然讓世界更美好嗎？關於這一點，道金斯講得很明白：別抱太大希望。「讓我們試著教人慷慨和利他主義吧，」他寫道，「因為我們天生自私。」[3]

該書出版四十年後，英國大眾投票將《自私的基因》選為史上最具影響力的科學書籍。[4] 但有無數讀者讀到最後灰心沮喪。「本書展現對人性的極其悲觀看法

〔……〕然而我無法提出任何論點來反駁他的觀點。」有人這麼寫道。「真希望我能洗掉讀過它的記憶。」[5]

於是我們智人，這種漫長野蠻過程下的產物，就變成現在這樣了。儘管百分之九十九點九的物種都滅絕了，我們卻還在這。我們征服了地球，然後下一個可能就是銀河——搞不好喔？

但為什麼是我們？

你可能會假設說，那是因為我們的基因最自私。因為我們強壯聰明，幹練而兇狠。然而……是這樣嗎？就強壯這點而言：不，不見得。黑猩猩若要痛打我們一頓根本連汗都不必流。一頭公牛不費吹灰之力就可以用尖角把我們刺穿。我們出生時徹底不能自理，那之後我們依然虛弱、緩慢，甚至連逃上樹的本事都沒多好。

或許是因為我們太聰明了？只看表面的話，你可能會這麼認為。智人的特大號頭腦，就像特地蓋在北極的蒸氣浴那樣嚴重耗能。我們的大腦只占體重的百分之二，卻用掉了我們消耗卡路里的百分之二十。[6]

但人類真有那麼厲害嗎？我們做起困難的算術或者畫起漂亮的圖畫，通常都是先從別人學到技巧。舉例來說，我光憑自己是可以數到十，當然挺不賴，但我就很懷疑自己能否獨力想出一套數字系統。

科學家已經嘗試多年，想要弄清楚哪種動物天生最聰明。標準程序是把我們的智能和紅毛猩猩及黑猩猩等其他靈長類相比。（一般來說，人類研究對象都是剛學步的幼童，因為他們模仿過他人行動的時間最短。）一個好例子是德國一組研究團隊設計的一套共三十八項測試，評估受試對象的空間感知、計算能力和因果關係。[7]下頁的圖表顯示了結果。

沒錯，幼童跟動物園的動物得到一樣的分數。而且還有更糟的。結果發現我們的工作記憶量和資訊處理速度——傳統上被視為人類智能的其中一塊基石——也沒有領先群雄。

日本研究者發明了一種測試來評估成年人和黑猩猩相比之下的程度，進而證實了前述結果。受試對象待在一個螢幕前，螢幕會閃過一組數字（從一到九）。在一段固定時間——總是少於一秒鐘——過後，數字會被白色方形取代。接著有人指示受試對象按照數字的小到大依序輕敲螢幕上數字出現過的地方。

短時間裡，人類隊看似打敗了黑猩猩隊。但當研究者把測試難度提高（讓數字

人類到底有多聰明？
三項智力測驗的分數

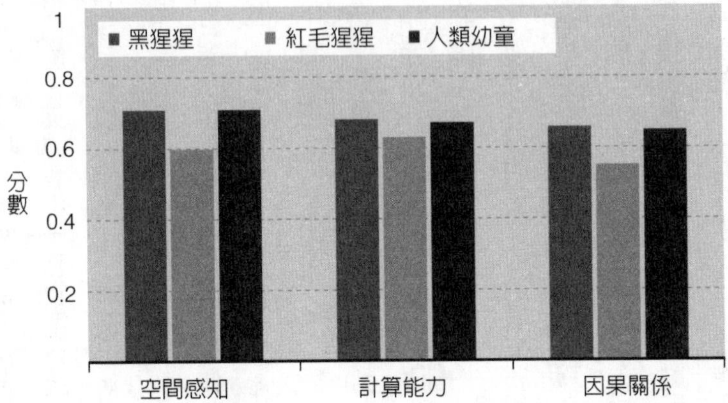

更快消失）後，黑猩猩們就超車到了前頭。這群受試者中的愛因斯坦是阿尤馬（Ayuma），比其他參與者都更快、也更少犯錯。[8]阿尤馬是黑猩猩。

好吧，只用純腦力來評斷，人類並沒有比毛茸茸的表親們來得強。那麼，我們都拿我們這顆大腦袋做什麼呢？

或許我們比較狡猾。那便是「馬基維利智能」的核心，以義大利文藝復興時期的哲學家、一五一三年出版的《君主論》（*The Prince*）的作者尼可洛．馬基維利命名。馬基維利在這本給統治者的手冊中，勸他們要編織一張謊言和欺騙之網來保住權力。根據這個假設的擁護者所言，那正好就是我們已經做了幾百萬年的事：想出愈來愈別出心裁的方式來互相誆騙。而且因為說謊比誠實更耗費認知能量，我們的大腦就會像冷戰時期的美俄核彈庫一樣成長。這場精神軍備競賽的結果，就是「智」（sapien）人的超級腦袋。

如果這假說為真，那你就可以指望人類在那些詐騙對手的競賽中輕鬆擊敗其他靈長類。但運氣沒那麼好。眾多研究顯示黑猩猩在這些測試上分數比我們高，人類其實是差勁的說謊者。[9]不僅如此，我們很容易信任別人，而這就解釋了詐騙犯為什麼可以騙過目標對象。[10]

這讓我想到智人的另一個怪癖。馬基維利在他的經典著作中建議，永遠不要顯露你的情緒。他極力建議，努力練習擺撲克臉；羞恥沒有用處。目標就是取勝，不擇手段。但如果無恥者才會獲勝，那為什麼整個動物王國中就只有人類這物種會「臉紅」呢？

查爾斯・達爾文說，臉紅是「所有表情中最奇特也最有人味的一種」。他想知道這種現象是否舉世皆然，因而寄信給國外人際網絡裡的每個人，對傳教士、商人和殖民地官僚做意見調查。[11]是的，他們全都回答說，這裡的人也會臉紅。

但為什麼呢？為什麼臉紅沒有滅絕？

2

此刻是一八五六年八月。德國科隆（Cologne）北方的石灰岩採石場裡，有兩名工人剛遇上了千載難逢的大發現。他們挖掘出曾經縱橫地表上的一種最具爭議的生物骨骸。

他們可沒察覺到這一點。他們工作時沒事就會挖到這類老骨頭，大部分都是熊骨或鬣狗骨，碰到了也就跟其他廢棄物一起丟掉。但這一次他們的工頭注意到了垃圾堆裡的遺骸。他覺得那些可能是洞穴熊的骨骸，因此判定可以當成一份很酷的禮物，送給當地高中的自然教師約翰．卡爾．弗洛特（Johann Carl Fuhlrott）。弗洛特就跟許多生活在網飛出現之前的人一樣，是一位狂熱的化石收藏者。

弗洛特一看，就知道這不是普通骨頭。一開始他覺得這具骨架是人類，但有點不對。頭顱骨很怪。它整個前傾又拉長，有著突出的眉骨和一個過大的鼻子。

那星期，當地報紙報導了這場驚人大發現，在尼安德河谷（Neander Valley）找到了「扁頭人種」。波恩大學（University of Bonn）的一位教授赫曼．沙夫豪森（Hermann Schaaffhausen）讀到了這個發現並聯絡了弗洛特。他們——業餘者和專家——相約見面並交換意見。幾個鐘頭後兩人得出一致看法：這些骨頭並不屬於普通人類，而是屬於完全不同的其他人「種」。

「這些骨頭是大洪水之前（antediluvian）的東西。」弗洛特如此宣布。[12]這也讓它們成了某種生存於上帝淹沒地表前的生物之遺骸。

要形容這結論當時有多驚人，是怎麼誇大也不為過。這是徹底的異端邪說。當弗洛特和沙夫豪森在碩學雲集的下萊茵科學與醫學學會（Lower Rhine Society for Science and Medicine）聚會上宣布他們的發現時，獲得的反應是震驚與懷疑不信。[13]荒唐無稽，一位解剖學教授大吼，這是拿破崙戰爭中死去的俄羅斯哥薩克人。胡說八道，另一個人喊著，那只是某個頭部因疾病而畸形的「可憐傻子或者隱居者」。[14]

但接下來有更多骨骸出土。歐洲各地的博物館埋首於原本的收藏品中，重新找出更多這種拉長的頭顱骨。當初他們把那些骨頭當成畸形人而置之不理，但後來科學家們領悟到，這可能真的是一種全然不同的人種。沒多久，就有人替這物種命了名：笨人（Homo stupidus）。[15]這人種的「思想和欲望，」一名備受尊敬的解剖學家闡述道，「從來沒有高過野獸。」[16]不過科學年鑑中記載的物種分類就比較仔細，

智人與尼安德塔人的頭骨比較

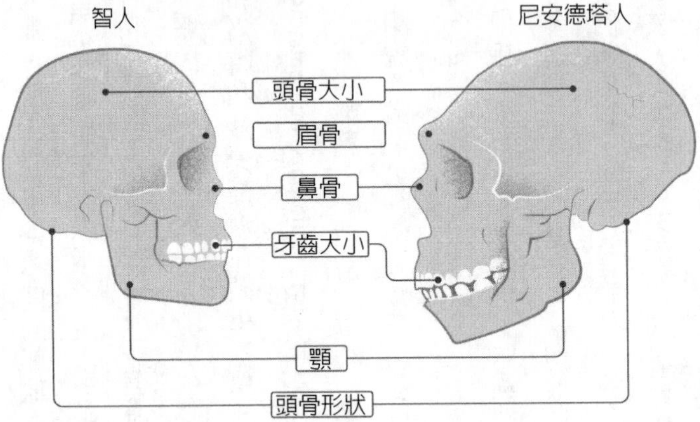

名稱還提到當初發現骨骸的河谷。

尼安德塔人（Homo neanderthalensis）。

直至今日，尼安德塔人的普遍形象都還是愚笨野人，原因其實也不難猜。因為我們得要面對一個難堪的事實，那就是直到不久前，我們人類都還和別種人類共享地球。

科學家已經證實，五萬年前在我們以外至少還有五個人族（hominin）——直立人（Homo erectus）、佛羅勒斯人（Homo floresiensis）、呂宋人（Homo luzonensis）、丹尼索瓦人（Homo denisova）和尼安德塔人——全都是人，就好比金翅雀、家朱雀和紅腹灰雀都是所謂的燕雀（finch）。所以在「為什麼是我們把黑猩猩關進動物園而不是反過來」這個問題之外，又有另一個謎團：「扁頭族」後來怎麼了？我們對其他人屬兄弟姊妹做了什麼事？為什麼他們都消失了？

是因為尼安德塔人身體比我們弱嗎？恰好相反，他們是古早的肌肉棒子，有著大力水手吞下菠菜後的二頭肌。更重要的是，他們很強悍。這是兩位美國考古學家於一九九〇年代詳細分析大量尼安德塔人的骨折後確定的事。這促使他們把尼安德塔人跟一種同樣與大型動物有著高機率「猛烈衝撞」的現代職業團體相比。那就是競技牛仔。

考古學家便去和——我沒在開玩笑——職業競技牛仔協會取得聯繫，該協會會員在一九八〇年代登記了二千五百九十三件受傷案件。[17]把這些資料和尼安德塔人相比，他們發現了驚人的相似之處。唯一的差別呢？尼安德塔人不是騎前後蹦跳的馬或者用套繩捉牲口，而是用矛刺長毛象或各種有一對劍齒的貓科動物。[18]

OK。所以如果尼安德塔人體格沒有比較弱，那或許他們比我們笨？

事情到了這邊就更難受了。平均來說，尼安德塔人的大腦比我們現在的大腦大百分之十五：一千五百立方公分對一千三百立方公分。我們或許會自誇有超級腦袋，但他們卻帶了一顆特超級腦袋。我們有 Macbook Air，那他們有的就是 Macbook Pro。

隨著科學家持續從尼安德塔人身上獲得新發現，他們就愈來愈一致認為，這個物種聰明到嚇人。[19]他們會生火煮食。他們會製作衣物、樂器、珠寶和洞穴壁畫。甚至有跡象顯示，我們從尼安德塔人那邊借來了一些發明，好比說某些石器，甚至可能包括埋葬死者的行為。

所以怎麼回事？有著肌肉和大腦袋且能活過整整兩個冰河期的尼安德塔人，最後怎麼從地球上消失了？尼安德塔人都已經設法撐了超過二十萬年，為什麼智人登場沒多久，馬上就出局了呢？

有一個終極假說，比一般所想的邪惡很多。

如果我們跟尼安德塔人相比沒有比較壯，膽量也沒有比較大，也沒有比較聰明，或許我們就只是比較狠。「很有可能是，」以色列歷史學家尤瓦爾·諾瓦·哈拉瑞（Yuval Noah Harari）推測，「當智人遇上尼安德塔人，就造成了史上第一場也是最大的一場種族清洗行動。」[20]曾獲普立茲獎的地理學家賈德·戴蒙（Jared Diamond）同意：「間接證據已足以判定謀殺案成立。」[21]

3

這有可能是真的嗎？我們真的消滅了我們人族的表親？

先一口氣回到一九五八年春天。莫斯科國立大學（Moscow State University）的生物系學生柳德米拉·特魯特（Lyudmila Trut），前來敲迪米崔·貝利雅耶夫（Dmitri Belyaev）教授的辦公室門。後者是動物學家兼遺傳學家，正在找人執行一個野心勃勃的新研究計畫。前者還在念書，但下了決心要拿到這份工作。[22]

這位教授親切又有禮。在蘇聯科學單位大半對女性採取傲慢態度的時代，迪米崔卻是平等對待柳德米拉。他決定讓她加入祕密計畫，需要她前往西伯利亞，到一個靠近蘇聯與蒙古、哈薩克兩國邊界的遙遠地點，而教授就在那裡開啟實驗。

他警告柳德米拉，同意之前要謹慎考慮，因為這要冒很大危險。共產政體把演化論蓋上了「資本主義者宣傳之謊言」的印記，也禁止任何遺傳學相關研究。十年前，他們處決了迪米崔同是遺傳學家的哥哥。出於這個理由，該團隊對外會把本實驗包裝成研究珍貴的狐狸毛皮。

實際上，實驗的目的大異其趣。「他跟我說，」多年後柳德米拉表示，「他想要用狐狸做一隻狗出來。」[23]

這位年輕科學家並不曉得，她剛剛同意進行的是一場偉大的探索。迪米崔．貝利雅耶夫和柳德米拉．特魯特兩人，將會一起解開人類起源。

他們從一個非常不一樣的問題著手：你要如何把凶猛的掠食者變成友善的寵物？一百年前，查爾斯．達爾文已經注意到馴化的動物——豬、兔子、綿羊——有某些值得注意的相似點。首先，牠們的體型比野外的祖先略小。牠們的頭腦和牙齒比較小，通常有鬆軟下垂的耳朵、捲尾，或者白斑點的毛皮。或許最有趣的一點是，牠們一輩子都保有一些幼年期特徵。

這是一個讓迪米崔困惑了好幾年的謎題。為什麼馴化的動物看起來會是那樣？為何早在不知多久以前，就有無數的農人偏好捲捲尾、垂耳、娃娃臉的小狗小豬，然後為了這些特定的特徵而飼育牠們呢？

這位俄羅斯遺傳學家有一個極端的假說。他懷疑這些可愛特徵只是某個別的東西的「副產品」，是動物持續以某一種特性為標準來天擇，經過夠長的時間之後才會以有機的方式發生的變異，而那種特性就是：友善程度。

所以迪米崔有了以下計畫。他要在二十年裡複製大自然花了幾千幾萬年才產生的某個東西。他想要讓野生動物變成寵物的原型，方法很簡單，就是只飼育最溫和的個體。迪米崔的實驗案例選用了銀狐，一種從來沒人馴化過的動物，而且攻擊性強到堪稱惡毒，研究者只能穿戴長至手肘的兩吋厚手套來應付牠們。

迪米崔警告柳德米拉，不要抱太大期望。實驗會花上好幾年，甚至花上一輩子，最可能的情況是徒勞無功。但柳德米拉根本不假思索。幾星期後，她就搭上了西伯利亞鐵路。

後來發現跟迪米崔簽下契約的狐狸飼養場是一個巨大的狐狸公寓，數千個籠子迴盪著刺耳吼叫聲。即便讀了那麼多關於銀狐行為的資料，柳德米拉對這些動物實際上的兇狠還是沒有心理準備。第一週她開始巡視所有的籠子。戴著保護手套的她，會伸一隻手進去看那動物如何反應。如果柳德米拉察覺到牠最細微的猶豫，便會選那隻狐狸來飼育。

事後來看，一切的開展實在快到不可思議。

一九六四年，隨著實驗來到第四代，柳德米拉觀察到第一隻搖尾巴的狐狸。為了確保任何此類行為都確實是天擇結果（而不是從哪裡習得的），柳德米拉和研究團隊都把自己與動物的接觸保持在最少。但那變得愈來愈難：養了幾代之後，狐狸就真的開始求人關注。而誰能夠對一隻流著口水、搖著尾巴的小狐狸說不呢？

在野外，狐狸長到大約八週大就會明顯變得更有攻擊性，但柳德米拉擇育的狐狸卻始終維持幼稚，最喜歡整天玩耍。「這些比較溫馴的狐狸，」柳德米拉日後寫道，「似乎在抗拒著長大的命令。」[24]

同時，也出現了明顯的生理變化。狐狸的耳朵垂了下來。牠們的尾巴捲了起來，毛皮上開始出現斑點。牠們的口鼻變短、骨頭變細，雄性愈來愈與雌性相似。狐狸甚至開始像狗那樣吠。沒多久，當飼主呼喊牠們的名字時，牠們會回應——這是從來沒在狐狸身上出現的行為。

而且別忘了，這些沒有一個是柳德米拉當初挑選的特徵。她唯一的標準就只有友善程度——其他所有的特性都只是副產品。

到了一九七八年，實驗開始的二十年後，俄羅斯已經變了很多。生物學家不再需要隱瞞研究。畢竟演化論本來就不是資本家的陰謀，而政治局（Politburo）如今

迪米崔·貝利雅耶夫和他的銀狐，一九八四年攝於新西伯利亞。迪米崔於次年過世，但他的研究計畫仍持續至今日。照片來源：Alamy

則是在熱切推廣俄羅斯科學。

那年八月，迪米崔設法安排讓國際遺傳學大會（International Congress of Genetics）在莫斯科舉行。賓客在可容納六千人的國家克里姆林宮（State Kremlin Palace）接受招待，有免費供應的香檳，還有充足的魚子醬讓大家享用。

但迪米崔的演說遠比那些餐點更讓貴賓們印象深刻。簡短發表引言後，燈光暗了下來，然後一段錄像開始播放。銀幕上綁著一隻不太可能存在的動物：一隻銀狐，搖著尾巴。觀眾齊聲驚嘆，即便燈光已亮起許久，人們仍一直興奮地喋喋不休。

但迪米崔可沒打算到此為止。接下來的一小時裡，他發表了他的創新想法。他說，他懷疑這些狐狸的改變其實是與激素相關。比較溫和的狐狸分泌了比較少的壓力激素，以及比較多的血清素（所謂的「幸福激素」）和催產素（所謂的「愛情激素」）。

還有最後一件事，迪米崔做出結語。這不僅適用於狐狸而已。

這理論「當然，也可以適用於人類」。[25]

回頭來看，這是一句足以留名青史的話。

在理查．道金斯出版了他那本講述自私基因、宣稱人類「生來自私」的暢銷書之後兩年，這下子來了位沒沒無聞的俄羅斯遺傳學家提出相反主張。迪米崔．貝利雅耶夫的理論是，人是馴化的猿。幾萬年來，最善良的人類有最多孩子。簡單來說，我們這物種的演化，是取決於「最友善者生存」。

如果迪米崔是正確的話，我們的身體應該有證明這理論的線索。就像豬、兔子然後銀狐那樣，人類應該已經變得更小而更可愛。

人類與狗的馴化

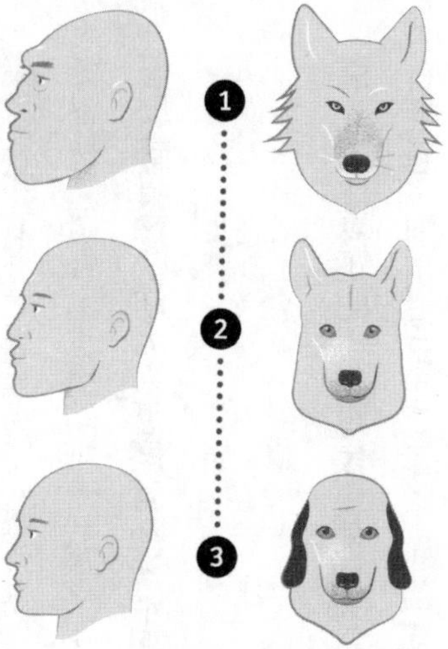

結果包括：

- 較友善的行為
- 更多的血清素和催產素
- 更久的幼年期
- 更多的女性化和幼年化外觀
- 較好的溝通能力

來源：布萊恩·海爾（Brian Hare），〈最友善者生存〉（Survival of the Friendliest），出自二〇一七年《心理學年度評論》（*Annual Review of Psychology*, 2017）。

迪米崔沒辦法測試他的假說，但科學從那之後更加進步。二〇一四年一支美國研究團隊開始觀察過去二十萬年期間的人類顱骨，而能夠抓到一種模式。[26]他們發現，我們的臉孔和身體明顯地愈長愈柔和、愈來愈年輕且愈來愈女性化。我們的大腦至少縮水了百分之十，而我們的牙齒和下頷骨，用解剖學術語來說，已經變得有如幼態（paedomorphic）。白話來說，像小孩。

如果你把我們的頭和尼

安德塔人的頭相比較，差異甚至更明顯。我們的頭顱比較短而圓，眉骨比較小。狗和狼相比是怎樣，我們和尼安德塔人相比就是怎樣。[27]而且，一如成犬像幼狼，人類外觀也演化成像幼猴。

幼犬人（Homo puppy）向您報到。

我們外觀的這種轉變大約在五萬年前開始加速。耐人尋味的是，那大約也是尼安德塔人消失而我們想到一大堆新發明的時候——例如更好的磨刀石、釣魚線、弓箭、獨木舟和洞穴壁畫等等。從演化角度來看，這些沒一個有道理。人類變得更弱、更容易受傷害，也更幼稚。我們的大腦變得更小，但世界卻變得更複雜。

怎麼會這樣？幼犬人怎麼有辦法征服世界？

4

還有誰比真正的小狗專家更能回答這問題呢？一九八〇年代在美國亞特蘭大長大的布萊恩．海爾（Brian Hare）可說是為狗癡狂。他決定研讀生物學，到頭來卻發現生物學家對狗不怎麼感興趣。畢竟，犬類或許滿可愛的，但牠們並沒有聰明到哪去。

念大學時，布萊恩修了發展心理學教授麥可．托馬塞洛（Michael Tomasello）的一門課，而此人日後將成為他的導師兼同事。托馬塞洛的研究以黑猩猩這種一般認為比狗有趣太多的物種為主。當時年僅十九歲的大二生布萊恩，協助進行了一項智力測驗。

那是一個古典的選物測試，測試中把一個好吃的東西藏了起來，而受試對象則會獲得哪裡能找到東西的提示。還在學步的人類幼童在測試中表現良好，但黑猩猩就被考倒了。不管托馬塞洛教授和學生再怎麼明白指出藏香蕉的地方，這些猿猴還是不得要領。

有一回，在比了整整一天的手勢之後，布萊恩脫口而出：「我覺得我家的狗辦得到。」

「當然當然。」他的教授不以為然地笑。

「不，我說真的，」布萊恩堅持道。「我跟你打賭牠可以通過測試。」[28]

二十年後，布萊恩．海爾自己當上演化人類學教授。他利用一連串精細的實驗，得以證明狗聰明到難以置信，在某些例子中甚至比黑猩猩還聰明（儘管狗的腦比較小）。

一開始科學家們完全不了解這情況。「狗」怎麼可能聰明到能通過選物測試？牠們肯定不是從祖先狼那邊繼承腦袋，因為在布萊恩的測試中，狼的表現跟紅毛猩猩及黑猩猩一樣差。而牠們也不是從飼主那邊學來的，因為幼犬九週大就可以通過測試。

布萊恩的同事兼指導教授，靈長類學家理查．蘭漢（Richard Wrangham）主張，犬類智慧可能是「自行產生」的，是出於偶然的副產品，就像捲捲尾和垂耳一樣。但布萊恩不信；像社會智能這樣有效用的特徵，怎麼可能會是一場意外？這位年輕生物學家反而猜測，是我們的祖先曾經挑選繁殖最聰明的狗。

布萊恩若要驗證他的猜想，就只有一個辦法。該去西伯利亞一趟了。幾年前，布萊恩讀了某位俄羅斯遺傳學家的一篇沒沒無聞的研究，據稱此人把狐狸養成了狗。等到二〇〇三年布萊恩下了西伯利亞特快車時，柳德米拉和研究團隊已經飼育了四十五代的狐狸。布萊恩將會是第一位研究銀狐的外國科學家，而他便從選物測試開始。

如果他的假設正確，那麼友善狐狸和兇猛狐狸應該都會以同樣的水準過不了測試，因為迪米崔和柳德米拉是以友善程度為基準來飼育這些狐狸，而「不是」智能。如果布萊恩的指導教授理查說得對，智力是從友善中碰巧誕生的副產品，那麼經挑選飼育的狐狸就會高分通過測試。

長話短說：結果支持副產品理論，證明布萊恩錯了。友善狐狸的最新一代不僅精明到不尋常，而且遠比牠們侵略性強盛的同類聰明太多。就如布萊恩所言，「這些狐狸真是徹底讓我改觀了。」[29]

一直到那時候，人們的假設都還是馴化會降低腦力，會確實地減少腦中的灰質，並在這過程中犧牲掉野外生存所需技能。我們都知道那幾句老話，好比說「狡猾得像狐狸一樣」，「笨得像牛一樣」。可是布萊恩得出一個完全不同的結論。「如果你想要聰明的狐狸，」他說，「你就不要以聰明程度來選，你要以友善程度來選。」[30]

5

這就讓我們回到我在本章開頭提的問題。是什麼讓人類獨一無二？為什麼我們會興建博物館，而尼安德塔人卻被放在公開展示區？

人類真實的超能力
四項智力測驗的分數

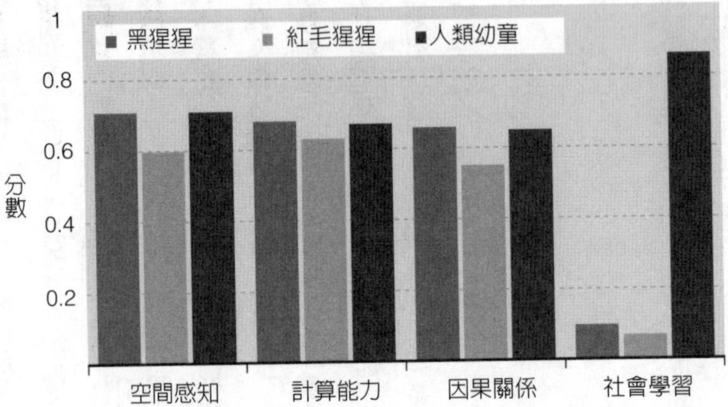

我們再回去看看黑猩猩和幼童一起進行的那三十八個測驗的結果。前面我跳過沒提的是，受測對象還接受了第四種技巧評估：社會學習。也就是從他者身上學習的能力。而最後一項測試的結果，就揭露了某些很有意思的事。

這個數字完美說明了讓人類一枝獨秀的技能。黑猩猩和紅毛猩猩在幾乎每一個認知測試上都獲得了和兩歲人類不相上下的分數。但到了學習這一塊，幼童不費吹灰之力就贏了。大部分的孩子拿到了百分之百，大部分的猿猴拿到零。

到頭來發現，人類是高度善於

社交的學習機器。我們生下來就是要學習、要建立關係、要玩耍。那麼，臉紅是唯一一種僅限於人類的表情，也就沒那麼奇怪了。畢竟，臉紅有著典型的社交性質——是人們在表達他們在乎別人怎麼想，而這種表達又促進了信任，並讓合作得以進行。

當我們直視彼此眼睛時也會有類似效果，因為人類有另一個奇怪的特點：我們有眼白。這個獨特特徵讓我們能跟上別人的視線。其他超過兩百種的靈長類，每一種都會產生把眼睛染色的黑色素。就好像撲克牌玩家會戴太陽眼鏡一樣，這可以掩蓋視線方向。

但人類的眼睛就不會。我們很坦率；人人都能明白看出我們的關注對象。想像一下如果我們無法直視彼此眼睛（譯註：英文中亦指「坦誠交流」），人類的友誼和戀愛會有多不一樣。在那種情況下，我們要怎樣才會覺得能夠信任彼此？因此布萊恩．海爾懷疑，我們那不尋常的雙眼，是人類馴化的另一個產物。當我們經演化而更加社會化，我們也開始把更多自己的內在想法和情感都揭露出來。[31]

此外，我們原本巨大的眉骨，也就是尼安德塔人頭骨和現存的黑猩猩、紅毛猩猩臉上都有的眶上隆凸（*torus supraorbitalis*），也變得平滑。科學家認為那條突出的骨頭或許妨礙了溝通，因為我們現在會以各種微妙的方式使用眉毛。[32]試著表達驚訝、同情和嫌惡看看，然後注意你的眉毛有多大的用處。

總之，人類不是面無表情的生物。我們始終都在洩漏情緒，且出於本能地和周圍其他人產生關係。但這絕不是一種殘疾，而是我們真正的超能力；因為善於交際的人不只相處起來更愉快，到頭來他們也比較聰明。

要把這概念化，最好的方式就是想像一個住有兩個部族的星球：天才族和模仿族。天才族十分傑出，每十個人就有一個會在生命中的某一刻發明出某件真正神奇的東西（好比說，釣竿）。模仿族在認知能力上沒那麼有天賦，所以每一千人才有一個人最後會自行學會釣魚。那就使天才族的聰明程度為模仿族的一百倍。

但天才族有一個問題。他們不善交際。發明釣竿的那個天才想教別人釣魚，平均下來也只有一個朋友可以教。模仿族每人平均有十個朋友，讓他們的交際能力達到前者的十倍。

現在我們來假設，教別人學會釣魚很困難，只有一半的情況下會成功。問題則是：哪一個團體最能從這項發明中獲益？人類學家約瑟夫・亨里奇所計算出來的答案是，平均五個天才族才有一個學會釣魚，其中半數人自己想到，另外一半則是從某個其他人學來的。相對地，儘管僅有百分之零點一的模仿族會自己想到這門技術，但他們百分之九十九點九的人最後都能夠釣魚，因為他們會從其他模仿族人那邊學來。[33]

尼安德塔人就有一點像天才族。他們個別的腦袋比較大，但集體來說他們沒那麼聰明。單一名尼安德塔人可能比任何一名智人來得聰明，但智人會比較多人群居，更常從一個團體遷移到另一個團體，也可能曾經是比較厲害的模仿者。如果尼安德塔人是超級快速電腦，那麼我們就是過時的個人電腦——但有連無線網路。我們比較慢，但連結程度較佳。

有些科學家建立了一種理論，認為人類的語言發展同樣也是我們社交能力的產物。[34]模仿族或許沒辦法自己想到、但可以互相學得的系統，有一個絕佳的例子就是語言；而隨著時間推移，語言就催生了會說話的人類，跟柳德米拉的狐狸開始吠叫的過程差不多。

所以尼安德塔人後來怎麼了？幼犬人到底有沒有消滅他們？

上述這個概念或許可以寫成驚悚讀物或拍成恐怖紀錄片，但它其實沒有一丁點考古學研究支持。比較合理的理論是，因為我們人類發展出共同合作的能力，所以更能夠應付最後一次冰河期（十一萬五千年至一萬五千年前）的嚴苛氣候條件。

至於那本令人灰心喪志的《自私的基因》呢？它正好符合一九七〇年代的思想——那是個被《紐約》雜誌稱作「自我十年」的時代。一九九〇年代晚期，一位熱切的理查・道金斯粉，決定把自己對道金斯這套想法的心得付諸實踐。這本書並沒有讓傑佛瑞・史基林（Jeffrey Skilling）執行長感覺悲觀，反而激勵他以貪婪機制來運作一整間公司——也就是能源巨擘安隆（Enron）。

史基林在安隆安排了一套「考績定去留」（Rank & Yank）的表現審查系統。分數一讓你躋身公司的表現頂尖者，並給你豐厚的紅利獎金。分數五讓你掉到底層，一個「流放西伯利亞」組——除了受到羞辱，如果你在兩週內進不了別層，你就被開除了。結果就產生了一種員工彼此割喉競爭的霍布斯式企業文化。二〇〇一年末，新聞爆料安隆涉及大規模做假帳。當塵埃總算落定時，史基林已在監牢中。

如今，美國規模最大的公司中，有百分之六十仍採用變形的「考績定去留」系統。[35]「這是一個霍布斯式宇宙，」記者約里斯・盧延迪克（Joris Luyendijk）如此描述二〇〇八年信貸危機餘波中的倫敦金融服務部門，「裡頭所有人對抗所有人，有著典型的那種污穢、野蠻又短暫的關係。」[36]像亞馬遜或 Uber 之類的組織也是如此，它們有系統地讓職員互鬥。用一位匿名員工的話來說，Uber 是「除非別人死掉，否則你永遠出不了頭」的「霍布斯式叢林」。[37]

科學自一九七〇年代以來有大幅進展。《自私的基因》這本書後來的再版中，理查·道金斯捨棄了自己主張過的人類天生自私，而生物學家們也不再相信這套理論。雖然生命演化確實得要靠奮鬥和競爭，但每個生物學一年級生現在都會學到，合作相較於上述兩者更是關鍵無比。

這是一個老到不能再老的真理。我們遙遠的祖先知道集體的重要性，且很少會十分崇拜個體。全世界從最寒冷凍原到最炎熱沙漠的狩獵採集者，都相信一切事物皆有所牽連。他們把自己當成是某個更龐大之物的一部分，和其他所有動植物及大地之母都連在一起。或許他們比我們今日更加了解人世百態。[38]

這樣的話，若說孤獨會讓我們生病，那又有什麼奇怪的？與人缺乏連繫的傷害可以比擬天天抽十五根菸，也沒有哪裡奇怪吧？[39]養寵物降低我們憂鬱症的風險，這也沒有什麼好奇怪吧？[40]人類渴望親密和互動。[41]我們的心靈渴求連結，就如我們的身體亟需食物。能讓幼犬人力求極致的最主要因素，就是那種渴望和期盼。當我了解到了這點，演化的概念感覺就不再那麼沮喪了。或許根本沒有造物主，也沒有龐大無比的計畫。也許我們的存在，就只是幾百萬年瞎摸亂碰出來的一個偶然僥倖。但至少我們並不孤單，我們擁有彼此。

第四章
馬歇爾上校和不願開槍的士兵

1

現在來處理房間裡的大象吧。

我們人類也有陰暗的一面。有時候，幼犬人會做出動物王國裡前所未有的恐怖事情。金絲雀不會開戰俘營，鱷魚不會蓋毒氣室，從古至今都沒有一頭無尾熊覺得非得要把同類生物全族集中清點、關起來並消滅。這些罪行只有人類會犯。所以，幼犬人不只是異常地親社會，也可以殘酷到令人震驚。為什麼？

看起來我們似乎得面對一個痛苦的事實。「讓我們成為最好心物種的機制，」小狗專家布萊恩．海爾說，「也讓我們成為地球上最殘忍的物種。」[1]人是社交的動物，但有一個致命瑕疵：我們覺得那些最像我們的人比較討喜。

這種本能似乎編寫在我們的DNA裡。就好比催產素，這種生物學家早就知道在分娩和哺乳方面有重要作用的激素。當他們第一次發現這種激素在愛意方面也相當重要時，一時間人們興奮不已。有人推測，在鼻子上噴一點催產素，就能享受絕佳的約會。

事實上，為什麼不讓噴藥飛機噴灑大眾呢？柳德米拉養的那群可愛西伯利亞狐狸體內濃度極高的催產素，讓我們更親切、更和藹、更輕鬆自在且寧靜。甚至連最糟糕的混蛋，都可以變成友善的小狗。這也就是為什麼在吹捧催產素的時候，常常會用「人類善心之乳」以及「擁抱的激素」之類的濫情說法。

但接著另一則新聞快報來了。二〇一〇年，阿姆斯特丹大學的研究者發現，催產素的效果看起來僅局限於自己的團體。[2] 激素不只增進對朋友的愛，也會強化對陌生人的反感。到頭來發現，催產素並不會激起普世情誼。它會驅動「自己人優先」的感受。

2

或許說到底湯瑪斯．霍布斯是對的。

或許我們的史前就是「所有人對抗所有人的戰爭」。不是朋友之間彼此對抗，而是敵人之間彼此對抗。不是跟我們認識的人對抗，而是跟不認識的陌生人對抗。如果那是真的，那麼到了現在，考古學家應該已經找到無數攻擊用的人工製品，而他們的挖掘也一定會發現我們天生就要戰鬥的證據。

我擔心他們確實找到了。第一個這樣的線索是於一九二四年出土的，當時一名礦工在南非西北方的塔翁村（Taung）出土了一個類似猿猴小型個體的頭骨。這個頭骨最後來到解剖學家雷蒙·達特（Raymond Dart）的手中。經辨識後他將其命名為非洲南方古猿（Australopithecus africanus），最早在地表上行走的其中一種人族——距今有兩百萬年，或可能是三百萬年前。

打從一開始，達特就因為自己的發現而深感不安。在研究這個頭骨和我們其他祖先的骨骸之後，他看到了許多的損傷。是什麼造成的呢？他的結論並不好看。達特說，這些早期人族應該是用了石頭、尖牙和角來殺他們的獵物，而從遺骸的外觀來看，他們傷到的並不是只有動物。他們也殺了彼此。

雷蒙·達特成了最早將人類特徵描述為天生嗜血相食的一名科學家，而他的「殺手猿理論」成了世界各地的頭條新聞。他說，得要到一萬年前農業出現時，我們的飲食才變得比較有慈悲心。我們文明的如此開端，可能是我們「普遍不情願」承認我們內心深處真正模樣其實如此的理由。[3]

達特本人沒有這樣的疑慮。他寫道，我們最早的祖先是「根深蒂固的殺手：

肉食動物，藉由暴力捕捉活體獵物，猛打至死，撕開牠們破損的肉體，將其手足一一肢解，用受害者的溫血滿足他們強烈的乾渴，並貪婪地吞嚥猛烈扭動掙扎的血肉」。[4]

既然達特打好了基礎，科學的打獵季節就到了，大批研究者追隨起他的腳步。

走最前面的，是在坦尚尼亞研究我們的表親黑猩猩的珍．古德（Jane Goodall）。人們長久以來都認為黑猩猩是和平素食者，所以當珍．古德於一九七四年走進一場猿猴全面開戰的戰火中央時，內心就受到了嚴重衝擊。

四年來，有兩群黑猩猩一直進行著殘忍無情的戰鬥。驚恐萬分的珍．古德有很長一段時間都守口如瓶不提自己的發現，而當她終於還是和世界分享她的研究結果時，很多人都不肯相信。她描述了黑猩猩「捧著犧牲者那顆鼻子噴血的頭來喝，扭斷一條肢體，用牠們的牙齒把皮撕成一片片」的場面。[5]

珍．古德的一個學生，名叫理查．蘭漢的靈長類學者（也是第三章小狗專家布萊恩．海爾的指導教授），在一九九〇年代時推測我們的祖先應該曾是某種黑猩猩。蘭漢追溯著一條從那些獵食者靈長類直達二十世紀戰場的軌跡，進而推測戰爭就存在於我們的血液中，讓「現代人成為持續五百萬年的致命攻擊習慣下的恍惚倖存者」。[6]

是什麼讓他做出這樣的判定？很簡單：殺手會活下來，心腸軟的人會死掉。黑猩猩有一種拉幫結派、伏擊落單同胞的嗜好，就很像霸凌者會在學校操場拿出他們根深蒂固的本能那樣。

或許你在想：是沒錯啦，但這些科學家講的是黑猩猩跟其他猿猴。幼犬人不是獨一無二嗎？我們不正是因為太友善才征服了世界嗎？根據紀錄，「我們」還在狩獵採集的那段日子裡到底是什麼情形？

早期的研究看似讓我們無罪清白。一九五九年，人類學家伊莉莎白．馬歇爾．湯瑪斯（Elizabeth Marshall Thomas）出版了一本書，談今日依舊居住在喀拉哈里沙漠的昆族（!Kung）。書名呢？《無害的人類》（*The Harmless People*）。其中心思想吻合一九六〇年代的精神，當時新一代的左傾科學家開始在人類學現場工作，熱切地要給我們祖先一種盧梭式的新面貌。他們聲稱，任何人若想知道我們過去怎麼生活，就只要觀察現代仍在四處覓食的遊牧民族。

湯瑪斯和她的同事證實，儘管叢林中或莽原上偶爾會有人打群架，但這些部落「戰爭」不過就到罵人的程度。有時候，會有誰放一支箭，但如果有一兩個戰士受傷，部落通常就會收兵。看到了嗎？進步派的學者們說，盧梭是對的；洞穴人真的是高貴的野蠻人。

然而對這些嬉皮來說，不幸的是，反面證據很快就開始累積。

後來的人類學家進行了目標比較明確的研究，證實了殺手猿理論也適用於狩獵採集者。他們的儀式性戰鬥看似有夠天真無邪，但夜色掩蔽下的血腥襲擊和男女老幼都不放過的大屠殺，就不是那麼好辯解的行為。即使是昆族，如果你觀察夠久的話，他們在比較貼近的調查下也證明是相當嗜殺成性的。（一九六〇年代昆族領域納入國家掌控後，謀殺率也大幅下降。也就是，等到霍布斯的《利維坦》前來施加法律規範之後。）[7]

而這只是開始。一九六八年，人類學家拿破崙·沙尼翁（Napoleon Chagnon）帶著一個讓世界天搖地動的、針對委內瑞拉和巴西亞諾瑪米族（Yanomami）的研究而來。標題呢？《凶狠的人類》（*The Fierce People*）。他描述了一個「處於長期戰爭狀態」的社會。更糟的是，研究還揭露了一件事，就是身為殺手的男性們也會有比較多的妻子和孩子——那麼，暴力存在於我們血液中的說法就合理了。

但一直要到二〇一一年，這番爭論才隨著心理學家史蒂芬．平克（Steven Pinker）出版了大作《人性中的良善天使》（*The Better Angels of Our Nature*）而真正塵埃落定。該書是這位已被視為全球最具影響力知識分子的代表作：一本字體特別小、又塞滿圖表的八〇二頁（英文版）大部頭書。拿來敲昏敵人的絕佳利器。

「今日，」平克寫道，「我們可以從敘事切換到數字。」[8]而那些數字本身就不言自明。來自二十一個考古場址的骨骸中，顯示有暴力死亡跡象的平均比例有多高？百分之十五。今日仍以採集食物為生的八個部落裡，有多大比例的死亡是因為暴力？百分之十四。整個二十世紀，包括兩次世界大戰在內的平均值呢？百分之三。現在的同個平均值呢？

百分之一。

「我們剛開始很惡質，」平克贊同霍布斯。[9]生物學、人類學和考古學都指向同個方向：人類有可能對朋友和善，而面對圈外人的時候則是冷血無情。事實上，我們是地球上最會煽動戰爭的生物。幸好，平克安撫他的讀者說，「文明的詭計」

把我們變得高尚。[10]有了農業、文字書寫和國家便能管束我們的好鬥本能，在我們惡毒、野獸的本能上頭蓋上一件厚厚的文明外衣。

憑著這本龐然大書秀出的所有統計數字的分量，這懸案似乎是了結了。多年來，我認為史蒂芬．平克是對的，而盧梭則崩盤了。畢竟，結果已經揭曉且數字不會騙人。

但後來我發現了馬歇爾上校。

3

時間是一九四三年十一月二十二日。夜色降臨在太平洋一座島嶼上，而馬金戰役（Battle of Makin）剛剛開始。攻勢如計畫展開，而此時某件怪事發生了。[11]

身兼歷史學家的上校山謬．馬歇爾（Samuel Marshall）就在現場目睹了這件事。他跟著第一批試圖從日軍手中拿下島嶼的美軍小分隊上岸。少有歷史學家這麼貼近軍事行動。入侵行動本身是一次孤立到完美的行動，簡直就像實驗室內的實驗一樣。對馬歇爾來說，這是即時觀察戰爭如何開展的絕佳機會。

那天，士兵們在酷熱中前進了三英里（約四點八公里）。當他們晚間停步時，沒人還有力氣去挖壕溝掩蔽，所以他們沒發覺不遠處就有日軍軍營。天黑後攻擊就開始了。日軍突襲了美軍陣地，一共嘗試了十一次。儘管人數遠遠不及，他們還是幾乎成功突破美軍的陣線。

第二天，馬歇爾思考著哪邊出了錯。他知道，就算你仔細端詳地圖上的旗子或者閱讀軍官的日誌，你能曉得的也不過就那麼多。所以他決定做一件從來沒人試過的事，這在歷史學研究圈是革命性的創新做法。那天早上，他把美軍軍人聚集起來並一組組訪談。他要求他們自由發言，允許低階軍人不同意長官的說法。

就策略來說，這實在是天才之舉。「馬歇爾幾乎立刻就察覺到，自己意外發現了精確敘述戰鬥的祕訣，」日後一位同事如此寫道。「每個人都記得一點東西——拼進拼圖的一小片。」[12]而上校就是這樣發現了一件難以置信的事。

大部分的士兵從沒開過槍。

許多世紀以來，甚至幾千年以來，將帥、領袖、藝術家和詩人都認為士兵理所當然會戰鬥。如果有哪件事能誘發我們內在的獵人，那就是戰爭。戰爭就是我們人類得以一展長才的時候。戰爭就是我們開槍殺人的時候。

但隨著山謬．馬歇爾上校持續在太平洋戰場、繼而歐洲戰場採訪一群又一群的軍人，他發現只有百分之十五至二十五的軍人真的擊發過武器。在關鍵時刻，大部分人都猶豫了。有一位灰心喪氣的軍官講述了他是怎麼樣在戰線上走來走去大吼：「該死的！開槍啊！」然而，「他們只在我盯著或者其他軍官盯著的時候才開火。」[13]

那天晚上馬金的情況是生死關頭，是你指望每個人都會為求生而戰鬥的時刻。然而，在馬歇爾那個超過三百名士兵的營裡，他只能確認有三十六個人真的扣過扳機。

是缺乏經驗嗎？不是。說起開槍意願，新兵和老鳥似乎沒什麼差別。而且許多不開槍的人在訓練時期都是神槍手。

或許他們就只是退縮了？不太可能。不開槍的士兵仍堅守崗位，代表他們還是擔著一樣大的風險。他們每一個人，都是勇敢忠誠的愛國者，準備好為同袍犧牲自己的性命。然而，到了真正要緊的時候，他們卻逃避了職責。

他們沒辦法開槍。

在二戰後的歲月裡，山謬・馬歇爾會成為他那世代最受尊崇的歷史學家。他要是開口，美軍會聽話。在他一九四六年出版的《人與火的對抗》（*Men Against Fire*）——直至今日，軍事學院裡的人還在讀這本書——中，他強調「平均正常健康的個人〔……〕內心通常都有一種未意識到的、對於殺害同類的抵抗，以至於他不會出於自己的決斷力而去奪走他人性命」。[14]他寫道，大部分的人，都有「對於侵犯的恐懼」，而那是我們「情感構成」的一個正常部分。[15]

發生了什麼事？上校是不是揭露了什麼強而有力的本能？在飾面理論正處於鼎盛，且雷蒙・達特的「殺手猿模型」十分流行的時候，馬歇爾出版的這本研究成果很難為人接受。上校有一個預感，覺得他的分析並不只限定於二戰同盟國軍人，而是適用於「歷史上所有的軍人」。從特洛伊戰爭的希臘人到凡爾登（Verdun）的德國人。

儘管馬歇爾在他有生之年享有卓越名聲，但到了一九八〇年代，對他的懷疑開始浮現。「馬歇爾關於戰爭的重要書籍遭抨擊為錯誤」，一九八九年二月十九日《紐約時報》頭版宣布。《美國遺產》（*American Heritage*）雜誌甚至更過分地稱其為騙局，宣稱馬歇爾「捏造了整件事」，且根本從來就沒進行過任何團體訪談。「那傢伙曲解了歷史，」一名前軍官譏笑。「他不了解人性。」[16]

那時候馬歇爾無法替自己辯解，因為他十二年前就過世了。接著其他歷史學家紛紛投入戰局——也投入檔案中——並發現有跡象顯示馬歇爾確實有時扭曲了事實。但那些團體訪談已經夠真實，而他也確實問了那些士兵說，他們有沒有擊發他們的M1卡賓槍。[17]

讀了好幾天的馬歇爾著作以及他的詆毀者和擁護者的著作之後，我已經不知道該怎麼想了。我是不是有一點太急著要認定上校是對的？或者他真的發覺到什麼不對勁？我愈是深入挖掘爭議，馬歇爾就愈讓我覺得是一個直覺式的思考者——沒錯，不是一個傑出的統計學家，但絕對是一個有洞察力的觀察者。

而那個大問題是：有沒有任何進一步的證據支持他？

簡短的答案是？有的。

比較長一點的答案呢？在過去幾十年裡，可證明馬歇爾上校正確的證據一直在累積。

首先，戰線上的同僚觀測到的情況跟馬歇爾一樣。萊昂內爾·威格蘭中校

（Lieutenant Colonel Lionel Wigram）在一九四三年的西西里戰役中抱怨，他靠得住的部隊人數頂多只占四分之一。[18]又或者好比伯納德・蒙哥馬利元帥（General Bernard Montgomery），他在一封家書中寫道：「我們英國子弟的問題在於他們不是天生殺手。」[19]

後來當歷史學家開始訪問二戰老兵時，他們發現超過一半的人從沒殺過人，而大部分的死傷都是極少數士兵的戰果。[20]在美國空軍，少於百分之一的戰鬥機駕駛包辦了幾乎百分之四十的擊墜飛機。[21]一位歷史學家談到，大部分的飛行員「從來沒把任何人打下來過，或者連試都沒試過」。[22]

學者們受到這些發現所驅使，也開始回顧有關其他幾場戰爭的假說。就好比美國南北戰爭最激烈時的一八六三年蓋茨堡戰役（Battle of Gettysburg）。有人檢查了二萬七千五百七十四挺後來從戰場上取回的火槍，發現還裝有子彈的槍枝比例達到了驚人的百分之九十。[23]這實在是沒道理。平均來說，一名步兵會花百分之九十五的時間在裝填子彈，並花百分之五的時間開火。既然裝填火槍到可擊發需要一整套步驟（用牙齒咬開彈藥筒，把火藥倒進槍管，裝入彈丸，塞到底，裝好火帽，拉上擊錘，然後扣扳機），那麼退一步來說好了，居然有那麼多槍還裝滿子彈就滿奇怪的。

但還有更怪的。有一萬兩千把火槍裝了兩份彈藥，其中一半還超過三份。有一把槍的槍管裡甚至有「二十三」顆彈丸——簡直荒謬。這些士兵受他們的長官從頭到腳訓練過。他們都知道，火槍設計成那樣，就是要用來一次噴出一顆彈丸。

所以他們到底在幹嘛？要到很久以後，歷史學家才弄明白：給槍裝填彈藥是不開槍的完美藉口。如果不巧已經裝好的話，這個嘛，你再裝一次就是了。不然就再裝嘛。[24]

也有人在法軍發現類似情況。一八六〇年代法國上校阿爾當・迪・皮克（Ardant du Picq）在針對自己下屬軍官實施的一次詳盡調查中，發現士兵並沒有那麼喜歡戰鬥。當他們真的擊發武器時，他們常常瞄太高。那種情況可以沒完沒了：兩支軍隊在對方的頭頂上空用光彈藥，同一時間，每個人爭先恐後找藉口做別的事——只要是別的事就好（補充彈藥，裝填武器，找掩護，隨便都行）。

「明顯的結論是，」軍事專家戴夫・葛洛斯曼（Dave Grossman）寫道，「大部分的士兵都『沒有』在試圖殺敵。」[25]

讀到這篇，我突然想起有段文章，是我最喜歡的一位作者所描述的同一種現象。「在這場戰爭中，每個人只要在人力所及範圍內，就真的一直打不中所有其他人。」喬治．歐威爾（George Orwell）在他的西班牙內戰經典著作《向加泰隆尼亞致敬》（*Homage to Catalonia*）中如此寫道。[26]當然，這不是指說沒有死傷；而是根據歐威爾所言，大部分流落到醫務室的士兵都是把自己弄傷了。意外弄傷。

近年來有為數穩定的專家集體公開支持馬歇爾上校的結論。他們之中有社會學家蘭德爾．柯林斯（Randall Collins），他分析了數百張戰鬥中士兵的照片，而計算結果呼應了馬歇爾的估計，只有大約百分之十三至十八的人有開槍。[27]

「用最普遍的證據來判斷，霍布斯的人類形象從經驗上來說是錯的。」柯林斯斷言。「人類是根深蒂固地會去（……）團結；而就是這一點讓暴力非常地難以發生。」[28]

4

直到今日，我們的文化仍瀰漫著人可以輕易決定要使他人受苦的迷思。想想藍波那一類亂開槍的動作英雄，還有一路打到底的印第安那瓊斯。看看電影電視裡的武打是怎樣打個沒完——在那些媒介上，暴力就像傳染一樣蔓延開來：一個角色絆倒，摔在另一個人身上，而他出乎意料就一拳飛來，然後在你搞清楚狀況之前，你就已經處在所有人對抗所有人的戰火中央。

但好萊塢虛構的這種形象跟真實暴力的關係，就跟色情作品和真實性愛的關係一樣。科學家表示，在現實中，暴力並沒有傳染力，它不會持續很久，而且絕不輕易發動。

我愈是讀了馬歇爾上校的分析和後續研究，我就愈開始懷疑我們天性好戰的這種概念。畢竟，如果霍布斯正確的話，我們應該全都以殺害他人為樂。的確，這種事的樂趣可能不如性愛，但它肯定不會引發一種深刻的「厭惡」。

另一方面，如果盧梭是正確的，那麼遊牧採集者應該大多與世無爭。在那種情況下，我們應該是在幼犬人開始充斥於地球的幾萬年過程中，演化出對殺戮的內在厭惡感。

寫下大部頭書的心理學家史蒂芬·平克有沒有可能弄錯了？他針對史前戰爭中的人類大量傷亡所做出的聳動統計結果——我在先前的著書和文章中熱切引用的內容，有沒有可能是錯的？

我決定回到起頭。這次，我避開了那些有意為大眾讀者而寫的出版品，而更深入探究學術文章。我沒過多久就發現了一個模式。當一個科學家把人類描寫成嗜殺靈長類的時候，媒體很快就會接納他們的成果。如果有同業提出相反主張，就不會有什麼人聽。

這讓我忍不住想：我們是不是被我們自己對恐怖和奇景的迷戀所誤導了？如果科學真相其實有別於暢銷書以及最多人引用的出版品讓我們相信的那一套說法，那會怎麼樣呢？

我們先來回顧一九二〇年代檢驗非洲南方古猿第一批出土遺骸的雷蒙・達特。在檢查這些兩百萬歲的人族受損骨骼之後，他斷定他們是嗜血的同類相食者。

這個結論相當受歡迎。光看原版的《人猿星球》（*Planet of the Apes*，譯註：本片台灣翻譯為《浩劫餘生》，二〇〇一年重拍版譯為《決戰猩球》）或者《2001太空漫遊》（*2001: A Space Odyssey*）這兩部（都是一九六八年上映的）靠著殺手猿理論牟利的電影就好。「我對殘暴的人性感興趣，」導演史丹利・庫柏力克（Stanley Kubrick，《2001太空漫遊》的導演）在一次訪談中證實，「因為那是人的真實形象。」[29]

要到許多年後，科學家才發覺非洲南方古猿的犯罪遺骸讓案情往完全不同的方向走。專家們現在同意，這些骨骸不是被其他人族（手持石頭、獠牙或獸角）所損害的，而是被掠食者所傷。就連一九二四年雷蒙・達特分析的那個頭骨也是如此。二〇〇六年新的判決出爐：攻擊者是一隻巨大的猛禽。[30]

那麼，我們的近親黑猩猩已知會把彼此的四肢一條條撕開，這又要怎麼說？牠們不就活生生證明了嗜血欲望是烙印在我們的基因上嗎？

這持續成為爭論焦點。和其他議題相比，學者們看法最不一致的問題是黑猩猩「為什麼」進行攻擊。有些人說要怪人類本身做出的干涉，指控說如果你——像珍・古德在坦尚尼亞做的那樣——固定餵黑猩猩吃香蕉，就會刺激牠們變得更有攻擊性。畢竟，沒有誰想錯過這種款待。[31]

儘管這個解釋一開始聽起來很吸引人，但到最後我並未被說服。最終獲勝的是一項從二〇一四年開始的大型研究，呈現了五十年間共十八個黑猩猩群體的數據資料。[32]不管研究者從什麼角度來看這份數據，他們都找不到黑猩猩謀殺和人類干涉的相互關聯。他們的結論是，黑猩猩沒有外部刺激也一樣能夠如此兇殘。

幸好我們的族譜還有更多分支。舉例來說，大猩猩就比黑猩猩和平太多。或者，比上述都還要更和平的巴諾布猿（bonobo）。這些脖子比較細小、手比較纖細、牙齒比較小的靈長類，比較喜歡整天荒淫，牠們的性格極其友善，而且從來都沒完全長大。

有沒有突然想到什麼？生物學家有充足把握去猜測，巴諾布猿就跟幼犬人一樣把自己馴化了。順帶一提，牠們的臉看起來和人類像到離譜。[33] 如果我們要做對比的話，我們就應該從這裡開始。

但這個針對我們最近親物種的激辯，真的有很切題嗎？人類又不是黑猩猩，我們也不是巴諾布猿。一共有超過兩百種不同的靈長類，彼此間有著顯著的差異。頂尖靈長類學家羅伯特・薩波斯基（Robert Sapolsky）就相信，猿猴沒有什麼地方可以讓我們認識自己的人類祖先，他說：「這場爭辯是空洞的爭辯。」[34]

我們必須回到真正的問題上——那個讓霍布斯和盧梭著迷的問題。

第一個「人類」有多暴力？

前面我說有兩種方式可以知道。一、研究現代仍和我們祖先過著同一種生活的狩獵採集者。二、挖掘我們祖先留下來的老骨頭和其他遺物。

我們先從第一個開始。我已經提過拿破崙．沙尼翁那本《凶狠的人類》，史上最暢銷的人類學書籍。沙尼翁證實委內瑞拉和巴西的亞諾瑪米族喜歡戰爭，而嗜殺的亞諾瑪米男性和主和派男性（用沙尼翁的話來說，就是「軟腳蝦」）相比，子女人數為後者的三倍。[35]

但他的研究有多可靠呢？目前的科學界共識是，今日仍過著狩獵採集生活的大部分部落，都不能代表我們的祖先過去怎麼生活。他們深陷於文明化社會，且頻繁與農場和都市人接觸。光是有那些人類學家繞著他們轉，就已經使他們「被污染」成受研究人口。（順帶一提，很少有哪個部落比亞諾瑪米族「被污染」得更嚴重。沙尼翁分發斧頭和開山刀來換取族人協助，然後又做出結論說，這些人暴力到極點。）[36]

至於沙尼翁聲稱的「殺人者比反戰者有更多子女」呢？實在說不通。那是因為他犯了兩個嚴重錯誤。第一，他忘記依年齡做修正：他的資料庫裡的殺人者平均比「軟腳蝦」年長十歲。所以三十五歲的那批人比二十五歲的有更多小孩。這有什麼好驚訝的。

沙尼翁的另一個根本大錯就是，他只算了活下來的殺人者有多少後代。他無視「殺別人的人通常會得到應得報應」這件事。換句話說，就是復仇。如果忽略這些案例，那你也可以單看贏家，就主張買樂透值回票價。[37]

在這位人類學家來訪後，亞諾瑪米族的詞彙就多了一個新詞：anthro（譯註：「人類學」英文的開頭）。定義呢？「一個有著嚴重精神失常傾向和瘋狂古怪行為的強大非人類。」[38]一九九五年，這名anthro遭到亞諾瑪米人永久禁止進入其領域。

顯然，沙尼翁的暢銷書最好視若無睹。但我們還是有心理學家史蒂芬．平克那本有圖表作為權威證據來證明我們暴力本質的八百多頁大部頭書。

在《人性中的良善天使》中，平克計算了八個原始社會的平均謀殺率，得到了一個令人害怕的百分之十四。這個數字出現在《科學》（*Science*）這一類受人敬重的期刊上，且永無止盡地在報紙和電視上一炒再炒。然而，當其他科學家看了平克的原始資料之後，他們發現他弄混了一些東西。

這個是有點偏專門的技術，但我們需要了解他在哪裡弄錯了。我們想要回答的問題是：哪些今日還在狩獵採集的人，代表了五萬年前人類生活的方式？畢竟我們在人類歷史中有百分之九十五的時間都是遊牧民族，以較為平等的小團體為單位在世上流浪。

平克的選擇是，幾乎完全專注於混合文化。這些人既狩獵又採集，但也騎馬或群居在聚落或者兼從事農業。要講一下，這些活動全部都比較晚近。人類直到一萬年前才開始務農，而馬到五千年前才被馴化。如果你想知道五萬年前我們久遠的祖先是怎麼活的，用養馬種菜的人來推斷並不合理。

但就算我們同意了平克的方法，這個數據資料還是有問題。根據這位心理學家的說法，巴拉圭阿切族（Aché，他列表上的部族一）百分之三十的死者，以及委內瑞拉、哥倫比亞兩地的西維族（Hiwi，部族三）百分之二十一的死者，要歸因於戰事。看起來，這些人就只是想要見血。

然而，人類學家道格拉斯．弗萊（Douglas Fry）對此抱持懷疑。審視原始來源後，他發現平克歸類為阿切族「戰死者」的四十六個案例，其實全部都和一個被列為「被巴拉圭人擊斃」的部落成員有關。

阿切人其實沒有彼此殘殺，而是「被奴隸販子殘酷地追捕，並被巴拉圭邊境拓荒者冷血地攻擊」，原始資料來源如此寫道，但是他們自己「渴望和他們更強大的鄰居有著和平關係」。西維族的情況也一樣。所有被平克列為死於戰爭的男女老少，都是於一九六八年遭到當地的牧場主所殺害。[39]

所謂鐵證如山的謀殺率也不過如此。這些遊牧採集者根本就不是習慣彼此屠殺的人，而是那些手持先進武器的「開化」農人的槍下受害者。「描述百分比的長條圖和數字表〔……〕都傳達了一種科學客觀的氣息，」弗萊寫道。「但在這個例子中全都是個假象。」[40]

那麼，我們可以從當代人類學中學到什麼？如果我們檢驗一個沒有定居地、沒有農業也沒有馬的社會——一個可以用來當作我們過往生活方式之模型的社會——會得到什麼結果？

你猜對了：當我們研究這幾類社會時，我們會發現戰爭很罕見。弗萊根據一份為二〇一三年《科學》期刊匯編的代表性部落清單來做出結論，他認為，遊牧的狩獵採集者會避免暴力。[41]遊牧民族會透過協商化解衝突，或者就繼續前往下一座山谷。這聽起來實在很像阿塔島上的男孩們：當火氣上來時，他們會前往島上不同地方冷靜下來。

還有另一件事。人類學家們長久以來都假定史前的社會網很小。他們認為，我們是以三十或四十名血親構成的一幫人徘徊穿越叢林。舉凡和其他團體相遇，很快就會轉變成戰爭。

但二〇一一年，有一組美國人類學家在地圖上標定出全世界從阿拉斯加的努那姆伊特族（Nunamuit）到斯里蘭卡的維達族（Vedda）共三十二個原始社會的社會網。結果發現，遊牧民族其實極為合群。他們經常一起吃飯、聚會、唱歌，並和其他團體的人通婚。

的確，他們是以三十到四十人的小隊伍覓食，但那些團體的主要成員都是朋友、不是家人，而且他們也持續交換成員，結果，採集者們就有著巨大的社會網。在巴拉圭阿切族和坦尚尼亞哈札族（Hadza）的例子中，有一項二〇一四年的研究就計算出，部落成員在一輩子裡平均和多達「一千」人相遇。[42]

簡單來說，實在有太多理由可以認為史前人類平均起來有著龐大的朋友圈。持續認識新人意謂持續認識新事物，也只有這樣，我們才能變得比尼安德塔人更聰明。[43]

還有另一個方法可以解決有關早期人類好鬥本性的問題。就是用挖的。考古證據可能最有希望讓霍布斯和盧梭的爭論塵埃落定，因為化石紀錄不會像部落那樣被研究者「污染」。不過有一個難題：狩獵採集者都是輕裝上路。他們沒多少東西，也不會遺落多少。

但對我們來說很幸運的是，有一個重要的例外。那就是洞穴壁畫。如果我們的自然狀態是霍布斯的那種「所有人對抗所有人的戰爭」，那你就可以指望，在這段時期的某個時間點上，應該會有某個人把那情況畫成圖。但人們從沒找到那種圖。然而這段時間裡，卻有成千上萬洞穴壁畫畫著獵捕野牛、馬和羚羊。沒有一丁點在描繪戰爭。[44]

那古老的骨骸要怎麼說呢？史蒂芬．平克引證了二十一個發掘遺址平均有百分之十五的謀殺率。然而和先前一樣，平克這裡的清單有點亂七八糟。二十一個發掘遺址裡面，有二十個的年代是在發明農耕、馴化野馬或者定居聚落出現「之後」，這就使得它們全部都太晚近。

那麼，到底有多少考古證據，可以證明有發生在農業、騎馬和定居社會生活之前的早期戰爭？有多少證據可以證明，戰爭存在於我們的本質中？

答案是幾乎沒有。

到現在為止，在四百個遺址出土的約三千具智人骨骸，已經老到可以告訴我們一些有關我們「自然狀態」的事。[45]研究過這些遺址的科學家，沒看到什麼有說服力的證據能證明史前戰爭存在。[46]至於那之後的時期，就是另一回事了。「戰爭沒辦法無限期往前回溯，」知名人類學家布萊恩·佛格森（Brian Ferguson）這麼說。「它有一個起始點。」[47]

第五章
文明的詛咒

1

尚—雅克・盧梭是對的嗎？是不是人類天生高貴、我們本來一切安好，直到文明到來為止？

我當然會開始這麼覺得。就以下面這則由某位旅者於一四九二年在巴哈馬群島（Bahamas）上岸時做的紀錄為例。居民的與世無爭令他感到震撼。「他們不帶武器，也不知道何謂武器，因為我給他們看了把劍……（他們）卻出於無知而把自己割傷。」這使他起了個念頭。「他們會是好僕役……我們用五十個人就可以降伏他們全體，然後讓他們唯我們的命令是從。」[1]

克里斯多福・哥倫布（Christopher Columbus）——前述的旅者——立刻就把他的計畫付諸行動。翌年他帶著十七艘船和一千五百人回來，並展開橫跨大西洋的奴隸交易。半個世紀後，加勒比人（Carib）的人口只剩下原本的百分之一不到；其他的人都屈服於傳染病和受人奴役的恐怖之下。

對這些所謂的野蠻人來說，接觸這般「文明」的殖民者一定是相當大的衝擊。對某些人來說，就連「一個人有可能去綁架或殺害另一個人」的這種概念，可能都怪異無比。如果這種情況聽起來很離譜，就想想今日世界上仍有些地方的人難以相信有謀殺這種事。

舉例來說，在遼闊無邊的太平洋上，有一個小小的環礁叫作伊法利克（Ifalik）。第二次世界大戰後，美國海軍在伊法利克上放了幾部好萊塢電影，來促進與伊法利克人的情感。結果那成了島民看過最駭人聽聞的東西。銀幕上的暴力使那些始料未及的當地人心煩意亂到了極點，有幾個人甚至病了好幾天。

多年後，當某位人類學家來到伊法利克島做田野調查時，當地人一而再地問她：那是真的嗎？美國那邊「真的」有人殺過別人嗎？[2]

所以，人類歷史的中心坐落著這個謎團。如果我們對暴力有著根深蒂固、出於本能的厭惡，那到底是哪邊出了錯？如果戰爭有個最初起頭，那是什麼起了頭呢？

首先，關於史前生活的警告事項：我們要避免把祖先的形象描繪得太浪漫。人類從來都不是天使。嫉妒、憤怒和仇恨是自古以來就一直造成損害的情感。在我們初始的日子裡，憤恨也可能失控爆發。而且，持平而論，如果我們當初沒有偶爾起身攻擊的話，幼犬人也從來都不可能征服世界。

要了解最後這一點，你需要對史前政治有些了解。基本上，我們的祖先很討厭不平等。抉擇是需要長時間討論的團體事務，過程中每個人都必須表達看法。一位美國人類學家以多到令人敬畏的三百三十九項田野研究為基礎，證實「遊牧覓食者普遍地（且幾乎著迷地）在乎免受他人管轄一事」。[3]

人與人之間的權力差異——如果遊牧民族容許這種事的話——都是暫時的，而且是為目的而不得不如此。領袖是比較博學、技術比較高明，或者比較有魅力。也就是說，他們有做好某個特定工作的能力。科學家把這個稱為「基於成就的不平等」。

同時，這些社會運用一種簡單的武器來讓成員保持謙卑：羞恥心。加拿大人類學家理查．李（Richard Lee）在喀拉哈里沙漠與昆族一起生活的紀錄，說明了這種規範大概是以什麼方式來進行，而對我們的祖先有效。[4]以下是一位部落成員描述一名成功的獵人應該要怎麼循規蹈矩：

「首先，他必須安靜地坐下來，直到別人來到他的火邊問說：『你今天看到了什麼？』他輕聲回答：『啊，我實在不會打獵。我什麼也沒看到……可能就只是一隻小的。』然後我就微微笑了，因為這樣我就知道他殺了一頭大的。」[5]

不要誤會我的意思——得意老早就存在了，貪婪也是。但幾千年來，幼犬人盡了一切可能，來弭平這種傾向。就像一位昆族人說的：「我們拒絕那些自吹自擂的人，因為總有一天他的驕傲會讓他動手殺了誰。所以我們總是說他的肉沒用處。藉著這方法我們讓他內心冷卻，並使他為人和善。」[6]

同樣也是狩獵採集者禁忌的，還有儲藏囤積。在我們歷史的大半時間裡，我們都不蒐集東西，而是蒐集友情。這總是讓那些不願相信遇到的人會如此慷慨的歐洲探險者驚奇不已。「當你跟他們要他們有的東西時，他們從來不說不，」哥倫布在他的日誌裡寫道。「他們反而是跟什麼人都分享東西。」[7]

當然總會有人拒絕忍受公平分享的價值觀。但那些變得太傲慢或貪婪的人，就有被放逐的風險。如果這招不管用的話，還有最後一招。

就以下面這件發生在昆族的事件為例。這裡的主要人物是特維（Twi），一個愈來愈管不動且已經殺了兩個人的部落成員。整個群體已經受夠了：「他們全體對他射毒箭，直到他看起來像豪豬為止。接著，在他死掉以後，所有男人，還包括所有的女人，都接近他身邊並用矛刺他，象徵性地分擔他死亡的責任。」[8]

人類學家認為，這樣的介入在史前時代應該偶爾就會發生，那時候部落會盡快解決那些發展出優越感的成員。這是我們人類自我馴化的其中一種方法：好鬥的個性有比較小的繁衍機會，而和藹可親的則有更多後代。[9]

那麼，男女在人類歷史中就有大半時間約莫比較平等。我們的男性祖先可能和我們對洞穴人的刻板印象恰巧相反，不是拿著棍棒、脾氣火爆還搥著胸的大猩猩，而有可能不怎麼陽剛。還更像原初的女性主義者。

科學家懷疑說，性別平等給了智人一個優於尼安德塔人等人族的關鍵優勢。田野研究證實，在男性主宰的社會中，男人多半與兄弟和表堂兄弟廝混。相較之下，在權力與女人共享的社會裡，人們往往有更多元的社交網。[10]而且，就如我們在第三章看到的，有更多朋友，到最後會讓你更聰明。

性別平等也會顯現在養育子女上。原始社會的男人與孩子相處的時間，比現在許多父親都要來得多。[11]育兒是一個由全部落共同分擔的責任：每個人都一起照顧嬰兒，有時甚至讓嬰兒給不同的女人餵乳。「這樣的早期經驗，」一位人類學家談道，「有助於解釋，為什麼覓食社會的孩子往往會學著把自己所處世界的運作模式視為『給予之地』。」[12]現代的父母都警告小孩不要和陌生人講話，但史前時代我們卻是被一整套信任所養大。

還有一件事。有多個明顯證據顯示，狩獵採集者的愛情生活也是相當悠哉。「連續性一夫一妻制擁護者」是某些生物學家形容我們的方式。就以坦尚尼亞的哈札族為例，那裡人們一生平均有兩或三個伴侶，而做選擇的是女人。[13]或者以住在巴拉圭山嶽裡的阿切族為例，那裡的女人一輩子平均有多達十二位丈夫。[14]因為可以全體參與育兒，這個由可能是父親的人構成的巨大網絡早晚都能派上用場。[15]

當一個十七世紀的傳教士跟（位於今日加拿大的）印努族（Innu）的一名成員警告不貞有什麼危險時，他回答說：「你不懂事。你們法國人只愛你們自己的孩子；但我們全都愛我們部落的全部孩子。」[16]

2

我愈是了解我們的祖先怎麼生活，我的疑問就愈來愈多。

如果我們真的一度住在自由的平等世界，我們怎麼會選擇離開？而且如果遊牧覓食者不難把剛愎自用的領袖排除，為什麼我們現在似乎沒辦法除掉他們？

標準的解釋是，現代社會已經非得靠他們而活。國家和跨國公司需要帝王、總統和執行長，因為就像地理學家賈德．戴蒙所說的，「沒有做決定的領導者，大批人口就沒辦法運作。」[17]這理論在許多管理者和君主的耳中無疑有如天籟。而且它聽起來合理到極點，因為，你怎麼可能沒有一名操偶師拉偶線，就蓋出一間神殿、一座金字塔，或者一座城市呢？

然而，歷史提供了大量案例，證明許多社會沒有嚴格階級制度也能蓋出神殿甚至整座城市。一九九五年考古學家開始挖掘土耳其南部一個巨大的神殿建築群，刻得十分美麗的柱子每根重量都超過二十噸。就把那想成是巨石陣（Stonehenge），但遠比那雄偉。研究者為其定年時，他們驚訝地發現這批建築群的歷史超過一萬一千年。那有可能古早到不是任何（有帝王或官僚掌權的）農業社會蓋出來的。而且，儘管考古學家盡可能地搜索，他們還真的找不到任何農業痕跡。這個碩大無朋的結構只有可能是遊牧覓食者打造的。[18]

最後發現，哥貝克力（Göbekli Tepe，譯為「大肚丘」）是世界上最古老的神殿，也是學者所謂「集體合作事件」的一個例子。有成千上萬人做出貢獻，而朝聖者遠從四面八方來幫忙。到了完工時，還舉辦了一場慶祝大會，有烤瞪羚大餐（考古學家找到成千上萬的瞪羚骨）。像這樣的一座紀念物不是為了拍哪個酋長的馬屁而興建的。其目的是為了讓人們團結友好。[19]

持平而論，的確是有線索顯示史前時代偶爾會有個人掌權。一個好例子就是一九五五年在莫斯科北方一百二十五英里（約兩百公里）的桑吉爾（Sungir）所發現的奢華墳墓。那裡好大喜功地擺著好幾條以長毛猛瑪象的長牙磨光雕刻成的項鍊、一個以狐狸牙齒手工製成的頭飾，以及數千個象牙珠子，全都有三萬年歷史。像這樣的墳墓，想必是王子公主那一類人，在遠早於我們興建金字塔或大教堂之前的最後安息處。[20]

即便如此，這樣的挖掘遺址也非常罕見，就算有，也只會包含少數幾個相隔數百英里的墓地而已。科學家現在假設，就算統治者罕見地掌握大權，他們也很快就被推翻了。[21]幾萬年以來，我們都有著把擺架子的人拉下來的有效方法。幽默、惡搞、講八卦。如果那不管用的話，就背後來一支冷箭。

但接下來，這個體制突然就停止運作了。突然間統治者們坐穩了大位，並設法牢牢掌權。同個問題又來了：為什麼？

3

要了解事情是從哪邊開始出錯，我們得往回一萬五千年，來到上一次冰河期尾聲。到那時候為止，整個行星都還沒什麼人住，而且人們會攜手抵擋酷寒。那與其說是奮力求生，不如說是「互抱」求生、相互取暖。[22]

接著氣候改變，把那一片以尼羅河為西界、底格里斯河為東界的區域變成一片流著奶與蜜的土地。在這裡，生存不再仰賴攜手對抗惡劣天氣。有了那麼充沛的食物供應，原地不動是很合理的行為。人們蓋起了茅舍和神殿，城鎮村莊成形且人口成長。[23]

更重要的是，人們的財產增加了。

之前盧梭對此是怎麼說的？「誰率先圈起一塊地，異想天開說『這是我的』」——一切就是從這裡開始走樣的。

當時要說服人們說，土地或動物——甚至其他人——現在可以屬於某人，不會是件簡單的事。畢竟，覓食者什麼都彼此分享。[24]而這個新的所有權做法，意謂不平等開始成長。當某人死去時，他們的財產甚至繼續傳給了下一代。一旦這種繼承開始施行，貧富之間的差距就拉大了。

耐人尋味的地方在於，戰爭就是在這時候、在上一次冰河期結束後首度爆發。考古研究證實，就在我們開始定居於一處時，蓋了第一個軍事防禦工事。第一面繪有弓箭手針鋒相對的洞穴壁畫也是在此時出現，而且這段時間前後也發現大量的骨骸帶有明顯的暴力受傷痕跡。[25]

怎麼會變成這樣？學者們認為至少有兩個原因。第一，我們現在有財物可以爭奪，首當其衝就是土地。第二，定居生活讓我們更不信任陌生人。覓食的遊牧者有一個相當悠哉的成員資格方針：你不斷地和新人偶然相遇，而且可以輕易加入其他團體。[26]另一方面，定居村民變得更專注於自己的社群和自己的財產。幼犬人從四海為家變成了仇外者。

至於我們會和陌生人團結一致的場合，說來也很諷刺，其最主要的理由是為了打仗。多個宗族開始組成聯盟，來抵抗其他宗族。出現的領袖，可能是在戰場上證明了自己勇氣的那些魅力人物。每一場新的衝突又進一步確保他們的地位。遲早這些將帥就會過度執著於他們的權力，以至於他們不再鬆手，甚至到了承平時期都不肯放下。

通常這些將帥會驚覺自己遭強制拔官。一位歷史學家說道：「應該有過成千上萬橫空出世的人沒能登上一座永久的王位。」[27]但有時介入來得太遲，一位將帥已經鼓吹了足夠的追隨者來保護他不受平民攻擊。被這種統治者主宰的社會，只會變得更戀戰。

如果我們想要了解「戰爭」這種現象，我們就得要觀察掌權的人。將帥和帝王、總統和顧問：這些都是發動戰爭的利維坦，深知戰爭會提升他們的權力和威望。[28]想想《舊約聖經》，先知撒母耳（Prophet Samuel）警告以色列人迎來一位國王的危險之處。那是《聖經》中最有先見之明——也最陰險——的段落之一：

> 管轄你們的王必這樣行，他必派你們的兒子為他趕車，跟馬，奔走在車前；又派他們做千夫長、五十夫長，為他耕種田地，收割莊稼，打造軍器和車上的器械。必取你們的女兒為他製造香膏，做飯烤餅。也必取你們最好的田地、葡萄園、橄欖園賜給他的臣僕。你們的糧食和葡萄園所出的，他必取十分之一給他的太監和臣僕。又必取你們的僕人婢女，健壯的少年人和你們的驢，

供他的差役。你們的羊群他必取十分之一，你們也必做他的僕人。

定居地和私有財產的出現開啟了人類歷史的一個新時代。百分之一開始壓迫百分之九十九，而花言巧語的人一路從指揮官升到將帥，從酋長爬到帝王。自由、平等與博愛的日子結束了。

4

讀著這些近期的考古發現，我回頭想到了尚─雅克．盧梭。「切乎實際」的寫作者都太常把他視為天真浪漫而略過不談。但我慢慢開始覺得，可能到頭來盧梭才是真正的現實主義者。

這位法國哲學家駁斥了文明進步的概念。他駁斥了「我們一開始是滿嘴咕嚕聲的洞穴人、都在把對方的腦袋打爛」的這種想法（今日學校還是這樣教的）。他也駁斥了「農業和私有財產制總算為我們帶來和平、安全和繁盛」的這種想法。他還駁斥了「厭倦了整天飢餓打鬥的祖先熱切地接納上述這些贈禮」的這種想法。

盧梭相信，那些全是錯的。他認為，我們一旦定居於一地，各種關係才會開始崩壞，而那正是考古學現在所證實的。盧梭認為發明農業是一個大失敗，而這一點，我們現在同樣也有充足的科學證據。

首先，考古學家發現，狩獵採集者過著一種相當輕鬆的生活，每週平均工作二十到三十小時，而且是頂多如此。幹嘛不這樣？自然提供了他們所需的一切，還留下相當多時間來放鬆、廝混和約炮。

相對地，農人得要在田裡長時間苦幹，而種田剩不了多少空閒時間。一分耕耘一分收穫（譯註：原本的英文為「沒有痛苦、沒有穀物」）。有些神學家甚至懷疑人的墮落是在影射轉變為組織農業的過程，如《創世記》第三章所赤裸裸描述的：「你必汗流滿面，才有飯吃。」[29]

定居生活在女人身上強行增加沉重負擔。私有財產和農耕的興起，導致原初女性主義的時代終結。兒子留在父親那塊地上照料農地和牲口，意謂如今得要為了家族農場而把即將結婚的女子弄來。諸多世紀以來，可以成婚的女兒被貶低到了如同商品的地位，像牛羊那樣地被以物易物。[30]

公婆家的族人以懷疑眼光看待這些新進門的媳婦，直到給了他們一個兒子，女人才獲得一定程度的接納。應該說是合法的兒子。於是女性貞操會變成一種無法擺脫的執念，也就不意外了。儘管史前時代的女人曾經能隨興自由來去，但到了此時，她們卻被遮掩起來、被拴了起來。家父長制就這麼誕生了。

而且情況只會愈來愈糟。盧梭曾說定居農人不如遊牧覓食者健康，而他又說對了。身為覓食者，我們有大量的體能運動，並享受各式各樣飽含維生素和纖維質的食物；但當了農人之後，我們的早午晚餐便開始吃起單調的穀類菜單。[31]

我們也開始住進更封閉的範圍，且更靠近自己的排泄物。我們馴養牛羊之類的動物，並開始喝牠們的奶。這就把城鎮變成促使細菌病毒突變的巨大培養皿。[32]「在有了文明社會歷史後，」盧梭評論道，「我們也該談起人類的疾病。」[33]

在我們拿遊牧生活換來農耕之前，我們從來都沒聽過麻疹、天花、結核病、梅毒、瘧疾、霍亂、鼠疫等傳染病。所以那些病都從哪來的？來自我們新馴養的寵物——或者更明確地說，來自牠們身上的微生物。我們透過乳牛得到麻疹，而流行性感冒則來自一種由人類、豬和鴨組成的微觀三人行，且新品種的疾病還不時持續誕生。

透過性傳遞的疾病也一樣。這種病在遊牧民族時期幾乎沒沒無聞，卻在牧場主之間開始肆虐猖獗。為什麼？原因滿尷尬的。當人類開始養牲口，他們也發明了獸姦。白話文：跟動物性交。隨著世界變得愈來愈焦慮不安，孤立的農人偷偷摸摸地硬上了自己的牲口。[34]

而那是男性對女性貞操執著的第二個誘因。除了合法婚生的後代之外，也有著對性病的恐懼。擁有整座後宮可用的帝王，拚了老命地確保他們的伴侶們是「純潔的」。因此就有了婚前性行為是一種罪的想法，而今日仍有千百萬人支持。

饑荒、洪水、流行病——人類才開始在一地定居，立刻就發現自己正與無限循環的災難對抗。一次歉收或者一種致命病毒就足以消滅整批人口。對幼犬人來說，這應該是讓人不知所措的事態變化。為什麼會發生這種變化？幕後的黑手是誰？

學者們大多同意，人類可能一直都相信神靈。[35]但我們遊牧者祖先的神靈，對於僅僅是終有一死的生命並不那麼感興趣，更別說懲罰這些生命的違規行徑了。遊牧者的宗教，會更神似於一位與坦尚尼亞哈札遊牧民族居住多年的美國人類學家所描述的：

我認為，可以說哈札是有宗教，至少肯定有某一套宇宙學，但它一點也不像活在複雜社會裡（信仰著基督教、伊斯蘭教、印度教等等）的我們大多數人所認為的宗教。沒有教堂、講道者、領袖，或者宗教捍衛者，沒有神像或神的畫像，沒有固定組織的聚會，沒有宗教道德體系，沒有對死後生命的信仰——他們的宗教和主要的宗教完全不相像。[36]

第一批大型定居地的出現，觸發了宗教生活的震撼轉變。為了解釋突然降臨到我們身上的大災難，我們開始相信有意復仇的全能存在，相信有一種因為我們做了什麼而暴怒的諸神存在。

人們派一整群神職階級去弄清楚為什麼諸神那麼憤怒。我們是不是吃了什麼禁止吃的東西？說了什麼不該說的？動了什麼不正當的念頭？[37]有史以來，我們第一次發展出罪（sin）的概念。而且我們開始指望教士來指示我們如何懺悔。有時候，祈禱或者完成一套嚴謹的儀式就夠了，但我們通常得要犧牲珍愛的財產——食物或動物，甚至人。

阿茲特克人就有這樣的行為，他們在首都特諾奇提特蘭（Tenochtitlan）建立了一個龐大的活人犧牲產業。一五一九年當西班牙征服者長驅直入該城、並進入最大的那間神殿時，他們看見成千上萬的人類頭骨堆成層架高塔，因而震驚不已。學者們現在認為，這些人祭不只是讓神息怒而已。「即便在儀式的脈絡下，殺死俘虜，」一位考古學家表示，「也是一個強力政治聲明〔……〕這是一種控制你自己人民的方式。」[38]

仔細思考這一切的痛苦——饑荒、瘟疫、壓迫——之後，很難不去問：為什麼？我們當初怎麼會覺得定居在一個地方是好主意？我們為什麼拿我們悠閒健康的遊牧生活，去換來一個勞苦又麻煩的農人生活？

關於當初發生了什麼事，學者們已經可以拼湊出一個很說得通的樣貌。第一批定居地應該是太吸引人了：人們發現自己處在地上樂園，園中樹頭果實纍纍，數不清的羚羊和馴鹿在吃著植物，那時候如果不留在原地，想必跟瘋了沒兩樣。

至於農耕的話，情況也差不多。並不是在哪個靈光一閃的時候突然有人喊：「我發現了！咱們來種作物吧！」雖然我們的祖先的確早在幾萬年前就意識到能種東西然後收成，他們也很清楚了解到，不要走這條路。「世界上都有那麼多蒙貢果

（mongongo，一種大戟科的高大樹木，分布於非洲南部，果實營養價值高）的果子了，」一位昆族人跟一位人類學家大聲疾呼，「我們幹嘛要種東西？」[39]

最合乎邏輯的解釋是，我們落入了陷阱。那個陷阱就是底格里斯河和幼發拉底河之間的肥沃氾濫平原，作物在那裡不需多費力氣就能生長。在那裡，每年洪水退去後會留下軟軟一層富含營養的沉積物，來滋潤我們播種的土壤。有大自然完成大半工作，就連懶得工作的幼犬人也願意試試看農耕。[40]

我們的祖先沒預料到的，是人口會增長成這樣。隨著定居地的人口愈來愈稠密，野生動物的數量也跟著下滑。為了填補損失，耕地面積就得要擴張到那些沒有肥沃土壤庇蔭的地帶。到了此時，農耕已經沒那麼不費力了。我們得要從早到晚犁地播種。我們的身體並不是為了這類工作而打造，因此出現了各種疼痛。我們演化成這樣是要來採漿果和放鬆的，而現在我們的生命已經被困難沉重的勞動所填滿。

那麼，為什麼我們不回頭去過我們那隨心所欲的生活就好？因為已經來不及了。不只是因為有太多人要吃飯，也是因為到了這時候，我們幾乎已經失去了覓食的技巧。而且我們沒辦法東西收收就邁向綠油油的草地，因為我們已經被鄰近的眾多定居地緊緊包住，而他們並不歡迎非法入侵者。我們就這麼被困住了。

農人的人數沒過多久就超越了覓食者。農耕定居地每一畝可以收成更多食物，而這就代表他們也可以供養更大規模的軍隊。堅持傳統生活方式的遊牧部落得要抵擋入侵的殖民者和他們的傳染病。到最後，拒絕向專制低頭的部落被武力打趴。[41]

這些第一波衝突的爆發，替形塑世界歷史的大競賽開了起跑槍。社會整個狂熱地擴大，來滿足不可阻擋的戰爭需求；於是村莊被小鎮征服，小鎮被城市兼併，而城市則被省併吞。此過程就在那場令盧梭悲嘆的災難性事件發生時達到了頂點。國家的誕生。

5

我們暫且先回來看看湯瑪斯·霍布斯描繪的、地表上第一群人的模樣。他認為，一個不受約束的生活，讓我們的祖先們打起了「所有人對抗所有人的戰爭」。因此我們會急忙擁抱第一批利維坦（酋長和帝王）以及他們所承諾的安全，是再合理不過的。霍布斯如是說。

我們現在知道，我們的遊牧祖先其實是在「逃離」那些專制者。第一批國家——就想想美索不達米亞的烏魯克（Uruk）或者法老王統治的埃及——毫無例外地，都是奴隸制國家。[42]人們並不是「選擇」擠在一起住，而是被那些因為手上奴隸一直死於痘疹或瘟疫而始終渴求新臣民的政體趕進一小塊地裡去。（《舊約聖經》會以如此負面調性來描述城鎮，也就不意外了。從蓋不起來的巴別塔到索多瑪〔Sodom〕與蛾摩拉〔Gomorrah〕的毀滅，上帝對萬惡城市的審判可說清楚明白。）

那種局面就算用最不難聽的說法，也只能說「很諷刺」。我們今日標榜為「文明里程碑」的那些東西，好比說發明金錢、發明書寫、法律制度的誕生，一開始都是用來壓迫的工具。好比第一批硬幣：我們並不是因為覺得能讓生活更方便才開始鑄幣，而是因為統治者要一個有效率的方法來徵稅。[43]或者想想最早的書寫文字：這些可不是浪漫詩詞書籍，而是未償還債務的落落長清單。[44]

那麼那些法律制度呢？名聲顯赫的《漢摩拉比法典》，史上第一部法典，充滿了幫助奴隸逃跑者的懲罰。[45]在古代雅典，西方民主的搖籃，「三分之二」的人口是被奴役者。柏拉圖和亞里斯多德等偉大思想家都認為，如果沒有奴隸制，文明就無法存在。

或許國家本性的最佳具體例證就是萬里長城，把「野蠻人」擋在外頭的世界奇觀——但同時也把臣民關在裡頭。它成功地使中國成為世界有史以來已知最大的露天監獄。[46]

接著就是那個大部分歷史教科書都沉默不語的美國過往難堪禁忌。少數願意承認的其中一人，就是美國開國元勛班傑明．富蘭克林（Benjamin Franklin）。在跟盧梭寫書差不多同個時候，富蘭克林承認「沒有哪個嘗過野蠻人生活的歐洲人，後來還可以忍受活在我們的社會裡」。[47]他描述了那些被印地安人抓住後來又釋放的「文明開化」白人男女，是怎麼一再地「一有好機會就再度逃回樹林裡」。

殖民者數以百計地逃進荒野，然而反過來的情況卻很少發生。[48]而誰又能怪他們呢？像印地安人那樣過活的他們，享有的自由比身為農人和納稅義務人的時候更多。對女人來說，吸引力甚至更大。「我們可以隨我們高興地從容工作，」一名躲著不想讓同胞來「救」她的殖民地女性這麼說。[49]「在這裡，我沒有主人，」另一個人跟一位法國外交官這麼說。「我想結婚就結婚，如果想離婚的話也可以回復單身。你的城市裡有哪個女人跟我一樣獨立？」[50]

近幾個世紀裡，一套又一套的叢書都在寫文明的起落。想想馬雅那些如今雜草叢生的金字塔，還有希臘人遺棄的神殿。[51]支撐所有這些書籍的基礎前提就是，當文明失敗時，一切都會變糟，讓世界陷入了「黑暗時代」。

但當代學者紛紛主張，把那些黑暗時代描述成一個緩解時期會比較正確，當時受奴役的人重新獲得自由，傳染病減少了，飲食水準有所增進且文化繁盛。人類學家詹姆斯·斯科特（James C. Scott）在他二〇一七年出版的傑作《反穀》（*Against the Grain*）指出，像《伊利亞德》和《奧德賽》這類傑作都是發源自邁錫尼文明崩潰後就立刻開始的「希臘黑暗時代」（公元前一一〇〇至前七〇〇年）。過了很久以後，它們才會被荷馬記錄下來。[52]

所以為什麼我們對「野蠻人」的看法那麼負面？為什麼我們自動把缺少「文明開化」等同於黑暗時代？歷史，如我們所知的是由勝者所撰寫。最早的文本充斥著國家和最高統治者的政治宣傳，由企圖抬高自己並睥睨其他人的壓迫者所發布。當初創造「野蠻人」（barbarian）這個詞，就是要囊括不會說古希臘語的所有人。

我們的歷史觀就是這麼被上下顛覆的。文明變得與和平進步同義，而荒野則是等同戰爭與退步。但現實中，對大部分人類而言，情況恰恰相反。

湯瑪斯・霍布斯這位老哲學家，實在是錯到不能再錯。他把我們祖先的生活和時代描述為「污穢、野蠻又短暫」，但比較真實的描述，應該是友善、和平且健康。

諷刺的地方在於，文明的詛咒追了霍布斯一輩子。好比說一六二八年殺死他贊助人的那場鼠疫，以及迫使他於一六四〇年從英國逃到巴黎的那場迫在眉睫的內戰（譯註：後來發生於一六四二至五一年的英國內戰）。這人對人性的看法深植於他自己的傳染病與戰爭經驗，然而上述這兩件事，都是人類史頭百分之九十五的時光裡幾乎沒出現過的災禍。霍布斯在史冊上被記為「現實主義之父」，然而他對人性的觀感卻一點也不切實際。

但文明真的就「一無是處」嗎？它不是也帶給我們許多好東西嗎？戰爭和貪婪不提，現代世界不是也給了我們很多值得感激的東西嗎？

當然是。但我們很容易忘記，真正的進步是一個非常晚近的現象。法國大革命（一七八九年）以前，幾乎世界各地所有的國家都還是靠強迫勞動所推動。一八

○○年以前，幾乎四分之三的全球人口都還活在一名富有君主的奴役下。[53]超過百分之九十的人口以耕作為生，而有超過百分之八十的人過著赤貧生活。[54]用盧梭的話來說就是：「人生來自由，不論在何處都銬著鎖鍊。」[55]

長久以來文明都是一場災難。城市和國家、農業和書寫的出現，都沒有為大部分人帶來繁盛，而是受苦。只有在過去兩個世紀——也不過眨眼一瞬間——情況才改善得如此快速，以至於我們都忘了過去的生活有多糟糕。如果你把文明史濃縮成二十四小時，那頭二十三個小時又四十五分鐘都慘痛無比。只有在最後十五分鐘，公民社會才開始好像不錯可以試試看。

在那最後十五分鐘裡，我們消滅了大部分的傳染病。現在疫苗「每年」拯救的人，比整個二十世紀假如都不打仗就不會死的人還多。[56]第二點，我們現在是空前的富有。過著極度貧窮生活的人數已經掉到了百分之十以下。[57]而且，第三點，奴隸制已經廢除了。

一八四二年，英國總領事寫信給摩洛哥蘇丹，詢問他在禁止奴隸買賣上有何作為。蘇丹頗為驚訝：「奴隸交易是從亞當之子的時代以來，所有教派和國家都一致同意的事。」[58]然而他不知道，一百五十年後，全世界各地都會正式禁止奴隸制。[59]

最後一件也是最好的一件事，就是我們進入了有史以來最和平的時代。[60]中世紀時，多達百分之十二的歐亞人口死在暴力中。但在近一百年來——即使算入兩場世界大戰——這數字都還是掉到了全世界百分之一點三。[61]（在美國現在是百分之零點七，而在我所居住的荷蘭，則是低於百分之零點一。）[62]

我們沒有理由對文明社會抱持著宿命論。我們可以選擇採用對所有人有益的新方法來組織城市與國家。文明的詛咒可以袚除。我們會設法這麼做嗎？長期來說我們能夠生存並興盛嗎？沒人知道。過去幾十年的進步無可否認，但同時我們也面對規模關乎存亡的生態危機。行星正在暖化，物種正在死絕，而現在的緊迫問題是：我們的文明生活方式有多大的可存續能力？

我常常想起一九七〇年代一位中國政治家（譯註：周恩來）在被問及一七八九年法國大革命有何影響時講了什麼。「言之過早。」據說他是這麼回答的。[63]

或許這句話也適用於文明。文明是個好主意嗎？

言之過早。

第六章
復活節島之謎

到了此時，我對人類歷史的了解已經全盤轉變了。現代科學已經快速了結了文明飾面理論。過去二十年我們已經累積了許多反例，而且還在持續累積中。但得要承認的是，我們關於史前的知識永遠不會無懈可擊。我們永遠不會解決我們祖先生活的所有謎題。拼湊祖先考古拼圖的過程中，涉及了相當比例的猜測，而我們應該時時小心，不要把當代的人類學發現投射到過去。

也因此，我想要最後一次觀察人們被丟下來自生自滅的時候會怎麼做。假設真實版《蒼蠅王》那群包括馬諾在內的男孩不是孤守荒島。假設當初船上也有女孩，他們還繼續生了孩子跟孫子，且幾百年後才有人找到阿塔島。

會有什麼事發生呢？孤立發展的社會看起來是什麼樣子？

當然，我們可以利用我們目前為止對史前生活的認識來描繪這種情境。可是，當你可以鎖定一個真實的、有人記述過的個案研究時，就不需要猜想。在某個長期被神話和謎團所遮蔽的遙遠島嶼上，前面幾章所洞察的道理得以合而為一。

1

雅可布．羅赫芬（Jacob Roggeveen）年輕時就跟父親承諾：總有一天，他會找到南方大陸（Southern Land）。這樣的發現會讓他躋身史上名探險家之列，也能讓他的家族留名青史。

人們認為這塊大陸位在太平洋某處。身為一個繪圖員，雅可布的父親阿亨特．羅赫芬（Arent Roggeveen）深信，這塊大陸必然得存在，才能平衡北半球的陸地質量。然後還有旅行者帶回來的諸多故事。葡萄牙航海家佩德羅．費爾南德斯．德．基羅斯（Pedro Fernandes de Queirós）把南方大陸描述成人間樂園，住著與世無爭而渴望基督教的土著。那裡擁有傲人的淨水、肥沃土壤以及——順帶一提就好，不是什麼要緊事——一座座銀山、金山和珍珠山。

要到一七二一年八月一日、父親過世四十年後，雅可布總算啟航。目的地：南方大陸。他在旗艦阿倫德號（Arend）上，指揮共三艘船、七十門大砲和兩百四十四名船員的船隊。這位六十二歲的准將滿心期待創造歷史。而他也將會創造歷史，只不過他沒料到會是怎麼創造的。

雅可布・羅赫芬尋找南方大陸的旅程

特塞爾島
一七二一年八月一日出發

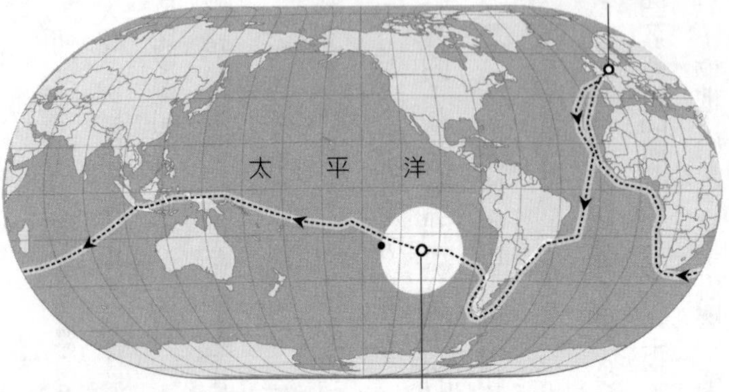

在大約方圓一千三百英里的範圍內沒有居民。距離最近有人居住的島是皮特康島（・）。

復活節島
一七二二年四月五日抵達

雅可布・羅赫芬不會建立起一個新文明。他會發現一個舊文明。[1]

出航八個月後發生的事情始終都讓我驚愕不已。一七二二年復活節週日那天，羅赫芬的一艘船升起了旗。阿倫德號駛到一旁，想弄清楚船員看到了什麼。答案是：陸地。他們在右舷外發現了一座小島。

幾十萬年前，這座島嶼在三座火山匯合處生成。被荷蘭船員命名為「Paasch Eyland」（復活節島）的這座島嶼僅僅略大於一百平方英里——廣大太平洋中的一粟土地。羅赫芬碰巧發現它的機率，幾乎接近零。

但接下來的發現，讓島嶼本身出乎意料的存在也相形失色：島上有人。

當荷蘭人靠近時，他們看到一群人聚集到海灘上來見他們。羅赫芬十分困惑。他們怎麼到這島上的？舉目所及沒有一艘能出海的船。更令人不解的是遍布島上的聳立石像——島民稱之為摩艾（moai）——巨大的頭擺在更巨大的軀幹上，約三十英尺（約九公尺）高。「我們無法了解，」羅赫芬在他的航海日誌中寫到，「這些缺乏粗重原木、粗壯繩索，也就沒有材料來組成工具的人，是怎麼有辦法把它們立起來。」[2]

當羅赫芬與船員一週後起錨時，他們得到的問題比答案更多。即便到了今日，這個太平洋小島依舊是地球上最令人費解的地方，驅使人們瞎猜了好幾個世紀。舉例來說，就有人猜島民是印加人的後代。或者石像是一群十二英尺（約三點七公尺）高的巨人族建造的。[3]或者甚至猜想石像是外星人空投下來的（一名瑞士旅館經營者用這套論點賣了七百萬本書）。[4]

真相沒那麼精彩——但也沒遜色多少。

多虧了DNA測試，我們現在知道探險者早在羅赫芬來訪的許久之前就已經抵達了。玻里尼西亞人，那些太平洋上的維京人，率先發現了這個島嶼。[5]人們認為，他們憑著近乎瘋狂的勇氣，搭著開敞式獨木舟、逆著盛行風，從大約一千六百英里（約二千五百七十五公里）外的甘比爾群島（Gambier Islands）啟航。我們永遠無法得知有多少這樣的遠征隊喪命，但對這故事來說，只要有一隊成功就夠了。

那麼那些摩艾巨像呢？一九一四年一位叫凱薩琳．勞特勒支（Katherine Routledge）的年輕人類學家來到島上做田野研究時，已經沒有一尊石像還立著。它們全都傾倒，有些還破損碎裂，蓋滿雜草。

這個小社會當初怎麼有辦法製造並移動這些巨石？他們住在一座缺乏樹木的島上，而且沒有輪子可用，更別說起重機了。這地方以前是否曾經有更多人口？勞特勒支拿這問題問了島上最老的一批居民。他們跟她說了個故事，講幾百年前這裡發生了什麼。是個毛骨悚然的故事。[6]

他們說，很久很久以前有兩個部族住在島上：長耳族和短耳族。他們和平相處，直到有件事讓他們分道揚鑣，摧毀了主宰該島數個世紀的和平，並爆發血腥內戰。長耳族逃到了島嶼東側並挖壕溝躲起來。第二天早上，短耳族從藏身處兩頭發動攻擊並燃起大火，把長耳族燒死在自己挖的陷阱裡。那道壕溝的遺跡現在都還看得到。

而那只是開頭而已。在後來的歲月裡，情況惡化成一場全面的霍布斯式戰爭，復活節島的島民甚至在別無選擇下人吃人。是什麼引發這一切的慘況？勞特勒支只能猜測。但很明顯的是，一定發生了什麼事情而讓社會自行毀滅。

數年後，一位叫索爾．海爾達（Thor Heyerdahl）的挪威探險家於一九五五年展開了一場前往復活節島的遠征。海爾達某種程度上算是名人。幾年前他和五位朋友拼拼湊湊弄出一艘木筏，然後從秘魯航行了四千三百英里來到玻里尼西亞，最後在拉羅亞島（Raroia）沉船而結束航程。對海爾達來說，這趟長距離木筏之行證明了玻里尼西亞住著划舟的印加人。儘管這無法說服專家，但他的理論確實賣出了五千萬本書。[7]

海爾達有了靠暢銷書賺來的大錢，得以出資進行前往復活節島的遠征。他邀請了幾位傑出科學家同行，其中包括了威廉．穆洛伊（William Mulloy），這位美國人後來會將一生奉獻在研究復活節島上。「你寫的鬼東西我一個字也不信。」啟航前他這麼向海爾達保證。[8]

結果到頭來科學家和冒險家意外地一拍即合，而抵達復活節島沒多久，這兩人就有了驚人發現。海爾達的團隊在一片沼澤深處發現了不明樹種的花粉。他們把它送去斯德哥爾摩，由一位頂尖古植物學家以顯微鏡分析，而他很快就把結論告訴他們。島上曾經有一大片森林。

雖然緩慢，但碎片確確實實地逐漸拼湊起來。一九七四年，在威廉．穆洛伊過世的幾年前，他發表了復活節島的真正歷史和島上人民的厄運。[9] 以下有雷：不是好結局。

2

一切都是從神祕的摩艾開始的。

穆洛伊說，基於某些緣故，復活節島島民對這些巨石難以自拔。他們從岩中鑿出一尊又一尊的巨像，並拖拉到定位。眼紅的酋長下令做出愈來愈大的摩艾，也就需要愈來愈多的食物餵養勞動人力；為了運輸石像，島上被砍倒的樹也愈來愈多。

但有限的島嶼無法支撐無限的成長。終於有一天，所有的樹都砍完了。土壤遭到侵蝕，導致作物量減少。沒木材做獨木舟，就沒辦法捕魚。石像的生產停頓，情勢愈來愈緊張。兩個部族（也就是島民跟凱薩琳．勞特勒支說的長耳族和短耳族）爆發了戰爭，一路打到一六八〇年左右那場讓長耳族幾乎完全被消滅的大戰為止。

穆洛伊寫道，其後倖存的居民發起了毀滅性的暴亂，把所有的摩艾都推倒了。更糟的是，他們開始用彼此解饞。島民們現在還是會講述他們食人祖先的故事，而人們侮辱人最喜歡講的一句就是「你媽的肉塞在我牙縫裡」。[10] 考古學家已經挖出了無數黑曜石箭頭，又稱馬塔阿（mata'a）——大規模殺戮的證據。

所以一七二二年當雅可布．羅赫芬登陸復活節島的時候，他遇上的是一批為數僅僅數千的可憐人。即便到了今日，把摩艾從岩石中刻出來的拉諾拉拉庫（Rano Raraku）採石場，還是給人一種工坊突然被倉促遺棄的印象。鑿子還落在當初扔下的原位，還有數以百計的摩艾尚未完工就被遺棄了。

威廉．穆洛伊的文章代表復活節島解謎的一大突破。很快地，就有一連串其他研究者增添了支持其論點的證據。好比說有兩位英國地質學家於一九八四年宣布，他們在島上的三個火山口都發現了花粉粒化石，證實了島嶼曾經覆滿森林的假說。[11]

最終是舉世聞名的地理學家賈德·戴蒙讓復活節島的悲劇歷史得以不朽。[12]他在二〇〇五年出版的暢銷書《大崩壞》（*Collapse*）裡，概括了幾個主要的事實：

- 早期，大約在公元九〇〇年左右，復活節島就住著玻里尼西亞人。
- 分析挖掘出來的住所數量，顯示人口一度達到一萬五千人。
- 摩艾大小穩定增加，因此也讓人力、食物、木材的需求增加。
- 石像是以水平的方式用樹幹運送，需要大量勞動力、大量樹木以及一名強大領袖來監督工作。
- 到最後一棵樹也不剩，導致土壤侵蝕、農業停擺且普遍饑荒。
- 一六八〇年前後爆發了內戰。
- 當雅可布·羅赫芬於一七二二年抵達時，只有幾千居民倖存。無數摩艾遭推倒，島民彼此相食。

故事的寓意呢？

是在暗喻我們，把復活節島和地球並列，就會出現一些令人不安的互可比擬。就想想：復活節島是滄海中的一粟，地球是茫茫宇宙中的一粟。島民沒有船逃脫；我們沒有火箭太空船帶我們離開。復活節島森林愈來愈少且人口過剩；我們的地球污染愈來愈嚴重且過熱。

這會使我們得到一個結論，和我前面幾章提出的正好相反。「人類的貪婪無邊無際，」考古學家保羅．巴恩（Paul Bahn）和約翰．佛蘭利（John Flenley）在《復活節島，地球島》（*Easter Island, Earth Island*）中如此寫道。「它的自私似乎是出自基因的與生俱來。」[13]

就當你以為擺脫了霍布斯的飾面理論時，它就像迴力鏢一樣加倍奉還。復活節島的故事似乎證實了人皆自私的觀點。隨著我們的行星持續暖化，且我們還在繼續消耗跟污染，復活節島便赫然成為我們未來的完美比喻。把幼犬人和高貴野蠻人都忘了吧，我們人類看起來似乎更像一種病毒，或者烏雲般的蝗蟲大軍。就像一種瘟疫，擴散到一切毀壞荒蕪為止——直到一切都來不及為止。

所以這就是復活節島的教訓。許多紀錄片和小說、百科全書和報導、學術文章和科普書籍，都反覆訴說著它的慘烈歷史。我自己也寫過。長久以來我認為復活節島的謎團已經由威廉·穆洛伊、賈德·戴蒙以及他們的眾多同仁所解決。因為，如果那麼多頂尖專家都得出同樣悲慘的結論，那還有什麼好爭的呢？

接著我偶然發現了讓·波爾瑟馬（Jan Boersema）的著作。

3

當我抵達他在萊登大學（Leiden University）的辦公室，我可以聽到背景演奏著巴哈的清唱套曲。當我敲門後，一位穿著鮮豔大花襯衫的男人從書堆冒了出來。

波爾瑟馬或許算是一位環境生物學家，但他的書架上也塞滿了歷史和哲學的書籍，而他的研究工作同時利用了人文和科學。二〇〇二年，這個方法讓他做出了一個簡單但意義深遠的發現，反駁了我們過往自以為對復活節島的一切認識。他注意到了無數研究者和寫作者都沒能看到的某個東西——或者就只是不想看到的東西。

波爾瑟馬當時正在準備他的教授就職演說，需要一些復活節島衰退的背景資料。他想知道羅赫芬的航海日誌還在不在，就去查了圖書館的目錄。半小時後，《雅可布·羅赫芬先生探索航程日誌》（*Journal of the Voyage of Discovery of Mr. Jacob Roggeveen*）就在他書桌上翻了開來。

「一開始，我簡直不敢相信自己看到什麼。」波爾瑟馬本來預期看到噁心的大屠殺和食人場面，但在他面前卻是一本正面向上的旅行日誌。「完全沒寫到什麼正在衰退的社會。」

在雅可布·羅赫芬的描述中，復活節島島民看起來友善又健康，體格結實發達、牙齒閃亮潔白。他們可沒跟人討吃的，他們反過來還「招待」荷蘭船員吃的。羅赫芬注意到島上土壤「出乎意料地肥沃」，但他完全沒提到被推倒的石像，更別說武器和食人了。相反地，他描述這島嶼是「人間樂園」。

「所以接著我就想，」波爾瑟馬咧嘴而笑，「這裡出了什麼事？」

讓·波爾瑟馬是率先對普遍流行的復活節島毀滅故事表達嚴重質疑的其中一位科學家。當我讀了他二〇〇二年的演講時，我突然領悟到，復活節島的歷史就像是一個好的懸疑故事：一篇科學偵探小說。所以，我們就來像波爾瑟馬這樣，試著一步一步慢慢釐清謎團。我們將驗證目擊紀錄，查證島民的不在場證明，盡可能精準釐清時間線，然後專注在兇器上。調查過程中我們將得要運用全領域學門，從歷史到地質學，從人類學到考古學。[14]

我們就先從回到犯罪現場開始：一六八〇年長耳族藏身且葬身的壕溝。這兇殘傳說的來源是什麼？

我們手上的第一個紀錄，是一九一四年復活節島島民和凱薩琳・勞特勒支分享的回憶。每個調查者都知道，人類的回憶容易出錯，而我們在這邊處理的回憶還是代代口耳相傳的。想像一下我們得要解釋我們兩三百年前的祖先如何如何。再想想我們沒有歷史書籍、只能仰賴自己對於相關故事的記憶。

結論是：勞特勒支的筆記可能不是最佳資料來源。

但傳聞也不是屠殺的唯一證據。索爾・海爾達遠征隊的其中一名成員，考古學家卡萊爾・史密斯（Carlyle Smith），開始在據說是長耳族大屠殺的壕溝遺址周遭開挖。他採了兩個木炭樣本並送出去鑑定年分。一個樣本的年分範圍縮小到了一六七六年。對史密斯來說，這就定論了。因為年分符合口述傳說所指的長耳族遭燒殺年代，所以他判定這個故事查證屬實。[15]

儘管史密斯後來在這個說明中加入了一些附帶提醒，且儘管後續的分析重新把木炭樣本的年分定於一四六〇至一八一七之間的任何一年，且儘管該地從未發現過人類遺骸，且儘管地質學家證實那道壕溝從來都不是挖出來的、而是地貌的自然特色，一六八〇年大屠殺的迷思還是持續存在。[16]而且它還靠著海爾達、穆洛伊以及戴蒙持續擴散下去。

若依法醫證據來考量，那部落戰爭的佐證就更弱了。理論的說法是島民因飢餓而吃起人。但更晚進行的、針對數百具居民骨骸的考古分析發現，事實上，羅赫芬的觀察是正確的：十八世紀初住在復活節島上的人身強體壯。[17]沒證據指出他們在挨餓。

那麼，那些指出大規模暴力的線索又怎麼說？

史密森尼學會（Smithsonian Institution）的一組人類學家最近檢驗了來自復活節島的四百六十九具頭骨，他們完全沒找到任何一類的證據，可以表明土著曾發生過大規模戰爭。確實，只有兩顆頭骨有（至少假定上）可能為使用那些惡名昭彰的馬塔阿（黑曜石箭頭）所造成的受傷痕跡。[18]

但科學家不再相信馬塔阿是武器。它們很有可能是用來當作普通的削皮刀——用法就像羅赫芬艦隊的船長們觀察到一名土著用來剝香蕉皮的那片黑曜石。一組美國研究團隊於二〇一六年檢驗了四百把馬塔阿之後做出結論，認為它們毫無用武之地：它們太鈍了。[19]

這並不是說復活節島島民不知道如何製造致命武器。但就像該團隊的領頭者有些譏諷的評論：「他們選擇不做。」[20]

所以情況愈來愈複雜了。因為，如果他們不相殺，那一度住在島上的幾千幾萬人都怎麼了？他們全都去哪了？羅赫芬告訴我們說，他造訪時只有兩千人在島上生活，然而根據賈德．戴蒙所言，在某個時刻，島上人口曾多達一萬五千。他們的不在場證明呢？

我們先從戴蒙用來得出這個人數的方法開始看起。首先，他根據考古遺址，計算了島上曾經有多少棟房子。接著他粗略估算一間房子裡住多少人。接著為了讓計算結果整齊，他四捨五入。聽起來實在不像個萬無一失的計算公式。

如果我們可以明確定出整齣劇演出的時間範圍，我們就可以做出比那好很多的人口估計。原本人們認為復活節島在公元九〇〇年左右開始有人居住，甚至早至公元三〇〇年。然而，最近經過更先進的技術修正後，年分已大幅推遲，來到了大約公元一一〇〇年左右。[21]

讓．波爾瑟馬利用這個較晚的年分進行了簡單計算。就當作有一百個左右的玻里尼西亞航海員於公元一一〇〇年登上了復活節島。然後假設人口每年成長百分之零點五（前工業社會所能達到的最大值）。這代表說到了羅赫芬靠岸的時候，可能已經有多達兩千兩百名居民。這個數字十分吻合十八世紀停留該島的歐洲航海家所記錄下來的估計數字。

這就代表說，那幾千名據稱彼此虐待、殺害、互食的復活節島島民有著極佳的不在場證明。

他們根本不存在。

下一個未解的謎題是，復活節島的森林怎麼了。如果賈德・戴蒙、威廉・穆洛伊和那一大票科學家都可信的話，那麼所有的樹木都是那些想把摩艾立得愈多愈好的貪婪居民所砍下的。一名加拿大歷史學家甚至誇張到去診斷島民的「狂熱」和「意識形態病理學」。[22]

但如果你去算一算，很快就會了解到這個結論有點太輕率了。波爾瑟馬估算，這一千座石像每一座都得要花大約十五棵樹才能滾動到定位。算出來至多也是一萬五千棵樹。所以島上曾經有多少樹木呢？根據生態學研究，有數百萬——甚至有可能多達一千六百萬！[23]

這些石像有很多根本沒離開過拉諾拉拉庫，也就是離出它們的採石場。然而它們並非在島嶼突然陷入內戰時被「拋棄」，科學家現在認為，它們是故意被留在那裡當作採石場的「守護者」。[24]

到最後，有四百九十三座石像從採石場滾到了其他地點。那聽起來可能挺多的，但別忘了幾百年來復活節島都遺世獨立。他們一年頂多搬一座或兩座石像。他們為什麼不搬到十二之類的整數就停下來呢？波爾瑟馬懷疑這也有一個簡單的解釋。無聊。「活在像那樣的一座島上，你手頭上的時間基本上非常多，」他笑著說。「那一切的劈砍拖拉有助於安排每日時程。」[25]

我認為製造摩艾真的應該被視為「集體合作事件」，就和一萬多年前在哥貝克力興建神殿建築群（見第五章）很像。或者更近期的例子，像是二十世紀初期，有人在蘇門答臘以西的尼亞斯島（Nias）觀察到多達五百二十五人用木製長橇拖著一座巨大石像。[26]

像這樣努力完成的工作當然也可以用更高的效率加速完工，但問題不在這邊。這些石像不是某個狂妄自大的統治者憑空想出的什麼威望工程。它們是把人們團結在一起的公共儀式。

別誤會了：復活節島島民確實砍下了不小比例的樹木。不只是為了移動摩艾，也是為了收成裡面的樹液、為了造獨木舟以及清空土地種植作物。即便如此，若要解釋整座森林為何消失，有一個嫌疑更大的犯人。其名為 *Rattus exulans*，又稱玻里尼西亞鼠。

這些鼠類可能是第一批抵達的船隻上的偷渡者，而復活節島上沒有天敵，就使牠們能自由自在地覓食繁殖。實驗室裡，老鼠的數量每四十七天就能翻一倍。那代表說，僅僅三年內，一對老鼠就可以產下一千七百萬隻後代。

這才是復活節島上真正的環境災難。生物學家懷疑這些快速激增的老鼠食用樹木的種子，妨礙了森林的生長。[27]

對復活節島的島民來說，森林砍伐不是那麼大的問題，因為每一棵倒下的樹就釋放出一塊可耕地。在一篇二〇一三年的文章裡，考古學家瑪拉．莫倫尼（Mara Mulrooney）證實，樹木消失後食物其實是「增產」，這要多虧島民使用專業的農耕技巧，好比說堆積小石頭來保護作物不受風吹，還兼具保溫和保濕的功能。[28]

考古學家表示，即便人口真的達到一萬五千人，食物還是夠每個人吃。莫倫尼甚至還主張，復活節島或許「應該是人類的智謀可以導致成功而非失敗的樣版範例」。[29]

4

那樣的成功並不長命。

最終毀滅了復活節島的瘟疫不是從裡面來，而是搭著歐洲人的船隻抵達。悲慘的一章從一七二二年四月七日雅可布．羅赫芬和船員準備上岸開始。一名裸體男子划著船過來。這個判定是五十幾歲的人體格結實、皮膚黝黑、刺著刺青，還留著山羊鬍。

一上船，這位老兄給人一種生氣勃勃的印象。他「對桅杆的高、繩索的粗，對船帆、對大砲」表達了驚奇，並「小心翼翼地觸摸這些東西，以及他看到的每一件其他東西」。[30]當他看到自己映在鏡子上、當船鐘響起，以及當他把人家遞給他的白蘭地倒到眼睛裡面時都嚇得半死。

讓羅赫芬印象最深刻的是那位島民的開心模樣。他跳著舞，他唱歌，他笑著並反覆發出「O dorroga! O dorroga!」的喊聲。要到很久以後學者才證實他可能是在喊「歡迎」。

後來，那樣歡迎的結果卻令人痛苦。羅赫芬帶著一百三十四個人乘著三艘船和兩艘單桅小帆船登岸。儘管復活節島島民明白表達了歡欣，荷蘭人還是排出了戰鬥隊形。接著，在毫無警告之下，響起了四到五聲的槍響。有人喊著：「快、快開槍！」接著又是三十幾槍。島民逃進內陸，留下大約十具屍體在海灘上。那之中就有那名原本喊著「O dorroga!」來歡迎艦隊的友善土著。

羅赫芬對那些聲稱是誤會的攻擊者非常火大，但他的日誌裡沒有提到懲罰。當夜色降臨時，羅赫芬堅持離開，急切地想要重啟他尋找南方大陸的任務。

下一支艦隊停在復活節島上，將會是四十八年之後的事情。由菲力浦・岡薩雷斯船長大人（captain Don Felipe González）率領的遠征隊插下了三具木製十字架，升起西班牙國旗，並宣告聖母瑪利亞擁有本島。復活節島島民似乎不介意。

「連一丁點的敵意跡象都沒有。」這群征服者如此記錄道。[31]當西班牙人把一副新的弓箭給居民看時，與世無爭的土著們對於該怎麼用這份禮物感到困惑不解。

到最後，他們選擇像項鍊那樣把它戴起來。

四年後，也就是一七七四年時，來了由詹姆斯·庫克（James Cook）所率領的英國遠征隊。歷經三次跨越太平洋的壯烈航程、總算證明了南方大陸只是虛構的人，就是庫克船長。他得以躋身史上傑出探險家的行列，然而羅赫芬這個名字卻早已遭人遺忘。

庫克的顯赫地位，或許解釋了為什麼那些災難預言者會那麼相信他對復活節島的觀察。庫克是第一個記述摩艾被推倒的人，也是（可能更重要地）第一個把土著描述為「矮小、細瘦、膽怯、可悲」的人。

或者應該說，那是他老被人引用的一段文字。奇怪的是，當多倫多大學（University of Toronto）的一位研究者重讀了庫克的航海日誌之後，卻找不到這句有損形象的描述。[32]相反地，庫克其實記錄下居民們「輕盈活躍，面貌良好而非一臉討人厭；而且對陌生人熱情友善」。[33]

所以，庫克是在哪裡寫過那種刻薄評判呢？我們能在哪裡找到這段如此恰好符合復活節島崩壞記事、甚至得以放上科學期刊《自然》（*Nature*）雜誌神聖頁面的引言呢？[34]賈德·戴蒙註明引用來源是保羅·巴恩和約翰·佛蘭利《復活節島，地

這張是以一七八六年四月九日造訪復活節島的藝術家加斯帕爾德・杜什・德・萬西（Gaspard Duché de Vancy）的作品所製成的版畫。這張圖對於這位法國人和他的殖民觀點的描繪，可能比復活節島土著還要多。而這張圖還能留存下來就已經是種奇蹟，畢竟德・萬西參與的是探險家拉彼魯茲伯爵，讓－弗朗索瓦・德・加洛（Jean-François de Galaup, Comte de La Pérouse）所領頭的慘烈遠征隊。一七八七年這支法國隊伍抵達了俄羅斯東北的堪察加半島。為防萬一，拉彼魯茲伯爵決定在那裡把旅程的先行報告（包括這張畫）寄回家。一年後他的遠征隊遭遇船難。拉彼魯茲伯爵、遠征隊隨隊畫家德・萬西等人實際上發生了什麼事，是學者們今日仍試著解開的謎團。圖片來源：Hulton Archive

球島》的作者），但他們則沒有註明引用來源。我決定自行追蹤這神祕的引言。在圖書館度過漫長一日之後，我找到了，在一九六一年一本寫給學界讀者的枯燥書籍中。[35]

主題呢？前往復活節島的挪威遠征隊。作者呢？索爾·海爾達。

沒錯，庫克這段從頭錯到尾的引言，不過就是來自這名挪威冒險家，來自這個支持某些偏頗觀點的人。出版了一本暢銷書、講一個幻想島嶼上原本住著長耳朵印加人後來卻被短耳朵玻里尼西亞食人族打垮的，也是這同一個人。把庫克筆下「無害而友善」的島民重塑成一群「原始食人族」的，也是這個索爾·海爾達。[36]

迷思就是這樣誕生的。

與此同時，還有一個謎題：為什麼復活節島島民把他們的巨大石像都毀了？

要解答，我們得要回到雅可布·羅赫芬的日誌。在他到來前，島上居民已經幾百年都以為自己是獨處於世。因此，所有的摩艾全都面朝內對著島上，而不是朝外對著海，或許也就不是偶然。

接著，過了那麼久之後，三艘碩大無朋的船艦出現在海平線上。島民對於那些有著驚人船艦和兇惡火力的奇怪荷蘭人會有什麼想法？他們是先知嗎？還是諸神？他們的到來和海灘上的屠殺想必是深刻的震撼。「就算是島上那些人的孩子的孩子，以後還是有辦法講述事發經過。」一名荷蘭水手這麼預測。[37]

下一批更大張旗鼓上岸的是西班牙人。他們弄了一支儀隊外加搖旗打鼓，並以三發響徹雲霄的砲擊為儀式錦上添花。

如果推論這些事件對島民造成震撼，並影響他們的世界觀，會不會是過度延伸呢？在羅赫芬描述看到島民跪拜摩艾的同個地點上，庫克描述說，那些石像「不管在荷蘭人來到時曾代表過什麼意義」，如今都已不再「被現今的居民當成偶像看待」。此外，他還談到，島民「甚至不去修理那些將要損壞的石像底座」。[38]

到了一八〇四年，根據一名俄羅斯水手的紀錄，只剩少數摩艾依然聳立。其他的可能是自己倒下，或者是刻意被推倒，或者兩者都出了點力。[39]不管情況如何，摩艾的相關傳統都隱沒於模糊無解中，而我們永遠無法得知確切原因。提出的假說有兩個，兩個都有可能正確，也可能同時都正確。一個是島民找到了新消遣。在森林消失後，就更難把巨石移來移去，所以人們發明了新方法來打發時間。[40]

另一個假說涉及了學者所謂的「貨物崇拜」（cargo cult）。那指的是，著迷於西方人和他們的玩意兒。[41]出於某些理由，復活節島的島民發展出對帽子的著迷。有一支法國遠征隊在抵達的頭一天就沒剩一頂帽子，讓島民狂歡了一陣子。

該島島民也是約莫在這時候，立起了一座有著歐洲船隻形狀的房屋，蓋起有如船形的石堆，並進行模仿歐洲水手的儀式。學者們相信，那可能是祈願這些外國人會帶著他們大受歡迎的奇怪禮物回來。

他們確實回來了，但這次沒有帶著貨品來交易。這次，島民自己成為了貨品。

5

第一艘奴隸船於一八六二年某個陰沉沉的日子出現在海平線上。

對秘魯奴隸販子來說，復活節島是絕佳獵物。它與世隔絕，住著健壯的人口，而且世界上還沒有任何強權宣稱擁有此地。「簡單來說，」有一位歷史學家這麼總結，「沒有人有可能知道、或者會多在乎那些人的下場，而把他們帶走的成本便會很低。」[42]

最終結算下來，十六艘船會帶著共一千四百零七人揚帆而去——島上人口的整整三分之一。有些人是被假的承諾所騙，其他則是強行拉走。到頭來，嫌犯就是把阿塔島（一百年後展開真實版《蒼蠅王》的那個島）居民綁走的同一批奴隸販子。一到秘魯，被奴役的島民開始像蒼蠅一樣死去。那些沒有在礦坑工作到死的人則是屈服在傳染病之下。

一八六三年，秘魯政府在國際壓力下低頭，同意把倖存者載回家。準備回程的島民被集合在秘魯港市卡亞俄（Callao）。他們沒什麼東西吃，而且更糟的是，停泊在港邊的一艘美國捕鯨船有一名成員感染了天花。病毒散布開來。在其後前往復活節島的漫長航程中，每天都得把屍體丟下船，而到了最後，四百七十名獲釋的奴隸只有十五人活著到家。

如果他們也死了，可能對大家還比較好。他們返鄉後，病毒就開始蔓延到其他人口，播下了死亡和毀壞的種子。復活節島的命運到此蓋棺論定。到了此刻，停留該島的歐洲人就真的能目擊到島民相互為敵。一名法國船長寫道，有一大堆骨頭和頭顱，而染病的人絕望到有幾十個跳崖身亡。

當這場流行病終於在一八七七年平息時，活著的居民只剩一百一十人——跟八百年前率先划著獨木舟靠岸的人數差不多。傳統已經失傳、儀式遭到遺忘，一個文化遭到毀滅。奴隸販子和他們的疾病終於完成了土著和老鼠都沒辦到的事。他們毀了復活節島。

那本來的故事還剩什麼能看?那個把自身文明消耗殆盡的自私自利島民故事?沒剩什麼了。沒有戰爭、沒有饑荒、沒有人吃人。砍伐森林並沒有讓該島無法住人,而是讓生產力更佳。一六八〇年以及其前後都沒發生過大屠殺;真正的衰退要到數個世紀後才開始,大約在一八六〇年。而來到島上的外國訪客可沒有發現一個垂死的文明——是他們把這文明推下懸崖的。

這並不是說居民自己都沒有造成一丁點損害,好比說他們就意外引進了多到成災的老鼠,消滅了原生的動植物。但在這樣崎嶇難行的起步之後,最能突顯的卻是他們的恢復力和適應力。到頭來,他們其實遠比世界長久以來認為的還要聰明太多。所以,復活節島還能當作我們未來的合身譬喻嗎?在我與波爾瑟馬教授對話的幾天後,我看到一份報紙的頭條宣稱:「氣候變遷危及復活節島石像」。科學家分析了海平面上升與沿岸侵蝕的效應,而這標題便是他們預測的情況。[43]

要是說起氣候變遷,我就不是什麼懷疑論者。我內心對於氣候變遷是我們這時代最大挑戰(而且時間所剩不多)一事,毫無一絲懷疑。不過,我懷疑的是關於崩壞的宿命論式修辭。所謂「我們人類天生自私」的概念，或者更甚之，一種「我們人類是地表瘟疫」的概念。當有人把這種概念當成「切乎現實」的時候，我會抱持懷疑，而當別人跟我們說「我們已無路可逃」的時候，我也會抱持懷疑。

太多環保運動者低估了人類的恢復力。我擔心的是，他們的犬儒主義可以變成一種自我實現的預言——當氣溫毫不放慢地上升時，用絕望麻痺我們的反安慰劑。但同樣地，氣候變遷運動也需要一種新的現實主義。

「人無法認清到，會加速成長的不是只有難題，解方也可以，」波爾瑟馬教授對我說。「不保證會這樣，但可以這樣。」

若想要證據，我們只要看看復活節島就好。當最後一棵樹消失時，島民以新技術提高產能，而改良了農耕。復活節島的真實故事，是一群靈活有彈性的人的故事，訴說他們面對重重困難時的堅持不懈。這個故事要講的不是末日將近，而是希望源源不絕。

第二部

奧斯威辛之後

不可思議的是，我居然還沒放棄所有理想，畢竟它們看起來如此荒謬不切實際。然而我還是緊緊抓著它們，因為我仍相信，無論如何，人在本質上其實還是善良的。

——安妮·法蘭克（Anne Frank, 1929–45）

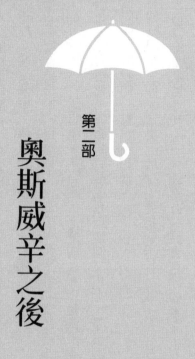

如果人類真的天性善良，那麼也該來提出不可逃避的問題了。這是讓幾間德國出版社對我這本書缺乏興趣的一個問題。也是動筆時持續令我困擾不已的問題。

你要怎麼解釋奧斯威辛？

你要怎麼解釋那些襲劫、集體屠殺、種族滅絕和集中營？那些同意追隨希特勒、或史達林、或毛澤東、或波布（Pol Pot）的劊子手是誰？

在有計畫地殺害超過六百萬猶太人之後，科學界和文學界都開始著迷於「人類怎能變得如此殘酷」這個問題。一開始，把德國人看作是截然不同的動物，把一切都歸到他們扭曲的靈魂、病態的心靈或者野蠻的文化上，是很吸引人的想法。無論如何，他們顯然跟我們一點也不相像。

但有個難題：這個人類史上最令人髮指的罪行，並不是在什麼原始封閉的地方犯下的。它發生在全世界其中一個最富有、最先進的國家——在擁有康德和歌德、貝多芬和巴哈的國家。

有沒有可能是，公民社會根本就不是個有保護性的飾面？有沒有可能盧梭是對的，而文明就真的是暗中危害人的腐朽之物？大約在那個時候，有一種新的科學學門嶄露頭角，並開始提供令人不安的證據，證明當代人類確實打從根本上有瑕疵。

那個領域就是社會心理學。從一九五〇到六〇年代，社會心理學家開始窺探、打探、刺探，好弄清楚是什麼東西把普通男女變成怪獸。這一門新品種的科學家設計了一個又一個實驗，證明人類有本事做出駭人聽聞的行動。只要稍稍改變一下我們的情境，然後，你瞧！我們每個人心裡的納粹就跑出來了。

在《蒼蠅王》登上暢銷排行榜冠軍的那些年裡，有一位叫作史丹利．米爾格蘭（Stanley Milgram）的年輕研究者，展現了人有多麼乖順地遵從指令，即便指令來自可疑的權威人士（第八章）；而一位紐約市年輕女性遭殺害的始末，則為數百個針對當代冷漠心態的研究鋪好了路（第九章）。接著又有心理學教授穆札弗．謝里夫（Muzafer Sherif）與菲利普．金巴多（Philip Zimbardo）的實驗（第七章），他們證明只要一有機會，善良的小男孩也可以變成營隊裡的暴君。

讓我感興趣的是，這些研究全都出現在一段相當短的時間內。這是社會心理學的拓荒年代，胸懷大志的年輕研究者們可以乘著驚人實驗的翅膀飛上科學枝頭。

五十年過去，這些年輕的高手能人有些早已死去，有些則以知名教授身分周遊世界各國。他們的著作名聲響亮，且持續有人拿來教導新一代學生。但現在，他們那些戰後實驗的檔案也公開了，於是我們總算可以一探幕後究竟。

第七章
史丹佛大學的地下室裡

1

時間是一九七一年八月十五日。美國西岸時間早上快要十點時，帕羅奧圖（Palo Alto）的警方大批趕來，把九名年輕人從床上拉起來。五個人被登記為偷竊罪，四個人則是武裝搶劫。鄰人在一旁驚訝地看著這些人遭到搜身、銬上手銬並立刻被帶進等在一旁的警車。

旁觀的人不曉得的是，這其實是一場實驗的一部分。而這場科學實驗，將會在史書上記載為有史以來最惡名昭彰的實驗之一。而這場實驗也將登上新聞頭條，成為數百萬大學新生的課本教材。

同一天下午，那些所謂的罪犯——其實是無辜的大學生——走下了四二〇大樓的石階，來到該大學的心理學系地下室。一面標示牌歡迎他們來到「史丹佛郡立監獄」。在樓梯底端有另一組九個學生在那等著，他們全部都穿著制服，眼睛用反光太陽眼鏡遮了起來。就跟銬了手銬的學生一樣，他們是來這邊賺外快的。但這些學

一九七一年八月，史丹佛大學地下室。照片來源：Philip G. Zimbardo

生不會扮演囚犯，他們分派到獄卒的角色。

囚犯奉命脫下衣服，然後在走廊上裸體排成隊。他們的腳踝立刻繞上鐵鍊，尼龍帽子從他們的頭髮上往下拉，然後每個人都拿到一個數字，是自己之後會被稱呼的號碼。最後，他們拿到一件工作服穿，然後就被關在牢房裡，一間三人。

接下來發生的事情將震驚全世界。幾天內，史丹佛監獄實驗（Stanford Prison Experiment）迅速失控——而且在過程中揭露了一些人性的醜惡真相。

剛開始，來的是一群普通、健康的年輕人。其中幾個人報名參加研究時，還自稱是和平主義者。

才到第二天，情況就已經開始崩壞了。一場囚犯叛亂招來了獄卒的滅火器反擊，而在接下來幾天裡，獄卒設計了各式各樣的戰術來瓦解他們下頭這批人。在排泄物惡臭四溢的牢房裡，囚犯一個一個屈服在睡眠剝奪和貶低人格的效果下，同時獄卒們則陶醉在自己的權力中。

其中一個囚犯，受刑人八六一二，開始發起脾氣。他踹著牢房房門大吼：「我跟你說，老天啊，我在裡面要崩潰了！你不知道嗎？我要出去！裡面全部都完蛋了！再一個晚上我就不行了！我就是受不了啦！」[1]

這項研究的主要研究員，心理學家菲利普．金巴多，也深陷在這齣劇裡。他扮演一個不計多少成本都要嚴加控管的監獄主管。他一直要到實驗進入第六天，在一個嚇壞了的研究生——他的女朋友——問他到底是在搞啥鬼之後，才終於把這場噩夢喊停。到那時候，已經有五名囚犯呈現出「極度情緒沮喪、哭泣、憤怒和嚴重焦慮」的情況。[2]

在實驗過後那段時間裡，金巴多和研究團隊面臨了一個難堪的問題：發生了什麼事？如今你幾乎可以在任何心理學教科書中找到答案。或者去看好萊塢票房大作、網飛紀錄片和麥爾坎．葛拉威爾（Malcolm Gladwell）寫的《引爆趨勢》（*The Tipping Point*）之類的超級暢銷書也可以。不然的話去辦公室茶水間晃一晃，可能都會有人講給你聽。

解答大概是像下面這樣。一九七一年八月十五日，一群普通學生變身成怪獸。不是因為他們是壞人，而是因為他們被放進了一個壞的處境中。「只要改變人所處情境的當下細節，」葛拉威爾告訴我們說，「就算是從好學校、幸福家庭與和樂鄰里中挑出的普通人，你也可以強烈影響他們的行為。」[3]

菲利普．金巴多後來會信誓旦旦地說，沒人料到他這場實驗會變得如此失控。那之後他得出結論，認為我們都有能力做出最可惡的行為。他寫道，史丹佛大學地下室發生的事情，得要被理解為「一個穿著『獄卒』制服的『自然』後果。」[4]

2

很少有人知道，比這還早十七年前，就有人進行了另一個實驗，並得到差不多的結論。在學術圈之外長久遭人遺忘的羅伯斯山洞實驗（Robbers Cave

Experiment），會為後來幾十年來的社會心理學家帶來靈感。而和史丹佛研究不同的地方在於，它的實驗對象不是自願參與的學生，而是渾然未覺的孩子。

時間是一九五四年六月十九日。十二個全都十一歲上下的男孩，正在美國奧克拉荷馬市的一個公車站等車。他們彼此都不認識，但他們都來自常上教堂的清白家庭。他們的智商平均普通，學校成績也是。就人們所知，他們都不是會惹是生非或者被霸凌的人。他們都是心智正常的普通孩子。

這天，他們都興奮不已。因為他們正要去奧克拉荷馬州東南部羅伯斯山洞國家公園（Robbers Cave State Park）參加夏令營。這片營地涵蓋兩百英畝的森林、湖泊和洞穴，因為曾經是貝兒．史塔（Belle Starr）和傑西．詹姆斯（Jesse James）等傳奇匪徒的藏身處而聞名。那些男孩不曉得的是，他們會和翌日抵達的另一群露營者共享這片樂園。他們也不知道一件事：這是一個科學實驗。露營者都是天竺鼠。

主掌研究的土耳其心理學家穆札弗．謝里夫，長久以來都對團體間衝突怎麼出現一事很感興趣。他為營地做的準備可說一絲不苟，而他給研究團隊的指示則十分明確：男孩們想做什麼都隨他們高興，沒有限制。

實驗第一階段，兩組男孩都不會曉得對方的存在。他們會待在不同的建築物內，假定自己這一群是獨自待在公園內。接著，到了第二週，會讓他們有小心謹慎的接觸。會發生什麼事呢？他們會成為朋友，還是會頓時大亂？

羅伯斯山洞實驗是一個關於乖小孩──「頂級之選」，謝里夫後來是這麼描述他們的──在幾天內墮落為「缺德的、精神不正常的、惡毒的一票少年仔」的故事。[5]謝里夫舉辦這個夏令營的年分，和威廉．高汀出版《蒼蠅王》恰巧是同一年，不過儘管高汀認為孩子天性惡質，謝里夫卻認為一切取決於脈絡。

剛開始氣氛和樂到不行。第一週，當兩個團體仍然不知彼此存在時，兩個營地的男孩各自完美合作無間。他們搭了一座索橋和一個跳水板。他們烤了漢堡排並搭帳篷。他們跑跳玩耍，彼此都成了可靠的夥伴。

到了下週，實驗開始轉向。這兩個各自自稱「響尾蛇」和「老鷹」的團體，被小心謹慎地介紹給彼此認識。當響尾蛇聽說老鷹在「他們的」棒球場比賽，還叫他們來比一場，便激發了一整週的對立和競爭。從那時候開始，情況快速升溫。第二天，老鷹輸了拔河賽以後就燒了響尾蛇的旗子。響尾蛇以午夜奇襲報復，撕爛了窗簾，搶走了漫畫書。老鷹決定在襪子裡塞沉甸甸的石頭當作武器來報仇。在緊要關頭時，營地的工作人員設法介入。

到了該週錦標賽的尾聲時，老鷹隊被宣告為勝利者，並拿到了大家夢寐以求的閃亮小刀獎品。響尾蛇隊便發動另一次突擊、順手偷走所有獎賞來報復。面對激憤的老鷹隊時，響尾蛇隊只是奚落對方。「來啊，你們這些小孬孬，」其中一個人嘲笑著，並揮舞著小刀。[6]

當男孩們開始要一決勝負時，身為營地管理員的謝里夫博士，就只是坐到一邊，忙著龍飛鳳舞地記筆記。他已經可以知道：這個實驗將會價值連城。

羅伯斯山洞實驗的故事近幾年又再度回鍋，尤其是自從唐納·川普（Donald Trump）當選美國總統開始。我沒辦法告訴你有多少專家名嘴都把這個研究說成了解我們這個時代的關鍵軼事。響尾蛇隊和老鷹隊不就象徵了左派和右派、保守派和進步派無所不在的衝突嗎？

電視節目製作人看了看研究前提，就看見了賣座節目的良機。在荷蘭，他們試著拍出一個赤裸裸的重製版，很適切地命名為《開扁吧》（*This Means War*）。但後來發現節目真的就是在打架的時候，也只得提前中止拍攝了。

已經有充足理由去打開穆札弗・謝里夫一九六一年的研究報告原典了。我讀了之後可以跟你保證：不是什麼引人入勝的書。在開頭某一頁上，謝里夫告訴我們，「對外團體的負面態度會視情況地形成」這段話的意思就是：開扁吧。

但在所有學術抽象字眼間，我找到了一些有趣的事實。首先，決定要舉行為期一週競賽的不是小孩自己，而是實驗者。老鷹隊對這點子沒有很熱中。「或許我們可以跟他們做朋友。」一個男孩主張，「這樣就不會有人抓狂然後產生任何怨恨了。」[7]

然後在研究者的堅持下，這兩組人只玩了那些有明確贏家輸家的遊戲，好比說棒球和拔河。沒有安慰獎，而研究者操縱了分數，好確保兩支隊伍會保持著旗鼓相當的競賽。

到頭來這些詭計也只是個起頭而已。

3

我是二〇一七年夏天在墨爾本見到吉娜・佩里（Gina Perry），就在她出版羅伯斯山洞實驗相關著作的幾個月前。佩里是一位澳洲心理學家，也是第一個深入研究謝里夫實驗檔案的人。她挖掘大量筆記和紀錄後，揭露了一個故事，反駁了眾多教科書在過去五十年裡一再重複的一切。

首先，佩里發現謝里夫更早以前就曾試圖測試他那套「現實衝突理論」。一九五三年，他在紐約州一個叫米德葛羅夫（Middle Grove）的小鎮外策劃過另一個夏令營。在那裡，他也盡全力讓男孩們針鋒相對。事後謝里夫唯一願意談論的一件事——藏在註腳中——就是實驗「因為眾多困難和不利狀況」而中止。[8]

在墨爾本時，佩里跟我說她從檔案得知了那另一個被遺忘的夏令營實際上出了什麼事。男孩們抵達的兩天後，他們全都成了朋友。他們玩遊戲，還在樹林裡大鬧，射弓箭並全力放聲歌唱。

第三天開始時，實驗者把他們分開成兩個團體——豹隊和蟒隊——而該週剩下的日子裡，他們用盡了書中的每一種伎倆來讓兩支隊伍針鋒相對。當豹隊想要在隊服T恤上設計代表和平的橄欖枝時，工作人員制止了這個念頭。幾天後，其中一名實驗者拉倒蟒隊的帳篷，指望豹隊背黑鍋。他後來滿心挫折地看著兩支隊伍一起把帳篷搭回去。

接下來，工作人員偷偷襲擊了豹隊的營地，希望蟒隊背黑鍋。但男孩們又一次互相幫忙解決困難。有一個烏克麗麗被弄壞的男孩甚至還把工作人員叫來，要求對方提出不在場證明。「搞不好，」他指控道，「你只是想看我們有什麼反應而已。」[9]

一週過去，研究團隊裡的氣氛開始變差。他們昂貴的實驗正朝著一敗塗地的方向而去。男孩們沒有像謝里夫那套「現實衝突理論」所預測般打起來，反而一直是最好的朋友。謝里夫責怪起所有人，就是不怪自己。他到凌晨兩點都不睡——就如佩里可以在研究錄音中聽到的，他走來走去——還喝著酒。

在最後幾天的某個晚上，緊繃的氣氛終於失控爆發了。當露營的男孩安穩好眠的同時，謝里夫威脅要揍一個研究助理，因為他沒有盡力在孩童間散播不和的種子。助理抓起一塊木頭保護自己。「謝里夫博士！」他的聲音迴盪在寂靜的夜晚，「你動手的話，我就要打你了。」[10]

在某個男孩發現一本寫著詳細觀測紀錄的筆記本之後，孩子們終於發覺自己一直遭到操控。那之後，除了中止整個實驗之外別無選擇。如果說這證明了什麼，那就是孩子一旦成了朋友，就很難讓他們轉而反目成仇。「他們誤解了人性，」多年後一位參與者這麼談起那些心理學家。「他們更肯定是誤解了孩子。」[11]

4

如果你覺得穆札弗・謝里夫博士的操弄令人髮指，那和十七年後捏造的劇本相比還是遜色許多。表面上，史丹佛監獄實驗和羅伯斯山洞實驗有許多共同點。兩個都有二十四名白人男性實驗對象，且兩個實驗的設計，都是要來證明好人可以自發地變壞。[12]但史丹佛監獄實驗又更深入了一步。

菲利普・金巴多的研究光說是可疑還不夠。那根本就是場騙局。

我自己是在讀金巴多二〇〇七年出版的著作《路西法效應》（*The Lucifer Effect*）的時候開始心生懷疑。過去我一直都假定他的監獄「獄卒」是出於自己意願地變成虐待狂。金巴多自己在數不清幾次的訪問中，就是這麼聲稱了不知多少次；而在一場美國國會的聽證會上，他甚至作證說，那些獄卒「自己訂出了維持規範、秩序和尊重的規則」。[13]

但接下來，在該書的第五十五頁，金巴多突然提到了一場在實驗前的週六和獄卒開的會議。那天下午他和獄卒們簡述了他們的角色。他的指示再明確不過：

我們可以創造一種挫折感。我們可以在他們之間製造恐懼〔……〕我們要以各種方法奪走他們的個體性。他們得要穿上制服，且任何人都絕對不能用名字稱呼他們；他們會有號碼，就只能用號碼叫他們。整體來說，這一切都得要在他們心中造成一種無力感。[14]

我讀到這段時震驚不已。這裡寫的是，本來應該要獨立置身事外的科學家，明著說自己有在灌輸獄卒想法。獄卒可沒想到要用號碼來叫囚犯，或者戴太陽眼鏡，或者玩虐待遊戲。是別人叫他們這麼做的。

不只如此，在實驗開始「前」的星期六，金巴多就已經在講「我們」和「他們」，就彷彿他和獄卒是同一國似的。這也就代表，他後來所說的「自己迷失於監獄管理人角色」的說法不可能是真的。金巴多打從第一天就在發號施令了。

要理解這對於客觀研究來說有多致命，就一定要知道社會科學家所說的訴求特性（demand characteristics）。這是指實驗對象若能猜到研究目標就會展現的行為，藉此把科學實驗變成搬演過的產物。而在史丹佛監獄實驗中，就如一位研究型心理學家所言，「這些訴求可說無所不在。」[15]

那麼，那些獄卒自己認為別人期望他們做什麼？期望他們可以坐下來，搞不好打個牌，然後閒聊運動比賽和妹子嗎？在後來的訪問中，一個學生說他事先就詳加安排了接下來要做的事：「我在心裡擬出一個明確的計畫，試著迫使行動出現，迫使一些事發生，所以研究者才有點東西可以研究。畢竟，他們怎麼可能從一群把這邊當鄉村俱樂部那樣坐著沒事幹的傢伙身上研究出什麼？」[16]

史丹佛監獄實驗沒有因為這種事後告解而從教科書上撤下，已經是夠糟的事情。但還有更糟的事。二〇一三年六月，法國社會學家蒂博・勒・特錫耶（Thibault Le Texier）碰巧看到金巴多二〇〇九年的TED演講。身為兼職的電影工作者，他很快就注意到金巴多在螢幕上展示的畫面。在勒・特錫耶老練的眼光中，那些學生尖叫的未修剪鏡頭，看起來就像一部扣人心弦的紀錄片所需的完美素材。所以他決定來做一些研究。

勒・特錫耶從某個法國電影基金取得了一筆補助金，然後訂了班機去加州。在史丹佛大學，他發現了兩件震驚的事。首先，他居然是第一個查閱金巴多檔案的人。第二件事，就是那些檔案的內容本身。勒・特錫耶的熱情很快就變成了困惑，接著變成了失望：就跟吉娜·佩里一樣，他發現自己身邊成堆的文字影音紀錄檔案，合起來所呈現的是一場截然不同的實驗。

「我花了不少時間，才接受『這可能全部是造假』的想法。」勒·特錫耶在二○一八年秋天這麼對我說，一年後他砲火全開的分析將登上世界頂尖心理學學術期刊《美國心理學家》（*American Psychologist*）。「一開始，我不想要相信這樣。我心想：不，這可是史丹佛大學聲譽良好的教授啊。我一定是弄錯了。」

但證據是有目共睹的。

首先，想出這實驗的並不是金巴多。是他系上的一個大學生，一個叫作大衛·雅菲（David Jaffe）的年輕人。為了做一堂課的作業，他和四個同學覺得把他們宿舍地下室弄成監獄是個好主意。他們慫恿一小群有意願的朋友，然後於一九七一年五月，由六名獄卒、六名囚犯和擔任典獄長的雅菲執行了他們的試驗。

獄卒設計了「囚犯只能用號碼彼此稱呼」以及「囚犯始終必須稱呼典獄長為『總懲戒官先生』」之類的規則。在下週一的課堂上，雅菲一五一十地講述了這個令人興奮的「實驗」以及在參與者中引發的強烈情緒。金巴多對此非常熱心。他心想一定要自己來試試看。

這研究只有一個地方讓金巴多心生遲疑。他有辦法找到夠「S」的守衛嗎？誰能幫他引出人的劣根性？這位心理學教授決定雇用那名大學生當顧問。「我被要求，根據我先前擔任虐待大師的經驗，」雅菲後來解釋，「來提出戰術給他參考。」[17]

四十年來，在數百次的訪問和文章中，菲利普．金巴多都堅定不移地告訴別人，史丹佛監獄實驗的獄卒沒接收任何指令。他們施行在囚犯上的規範、懲罰和羞辱，全都是他們自己想出來的。金巴多僅僅把雅菲描述成又一個——跟其他人一樣都是——深陷實驗而難以自拔的獄卒。

這說法根本不是真話。結果發現，十七條規則裡有十一條是雅菲想的。是雅菲起草了一套囚犯抵達時的詳盡規矩。腳踝上鎖鍊？他想的。脫光囚犯？也是。強迫他們裸體站那不動十五分鐘？又是雅菲。

在實驗前的週六，雅菲花了六小時跟其他獄卒解釋要怎麼運用鎖鍊和警棍最有效。「我有一份會發生什麼事的清單，」他對他們說，「是一些必然得要發生的事。」[18]在整段恐怖折磨結束之後，他的獄卒同袍們還讚美了他「有創意的虐待點子」。[19]

同時，金巴多對這個虐待遊戲計畫也有所貢獻。他草擬了一份緊湊的時間表，在凌晨兩點半和六點點名，讓囚犯睡眠不足。他建議，用伏地挺身這個好方法來處罰囚犯，或者把帶刺的貼紙或有刺的種子殼放在他們的毛毯裡。而他認為加個單獨監禁可能滿不錯的。

如果你想知道為什麼金巴多這麼不嫌麻煩地控制實驗，答案很簡單。一開始，金巴多對獄卒沒有興趣。一開始，他的實驗專注在囚犯身上。他想要知道囚犯在強烈壓力下會怎麼行動。他們會變得多厭煩？多沮喪？多害怕？

獄卒自認為是他的研究助手，有鑑於金巴多就是以這種身分看待他們，他們這樣想也就很合理。金巴多對他們虐待行為表達的震驚反應，還有「這是本實驗的真正教訓」的想法，都是在事實出現之後才產生的。實驗期間，他和雅菲都對獄卒施壓，要他們對囚犯加倍嚴厲——然後痛斥那些辦不到的人。

在一份勒．特錫耶那時候才出土的錄音中，可以聽到雅菲用這種手法來對待「軟弱」的獄卒約翰．馬庫斯（John Markus），逼迫他早在第二天就對囚犯採取更強硬的做法：

雅菲：「整體來說，你之前有點像是躲在幕後那樣〔……〕我們真的很想要你積極參與，因為獄卒得要知道，每個獄卒都得成為我們所謂的『強硬獄卒』，但到目前為止，嗯……」

馬庫斯：「我不是那麼強硬的……」

雅菲：「對啦。這個嘛，你得試著讓自己有這種態度。」

馬庫斯：「我不知道這……」

雅菲：「我跟你說啊，我說強硬的時候意思是，你知道吧，你得要，呃，嚴格，而你必須付諸行動然後，呃，就那一類的。呃，這對實驗的運作方式真的很重要……」

馬庫斯：「不好意思，我很抱歉〔……〕如果完全由我決定的話，我什麼都不打算做。我只會讓情況平靜下來。」[20]

吸引人的地方在於，史丹佛監獄實驗的大部分獄卒根本一直都在猶豫要不要使用「強硬」戰術，就算面對逐漸增加的壓力也一樣。三分之二的人拒絕參與虐待遊戲。三分之一的人善待囚犯，讓金巴多和他的團隊頗為挫折。其中一個獄卒在實驗開始前的週日退出，說他沒辦法配合指示。

大部分的實驗對象會堅持到底是因為金巴多的酬勞很好。他們一天賺十五美元——大約等同今日的一百美元——但事後才付錢。獄卒和囚犯一樣擔心，如果他們不假意順從金巴多的這場戲劇表演，就拿不到酬勞。

但錢還不足以激勵其中一名囚犯，他過了第一天就受夠了而要求退出。這人是囚犯八六一二號，二十二歲的道格拉斯．廓爾皮（Douglas Korpi），於第二天崩潰（「我跟你說，老天啊〔……〕我就是受不了啦！」[21]）。他的崩潰將成為所有相關紀錄片都會出現的一幕，並成為整個史丹佛監獄實驗最有名的錄音檔。

有一位記者在二〇一七年夏天探訪了他。[22]廓爾皮跟他說崩潰是造假的——從頭到尾都是在演戲。他可從來都沒把這件事保密。事實上，實驗結束後他就跟一些人講了：舉例來說就有金巴多，但他視而不見；還有一個紀錄片工作者，但他把這一段從片子裡剪掉了。

後來，一路讀下去拿到心理學博士的道格拉斯．廓爾皮說，他一開始樂於身在這場實驗中。第一天「真的很好玩」，他如此回憶道。「我有機會能夠尖聲慘叫，然後裝作整個歇斯底里，演得像個囚犯一樣。我當時可是個好員工，那真是段歡樂時光。」[23]

快樂的時光總是短暫。廓爾皮報名參加時是指望能夠有時間準備考試，但他一被關起來之後，金巴多等人就不讓他帶著課本。所以第二天他就決定到此為止。出乎他意料的是，金巴多拒絕讓他離開。囚犯除非呈現生理或心理問題，否則都不能獲釋。所以廓爾皮決定造假。一開始，他假裝肚子痛。這招沒用之後，他就試了精神崩潰（「我跟你說，老天啊，我在裡面要崩潰了！你不知道嗎？我要出去！裡面全部都完蛋了！再一個晚上我就不行了！我就是受不了啦！」[24]）。

而這一連串喊叫將會遺臭全世界。

實驗後的幾十年裡，會有幾百萬人被菲利普．金巴多搞的這場鬧劇唬攏到。「最糟糕的一點是，」其中一名囚犯於二〇一一年表示，「四十年來金巴多獲得了大量的關注作為獎勵……」[25]金巴多甚至連自己的資料都還沒分析，就把實驗拍攝的毛片送到電視台。日後他將成為他那年代最著名的心理學家，讓他一路通達美國心理學會（American Psychological Association）主席的位子。[26]

在一九九〇年代一部關於史丹佛監獄實驗的紀錄片裡，學生獄卒戴夫．埃謝爾曼（Dave Eshelman）想知道，如果研究者當初不逼迫獄卒的話會發生什麼事。「我們永遠不會知道。」他嘆了口氣。[27]

但到頭來其實我們都知道。

埃謝爾曼不知道的是，有兩個英國心理學家曾經為第二次實驗打下基礎。他們設計那個實驗是要解答：當普通人穿上制服踏進監獄的時候會發生什麼事？

5

英國廣播公司的電話於二〇〇一年打來。

那是電視實境節目的黎明期。《老大哥》才剛開播，各地的電視網都在為下一個制勝絕招集思廣益。所以，英國廣播公司會有這樣的要求並不完全出乎意料：你們有沒有興趣再試試看那個有囚犯和獄卒的恐怖實驗？但這次是在黃金時段？

對亞歷山大．哈斯拉姆（Alexander Haslam）和史蒂芬．雷徹（Stephen Reicher）這兩位心理學博士來說，這個提案可說如夢似幻。史丹佛監獄實驗的大問題一直都是，因為實在太違反道德，以至於沒人敢複製，所以幾十年來都由金巴多決定實驗的結論為何。但現在，這兩個英國心理學家獲得了再做一次的機會，而且是在電視螢幕上。

哈斯拉姆和雷徹答應了，但有兩個條件。第一，他們要全權掌控研究。第二，要授權成立一個倫理委員會，在情況有失控危險時中止實驗。

在播放前籌備的那幾個月裡，英國媒體對此普遍充滿猜疑。人會陷入多深？「這個電視實境節目是不是瘋了？」《衛報》問道。[28]甚至連菲利普．金巴多都表達了厭惡。「他們做這研究，顯然是希望創造出像我原本研究裡一樣的戲劇化事件。」[29]

當《實驗》（*The Experiment*）的第一集於二〇〇二年五月一日播出時，全英各地有好幾百萬人坐在電視前全神貫注。接下來發生的事情震驚了全……

這個嘛，其實，並沒有這樣。

接下來什麼都沒發生。我真的很努力才熬過了這一共長四小時的影集。我很少看到有哪個節目枯燥乏味到這種程度。

英國廣播公司的方法出了什麼問題？哈斯拉姆和雷徹抽掉了一件事：他們沒跟獄卒說要做什麼。兩位心理學家就只是觀察而已。他們在邊線外旁觀著幾個普通人閒閒沒事在那，就好像人在鄉村俱樂部一樣。

當一名獄卒宣稱自己不適合扮演獄卒時，好戲似乎正要開始——但他說的是：「老實說，我還寧願當囚犯……」

第二天，另一個人提議拿獄卒的食物分給囚犯，好提振一下士氣。接著在第四天，當看起來好像要有什麼火花冒出來的時候，一名獄卒向囚犯建議：「把這撐完，我們就可以去酒吧喝一杯了。」另一名獄卒附和：「我們來像文明人那樣討論這件事吧。」

第五天，一名囚犯提議設立民主制度。第六天，有些囚犯逃出牢房。他們一路直奔獄卒食堂好抽根菸，很快就有幾個獄卒來加入。第七天，整個團體投票支持設立公社。

確實有兩個守衛慢半拍地試著說服全體回到原本的體制，但沒人把他們當一回事。隨著實驗陷入僵局，整個計畫也只得中止。最後一集的畫面，大部分都是人們在沙發上消磨時間。到了最後，節目給我們一些感性的鏡頭，像是受試對象彼此擁抱，然後其中一名獄卒還把夾克給了一名囚犯。

同時，觀眾覺得自己上當了。不是要把腳鍊在一起嗎？為什麼頭上沒有紙袋？我們什麼時候才能看到虐待遊戲開始？英國廣播公司播了四個小時從頭到尾都在抽菸、閒聊和閒晃的節目。或者，就像《週日先驅報》(*Sunday Herald*)做的總結一樣，「當你把好人放在一個邪惡的地方然後拍成電視節目會怎樣？嗯，其實不怎樣。」[30]

對電視節目製作人來說，實驗揭露了一個令人不快的事實：如果你把普通人孤立起來放著不管，什麼事也不會發生。甚至更糟糕的是，他們會試著創立一個和平主義的公社。

從科學觀點來說，這個實驗非常成功。哈斯拉姆和雷徹在有聲望的學術期刊發表了超過十篇文章來談他們的結果。但就其他方面而言，我們可以說這失敗了。英國廣播公司的監獄研究從此消失不為人知，同時人們還是討論著史丹佛監獄實驗。

那菲利普．金巴多對這一切有什麼要說的嗎？某位記者於二〇一八年問他，這些新揭露的、有關過去有多少事遭到操作的訊息，會不會改變今日人們對他當年實驗的看法，這名心理學家回答說他不在乎。「人們對此想說什麼都隨他們便。這是到目前為止心理學史上最出名的研究。沒有哪個實驗過了五十年後還會有人談論。

一般人都知道這實驗。〔……〕它現在有它自己的生命了。〔……〕我不會再去為它辯護了。它的長壽本身就是辯解。」[31]

第八章

史丹利・米爾格蘭和電擊機

1

有一個心理學實驗甚至比史丹佛監獄實驗還要更出名，並有一位心理學家因此變得比菲利普・金巴多更廣為人知。當我開始寫本書時，我便知道我不能忽視他。

史丹利・米爾格蘭。

米爾格蘭於一九六一年六月十八日發起他這項研究時，還是個年輕的助理教授。那一天，一則全頁廣告刊出在《紐哈芬紀事報》（*New Haven Register*）上：「我們會付你四美元買你一小時的時間。」[1] 這則廣告徵求五百位普通人——理髮師和酒保、建築工人和生意人——參加一項人類記憶相關的研究。

接下來幾個月，有數百人造訪了史丹利・米爾格蘭在耶魯大學的實驗室。他們成對抵達，然後依抽籤指派其中一人擔任「指導者」的角色，另一個擔任「學習者」的角色。指導者安排坐在一台巨大的裝置前面，有人跟他們說那是電擊機（shock machine）。接著，會有人指導他們對隔壁房間裡、用皮帶綁在椅子上的學習者進行記憶測試。每答錯一題，指導者就得要按一個開關來加以電擊。

其實，學習者始終都是米爾格蘭研究團隊的某名成員，而那台機器根本不會送出什麼電擊。但指導者並不知情。他們以為這是研究懲罰對記憶的效果，沒察覺這研究其實是在研究他們。

一開始電擊很弱，僅僅十五伏特。但每次學習者答錯，就有一個穿灰色實驗袍的人指示指導者提高電壓。從十五伏特來到三十伏特。從三十伏特來到四十五伏特。然後如此這般下去，不管隔壁房間的學習者慘叫多大聲，甚至進入了標示著「危險：劇烈電擊」的範圍後也還是一樣。到了三百五十伏特，學習者整個撞在牆上。那之後，他就沒聲音了。

米爾格蘭已經先請四十來位心理學家同行預測他的受試對象願意做到什麼地步。他們一致說，頂多百分之一或二的人——只有徹頭徹尾的精神病態——會一路堅持到四百五十伏特。[2]

真正的電擊震撼在實驗結束後才到來：有百分之六十五的研究參與者一路做到了最極限，送出了滿格四百五十伏特。看來，那些普通的老爸、老友和老公似乎有三分之二都願意電死一個路人甲。[3]

史丹利．米爾格蘭和他的電擊機。照片來源：The Chronicle of Higher Education

為什麼？因為有人叫他們這樣做。

當時二十八歲的心理學家史丹利．米爾格蘭從此一舉成名。幾乎每一家報紙、電台和電視台都報導了他的實驗。「百分之六十五測試者盲目聽從命令施加苦痛」，《紐約時報》頭條這麼寫著。[4]報紙問道，什麼樣的人能夠把幾百萬人送進毒氣室？從米爾格蘭的研究結果來判斷，答案非常明確。我們全體。

身為猶太人的史丹利．米爾格蘭，從一開始就把他的研究呈現為猶太人大屠殺的終極解釋。相較於穆札弗．謝里夫假設一旦不同群體對峙就會開戰，以及金巴多（和米爾格蘭是同窗）聲稱我們一旦穿上制服就會變成怪獸，米爾格蘭的解釋比那些都精良太多。更有智慧。而且最重要的是，更令人不安。

對米爾格蘭來說，一切都取決於權威。他說，人類是會盲目遵從命令的生物。在他位於耶魯大學的地下實驗室裡，成年人退化成不思考的孩子，退化成訓練有素的拉布拉多犬，在有人下令「坐下」、「握手」或者「跳下橋」的時候欣然服從。這和那些戰後仍把同一句老話講個不停的納粹相似到恐怖，他們說的那句話就是：*Befehl ist Befehl*——軍令如山。

米爾格蘭只能得出一個結論：人性裡帶有內建的致命瑕疵——這種缺陷讓我們有如溫順小狗，卻做出最駭人聽聞的事。[5]「如果一座滅絕營蓋在美國，」這位心理學家聲稱，「就能在任何中等大小的美國城鎮裡為這些營地找到足夠的員工。」[6]

米爾格蘭實驗的時機點更是好到不能再好。第一名志願受試者走進他實驗室的那天，有一場頗具爭議的審判正進入最後一週。納粹戰爭罪犯阿道夫・艾希曼（Adolf Eichmann）正在耶路撒冷於七百位記者眼前接受審判。那之中有一位是猶太哲學家漢娜·鄂蘭（Hannah Arendt），她當時正為《紐約客》（*New Yorker*）雜誌報導本案。

在審判前關押時，有六位專家對艾希曼進行了心理評估。沒有人發現行為異常症狀。據其中一位醫師表示，他唯一奇怪的地方，就是他看起來「比正常還要正常」。[7]鄂蘭寫道，艾希曼既沒有精神變態也不是怪物。他就跟所有踏進米爾格蘭實驗室的理髮師和酒保、建築工人和生意人一樣尋常。在鄂蘭著作的最後一句話裡，她把這種現象診斷為：「惡的平庸性（the banality of evil）。」[8]

那之後，米爾格蘭的研究和鄂蘭的哲學就綁在了一起。後來漢娜·鄂蘭將被視為二十世紀最偉大的哲學家之一；而史丹利·米爾格蘭則給出了證據來證實她的理論。有一大堆紀錄片、小說、舞台劇和電視影集都談到米爾格蘭惡名昭彰的電擊機，使它在任何地方都能露臉，包括有約翰·屈伏塔（John Travolta）年輕時演出的電影，到《辛普森家庭》（*The Simpsons*）的其中一集，以及一個法國電視台的競賽節目。

心理學同行穆札弗·謝里夫甚至還誇張到說「米爾格蘭的服從實驗是社會心理學領域對人類知識界做過的單一項最大貢獻，或許改說整個心理學領域也可以」。[9]

這邊我要老實說。原本，我想要擊潰米爾格蘭的實驗。當你在寫一本擁護人性善良面的書時，你的名單上會有幾個強力挑戰者。威廉·高汀和他的黑暗想像。理查·道金斯和他的自私基因。賈德·戴蒙和他令人灰心的復活節島故事。當然，還有菲利普·金巴多，世界上最知名的在世心理學家。

但我這份名單上的榜首是史丹利·米爾格蘭。就我所知，沒有哪個研究能像他的電擊機實驗一樣令人懷疑人性、一樣令人沮喪，同時又一樣有名。等到我花了幾個月的研究完成時，我認為已經蒐集了足夠的彈藥來了結他的遺產。首先，就有他最近才向大眾公開的個人檔案。到頭來那些檔案裡有不少不可告人的祕密。

「當我聽說可以取得檔案素材的時候，」我去墨爾本拜訪吉娜·佩里時她跟我說，「我就急著想看穿幕後。」（這和揭穿羅伯斯山洞實驗造假的吉娜·佩里是同個人；見第七章。）佩里所謂的「幻滅程序」從此開始，並以一本砲火猛烈的書記錄下她的發現，讓這個程序盛大收尾。她揭露的事情，使她從米爾格蘭粉變成了兇猛的批評者。

我們先來看看佩里找到什麼。同樣地，這故事在說的，也是一個執著的心理學家追求著聲望和讚揚。這個人進行了誤導和操弄，來得到他所要的結果。這個人刻意把強烈的痛苦，強加於只是想來幫忙而信任他的人。

2

時間是一九六二年五月二十五日。實驗的最後三天開始了。將近一千名志願者已經輪流用過了米爾格蘭的電擊機，此時米爾格蘭發覺少了什麼。照片。一台隱藏攝影機很快安裝完畢，以便錄下參與者的反應。米爾格蘭就是在這幾場試驗中，找到了他的明星受試對象，一個日後姓名會等同「惡的平庸性」的人。或者應該說是他的假名：弗雷德．普羅基（Fred Prozi）。只要你看過米爾格蘭實驗的影像，隨便那數百部紀錄片中的哪部，或者在 YouTube 上的片段，那你應該都看過普羅基活躍的模樣。而就像金巴多與囚犯八六一二的關係一樣，讓米爾格蘭想傳達的訊息正中要害的，就是弗雷德．普羅基的錄像。

我們看到一個面容友善、五十歲左右的魁梧男人，很明顯是心不甘情不願地，做著別人吩咐他的事。「可是他可能會死在裡面啊！」他悲痛地喊著——然後按了下一個開關。[10]觀眾看著劇情開展而入迷，既不敢看又忍不住看普羅基能做到什麼地步。

這對聳人聽聞的電視節目來說很重要，而米爾格蘭很清楚這一點。「了不起。」他這麼形容普羅基的表現。普羅基「徹底的棄守和高漲的緊張」令他激動不已，於是決定將這人封為他電影的主角。[11]如果你覺得米爾格蘭聽起來比較像導演而不像科學家，那你並沒有離實情太遠，因為他就是做了導演才真正大放光采。

任何偏離他劇本的人，他都會以強大壓力逼迫就範。穿著灰色實驗袍的人——米爾格蘭雇用的、叫作約翰·威廉斯（John Williams）的生物學老師——會嘗試多達八或九次，來讓人們繼續按更高電壓的開關。當一名四十六歲的女性把電擊機關掉的時候，他甚至跟她吵了起來。威廉斯把機器重新打開，然後命令她繼續做下去。[12]

「你聽這些錄音會覺得，所謂對權威的奴性服從，」吉娜·佩里寫道，「聽起來更像是霸凌和脅迫。」[13]

關鍵的問題是，受試對象本身是否相信自己在施予真正的電擊。在實驗之後沒多久，米爾格蘭寫道：「除了少數以外，其他實驗對象都相信實驗情境的真實性。」[14]然而他的檔案裡卻充滿了參與者表達懷疑的陳述。如果你想想這個情境看起來會有多古怪，那麼，會有這種陳述也就不意外了。你真的指望別人會相信，在耶魯這種名聲響亮的機構裡，在科學家滴水不漏的注視下，會有人被折磨到死？

研究結束後，米爾格蘭寄了一份調查表給參與者。有一個問題是：你覺得這情境有多令你相信？十年後他總算公布他們的答案，寫在他談實驗的書的最後一章。我們就是在這邊發現，只有百分之五十六的實驗對象相信他們真的在給學習者施加痛苦。而且還不只如此。一份由米爾格蘭的助手所進行、但從來都沒有發表的分析顯示，如果人們相信電擊是真的，那大部分的人都會停手。[15]

所以，如果有一半的參與者覺得這整套安排是假的，那米爾格蘭的研究會得出什麼東西？公開場合中，米爾格蘭都把他的發現描述成「深刻而令人不安的人性真相」。私底下，他自己有所懷疑。「這一切的大吹大擂，到底代表的是一項重大科學成果，或者僅僅是有效的戲劇效果，」他在一九六二年六月的私人日記中寫道。「我傾向接受後面這種解釋。」[16]

當米爾格蘭於一九六三年發表研究結果時，他的電擊實驗大獲惡評。「目睹不敢相信的折磨」、「卑鄙」以及「與納粹人體實驗同一等級」只是其中幾種媒體描述他所作所為的說法。[17]公眾的強烈抗議，導致實驗研究產生了新的倫理方針。

那段期間裡米爾格蘭還守著另一個祕密。他選擇事後不讓約六百個參與者知道實驗裡的電擊不是真的。米爾格蘭怕他研究的真相洩漏，使他從此再也找不到受試對象。所以有幾百人就這樣一直以為自己曾把另一個人類電死。

「我還真的去查《紐哈芬紀事報》上的訃聞，實驗後至少查了兩星期，」後來有一個人這麼說，「看看我是不是涉及並促成了某個所謂學習者的死亡。」[18]

3

在本章的第一個版本中，我寫到那就告一段落了。我的結論是，米爾格蘭的研究就跟菲利普．金巴多的虐待狂表演一樣是鬧劇。

但在與吉娜．佩里會面後的幾個月裡，難以擺脫的懷疑讓我煩惱不已。會不會只是我太急著要把電擊機踢到一邊？我回想到米爾格蘭請將近四十位同事預測多少實驗對象會開到滿格四百五十伏特的那場投票。每一個人都預測，只有真的瘋了或者精神失常的人才會按到最後一個開關。

有一件事很確切：那些專家錯得很離譜。但就算把米爾格蘭的偏誤觀點、他那進行霸凌的助理，以及志願者的懷疑態度全都算進去，向權威低頭的人還是太多了。太多普通人相信電擊是真的卻「還是」持續按下最高電壓的開關。不管你怎麼看，米爾格蘭的研究結果依然十分令人不安。

而且不只是米爾格蘭的研究結果如此而已。全世界的心理學家已經以各種反覆流程複製了他的電擊實驗，其中做了小幅修改（好比說時間較短）來滿足大學倫理委員會的要求。儘管說這些研究有可批評之處，但令人不安的事實是，做了一次又一次的實驗，結果都是一樣的。

米爾格蘭的研究似乎無庸置疑。固若金湯。就像拒絕死去的殭屍，怎麼殺都會爬回來。「人們試過把這研究打倒，」一位美國心理學家說，「但它總是屹立不搖。」[19]顯然，普通人類是能夠對其他人類做出恐怖殘忍行為。

但為什麼呢？如果我們生來就要親切，為什麼幼犬人會按下四百五十伏特的開關呢？

這就是我需要回答的問題。

我第一件想知道的事情是，米爾格蘭的服從實驗是否真有測試到服從性。就以他寫給威廉斯——穿灰色實驗袍的「實驗者」——的劇本為例，這套劇本會指揮他給不聽話的實驗對象四個特定的「激勵」。

首先：「請繼續。」

接著：「本實驗需要你繼續。」

那之後：「你繼續進行有很重要的意義。」

只有到了最後是：「你別無選擇，一定要繼續。」

當代心理學家指出，只有這最後一行才是命令。而當你聽錄音帶時，很明顯地，只要威廉斯說出這些話，每個人都會停下手。其效果是立即的「抗命」。一九六一年是如此，而那之後舉凡別人複製米爾格蘭的實驗時也會如此。[20]

針對米爾格蘭電擊機實驗數百次流程所做的仔細分析顯示，灰袍人變得愈霸道，實驗對象就愈不服從。換句話說：幼犬人沒有無腦地遵循權威命令。結果發現，我們徹底厭惡發號施令的行為。

那麼，米爾格蘭當時怎麼有辦法誘導他的實驗對象一直按開關？英國廣播公司監獄研究幕後的心理學家亞歷山大．哈斯拉姆和史蒂芬．雷徹（見第七章），想到了一個很有意思的理論。參與者並沒有屈服於灰袍實驗者，反而決定加入他這邊。為什麼？因為他們信任他。

哈斯拉姆和雷徹注意到，大部分自願參與研究的人是有意幫忙而到來。他們想要幫助威廉斯先生進行研究。這就說明了，為什麼當米爾格蘭在一間裝潢樸素的辦公室實施實驗、而不是在耶魯大學的典雅環境裡進行實驗的時候，整體善意的百分比就會降低。這也可以說明，為什麼訴諸一個科學目標的「激勵」（好比說「本實驗需要你繼續」）最有效，[21]也說明了為什麼參與者的行為不像是沒有靈魂的機器人，而是帶著懷疑遭受折磨。

一方面，指導者認同那個穿灰色實驗袍、一直重複說整件事是為了科學益處的人。但另一方面，他們無法忽視另一間房裡學習者受的苦。參與者就算繼續按下個開關，他們也反覆地喊著「我再也受不了了」以及「我不幹了」。

有一個人事後說，他是為了他腦性麻痺的六歲女兒才堅持下去的。他希望醫學界有一天可以找到解方：「我只能說我當時——跟你說，就這樣講啦，只要是能，呃，幫助人類的話，什麼事我都願意做。」[22]

事後當米爾格蘭跟受試對象說他們的貢獻會對科學有益時，許多人都如釋重負。「我很高興能幫到忙」是典型的回應，另外有人說：「只要能有好的結果，你們就用盡方法繼續實驗吧。在我們這個混亂瘋狂的世界裡，一點一滴的善意都是必需的。」[23]

當心理學家唐．米克森（Don Mixon）於一九七〇年代重複米爾格蘭的實驗時，他得到了一樣的結論。他後來談到，「事實上，人們會竭盡全力為善而吃盡苦頭。人們埋首於試圖為善……」[24]

換句話說，如果你催促人催促得夠用力，如果你一直戳一直刺激，又拐騙又操弄，我們之中的許多人確實是有能力為惡沒錯。通往地獄的路是善意鋪成的。但邪惡並不是就在表面底下；它需要費盡工夫才能扯出來。而且最重要的是，邪惡得要披上行善的外衣才行。

諷刺的是，善意在第七章的史丹佛監獄實驗也起了重要作用。戴夫．埃謝爾曼，就是那個好奇自己如果不是有人明確教他這樣做、是否還會做到這麼過火的學生獄卒，也把自己描述成「有顆科學家的心。」[25]後來，他說他覺得自己做了有建設性的事，「因為某方面來說，我對於了解人性做出了貢獻。」[26]

對於想出原版監獄研究計畫的金巴多助理大衛．雅菲來說也是如此。雅菲藉著指出研究背後的崇高意圖，來鼓勵善良的獄卒採取更強硬的作為。「我們要做的，」他對一名舉棋不定的獄卒說，「是能夠〔……〕帶著我們的成果邁向全世界，然後跟他們說：『看吧，這就是當你們有了行徑如此的獄卒時，會發生的事情。』但為了要能講出上面這番話，我們就得要有行徑如此的獄卒。」[27]

總歸來說，大衛．雅菲和菲利普．金巴多是希望他們的成果激起對監獄系統的全面檢討改善。「如果順利的話，這項研究能夠促成一些非常認真嚴肅的改革提案，」雅菲向獄卒保證。「這是我們的目標。我們試著做這些事，不是因為我們都是，呃，虐待狂。」[28]

4

這就讓我們回到了阿道夫．艾希曼這邊。一九六一年四月十一日，這名納粹軍官的戰爭犯罪審判開始了。在接下來的十四週裡，有數百名證人出庭作證。檢察當局在十四週裡盡了全力證明艾希曼是怎麼樣的一頭怪物。

但這不只是一個訴訟案件而已。這也是一個巨大的歷史教訓，一場幾百萬人收看的媒體奇觀。那之中就有密切追蹤整個審判經過、並被自己太太形容為「新聞成癮」的史丹利．米爾格蘭。[29]

同時，漢娜．鄂蘭則在法庭內有一席之地。「艾希曼的麻煩之處，」她後來寫道，「就是有太多人像他一樣，而那些人卻也不是變態或虐待狂，他們曾經是──且如今依然是──極其普通到了恐怖的地步。」[30]在接下來的歲月裡，艾希曼變成了盲目的「案頭殺人者」代表──代表了我們每個人心中的惡的平庸性。

要到最近，歷史學家才做出了一些非常不一樣的結論。當以色列特務於一九六〇年抓到艾希曼的時候，他正藏匿在阿根廷。他在那邊已經被前荷蘭黨衛隊（SS）軍官威廉．薩森（Willem Sassen）訪談了好幾個月。薩森希望讓艾希曼承認猶太人大屠殺根本只是個謊言，是捏造來敗壞納粹政權的說法。結果卻讓他失望。

「我一點也不後悔！」艾希曼向他保證。[31]或者就如他已經在一九四五年宣告過的：「我會笑著躍入我的墳墓，良心背負著五百萬條生命，對我來說是一個極其滿足的源頭。」[32]

讀過一千三百頁充滿怪誕想法和幻想的訪談後，就很明顯能看出艾希曼可不是盲目的官僚。他是狂信者。他不是出於漠不關心而行動，而是出於堅定信仰。就像米爾格蘭的實驗對象一樣，他做出邪惡的事是因為他相信自己在行善。

儘管薩森的文字訪談紀錄在審判時可供取用，但艾希曼卻試圖讓人們質疑其真實性。於是他就這麼讓全世界都看走眼了。審判期間，那些訪談錄音帶都在德國科布倫次（Koblenz）的德國聯邦檔案館（Bundesarchiv）那邊擺到壞掉，直到五十年後哲學家貝蒂娜·斯坦內斯（Bettina Stangneth）才把它們找出來。她所聽到的內容可以證實，薩森文字稿裡的一切都確實無誤。

「我從沒做過哪件事，沒先獲得阿道夫·希特勒或任何長官的明白指示，不論大小事都一樣。」艾希曼在審判期間如此作證。這是厚顏無恥的謊言。日後將有無數納粹分子機械般複述他的謊言，稱自己「只是奉命行事」。

從那之後歷史學家開始發現，第三帝國官僚機器下達的命令往往很模糊。官方命令很少發布，所以希特勒的擁護者得要靠自己的創意。歷史學家伊恩·柯蕭（Ian Kershaw）解釋說，他們並不是就那麼直接去服從領導者，而是「努力完成他的期待」，試圖本著「元首」（Führer）的精神行動。[33]這激發了一種互別苗頭的文化，愈來愈激進的納粹分子會發明愈來愈極端的手段，來討希特勒歡心。

換句話說，猶太人大屠殺並不是人類突然變成機器人而產生的結果，一如米爾格蘭的志願參與者並不是沒有停下來想一想才按下開關的。這些犯罪者相信他們是站在歷史的正確面。奧斯威辛是漫長複雜歷史過程的最終頂點，在那過程中電壓會一步一步提高，而邪惡會被當成善意，取信於人。納粹的宣傳工廠——裡面有著作家和詩人，有著哲學家和政客——有多年時間可以發揮功效，削弱並毒化德國人的心靈。幼犬人遭到了矇騙灌輸，遭到洗腦操控。

只有在那時候，才會有難以置信的事情發生。

當漢娜．鄂蘭寫到艾希曼不是怪物的時候，她是不是被誤導了？她是不是被他在被告席上的演出騙了？

許多歷史學家持這種看法，而引用她這本書作為「想法了不起，舉例卻很差」的案例。[34]但有些哲學家不同意，他們主張這些歷史學家沒能理解鄂蘭的思想。因為鄂蘭在審判期間其實是有研究過一部分薩森的艾希曼訪談稿，而她根本沒寫說艾希曼只是服從命令而已。

況且，鄂蘭可是公然對米爾格蘭的服從實驗持批判態度。儘管這位年輕心理學家很欣賞這位哲學家，但對方並不這麼想。鄂蘭指控米爾格蘭有一種「認為誘惑和脅迫其實都一樣的天真信念」。[35]而且，和米爾格蘭不同的是，她並不認為我們每個人心中都躲著一個納粹。

那為什麼米爾格蘭和鄂蘭會一起寫進史書呢？有些研究鄂蘭的專家認為，那是因為她被人誤解了。她是那種口出箴言的哲學家，說著容易被誤解的神祕用語。好比說她提到艾希曼「沒做思考」。她並沒有說他是機械式的案頭殺人者，而是如研究鄂蘭的專家羅傑·伯科維茨（Roger Berkowitz）所點出的，是指艾希曼無法從別人的觀點來思考事情。[36]

實際上，漢娜·鄂蘭是極少數相信多數人內心深處都很正派的哲學家之一。[37]她主張，我們對於愛和友情的需求，比起任何仇恨和暴力的傾向，都要來得更接近人性。而當我們選擇走上邪惡的道路時，我們會感覺到，自己不得不躲在那些讓我們以為是美德的謊言與陳腔濫調後頭。

艾希曼是一個極品範例。他讓自己相信自己做了偉大的行動，某種未來會被代代景仰的歷史功業。那並沒有讓他成為怪物或者機器人。那讓他成為熱中團體的人。許多年後，心理學家對於米爾格蘭的研究也會得出同樣的結論：電擊實驗和服從無關，而是和從眾有關。

漢娜．鄂蘭觀察下做出的結論也是這樣，而這就可以看出她領先時代的程度有多驚人。

然而不幸的是，史丹利．米爾格蘭過度簡化的推論（人類不思考便屈從於邪惡）給人留下的印象，遠比漢娜．鄂蘭層次細膩的哲學（人類受到冒充為善的邪惡誘惑）來得長遠。這展現了米爾格蘭的執導天才、展現他的戲劇眼光，以及他對於電視上播什麼才有效的敏銳嗅覺。

但我認為，讓米爾格蘭出名的最重要一點，是他安排了證據，來支持一個長久以來的信念。「這些實驗似乎提供了強力的支援，」心理學家唐．米克森寫道，「來支持歷史上最古老、最重要的自我實現預言——我們生來就是罪人。大部分人，甚至包括無神論者都相信，有誰來提醒我們具有邪惡本性是件好事。」[38]

是什麼讓我們那麼渴望相信自身墮落？為什麼飾面理論可以不斷以那麼多種面貌捲土重來？我懷疑那和方便性十分有關。說來奇怪，但相信自己有罪惡本性會帶來放心安慰感。這提供了一種寬恕赦罪。因為如果多數人都壞心眼，戰鬥與反抗就都不那麼值得努力了。

相信人類本性邪惡，也為惡的存在提供了一個有條有理的解釋。面對仇恨和自私的時候，你大可告訴自己：「喔，沒辦法啊，人性就這樣嘛。」但如果你相信人性本善，你就得去問邪惡到底為什麼會存在。這種想法意謂戰鬥與反抗是值得做的事，而這種想法也會迫使人有義務要行動。

二〇一五年，心理學家馬修．霍蘭德（Matthew Hollander）重聽了米爾格蘭電擊機實驗中一百一十七回的錄音紀錄。[39]經過大量分析後，他發現了一個模式。設法中止實驗的實驗對象用了三個戰術：

一、和受害者說話。

二、提醒穿灰色實驗袍的人他要負什麼責任。

三、反覆拒絕繼續實驗。

溝通和對峙、同情和抵抗。霍蘭德發現，幾乎所有的參與者都用了這三種戰術——畢竟他們幾乎都想住手——但那些成功的人用得比較多。好消息是：那是可以訓練出來的技巧。反抗只是需要練習。「讓米爾格蘭實驗的一部分人成為英雄的主要要素，」霍蘭德觀察到，「是一種在反抗可疑權威方面的可學習能力。」[40]

如果你認為反抗注定失敗，那我在這個主題上還有最後一個故事要跟你分享。事情發生在第二次世界大戰期間的丹麥。這是一個關於普通人展現出超凡勇氣的故事。而那證明，即便一切看似已無希望，反抗始終仍值得努力。

5

時間是一九四三年九月二十八日。

哥本哈根賀美思佳德路（Rømersgade）二十四號的工人會議大樓的總部裡，社會民主黨的領袖們全都到場了。一名穿著納粹制服的訪客站在他們面前。他們震驚地盯著他。

「大難臨頭了，」這個人說。「全部都詳加計畫了。船隻會在哥本哈根海外的停泊處下錨。你們那些被蓋世太保抓到的可憐猶太同胞會被強行帶上船，然後不知道會有什麼下場。」[41]

說話的人臉色蒼白發著抖。他的名字是吉奧克．斐迪南．杜克維茲（Georg Ferdinand Duckwitz）。他會在史上以「變節納粹」留名，而他的警告則將創造奇蹟。

突襲預計在一九四三年十月一日週五，遵循黨衛隊擬定的詳盡計畫進行。晚上八點一敲鐘，就會有數百名德國部隊開始叩響全國各地大門，來圍捕所有丹麥猶太人。他們會被帶往港口，然後搭上一艘準備好帶上六千名囚犯的船隻。

用電擊實驗的說法來說就是：丹麥可不是從十五伏特到三十伏特，然後從三十到四十五這樣。情況是納粹要丹麥人一口氣就給到最高的四百五十伏特電擊。這一刻以前，都沒有歧視法條，沒有強制別黃徽章，沒有沒收猶太人財產。丹麥猶太人還沒發覺到有人要對付他們，就已經在遣送至波蘭集中營的路上了。

至少，計畫是這樣定的。

在約好的那個晚上，幾萬名普通丹麥人——理髮師和酒保，建築工和生意人——拒絕按下電擊機的最後一個開關。那天晚上，德國人發現有人事先警告猶太人有突擊，而大多數人已經逃走了。事實上，多虧了那一通警告，將近百分之九十九的丹麥猶太人都活到了戰後。

我們要怎麼解釋丹麥的奇蹟？是什麼讓這個國家成為黑暗海洋上的一盞明燈？戰後，歷史學家們提出了好幾個解答。一個重要因素，是納粹在丹麥並沒有完全掌權，希望能保留兩個政府和諧共治的形象。結果，在丹麥反抗德國人就不像在其他國家那麼危險，好比說被占領的荷蘭。

但到最後有一個解釋特別突出。「答案是無可置疑的，」歷史學家波・立德加德（Bo Lidegaard）寫道。「丹麥猶太人因為同胞們堅持戰鬥而獲得保護。」[42]

當突襲的消息傳開，反抗就從四面八方而起。從教堂、大學到工商界，從皇室、律師委員會到丹麥婦女國民會——全都出聲反對。幾乎同一時間，即便沒有單一的集中組織計畫，也沒有人試圖要協調幾百個個別行動（實在是沒時間），脫逃路線網就已經安排妥當。數千數萬名丹麥人，不分貧富老少，都了解到此時不做更待何時，而把眼神避開就是背叛自己的國家。

「即便是猶太人自己主動要求，」歷史學家萊妮・亞希爾（Leni Yahil）談到，「也從沒有人拒絕。」[43]學校和醫院用力敞開大門。小漁村收留數百位難民。丹麥警察也在可能的地方協助，並拒絕和納粹合作。「我們丹麥人不跟自己的憲法討價還價，」反抗派的報紙《丹麥每月郵報》（*Dansk Maanedspost*）大聲疾呼，「尤其就公民平等這塊更是沒得商量。」[44]

當強大的德國多年來被種族主義宣傳毒害的同時，國力普普的丹麥卻洋溢著人道主義精神。丹麥的領導者總是堅持民主法治不可侵犯。任何試圖使人相鬥的人都不配稱作丹麥人。那裡不會有「猶太人問題」之類的東西。那裡只有同胞。

在短短幾天內，超過七千名丹麥猶太人搭著小漁船橫過了隔開丹麥和瑞典的松德海峽（Sound）。在一個全然黑暗的時代，他們的獲救是一個小但光輝的亮點。那是人性和勇氣的勝利。「丹麥的例外，證明了公民社會人道主義的動員〔……〕不只是理論上可行而已，」立德加德寫道。「也做得到。我們知道做得到，因為確實發生過。」[45]

最終證明，丹麥反抗行動的感染力強大到連丹麥最忠實的希特勒追隨者都開始有了二心。他們愈來愈難表現得像是在支持一個正當目的。「即便是不公不義都需要一個像是法則的東西。」立德加德如此評論。「當整個社會都否定強者的權力時，就很難找到那個東西。」[46]

納粹只有在保加利亞和義大利才遇到與此相當的反抗，而在那些地方的猶太人死亡數也同樣較低。歷史學家強調，占領地區的驅逐出境人數多寡，取決於每個國家的通敵程度。[47]多年後阿道夫．艾希曼會跟威廉．薩森說，德國人在丹麥遇上的困難比別的地方都多。「成果很少……我也得要召回我的運輸船——對我來說是非常丟臉的一件事。」[48]

要聲明一下，派駐丹麥的德國人可不是軟腳蝦——可以顯示這一點的就是那邊地位最高的納粹人士，韋爾納．貝斯特（Werner Best），更為人所知的名號是「巴黎血獵犬」，甚至連杜克維茲這名哥本哈根的變節納粹，在整個一九三〇年代也都還是狂熱反猶主義者。但隨著歲月過去，他也被丹麥的人道精神所感染了。

漢娜．鄂蘭在她的著作《平凡的邪惡：艾希曼耶路撒冷大審紀實》（*Eichmann in Jerusalem*）中，對於丹麥猶太人的救援行動有一段非常精彩的觀察。「這是我們所知的，」她寫道，「納粹遇上當地人公然反抗的唯一案例，其結果似乎是，那些接觸到反抗的人改變了想法。他們自己顯然不再把消滅一整個民族當成理所當然的事。他們遇上了基於原則的反抗，而他們的『強硬』就像太陽底下的牛油那樣融化了……」[49]

第九章
凱薩琳・蘇珊・吉諾維斯之死

1

一九六〇年代還有另一個故事需要提一提。另一個揭露人性痛苦真相的故事。這故事不是在講我們做了什麼，而是講我們沒做什麼。這故事也呼應了幾百萬猶太人於二戰期間遭逮捕、遣送出境、殺害之後，無數德國、荷蘭、法國、奧地利等歐洲各地的人所主張的說法。

Wir haben es nicht gewußt。「我們之前不知道。」

時間是一九六四年三月十三日，凌晨三點十五分。凱薩琳・蘇珊・吉諾維斯（Catherine Susan Genovese）開著她那台紅色飛雅特（Fiat）行經一面黑暗中恰好能看見的「禁止停車」告示牌，然後停靠在奧斯汀街（Austin Street）地鐵站外。

人稱凱蒂（Kitty）的她，就像一陣活力旋風。二十八歲的她著迷舞蹈，朋友比空閒時間還多。凱蒂喜愛紐約，這城市也愛她。這是她能展現自我的地方——是她能自由自在的地方。

但那天晚上外頭很冷，而凱蒂正急著回家見女朋友。今天是她們一週年紀念，她一心一意想著的就是和瑪莉安（Mary Ann）抱抱。她連忙關掉車燈鎖上車門，朝著不到一百英尺外她們的小公寓套房走去。

凱蒂不知道的是，那將是她生命的最後一刻。

「噢老天啊，有人砍我！救我啊！」

時間是凌晨三點十九分。尖叫聲撕裂夜色，響到驚醒四周街坊。有幾棟公寓的燈光點了起來。窗戶拉了起來，人聲在深夜裡低聲響起。有一個人喊：「放了那女生吧。」

但攻擊凱蒂的人又回來了。又一次地，他持刀捅了她。在街角跌跌撞撞的她高聲喊著：「我要死了！我要死了！」

沒人走出門來。沒人動根指頭幫忙。不少鄰居反而隔著窗盯著，就好像在看實境秀那樣。有一對夫婦還拉出幾把椅子、把燈光調暗，好看得更清楚。

當行兇者回來第三趟時，他發現她倒在她住的公寓樓梯口。樓上，瑪莉安仍睡著，毫不知情。

攻擊凱蒂的兇手再次一刀接一刀捅下去。

時間是凌晨三點五十分，此時第一通電話才進警局。通報者是一個斟酌了老半天不知該怎辦的鄰人。警察兩分鐘內就抵達現場，但已經太遲了。「我不想牽扯進去。」通報者向警方這麼坦承。[1]

這幾個字——「我不想牽扯進去」——此後迴盪在全世界。

剛開始，凱蒂的死是該年紐約六百三十六件謀殺案的其中一件。[2]一條性命驟然而逝，有人失去了愛人，但整座城市繼續運作下去。然而過了兩週，這件事上了報，再過一陣子之後，凱蒂謀殺案將記入史書。不是因為行兇者或被害者，而是因為旁觀者。

媒體熱潮是從聖週五（Good Friday）——也就是一九六四年三月二十七日開始爆發。「目睹謀殺不報警的三十七人」，《紐約時報》頭條如此下標。報導的開頭如下：「皇后區三十八名正當守法的公民，眼睜睜看著一名兇手在奇遊園（Kew Gardens）尾隨並三度刺殺一名女性，期間整整超過半小時。」報導說，凱蒂本來大可活下來。就如一名警探所言，「打通電話就好了。」[3]

從英國到俄羅斯、從日本到伊朗，凱蒂都成了大新聞。蘇聯報紙《消息報》（*Izvestia*）報導，這就是資本主義「叢林式道德」的證據。[4]美國社會已經變得「像釘死耶穌的那人一樣噁心」，布魯克林一名牧師在布道時如此說；另外還有一名專欄作家譴責他的同胞是「冷酷、膽怯又不道德的一群人」。[5]

記者、攝影師和電視台拍攝人員大批湧入凱蒂生前居住的奇遊園。他們沒有一個人相信，這一帶居然如此漂亮、整潔、端正。像這種地方的居民，怎麼可能會如此全然麻木不仁到了駭人的地步？

有人說，那是電視使人遲鈍的效果。不對，另一個人說，是女性主義讓男人變成了弱雞。其他人認為那具有大都市生活典型的匿名性特質。而那會不會讓人聯想到猶太人大屠殺之後的德國人？他們同樣聲稱自己一無所知：我們之前不知道。

但最普遍為人接受的是當時的頂尖記者、《紐約時報》都會新聞主編亞伯·羅森塔爾（Abe Rosenthal）提供的分析。「在奧斯汀街鄰里發生的事，」他寫道，「是人間百態中一種恐怖現實所造成的症狀。」[6]

若要講真的，我們其實都是孤單一人。

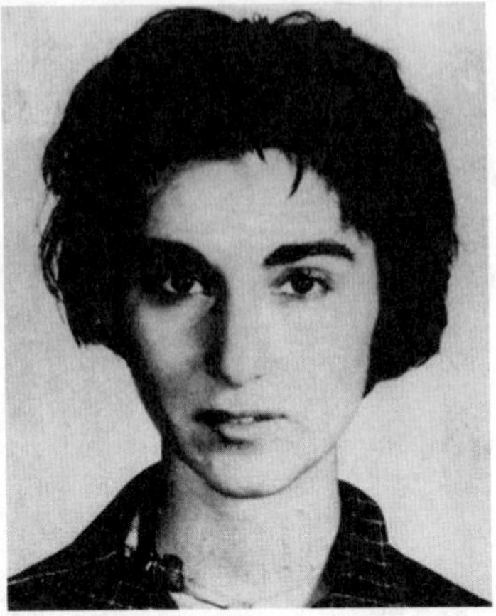

這是凱蒂·吉諾維斯最出名的照片。警方一九六一年因一件小案逮捕她（她在酒吧工作然後跟老主顧們下注賭馬）的不久後拍的大頭照（譯註：這屬外圍賭博行為）。凱蒂被罰了五十美元。大頭照被《紐約時報》剪裁過後傳遍了全球各地。照片來源：Wikimedia

2

第一次讀到凱蒂·吉諾維斯案的時候，我還在念書。就跟其他幾百萬人一樣，我全神貫注地讀了記者麥爾坎·葛拉威爾的第一本書《引爆趨勢》，而我是在第四十七頁的地方得知了那三十八名目擊證人。[7]

這個故事深深吸引了我，就像米爾格蘭的電擊機和金巴多的監獄一樣。「我現在還是會收到關於這則故事的來信，」多年後羅森塔爾表示。「（人們）對這故事很著迷。那很像珠寶——你一直看著它，然後就會冒出不同的想法。」[8]

那個影響重大的十三號星期五成了戲劇和歌曲的主題。《歡樂單身派對》（*Seinfeld*）、《女孩我最大》（*Girls*）和《法網遊龍》（*Law and Order*）都用了一整集來講這件事。一九九四年比爾·柯林頓（Bill Clinton）總統在奇遊園演說時，回憶起凱蒂謀殺事件帶來的「顫慄意涵」；還有一位美國國防部副部長保羅·伍佛維茲（Paul Wolfowitz）甚至把這拿來當作二〇〇三年入侵伊拉克的間接正當理由。（他主張，美國反戰者就跟那三十八名目擊者一樣麻木不仁。）[9]

對我來說，這個故事的教訓似乎也非常清晰。為什麼凱蒂·吉諾維斯求救了卻沒人去幫忙？這個嘛，那是因為人們冷酷又自掃門前雪。這個寓意早在凱蒂·吉諾維斯家喻戶曉的同個時期就已十分盛行——和《蒼蠅王》暢銷、阿道夫·艾希曼受審、史丹利·米爾格蘭電擊全世界，以及菲利普·金巴多開展研究生涯，都是同個年代。

但當我開始大量閱讀研究凱蒂死時周遭情況的相關文獻後，我發現自己在追隨的變成了另一個故事。又和之前的情況一樣。

當時有兩位年輕心理學家分別叫畢博・拉塔內（Bibb Latané）和約翰・達利（John Darley）。他們一直在研究旁觀者遇到緊急狀況會怎麼做，並注意到有件事怪怪的。在凱蒂遇害不久後，他們決定試試一個實驗。他們的受試對象是毫無防備之心的大學生，他們要求這些人獨自坐在一個密閉的房間裡，透過對講機來和同學談論大學生活。

只是說其實並沒有其他學生：研究者播放了預先錄好的錄音帶。「我可能真的呃需要誰來幫忙一下，」到了某個時間點，有一個聲音會呻吟著，「所以如果有誰能呃幫我一下下啊呃呃呃呃呃有誰能呃呃幫呃呃啊啊啊〔窒息的聲音〕……我要死了……」[10]

接著會發生什麼事？當一個認為只有自己在場的受試對象聽到求救呼聲時，他們都立刻衝出房間到走廊上。他們全都跑去插手，毫無例外。但那些在研究引導下、認為還有另外五個學生也坐在附近房間裡的受試對象，就只有百分之六十二會行動。[11]瞧：旁觀者效應出來了。

拉塔內和達利的發現日後將成為對社會心理學最關鍵的貢獻。接下來的二十年裡，將有超過一千篇論文和眾多書籍會去探討旁觀者緊急時如何行動。[12]他們的研究結果也解釋了奇遊園那三十八名目擊者的無作為：凱蒂．吉諾維斯的情況並不是「儘管」尖叫聲吵醒所有鄰居「卻」還死亡，而是「因為」吵醒所有人「所以」才死亡。

後來一位住戶告訴記者的話又驗證了這一點。當她丈夫去報警時，她卻制止了他：「我跟他說警察應該已經接了三十通報案了。」[13]如果凱蒂是在無人小巷遇襲，又只有一個目擊者的話，她可能有機會活下來。

這一切只是讓凱蒂的名聲火上加油。她的故事一路擠進了前十大心理學教科書，到今日都還被眾多記者及名嘴所引用。[14]這徹底成了一個當代寓言，寓示著大都市生活中危險至極的匿名性。

3

多年來，我都假定旁觀者效應就只是大都會生活不可免的一部分。但接著就在我工作的城市發生了一件事——那件事迫使我重新評估自己的假設。

事情發生在二〇一六年二月九日。下午三點四十五分時，桑妮（Sanne）把她的愛快羅密歐停在阿姆斯特丹某運河河畔的史羅特克德街（Sloterkade）上。[15]她下車朝副駕駛座那側繞去，準備把小孩從座位上帶下來，此時她突然發覺到車還在動。桑妮勉強爬進駕駛座，但已經來不及煞車了。整台車掉進運河並開始下沉。

壞消息：有幾十個旁觀者看到出事了。

聽到桑妮尖叫聲的人當然更多。就像在奇遊園那樣，有許多公寓能俯瞰事發點。而且這裡也是一個中上階層的良好社區。

但接下來始料未及的事情發生了。「就像是即刻反應一樣，」街角一間房地產公司的老闆魯本．亞伯拉罕斯（Ruben Abrahams）事後跟當地電視台記者說。「車子掉進水裡？這可不好啊。」[16]他連忙跑去從公司工具箱拿出一把榔頭，然後直接衝進冰冷的運河。

高大健壯、鬍渣發灰的魯本在某個寒冷的一月天和我見面，來告訴我這一切是在哪發生的。「那是那種最不尋常的巧合，」他跟我說，「那種一切都在轉瞬間湊在一起的巧合。」

當魯本跳進運河時，里恩克．肯提（Rienk Kentie）——也是旁觀者——已經游向正在下沉的汽車，而雷尼耶．波希（Reinier Bosch）——又一個旁觀者——也在水裡。最後一刻，有一名女性遞了塊磚頭給雷尼耶，而那東西下一秒就會證明是一大關鍵。維策・摩爾（Wietse Mol）——四號旁觀者——從車上拿了把車窗擊破器，最後一個跳下水。

「我們開始砸窗戶，」魯本敘述著。[17]雷尼耶試著砸破一面側車窗，但不順利。同一時間，車子頭朝底傾斜著下沉。雷尼耶拿了磚塊來猛敲後車窗。終於，後車窗破了。

那之後，一切都發生得很突然。「那個媽媽從後車窗把她小孩遞出來給我。」魯本繼續說道。那小孩卡住了一下，但幾秒鐘後魯本和雷尼耶就成功讓那幼兒脫困。雷尼耶帶著小孩游到安全地方，而裡頭還有媽媽的車子離沒頂只差幾吋了。魯本、里恩克和維策及時協助她逃了出來。

不到兩秒後，車子就從運河漆黑的水面消失了。

在那時候，已經有一大群旁觀者沿著河邊聚集起來。他們幫忙把媽媽和小孩以及四個男人抬上岸，並用毛巾把他們裹住。

整場救援行動還不到兩分鐘。在這整段時間內，這四個人——彼此完全不認識的四個陌生人——連一句話也沒交談過。只要他們其中一個人再多遲疑那麼一下下，一切就無法挽回了。如果四個人都沒跳下去，救援就會完全失敗。而如果那位不知名的旁觀者沒在最後一刻把磚頭遞給雷尼耶，他也沒辦法砸破後車窗把媽媽跟小孩弄出來。

換句話說，桑妮和她的幼兒並不是「儘管」有大量旁觀者「卻」還活了下來，而是「因為」有他們才活了下來。

4

現在，你可能會想說——當然啦，是個感人的故事，但可能是旁觀者定律的例外。還是說，能夠解釋這種異常狀況的，其實是荷蘭文化的某個特別之處，或者阿姆斯特丹的這群街坊鄰居，或甚至這四個人有什麼特別的地方？

正好相反。儘管許多教科書可能還在教旁觀者效應，但一份二〇一一年發表的整合分析，重新闡述了緊急時刻旁觀者會做什麼。整合分析（meta-analysis，譯註：又稱元分析、後設分析）是對研究進行的研究，代表它分析了大批的其他研究。這個整合分析回顧了過去五十年最重要的一百零五項旁觀者效應研究，包括拉塔內和達利的第一個（把學生放在房間的）實驗。[18]

這個針對研究的研究洞察到兩件事。首先：旁觀者效應存在。我們在緊急時刻會覺得自己不需介入，有時是因為覺得讓別人來掌管比較合理。有時候我們會怕做錯事，所以出於害怕受譴責而不介入。有時候我們就是不覺得哪裡有錯，因為我們也沒看到別人採取行動。

那第二件事呢？如果緊急情況威脅了生命（某人溺水或遇襲）且如果旁觀者可以彼此溝通的話（他們沒有被分隔在不同房間），那麼就會有一個「逆向」的旁觀者效應。「額外的旁觀者，」作者的文章寫道，「甚至會產生更多援助，而不是更少。」[19]

而且不只如此。在訪問魯本談及他那段自發性救人行動的幾個月後，我和丹麥心理學家瑪麗．林德加德（Marie Lindegaard）約在阿姆斯特丹的一間小餐館見面。她邊甩掉身上雨水邊坐了下來，打開了她的筆電，在我面前放下一堆文件然後開始一番演說。

瑪麗是最早問我「為什麼我們會想出這一切錯綜複雜的實驗、問卷和訪談」的其中一位研究者。我們為什麼不直接去看真人在真實狀況下的真實影片呢？畢竟，現代城市可是塞滿了攝影機呢。

這想法很棒，瑪麗的同事如此回答，但妳永遠拿不到那些影片的。對此瑪麗回應：等著瞧。如今，瑪麗擁有一個資料庫，包含了超過一千部來自哥本哈根、開普敦、倫敦和阿姆斯特丹的影片。這些影片記錄了鬥毆、性侵和謀殺未遂事件，而她的發現在社會科學界開啟了一場小革命。

她把她的筆電朝我推過來。「你看，明天我們就要把這篇論文提交到頂尖心理學期刊去了。」[20]

我讀著暫定的標題：〈你自認所知的旁觀者效應幾乎全都是錯的〉（Almost Everything You Think You Know About the Bystander Effect is Wrong）。

瑪麗往下滑並指著一個表格，「你再看，這裡你可以看到在百分之九十的案子裡，人都會幫助別人解決困難。」

百分之九十。

5

那麼，魯本、雷尼耶、里恩克和維策之所以會在那個二月午後跳入阿姆斯特丹運河冰冷的河水裡，也就沒有什麼謎團了。那是自然反應。現在的問題是：一九六四年三月十三日凱蒂·吉諾維斯遇害那晚發生了什麼事？那個眾人皆知的故事有多少是真的？

率先質疑目擊者是否都漠不關心的其中一人，是奇遊園的新住戶喬瑟夫．迪梅（Joseph De May）。這位業餘歷史學家在凱蒂死後十年搬到那邊，對於這場讓街坊鄰居蒙羞的兇殺案非常感興趣。迪梅決定自己來做點研究。他開始翻閱檔案，並翻出褪色的照片、舊報紙和警方報告。隨著他把所有事物一片片拼湊起來，真實的模樣也隨之浮現。

我們再度從頭開始。以下是一九六四年三月十三日的事件，但這一次是根據迪梅和其後追隨者不辭辛勞完成的調查結果。[21]

時間是凌晨三點十九分。當時一聲駭人的尖叫打破了奧斯汀街的寂靜。但外面很冷，大部分居民的窗戶都關著。街上照明極差，大部分往外看的人根本沒察覺哪裡不對勁。少數人認出有個女人的剪影歪歪倒倒地走過街道，並猜想她應該是喝醉了。那並不反常，因為街上就有一間酒吧。

儘管如此，至少有兩位居民拿起電話打給警方。其中一個人是麥可．霍夫曼（Michael Hoffman）的父親，而麥可自己後來也會投身警界；另一個人則是哈蒂．

格倫德（Hattie Grund），她住在附近的一棟公寓裡。「他們說，」多年後她這麼重複說道，「我們早就接到通報了。」[22]

但警察並沒有來。

警察沒有來？為什麼他們沒有衝出警局，讓警笛大作呢？根據頭幾通通報來看，調度員有可能猜測那是夫妻口角。如今已從警界退休的霍夫曼認為，他們就是因此才那麼慢抵達現場。要記住，那時的人們並不太關心丈夫打老婆，且那時候性侵配偶甚至不算構成刑事犯罪。

但那三十八個目擊證人要怎麼解釋？

這個惡名昭彰的數字，這個後來會在歌曲、戲劇、暢銷書、賣座片等各種地方登場的數字，是來自本案所有被警探盤問者的名單。而列在這份名單上的絕大部分人「都不是目擊證人」。他們頂多就是有聽到什麼，但有些人根本就沒醒來過。

其中有兩個明確的例外。一個是喬瑟夫·芬克（Joseph Fink），住在事發建築物的一名鄰人。芬克是個古怪的孤僻人士，他討厭猶太人是眾所皆知（那裡的小孩都叫他「阿道夫」）。事發當時他完全醒著，他看到了凱蒂所受的第一次攻擊，而他什麼都沒做。

另一個拋下凱蒂讓她自生自滅的人是卡爾．羅斯（Karl Ross），是她和瑪莉安的鄰居兼朋友。羅斯親眼目睹了樓梯口的第二次攻擊（實際上，就只有兩次攻擊，沒有第三次），但他落荒而逃。羅斯也是那個跟警方說「我不想牽扯進去」的人——但他的意思是他不想被關注。那天晚上他喝醉了，他怕自己最後被發現其實是男同志。

在那時候，同性戀還是嚴重違法的事，而羅斯不僅怕警察，也怕《紐約時報》這一類將同性戀貶為危險疾病的報紙。[23]一九六四年，男同志仍然不時遭到警方殘酷對待，而報紙也定期把同性戀描繪成一種瘟疫。（尤其讓凱蒂出名的編輯亞伯．羅森塔爾，更是惡名昭彰的恐同者。就在凱蒂遇害的不久前，他發表了另一篇文章：〈市內公然同性戀的增加引發普遍擔憂〉〔Growth of Overt Homosexuality in City Provokes Wide Concern〕。[24]）

當然，上述這些都不能讓卡爾．羅斯的過失獲得原諒。即便他又醉又怕，他也應該多做點事情來幫助朋友。然而，他卻打給了另一個朋友，而這朋友立刻就催他打給警察。但羅斯不敢從自己的住處打，所以他爬過屋頂到他隔壁鄰居家，而鄰居又叫醒了住在她隔壁的女人。

那個女人是蘇菲亞．法拉爾（Sophia Farrar）。當蘇菲亞聽說凱蒂倒在樓下流血，她一秒也沒遲疑。她衝出公寓，而她丈夫還在後頭穿褲子叫她等等。蘇菲亞知道自己有可能直直衝向兇手面前，但那沒有讓她停步。「我跑去幫忙。那就是本來該做的事。」[25]

當她打開通往樓梯口的門，兇手已經走了，剩凱蒂倒在那。蘇菲亞伸出手抱著她的朋友，而凱蒂放鬆了片刻，倒在她身上。而這，才是凱薩琳．蘇珊．吉諾維斯真正的死法：被鄰居擁抱在懷裡死去。「知道凱蒂是在朋友的懷中死去，」多年後她的兄弟比爾（Bill）聽到這故事時說，「對我們家人而言意義就很不同了。」[26]

為什麼蘇菲亞遭到遺忘了？

為什麼沒有一家報紙提到她？真相實在很令人灰心。根據蘇菲亞的兒子所言，「那時候我媽有跟一個報社的女生講過。」但等到文章第二天登出來，卻寫說蘇菲亞當時並不想牽扯其中。蘇菲亞讀了那篇文章大為光火，還發誓這輩子再也不跟記者說話了。

碰到這種事的不只蘇菲亞一人。事實上，有不少奇遊園的居民抱怨媒體一直扭曲他們的話，許多人最後只得搬離那一帶。同時，記者還是不停造訪。一九六五年三月十一日，就在凱蒂過世一週年的兩天前，有一名記者覺得半夜到奇遊園大喊殺人很好玩。攝影師拿好相機站定位，準備捕捉居民的反應。

整個情況看來簡直瘋狂。在激進主義開始於紐約市醞釀、在馬丁．路德．金恩（Martin Luther King）獲得諾貝爾和平獎、在上百萬美國人開始走上街頭，以及在皇后區可以數出超過兩百個社區組織的那幾年，媒體卻開始著迷於一種被吹噓成「漠不關心的流行病」的東西。

當時有一名記者，一名叫作丹尼．米南（Danny Meenan）的廣播記者，對所謂「漠不關心的旁觀者故事」感到懷疑。當他調查過實情之後，他發現大部分的目擊證人都覺得自己那晚看到的是喝醉了的女人。當米南問《紐約時報》的記者為什麼沒把這資訊放進報導裡，他的回答是：「那整個故事就毀啦。」[27]

至於米南為什麼守口如瓶？為了自保。在那些年，沒有哪一個記者會傻到去否定世界上最強大的報紙——如果想保住自己的飯碗就不會。

當另一名記者幾年後發表了批評觀點後，亞伯．羅森塔爾就從《紐約時報》打電話來大發雷霆。「你沒發覺這個故事已經成為了美國現況的象徵了嗎？」這名編輯在電話上大吼。「沒發覺它成了社會學課程、書本和文章的主題了嗎？」[28]

原本的故事只有那麼一丁點站得住腳，實在是相當驚人。在那關鍵的一晚，失敗的是管轄當局，而不是普通的紐約客。凱蒂並沒有孤獨死去，而是死在朋友的懷抱中。若真要說的話，旁觀者存在時所產生的效應，和科學界長久以來堅稱的情況正好相反。我們在大都市、在地鐵中、在擁擠的街道上都不孤單。我們擁有彼此。

而凱蒂的故事並非到此結束。還有最後一個轉折。

凱蒂死後五天，皇后區一名叫勞爾．克力瑞（Raoul Cleary）的居民注意到街上有個陌生人。此人大白天從一個鄰居家走出來，還帶著台電視。勞爾攔下他時，他宣稱自己是搬家工。

但勞爾覺得可疑並打給另一個鄰居，傑克．布朗（Jack Brown）。

「班尼斯特（Bannister）他們有要搬家嗎？」他問。

「哪有。」傑克回答。

這幾個人沒有片刻猶豫。當傑克把那人的車弄到跑不動的同時，勞爾找了警察，警察便在那竊賊再度出現時抵達並將他逮捕。幾個鐘頭後，這人坦承犯案。不只是非法破門侵入，還包括謀殺奇遊園的一名年輕女性。[29]

沒錯，殺死凱蒂的兇手能逮捕到案，要多虧兩個旁觀者介入。沒有一家報紙報導這件事。

這是凱蒂·吉諾維斯的真實故事。這個故事不只心理學系一年級新生該讀，所有立志成為優秀記者的人也都該讀。因為它教了我們三件事。第一，我們對人性的觀感往往有多麼不正常。第二，記者為了賣出羶色腥的故事，煽動人的功夫有多機巧。而最後一個同樣重要的是，緊急情況下我們有多麼絕對地可以信賴彼此。

當我和魯本·亞伯拉罕斯望著阿姆斯特丹那片水面時，我問他跳下去之後會不會覺得自己像英雄。「不會啦，」他聳聳肩，「人生就是要彼此照應嘛。」

第三部

為何好人會變壞

我盡了力不去嘲笑人的行動，不去為他們哭泣，也不去恨他們，而是去了解他們。

——巴魯赫．史賓諾沙（Baruch Spinoza, 1632–77）

不久前我坐下來讀了自己二〇一三年用母語荷蘭文寫的一本書，書名翻譯為《進步的歷史》。重新閱讀這本書是不太舒服的經驗。在那本書中我提了菲利普．金巴多的史丹佛監獄實驗卻沒有一丁點批評，藉此證明好人也可能自發地變成怪物。很顯然地，這項觀察結果的某個點曾經讓我無法抵抗。

也不只有我這樣。自從第二次世界大戰結束後，人們就提出了無數個飾面理論的變體，並以看起來愈來愈牢固的證據佐證。史丹利．米爾格蘭用他的電擊機證實了這點。在凱蒂．吉諾維斯死後，媒體高高在上地呼喊這套理論。而威廉．高汀與菲利普．金巴多則藉由這套理論打開全球聲望。人們認為邪惡就淺淺地藏在每個人的表面下暗潮洶湧，就像湯瑪斯．霍布斯三百年前宣稱的那樣。

但現在，兇殺案以及實驗的檔案都已開放，結果卻發現我們一直都把這些事弄顛倒了。金巴多監獄裡的獄卒？他們是參與演出的演員。米爾格蘭電擊機的志願者？他們是想做好事。凱蒂呢？她死在鄰居的懷中。

看起來，這些人裡面的大多數都只是想幫人擺脫困難。如果說有誰失敗了，也應該是那些掌管事情的人——那些科學家和總編，那些首長和警察局長。他們是既說謊又操控的利維坦。這些權威者並沒有保護受試對象（亦指「受管轄者」）不受自己明顯的邪惡傾向所害，反而盡全力使人與人彼此針鋒相對。

這就讓我們回到最基本的問題：為什麼人要行惡？友善的兩足動物幼犬人怎麼成了唯一一個打造出監獄和毒氣室的物種？

前幾章我們了解到，當邪惡假扮成良善，人類就有可能會被邪惡所誘惑。但這個發現很快就形成另一個問題：為什麼在歷史進程中，邪惡愚弄我們的伎倆，居然會發展到如此高明？它是用什麼辦法讓我們達到向彼此宣戰的地步？

我一直思考著布萊恩．海爾的一個觀察；就是第三章那位說過「讓我們成為最好心物種的機制，也讓我們成為地球上最殘忍的物種」的小狗專家。

就如我們已看到的，這段陳述在人類歷史的大部分時候都不適用。我們過去並非一直都如此殘酷。我們以遊牧民族的身分漫遊地表數萬年，且盡可能避開了衝突。我們沒發動戰爭也沒蓋集中營。

但如果海爾真的發覺了什麼不對勁怎麼辦？如果他的觀察果真適用於人類歷史最晚近的百分之五，也就是從我們開始住在永久定居地算起的時代，那會怎麼樣呢？戰爭的第一個考古證據突然在一萬年前出現，和私有財產制及農耕的發明都在同個時候，有可能不僅僅是巧合。有沒有可能在這個關鍵時間點上，我們選擇了一種我們的身心都還沒準備齊全的生活方式？

演化心理學家把這稱為錯配（mismatch），意指對現代生活缺少身體或精神上的準備。最熟悉的實例就是肥胖：儘管身為狩獵採集者時，我們仍苗條健康，近來世上超重的人卻比飢餓的人多。我們固定地吃下糖分、脂肪和鹽，攝取遠多於身體需要的熱量。

我們為什麼就這麼吃個不停？答案很簡單：我們的DNA認為我們還在叢林裡奔跑。史前時代一旦遇到結實纍纍的果樹就塞飽肚子，是非常合理的。那不會太常發生，所以多製造一層體脂肪基本上是自我保護策略。[1]然而到了現在，在一個廉價速食氾濫的世界裡，累積多餘的脂肪反而更像是自我破壞。

我們是不是也該這麼思考人類歷史最黑暗的幾個章節？它們有沒有可能也是嚴重錯配的結果？那能不能解釋現代的幼犬人是如何變得能做出最令人髮指的殘酷行為？在那種情況下，我們本性裡應該有一些面向，會在我們面對當代「文明」世界時無法正常運作——有些數千年來沒啥大礙的傾向，突然就成了本身的不利因素。

有些，但到底是哪些？

在接下來的三章裡，我要追問的就是這個。我會向你介紹一位年輕美國人，他曾下定決心要了解為什麼德國人會如此竭力戰鬥到二戰的最後一刻（第十章）。我們會潛入有關「隨著權力而來的犬儒主義」的心理學研究（第十一章）。接著我們會解決終極質問：如果人們承認了錯配，並選擇採納全新的、切乎實際的人性觀，你會得到什麼樣的社會？

第十章
同理心如何令人盲目

1

第二次世界大戰爆發時，莫里斯·雅諾維茨（Morris Janowitz）二十二歲。一年後，美國陸軍的入伍通知送到了他家門前的地墊上。總算來了。莫里斯熱切渴望從軍。身為波蘭猶太難民之子，他等不及要穿上制服幫忙打敗納粹。[1]

這名年輕人老早就對社會科學很著迷。現在，剛剛以全班第一名從大學畢業的他，可以善用專長實現目標。莫里斯沒有戴頭盔扛步槍上戰場，而是分配到了紙跟筆。他奉命駐紮在倫敦的心戰處（Psychological Warfare Division）。

莫里斯在柯芬園（Covent Garden）附近的該處總部加入了眾多頂尖科學家的行列，其中許多人日後會繼續在社會學和心理學領域大放光彩。但這時可不是發展抽象理論的時候，科學要有所行動。有很多工作要完成，而且沒有時間可以蹉跎。

這時最聰明的物理學家正在美國西南部的洛斯阿拉莫斯（Los Alamos）打造第一顆原子彈，而最聰明的數學家正在英國鄉間的布萊切利園（Bletchley Park）破解德國恩尼格瑪（Enigma）密碼，至於莫里斯和他的同事則在與最艱難的任務搏鬥。他們得要解開納粹的心靈之謎。

一九四四年年初那時，有一個難題難倒了科學家。為什麼德國人會那樣持續奮戰？為什麼沒有更多德國士兵放下武器承認敗戰？

任何探勘戰場的人都能看出結果會怎樣。人數大幅處於劣勢的德軍，被東邊進逼的俄軍和西邊即將入侵的同盟國部隊包夾。同盟國納悶說，難道一般德國人都察覺不到這重重難關有多沉重嗎？他們是不是被洗腦洗得太徹底？不然還有什麼可以解釋為何德國人仍持續戰到最後一兵一卒？

從戰爭爆發以來，大部分的心理學家都堅信，有一個因素在決定士兵的戰鬥力上壓過所有其他因素。意識形態。舉例來說，愛國心，或者對自己選擇之政黨的信念。這套想法認為，最徹底深信「自己」站在歷史正確面、「自己」的世界觀才正當的士兵，能打出最漂亮的一仗。

大部分專家都同意，德國人根本就是著魔了。這解釋了他們接近零的逃兵率，以及他們為何比美軍和英軍都更奮勇善戰。他們是如此地比對手奮戰不懈，以至於歷史學家到了戰後去統計時，會發現平均每名德意志國防軍（Wehrmacht）士兵比同盟國士兵多造成百分之五十的傷亡。[2]德軍幾乎各方面都比較好。不論攻擊還是防守，不論有無空中火力支援，都一樣比較好。「有一個不可逃避的真相是，」一名英國歷史學家日後評論，「希特勒的國防軍是二戰的傑出戰鬥部隊，堪稱史上最佳的其中一支。」[3]

而同盟國得要設法攻破的，就是這支軍隊的士氣。莫里斯和他的研究團隊知道自己得要從大處著眼——得要是真正的大處。在心戰處的建議下，有幾千萬份宣傳傳單投進了敵區，觸及諾曼第登陸日以後布署在當地的德國部隊的百分之九十。他們如雨般大量投下的訊息是，德國的處境已經無望，納粹思想有多卑鄙，以及同盟國的目標有多正當。

這有用嗎？莫里斯．雅諾維茨連最粗淺的概念都沒有。困在桌前根本沒什麼機會找到答案，所以他和共事的研究者愛德華．希爾斯（Edward Shils）決定擬出一份詳細的調查，來測量傳單宣傳行動的效果。幾個月後，莫里斯前往解放後的巴黎，採訪幾百名德國戰俘。他在這些訪談中開始明瞭一件事。

他們之前完全都搞錯了。

接連幾個星期，莫里斯訪問了一個又一個德國戰俘。他一直聽到同樣的回答。不，不是因為納粹意識形態的吸引力。不，他們並沒有在幻想還有什麼辦法獲勝。不，他們沒有被洗腦。德軍能夠有如超人般戰鬥的真正理由，其實簡單多了。

Kameradschaft.「友誼。」

所有那幾百名的麵包師傅和屠戶、老師和裁縫；所有那些拚盡全力抵抗同盟軍的德國人，都是為了彼此拿起武器。真要說的話，他們不是為了千年帝國或者 *Blut und Boden*——「血與土」——而戰，而是因為他們不想讓同袍失望。

一個德國戰俘嘲諷道「納粹主義是在前線後方十哩處開始的」，然而友誼就產生在每一個掩體和每一條壕溝中。[4]軍事指揮官很清楚這一點，而且，就如後來歷史學家所發現的，他們利用了這一點。[5]納粹將領盡了全力讓戰友待在一起，甚至把整個師往回撤，一直到新兵培養出情誼為止，之後才把每個人送回戰場。

要想像國防軍裡的這種同袍之情有多大力量，並不是件容易的事。畢竟，幾十年來我們都被好萊塢經典作品中同盟軍的勇氣和德軍的瘋狂所淹沒。我們的弟兄為了彼此而捨身？很合理。他們逐漸變成形影不離的一班好漢？很合理。但要想像那批德國人也這樣？甚至更糟糕的，要去想像德國人產生的同袍之情比我們更強烈？然後還要去想像，因為這種友情使他們的軍隊更優秀？

有些事實幾乎難堪到令人無法接受。那些怪物怎麼可能也是被人性善良面所驅動——他們怎麼可能也是受勇氣、忠誠、團結所激勵呢？

然而莫里斯．雅諾維茨的結論就是這樣。

當心戰處的研究者對現況做了綜合判斷後，立刻就明白他們的宣傳行動為何幾乎沒造成影響。雅諾維茨和希爾斯撰寫了文章談論敵後空投上百萬張傳單的效應，提到「花了很大的工夫在攻擊德軍領袖的意識形態，但只有百分之五的戰俘（在被問及時）提到這主題」。[6]

事實上，大部分的德國人根本不記得傳單有批評過國家社會主義。當研究者問一名德國中士的政治觀為何，這個人大笑起來：「當你問這樣的問題時，我就很清楚你們根本不知道士兵是為了什麼而戰。」[7]

戰術、訓練、意識形態——莫里斯和同事證實，這些對一支軍隊來說都很關鍵。但終究來說，軍隊的強度會跟士兵的情誼羈絆一樣強。同袍情誼是贏得戰爭的武器。

這些研究結果在戰後不久發表，許多後繼研究也重申這樣的看法。但二〇〇一年時，一個關鍵要素現身；當時歷史學家發現了十五萬頁打字排版的美國特勤局竊聽對話紀錄。這份紀錄是美國華盛頓特區亨特堡（Fort Hunt）一個遭電話竊聽的戰俘營中，約四千名德國人說過的話。他們的對話打開了一扇空前的窗，讓人一探德意志國防軍普通軍人的生命與心靈。

這些文字紀錄顯示，這些德國人有著極好的「武德」，且十分看重忠誠、同袍情誼和自我犧牲。相反地，反猶思想和純淨意識形態的作用微乎其微。「一如亨特堡竊聽文字紀錄所顯示，」一位德國歷史學家寫道，「在大部分國防軍成員的意識中，意識形態的作用頂多是次要的。」[8]

這也適用於參與二戰的美國人。一九四九年，有一組社會學家發表了針對約五十萬美國退伍軍人進行的大型調查，發現推動他們的首要因素，並非理想主義或意識形態。一名美國士兵受愛國精神推動的程度，就跟一個英國士兵受民主法治推動的程度一樣少。這些人不怎麼是為了國家而戰，更多是為了同袍而戰。[9]

這些羈絆深到可以導致某些特殊情況。如果升官代表要派去不同師，這些軍人會拒絕升遷。許多受傷生病的人拒絕離開，因為他們不要新兵來頂他們的位子。甚至還有人溜下醫務室的病床逃回前線去。

「我們一而再、再而三遇到的一種例子是，」一名社會學家驚訝地評論，「一個人（因為怕）讓其他人失望，而無法依從他自身的利益來行動。」[10]

2

我花了很長一段時間才開始了解並好好處理這個想法。

身為一個在荷蘭長大的青少年，我都會把二戰想像成某種二十世紀的《魔戒》（*Lord of the Rings*）——勇敢英雄與邪惡反派的驚險大戰。但莫里斯．雅諾維茨證明了當時發生的是全然不同的事。他發現到，邪惡的源頭不是墮落壞人的虐待狂傾向，而是勇敢戰士的團結一心。第二次世界大戰曾是一場英勇的鬥爭，在那之中友誼、忠誠、團結——人類最良善的品質——鼓舞千百萬普通人犯下歷史上最惡質的大屠殺。

心理學家羅伊．鮑梅斯特（Roy Baumeister）把「我們的敵人是惡意虐待狂」的這種虛妄假定，稱作「純邪惡迷思」。實際上，我們的敵人就跟我們一樣。

甚至連恐怖分子都適用。

專家們強調，他們也跟我們一樣。當然，認為自殺炸彈客必定是怪物，是滿有吸引力的想法。不管心理上、生理上、神經上，他們一定是都問題一大堆。他們一定是病態人格，或者他們從來都沒上過學，或者在悲慘貧窮中長大——一定有什麼可以解釋他們為什麼離經叛道。

不是這樣的，社會學家們說。這些克制感情的數據科學家用那些自殺炸彈客的個人特徵填滿了長篇累牘的 Excel 表單，能得出的結論就只有：根據經驗來看，沒有那種所謂的「一般恐怖分子」。恐怖分子涵蓋的教育程度從極好到極差，涵蓋了有錢人到窮人，涵蓋了傻子到極其認真的人，涵蓋了虔信宗教者到無神論者。只有少數人有精神疾病，似乎也很少有人擁有一段創傷的童年。發生一次恐攻事件後，媒體常常會報導恐攻者的街坊鄰里、泛泛之交和朋友的吃驚反應，而當這些人被問起自殺炸彈客的事情時，往往會記得他們「很友善」或者「是個好人」。[11]

專家說，如果要說有哪個特質是所有恐怖分子都具備的話，那就是他們都很容易被影響。因他人的看法而動搖。被權威者所說服。他們渴望被家人和朋友看到，希望被他們公平對待。[12]「恐怖分子不會只為了一個目標而殺人並死去，」美國一名人類學家談到。「他們是為了彼此而殺人並死去。」[13]

因此，恐怖分子也不會光憑自己就更加激進，而是和朋友與愛人一起愈來愈激進。有一大半的恐怖主義小組織就真的是「兄弟好漢在一班」：至少有四對兄弟涉及了二〇〇一年世貿大樓攻擊事件，二〇一三年波士頓馬拉松炸彈客也是兄弟，二〇一五年巴黎巴塔克蘭（Bataclan）劇院屠殺的兇手薩拉．阿卜杜斯蘭（Salah Abdeslam）和伯拉辛．阿卜杜斯蘭（Brahim Abdeslam）同樣是兄弟。[14]

恐怖分子為何會成群行動，其實沒有什麼神祕之處：因為殘忍暴行很嚇人。儘管政客會說這些攻擊是「懦夫行徑」，但事實上，戰鬥至死需要很大的膽量和決心。「有你信任喜愛的某人陪你大膽踏出去，」一名西班牙恐怖主義專家指出，「事情就會輕鬆很多。」[15]

恐怖分子發動攻擊後，新聞媒體首要聚焦的，都是假想中激發了他們攻擊行動的殘忍意識形態。而意識形態當然有其重要性。在納粹德國時代有重要性，當然對蓋達和伊斯蘭國這類恐怖組織領袖來說也很重要，他們之中有很多人都是被一段苦讀極端伊斯蘭書籍的青春歲月所塑造的（好比說奧薩瑪．賓．拉登〔Osama bin

Laden〕，就是出了名的愛讀書）。[16]

但研究顯示，對這些組織的基層士兵來說，意識形態起的作用小到不可思議。好比說二〇一三至一四年動身前往敘利亞的數千名聖戰士，有四分之三的人是透過認識的人或朋友招募來的。根據一份外洩的伊斯蘭國普查，大部分人對伊斯蘭信仰一無所知。[17] 少數人睿智地在出發前買了《輕鬆認識古蘭經》（*The Koran for Dummies*）。一位美國中央情報局的官員表示，對這些人而言，「宗教是事後才加上去的想法。」[18]

我們必須了解的事情是，這些恐怖主義特務大多數並不是宗教狂熱者。他們是最好的朋友。當他們在一起時，會覺得自己是某個更巨大事物的一部分，會感覺到生命終於有了意義。他們總算成為了自身史詩傳奇的作者。

但不是的，這絕不是他們犯下罪行的藉口。這只是一種解釋。

3

一九九〇年秋天，在史丹利．米爾格蘭進行他那電擊實驗的三十年後，一個新的研究中心在同一所大學啟用了。耶魯的幼兒認知中心（Infant Cognition

Center）——眾所周知的「嬰兒實驗室」（Baby Lab）——正在進行那陣子最令人興奮期待的一些實驗。這裡研究的問題可以溯源至霍布斯和盧梭。人性是什麼？養育的作用是什麼？人打從根本是善還是惡？

二〇〇七年，嬰兒實驗室的研究者凱莉．漢姆林（Kiley Hamlin）發表了一項突破性研究結果。她和研究團隊能夠證明嬰兒具有天生的道德感。僅僅六個月大的嬰兒不但能分辨對錯，還能好善嫉惡。[19]

或許你會想說，漢姆林怎麼能那麼有把握。畢竟嬰兒自己又沒辦法做多少事。老鼠可以跑迷宮，但嬰兒能幹嘛？這個嘛，有一件事他們辦得到：嬰兒能夠看。所以研究者給他們的小號實驗對象（六和十個月大）演了人偶戲，裡面有一個人偶表現得很樂於助人，另一個表現得像個混蛋。接下來嬰兒會去拿哪個人偶呢？

你猜到了：嬰兒比較喜歡小幫手人偶。「這可不是一個微小的統計趨勢，」其中一位研究者日後如此寫道。「幾乎所有的寶寶都去拿那個好人。」[20]猜測嬰兒如何看世界猜了幾個世紀之後，這裡有了一個小心謹慎的證據，主張我們擁有一個天生的道德羅盤，而幼犬人並不是一張白紙。我們生來就有對善的偏好；這存在於我們的本性中。

然而，當我更深入挖掘寶寶研究的世界，我很快就不那麼樂觀了。

問題在於，人性有另一個層面。在這第一次實驗的幾年後，漢姆林和她的研究團隊想到了一個變動。[21]這一次，他們讓嬰兒在全麥餅乾和四季豆之間做選擇，來查證他們比較喜歡哪個。接著他們拿兩個人偶給他們看：一個喜歡餅乾，另一個喜歡四季豆。同樣地，他們去觀察寶寶比較喜歡哪個人偶。

不意外地，壓倒性多數的嬰兒被跟自己口味相同的人偶吸引。更令人驚訝的是，即便揭穿了與嬰兒同好的人偶是個卑鄙小人，且另一個人偶是好人，嬰兒的這種偏好仍會存續下去。「我們一而再、再而三發現的結果是，」漢姆林的一位同事說，「寶寶會選擇實則卑鄙（但和他們相似）的人，而不是和他們有不同看法的（好）人。」[22]

你能不沮喪嗎？

在我們學會說話之前，我們似乎就已經厭惡不熟悉的人事物。寶寶實驗室的研究者已經做了很多次實驗，進一步證明了寶寶不喜歡不熟悉的臉孔、不熟悉的氣味、外語，或者奇怪的口音。彷彿我們生下來就全都是仇外者一樣。[23]

接著我就開始思索：這有沒有可能是我們致命性錯配的一種症狀？有沒有可能是，原本對多數人而言不是什麼大事的、這種對於所知事物的天生偏好，是要到了文明興起之後才成為一個大問題？畢竟，在我們歷史百分之九十五的期間裡，我們都是遊牧覓食者。我們每次路上巧遇陌生人都可以停下來聊聊，而那個人也就不再是陌生人了。

如今情況已經非常不同。我們住在匿名的城市裡，有些人還和「幾百萬名」陌生人同住。我們對其他人的了解，大部分來自媒體和記者，而那些媒介往往放大了害群之馬。我們變得對陌生人疑神疑鬼，又有什麼好奇怪的？我們對不熟悉事物的天生厭惡感，有沒有可能是一個正在倒數的定時炸彈？

自從凱莉．漢姆林做了第一個研究之後，人們進行了更多研究來測試寶寶的道德感。這是一個很令人嚮往的研究領域，儘管是個，呃，本身也還在幼兒期的研究。這類研究的巨大絆腳石就是，寶寶很容易分心，很難設計可靠的實驗。[24]

幸運的是，當我們人類長到十八個月大的時候就會聰明許多，也因此更容易研究。好比說德國心理學家菲力科斯．瓦內肯（Felix Warneken）的研究。念博士的時候，他就很有興趣調查幼童有多樂於助人。他的指導教授駁回了整個想法，認為幼童基本上就是會走路的自我中心者——這想法在二〇〇〇年代早期很普遍。但瓦內肯不屈不撓，仍進行了一連串的實驗，最終世界各地都有人複製他的實驗。[25]

而他們的結果也是全體一致。諸多研究都顯示，即便是在十八個月大的稚嫩年紀，孩童也十分渴望幫助彼此，樂意暫停玩樂來伸出援手，就算你用球池來誘惑他，他也會去幫助陌生人。[26]而且他們不要求回報。[27]

但現在來講點壞消息吧。在得知瓦內肯令人振奮的研究之後，我也找到了好幾個沒那麼樂觀的研究結果，證明可以使孩童轉而針鋒相對。我們在穆札弗·謝里夫的羅伯斯山洞實驗看到了這現象（見第七章），然後到了一九六〇年代，一項從小馬丁·路德·金恩遇刺隔天開始的惡名昭彰實驗，又再度驗證了此事。

一九六八年四月五日，在美國愛荷華州賴斯維爾（Riceville）一間小學校裡，珍·艾略特（Jane Elliott）決定給她那班三年級學生來一堂種族主義實作課。

「在這間教室裡棕色眼睛的人是比較優等的人，」艾略特起了頭。「他們比較乾淨也比較聰明。」她在黑板上用大寫寫上「黑色素」（MELANIN）這個詞，解釋說這是讓人變聰明的化學物質。棕色眼睛的孩子有比較多這種東西，所以也就比較有智慧，然而他們的藍眼睛同伴卻只是「整天閒晃無所事事」。[28]

沒過多久「棕人」就開始用居高臨下的語氣對「藍人」說話，然後沒多久「藍人」就開始失去自信了。一個普通聰明的藍眼女孩開始在數學課上出錯。在後來的下課時段，就有三個棕色眼睛朋友朝她靠了過來。「妳擋我們的路最好給我道歉，」其中一個人說，「因為我們比你們優秀。」[29]

當艾略特幾週後在廣受歡迎的《強尼．卡森今夜秀》（*Tonight Show Starring Johnny Carson*）擔任來賓現身後，整個美國白人圈憤怒不已。「妳居然敢對白人小孩嘗試這種殘酷的實驗，」一名憤怒的觀眾寫道。「黑人小孩一路走來已經習慣了這種行為，但白人小孩根本不可能了解這一點。這對白人小孩來說太殘酷，會造成他們嚴重的心理創傷。」[30]

珍．艾略特一輩子都持續對抗這種種族主義。但必須記住的是，她的實驗裝置不是一套科學裝置。她花了很大的工夫讓自己的學生針鋒相對，例如迫使藍眼睛孩童坐在教室後面，給他們比較少的休息時間，且不讓他們和棕眼睛同學一起玩。她的實驗沒能解答，當你把孩子分成多個群體但此外不做任何干涉的話，會發生什麼事。

二〇〇三年秋天，一組心理學家設計了一個研究，就是想做到這點。他們找了美國德州的兩間日間托兒所，讓他們所有的孩子，年紀從三到五歲的孩子，穿上不同顏色的上衣，不是紅色就是藍色。僅僅在三個星期後，研究者就已經能夠得到一些結論。[31]首先，只要大人無視顏色差異，幼童也就完全不會注意這點。儘管如此，孩童們確實發展出一種群體認同感。在與研究者的對話中，他們稱自己的顏色「更聰明」且「更好」。而在一個本實驗的變體中，當大人強調了差異時（「早安，各位紅同學藍同學！」），這個效果更加強大。

在後續的研究中，有一組五歲小童也類似地穿上了紅色或藍色上衣，然後給他們看了穿著同色或不同色的同齡者照片。即便除了顏色外對被拍照的人一無所知，這些受試對象看到照片上穿著有別於自己顏色的小孩，還是產生明顯更負面的觀感。研究者觀察到，「光是一個社會群體內的成員身分，就可以全面滲透般地扭曲」他們的認知，而「這個發現便有著令人不安的含意」。[32]

殘酷的教訓是，幼童對色彩可不盲目。正好相反：他們對差異的敏銳度，比大部分大人察覺到的還要強。即使當人們試著平等看待所有人，並表現得好像膚色、外表或財富的差異都不存在，小孩子還是會感知到差別。我們似乎生下來腦中就有一個部落主義的按鈕。就只是需要某個東西來把它打開而已。

4

當我知曉了嬰兒和幼兒的分歧天性——基本上友善，但有著排外傾向——的時候，我想起了「愛情激素」催產素。就是在柳德米拉．特魯特那群西伯利亞實驗狐狸體內有高濃度的那種東西（見第三章）。科學家現在知道，這種在愛與情感中有關鍵作用的激素，也可以讓我們不信任陌生人。

催產素能不能解釋好人為什麼做壞事呢？我們對自身團體的強烈羈絆，會不會使我們容易對其他人產生敵意？此外，讓幼犬人得以征服世界的社交能力，會不會也是人類最惡劣罪行的源頭？[33]

剛開始，我覺得這條思路很不可行。畢竟人類還有另一個令人讚嘆的本質深植在我們的幼犬天性中：能夠同理的能力。我們可以踏出自己的泡泡，設身處地為別人著想。在一定的情感程度上，我們天生就能感覺身為陌生人是什麼樣。

我們不只「能夠」這麼做，而且很擅長這麼做。人是情緒的吸塵器，一直在吸入其他人的感受。就想想書和電影多麼容易讓我們笑、讓我們哭。對我來說，飛機上的悲傷電影總是最糟糕的（我老是在按暫停鍵，免得同機乘客覺得必須來安慰我）。[34]

我長久以來都覺得，感受他人痛苦的這種美妙本能，可以幫助人們更加緊密團結。這世界需要的當然是更多的同理心。但後來我讀了一本由其中一位寶寶研究者所寫的新書。

當有人問起布倫教授他的新書寫些什麼，他會說：「是在講同理心。」人們微笑點頭——直到他補上一句：「我是在反對它。」[35]

保羅・布倫（Paul Bloom）不是在開玩笑。據這位心理學家所言，同理心不是普照世界的慈愛陽光。它是聚光燈，是探照燈。它在你的生命中挑出一個特定人士或一群人，當你忙著把沐浴在那道光之下的所有情緒吸收起來，那以外的世界就消失了。

就以下面這個另一位心理學家做的研究為例。在這個實驗裡，有一連串的志願參與者第一次聽說了雪莉・桑莫斯（Sheri Summers）這個深受致命疾病折磨的十歲孩子的悲傷故事。她被列在救命療程的等待名單上，但已經沒時間了。有人告訴受試對象說，他們可以把雪莉在等待名單上的順位提高，但又要求他們抉擇要客觀。

大部分人不會考慮給雪莉優惠待遇。他們徹底了解到名單上的每個孩子都生病且需要治療。

接著轉折來了。第二組受試對象面對了一樣的情況，但接著有人要他們想像雪莉現在的感受應該是怎樣：這個小女孩病成這樣不是令人心碎嗎？結果這一劑同理心改變了一切。現在大部分人想要讓雪莉插隊。你仔細想想，就會發現這是一個很不踏實的道德抉擇。聚光燈打在雪莉身上，其實可以代表其他在名單上待更久的孩子死定了。[36]

這時你可能會想說：「沒錯！這就是為什麼我們需要『更多』同理心。」我們不只應該設身處地為雪莉著想，也該為全世界所有其他在等待名單上的孩子著想。我們要更多情感、更多感受、更多同理心！

但聚光燈不是如此運作。你不妨試試看：先設身處地想像某個人的處境。接著設身處地想像另外一百個人的處境。然後一百萬人。要不要試試看七十億人？

我們就是辦不到。

布倫教授說，就實作方面而言，同理心這種技巧的能力，有限到令人絕望。

那是一種對親近我們的人的感受；對我們可以聞到、看到、聽到、觸摸到的人的感受。是對家人和朋友、對我們愛團的粉絲們、或許還包括對附近街角那個無家可歸者的感受。是對於我們能抱能摸的可愛小狗的感受，即便我們同時吃著自己看不到的工業化農場裡遭到不當對待的動物。也是我們對電視上看到的人們的感受——特別是當哀傷音樂於背景洋溢的同時、被攝影機放大對準的那些對象。

我讀著布倫的書開始明白，同理心和某個當代現象實在太相像了：那就是新聞。在第一章，我們看到新聞運作起來也像聚光燈。一如同理心藉由放大聚焦特定對象而誤導我們，新聞也藉由放大對準例外而欺騙了我們。

有一件事情很確定：更美好的世界不會起於更多同理心。與其相反，同理心讓我們更不寬容，因為我們對被害者愈是感同身受，我們對敵人就愈一概而論。[37]我們對我們選定的少數對象所打下的明亮聚光燈，會讓我們看不到對立方的觀點，因為所有其他人都掉出了我們視線之外。[38]

這就是小狗專家布萊恩．海爾所談論的機制——讓我們成為地球上最友善也最殘酷物種的機制。悲傷的真相是，同理心和仇外情結息息相關。它們是同一枚硬幣的兩面。

5

所以，為什麼好人會變壞呢？

我認為，我們到此可以謹慎說出一個答案。第二次世界大戰期間，德意志國防軍的士兵首先是為了彼此而戰鬥。驅動大部分人的不是虐待癖或者嗜血，而是同袍情誼。

我們已經看過，士兵到了真正戰鬥時還是很難殺人。我們在第四章和那位發覺大部分士兵從沒開過槍的馬歇爾上校同在太平洋。在西班牙內戰期間，喬治·歐威爾也注意到同件事情，導致他那天發現自己被同理心所壓倒：

> 就在這瞬間，有個人〔……〕跳出了壕溝並順著女兒牆的頂端奔跑，讓他人一覽無遺。他半身赤裸，一邊跑還一邊提著自己的褲子。我忍住不對他開槍。〔……〕我不開槍有一部分就是因為褲子。我來這裡是要開槍射殺「法西斯分子」；但一個提著褲子的人不是「法西斯分子」，他看起來明顯就是另一

個人類，跟你很像，而你不會想開槍打他。[39]

馬歇爾和歐威爾的觀察結果，說明了要對太接近我們的人施加傷害有多困難。有個什麼東西會制止我們，讓我們無法扣下扳機。

軍事史學家還發現，有一件事甚至比開槍更難：用刀捅人類同胞。舉例來說，一八一五年的滑鐵盧戰役和一九一六年的索姆河（Somme）戰役中，由士兵使用刺刀造成的傷者都占不到百分之一。[40]那麼，那幾千把展示在數百間博物館的刺刀要怎麼說？大部分根本沒用過。就如一位歷史學家所言，「不管是雙方哪一邊的人，通常都會在刺刀肉搏前想起別的地方有一場很急的約會得去。」[41]

在這方面，我們也同樣被電視和電影工業所誤導。《權力遊戲》（*Game of Thrones*）這類電視影集和《星際大戰》（*Star Wars*）這類電影，會讓我們以為把人刺穿是輕而易舉的事。但在現實世界裡，就心理層面上而言，貫穿另一個人的身體非常困難。

所以我們要怎麼解釋過去萬年來在戰爭中傷亡的幾億人呢？這些人都是怎麼死的？回答這個問題需要對受害者做出法醫檢驗，我們就以第二次世界大戰英國士兵

的死因作例子：[42]

其他：百分之一

化學：百分之二

爆破、擠壓：百分之二

地雷、詭雷：百分之十

子彈、反坦克地雷：百分之十

迫擊砲、手榴彈、空投炸彈、砲彈：百分之七十五

察覺到什麼了嗎？如果這些受害者有一個共同點，那就是他們多半是隔著一段距離被殲滅的。絕大多數士兵是被某個按按鈕、丟炸彈，或者埋地雷的人殺死的。他們是被某個從沒看過他們的人殺死，絕對不會是被哪個看到他們半裸著身試著拉起褲頭的人殺死。

大部分時候，戰爭殺戮是一種從遠處發動的行為。你甚至可以把整個軍事技術的演變描述成一個敵方陣地愈來愈遠的過程。從棍棒到匕首到弓箭，再從火槍到大

砲到炸彈和手榴彈。在歷史進程中，武器愈來愈能夠克服所有戰爭的核心問題：我們對暴力打從根本的厭惡感。在實際操作上，我們不可能一邊直視對方雙眼一邊殺掉對方。一如大部分人如果被迫宰掉一頭牛就會立刻變成素食者，大部分士兵在敵人靠太近時就會變成因道德因素而拒服兵役者。

自古以來，贏得大部分戰爭的方式，都是在相隔一段距離外盡可能多打死人。[43]百年戰爭（1337–1453）中的英國人就是這樣在克雷西（Crécy）和阿金庫爾（Agincourt）打贏法國人，十五、十六世紀西班牙征服者也是這樣征服美洲人，而今日美軍的武裝無人攻擊機大軍，也是同個道理。

除了長距離武器以外，軍隊也在找方法增加與敵人的「心理」距離。如果你可以把對方非人化——好比說，把他們描繪成害蟲——那麼，要彷彿對方真的不是人那樣地對待他們，就比較簡單了。

你也可以給你的士兵下藥，麻痺他們天生的同理心以及對暴力的厭惡。從特洛伊到滑鐵盧，從韓國到越南，很少有士兵是在沒有麻醉藥物的援助下作戰，而現在學者們甚至認為，如果德軍沒有那三千五百萬片甲基安非他命（methamphetamine，又稱冰毒，一種可以造成極端攻擊行為的藥物）助興，巴黎就不會在一九四〇年淪陷了。[44]

軍方也會「調教」他們的部隊。二戰後，美國陸軍就正是在馬歇爾上校的建議下開始這麼做。調教越南新兵的新兵訓練中心不只強化了一種同袍情誼，也會強化最殘忍的暴力，迫使士兵高喊「殺！殺！殺！」直到他們沙啞為止。有人把這一類訓練的影像拿給二戰老兵（其中大部分從來沒學過怎麼殺人）看，他們的反應是震驚不已。[45]

近來，士兵們已經不再用一般的靶紙練習，而是在訓練中本能地對逼真人形開火。開槍變成了一種自動的、帕夫洛夫式的反應，你不需要思考就可以進行。對狙擊手來說，他們的訓練甚至更極端。一個已經測試過有效的方法，就是把訓練生用皮帶綁在椅子上，同時給他看一系列愈來愈恐怖的影像，而一台特殊的裝置則會確保他們的眼睛一直保持張開。[46]

於是我們正在設法根除我們對暴力根深蒂固的厭惡。在當代軍隊中，同袍情誼變得沒那麼重要。相反地，用一位美國老兵的話來說，我們有的是「大批生產的輕蔑態度」。[47]

這樣的調教是有效的。把經由這些技巧訓練過的士兵對上老派部隊，每一次都是後者被擊潰。好比說一九八二年的福克蘭戰爭：儘管單就數量來說阿根廷軍隊比較龐大，但接受過時訓練的他們，對上英國調教好的射擊機器，還是一點勝算也沒有。[48]

美國軍方也設法提升其「開火率」，把士兵的開火人數比提升到韓戰的百分之五十五和越戰的百分之九十五。但這是有代價的。如果你在訓練中把幾百萬年輕士兵都洗過腦，那他們帶著創傷後壓力症候群（post-traumatic stress disorder, PTSD）返家，也就沒什麼好意外的，而這就是越戰後許多人的情況。[49]有數不清的士兵不只殺了其他人——他們心裡也有個東西死去了。

最後，有一個團體可以輕易將敵人拒於一段距離之外：那就是領導者。軍隊以及恐怖組織裡從高層下達命令的指揮官，都不用抑制自己對對手的同理感受。而最耐人尋味的一點是，士兵往往是尋常人，但他們的領袖卻不是這麼回事。恐怖主義專家和歷史學家一致點出，掌權者有著不一樣的心理輪廓。阿道夫．希特勒和約瑟夫．戈培爾（Joseph Goebbels）都是典型的那種渴求權力的偏執自戀者。[50]蓋達和伊斯蘭國的領袖也一樣，控制欲強烈且自我中心，不太會被同情心或疑慮所困擾。[51]

這就讓我們進入下一個謎團。如果幼犬人是這樣一種天生友善的生物，那為什麼極端自我主義者、投機者、自戀狂和反社會人格會一直爬到高位？情況怎麼可能會是，我們人類——會臉紅的極少數物種之一——不知怎麼地，居然允許自己被恬不知恥的幾個樣本所統治？

第十一章

權力是怎麼令人腐化的

1

如果你想寫權力相關的文章，有一個名字你根本躲不掉。他在我於第三章討論「不管是誰想要達到什麼，最好的方法都是編織一張欺騙與謊言之網」的理論時短暫現身過。

這個名字是馬基維利。

一五一三年冬天，一名窮困潦倒的城市書記員在某間酒吧裡待了又一個漫長的夜晚後，開始寫起一本他稱作《君主論》的小手冊。這本被馬基維利描述為「我的小小怪念頭」的書，會成為西方史上最有影響力的一部作品。[1]《君主論》最後將會出現在查理五世（Charles V）、路易十四（Louis XIV）和史達林總書記的床邊桌上。德國首相奧托・馮・俾斯麥（Otto von Bismarck）有一本。邱吉爾、墨索里尼和希特勒也有。甚至拿破崙兵敗滑鐵盧之後，人們也在他的馬車上找到一本。

尼可洛・馬基維利哲學的一大優勢是它可行。他寫到，如果你要權力，你就得要牢牢抓住。你必須無恥，不被道德原則所約束。為達目的，不擇手段。而如果你不自己當心，人們就會大搖大擺地踩過你頭上。根據馬基維利的說法，「一般而言，可以說人都是忘恩負義、三心兩意、遮遮掩掩、虛情假意、膽小怕事，而且又貪得無厭。」[2]如果有人對你好，不要被騙了：那是假的，因為「人從來不做任何好事，除非出於不得已」。[3]

常有人說馬基維利這本書「很現實」。如果你想讀讀看，就去最近的書店找長銷專區。或者你也可以從大量忠於他這套哲學的勵志書籍中選一本，從《經理人讀馬基維利》（*Machiavelli for Managers*）到《媽媽讀馬基維利》（*Machiavelli for Moms*）；或者收看受他想法啟發的大量戲劇、電影和電視影集。《教父》（*The Godfather*）、《紙牌屋》（*House of Cards*）、《權力遊戲》——這些基本上都是這本十六世紀義大利人著作的註腳。

有鑑於他這套理論如此盛行，質問一下馬基維利說得對不對，也是滿合理的舉動吧。人是不是應該要恬不知恥地說謊欺騙，來取得權力並鞏固權力？最新的科學研究有沒有什麼要說的？

達契爾・克特納（Dacher Keltner）教授是應用馬基維利主義的頂尖專家。一九九〇年代當他首次對權力心理學產生興趣，他就注意到兩件事。第一：幾乎每個人都相信馬基維利是對的。第二：幾乎沒有人做過可以支持這想法的科學研究。

克特納決定站出來當第一個。在那場（他自稱為）「自然狀態」實驗中，這位美國心理學家連續潛入好幾個人類自由競爭支配權的環境，從宿舍房間到夏令營等。他預料就是在這樣的地方，在這種人們都初次見面的地方，可以看到馬基維利永不過時的智慧全面展現開來。

到頭來他失望了。克特納發現，如果誰像《君主論》開示的那樣行事，就會被踢出營隊。就像史前時代那樣，這些迷你社會不容許有誰傲慢自大。人們會認定你是個混蛋然後將你拒之門外。克特納發現，那些在此掌權的人，是最友善也最具同理心的人。[4]這裡是最友善者生存。

現在你可能會想說：這個什麼教授來著的應該要順便來看看我們公司，跟我們老闆見個面——然後他那個善良領袖的小小理論就會改一改了。

但等等，事情還沒講完。克特納也研究了權力「在人們掌權之後」會帶來的效應。這一次他得出了完全不一樣的結論。或許最有娛樂效果的就是他的餅乾怪獸實驗（Cookie Monster study），名稱來自《芝麻街》（*Sesame Street*）那隻毛茸茸的藍色布偶。[5]一九九八年，克特納與研究團隊請每組三名志願者的小組陸續來到實驗室。實驗會隨機把其中一人指派為團體領袖，而他們都會拿到一項必須完成的枯燥工作。沒多久，有個助理會帶一盤共五片的餅乾來給團體分。所有的小組都會留一片在盤子上（這是禮儀的金科玉律），但幾乎在每個案例中，第四片餅乾都會被領袖吃掉。此外，克特納的一名博士生還注意到，領袖看起來似乎也是吃相比較難看的人。重放影帶之後，很明顯可以看出這些「餅乾怪獸」都比較常開著嘴嚼餅乾，吃的時候比較吵，而且在襯衫上掉的餅乾屑也比較多。

搞不好跟你老闆有點像？

一開始我傾向對這種傻呼呼的實驗一笑置之，但近年世界各地發表了眾多類似的研究結果。[6]克特納和研究團隊也再度進行了觀察，這次是觀察昂貴車輛的心理效應。這一次，第一組受試對象得開一輛破爛的三菱或者福特平托（Pinto）車，接著要他們開向某條斑馬線；此時正好有行人步出人行道，踏上斑馬線。所有的駕駛都依法停車。

但在本研究的第二部分，受試對象可以開拉風的賓士車。這次，有百分之四十五的人沒有停車禮讓行人。事實上，車子愈貴，行車態度就愈沒禮貌。[7]「BMW駕駛最糟糕。」另一名研究者跟《紐約時報》這麼表示。[8]（本研究現在已經被複製進行了兩次，並得到類似的結果。）[9]

觀察了駕駛行為後，克特納終於發覺到這讓他想起什麼。醫學名詞叫作「後天性反社會人格」（acquired sociopathy）：一種非遺傳的反社會人格障礙，心理學家於十九世紀首度診斷出這種症狀。它出現在頭部受重擊導致腦部關鍵區域損害之後，可以把最善良的人變成最糟糕的那種馬基維利信徒。

後來人們發現掌權者也會展現同一種傾向。[10]這種人真的就會表現得好像腦部損傷的人。他們不只比一般人更衝動、更自我中心、更魯莽大意、更傲慢無禮，他們也更有可能會背著伴侶偷吃、更不會關心他人，也對他人的觀點更沒有興趣。他們也比較無恥，常常無法展現那個使人類在靈長類中獨一無二的面部現象。

他們不會臉紅。

權力運作起來，似乎就像一種使你對別人無感情的麻醉劑。在二〇一四年的一項研究中，三名美國神經學家使用一種「穿顱磁刺激儀」來分別測試有權勢者與權勢較低落者的認知運作。他們發現，權力感會擾亂所謂的鏡映（mirroring），一種對同理心有關鍵作用的心理運作過程。[11]通常來說，我們會不斷鏡映。別人笑，你也會笑；別人打呵欠，你也會打呵欠。但有權勢者的鏡映行為會少很多。他們幾乎就像是不再覺得自己與其他人類同胞有所連結似的。就好像他們的連線被拔掉了一樣。[12]

如果有權勢者覺得自己和其他人沒那麼「有連結」，那他們往往比較憤世嫉俗不信任人，又有什麼好奇怪的？大量研究顯示，權力的一個效應，就是讓你用負面眼光看其他人。[13]如果你權力大，你就更有可能覺得多數人又懶又不可靠。你會覺得他們需要督導監控、管理規範、審查加耳提面命。同時，因為權力讓你自認比人優越，你也會相信這一切的監控工作都應該託付給你。

悲慘的是，無法掌權正好產生完全相反的效應。心理學研究證實，感覺自己無能的人自信心也低落許多。他們表達看法時會猶豫再三。他們在團體中會讓自己顯得渺小，也會低估自己的智力。[14]

由於自我懷疑讓人不太可能反擊，這種不確定感對那些掌權的人來說就很方便。審查制度變得不必要，因為缺乏自信的人自己會沉默。我們在這裡看到反安慰劑起了作用：把對方當成笨蛋來對待，他們就會開始覺得自己笨，而這就使統治者推論說：大眾實在太駑鈍，沒辦法替自己設想，也因此他們——有著遠見和洞察力的他們——就應該來發號施令。

但情況不是應該正好相反嗎？讓我們短視近利的不就是權力嗎？一旦你爬到頂端，就沒那麼大的動力去從其他觀點看事情了。沒有必要同理他人，因為任何你覺得不合理或者令人不悅的人，你只要忽略他、懲罰他、監禁他，或者再用更糟的手段就好了。權力大的人不需要證明自己的行動有理，因此就有本錢觀點狹隘。

這也有助於解釋女性的同理心測驗分數為何往往比男性高。劍橋大學二〇一八年的一項大型研究發現，這個差異並沒有基因基礎，而是起因於科學家所謂的社會化。[15]有鑑於傳統的權力分配方式，大部分的情況下是女人得要去了解男人。所謂「女性直覺比較厲害」這種陰魂不散的想法，有可能就是出於同一種不平衡——人們期許女性該從男性觀點去看事情，但相反的情況就很少見。

2

我愈認識權力的心理學，就愈了解權力像是藥物——有一連串副作用的毒藥。「權力往往會令人腐化，而絕對的權力會令人徹底地腐化」，英國歷史學家艾克頓勛爵（Lord Acton）在十九世紀就講出了這句名言。很少有哪句陳述是心理學家、社會學家和歷史學家都如此一致認同的。[16]

達契爾．克特納把這稱為「權力悖論」。許多研究證明，我們會選最謙遜最好心的人來領導我們。但他們一上位，權力總是會沖昏他們的頭——那之後想推翻他們可就難了。

只需要看看我們的表親大猩猩和黑猩猩，就可以看出推翻領袖有多棘手。在大猩猩群中，會有一頭背部呈銀色的獨裁成年公猩猩決定所有大小事，並獨占一整群妻妾。黑猩猩領袖也會竭盡全力把持大位，而這個位子是留給最強壯且善於結盟的雄性。

「馬基維利這整本書似乎都可以直接用在黑猩猩行為上。」生物學家法蘭斯．德．瓦爾在他一九八〇年代初期的著作《黑猩猩政治學》（*Chimpanzee Politics*）中如此說道。[17]頂級雄性——帝王——像個猛漢那樣高視闊步，操縱其他人聽命行事。他的副手幫他掌權，但要密謀從背後捅他一刀也不是難事。

科學家幾十年來都知道我們的DNA和黑猩猩有百分之九十九相同。一九九五年，這個說法促使當時的眾議院議長紐特．金瑞契（Newt Gingrich）發了好幾十本德．瓦爾的書給他的同事。在他心中，美國國會跟一個黑猩猩群體沒多大差別。差別頂多是國會成員多花了點心力來隱藏他們的天性。

當時還沒有廣為人知的是，人類還有另一種百分之九十九DNA相同的靈長類近親。那就是巴諾布猿（bonobo）。德．瓦爾頭一次見到這樣的生物，要回溯到一九七〇年代初期，當時牠們還被稱作「倭黑猩猩」（pygmy chimpanzee，譯註：中文目前仍多用「倭黑猩猩」）。人們長久以來甚至認為黑猩猩和巴諾布猿是同個物種。[18]

事實上，巴諾布猿是截然不同的生物。第四章我們看到這些猿猴已經馴化了自己，就像幼犬人一樣。這物種的雌性似乎是這過程中的關鍵，因為，儘管牠們不像雄性那麼強壯，但當牠們有誰被雄性騷擾了，牠們都會團結起來。必要時候，牠們還會把對方的陰莖咬成兩段。[19]多虧了這種權力平衡，巴諾布雌猿可以給自己挑選伴侶，而最善良的男生往往都會先被挑走。（如果你覺得這一切的解放導致性生活枯燥，那你可能要再想想：「巴諾布猿的行為就彷彿都讀過《慾經》〔*Kama Sutra*〕一樣，」德．瓦爾如此寫道，「人可以想像到的姿勢和形式牠們都有在做。」[20]當兩組巴諾布猿初次見面，通常都會演變成一場群交。）

但在我們對此過於熱切之前，先說一聲：人類當然不是巴諾布猿。然而，愈來愈多研究主張，我們跟這些友善合群猿猴的相同點，遠多於我們和馬基維利派黑猩猩。首先，在人類歷史的大半時間裡，我們的政治體制和巴諾布猿神似的程度，實在是遠高過我們與黑猩猩的共通處。就回想一下昆族成員的戰術（見第五章）：「我們拒絕那些自吹自擂的人，因為總有一天他的驕傲會讓他動手殺了誰。所以我們總是說他的肉沒用處。藉著這方法我們讓他的內心冷卻，並使他為人和善。」

一位美國人類學家分析四十八個以狩獵採集社會為對象的研究後，認定馬基維利主義幾乎一直都是製造災難的配方。為了說明這一點，以下就根據這位科學家的說法，列舉一些讓你在史前時代獲選為領袖所需的特質。你必須要：

慷慨
勇敢
聰明
有感召力
公平
公正
可靠
機敏
強壯
謙卑[21]

狩獵採集者的領導地位只是臨時的，而決定是由團體促成。任何一個笨到想玩馬基維利那套的人，終會被認定是在拿大家的性命冒險。自私貪婪的人會被踢出部落，面對很有可能出現的挨餓。畢竟，沒有人想和那些只想著自己的人分享食物。

還有個跡象進一步表明人類行為更近似巴諾布猿而非黑猩猩，那就是我們天生厭惡不平等。在 Google 學術搜尋（Google Scholar）找一下「厭惡不平等」，你就會找到超過一萬篇談這種初始本能的科學論文。年僅三歲的孩子就已經會均分蛋糕，而六歲的孩子就寧可丟掉一片蛋糕，也不讓某個人拿到比較大的一塊。[22]就跟巴諾布猿一樣，人類也會熱切而頻繁地共享。

儘管如此，我們也不應過度誇大這種發現。幼犬人不是天生的共產主義者。心理學家強調，如果我們覺得正當的話，我們並不會介意有一點點不平等。只要「看起來」公平就可以。如果你能說服大眾你比較聰明、比較好或道德上比較高尚，那你來掌管事物也就合理，而你也不用擔心有人反對。

隨著第一批定居地的出現，以及貧富不均的增加，酋長和帝王得開始讓自己有正當理由比臣民享有更多特權。換句話說，他們開始從事政治宣傳。儘管遊牧部落的首領都很謙遜，這時候的領袖們卻開始擺起架子。帝王們公然宣稱他們的統治權是由神所授與，或者他們自己就是神。

當然，今日關於權力的政治宣傳更含蓄了，但這不是說，我們已經不再設計精巧的意識形態來證明某些人為何「應得」更多權力、地位或者財富。我們還是會這樣。在資本主義社會，我們往往用「功勞」這種論調。但社會怎麼決定誰的功勞最大？你怎麼斷定誰對社會貢獻最多？銀行家還是撿垃圾的人？護理師還是跳出框架思考的所謂顛覆者？你替自己編的故事愈好，你分到的蛋糕就愈大塊。事實上，你可以把文明演變的整個過程，都看作是統治者持續為自身特權設計新正當說法的歷史。[23]

但這裡有件怪事。為什麼我們相信領袖跟我們說的故事呢？

有些歷史學家說，那是因為我們很天真——而那可能就是我們這物種的超能力。[24]簡單來說，這套理論大略是這樣：如果你要幾千個陌生人合力工作，你就需要什麼東西來維繫這個團體。這種黏著劑得要比友愛更強，因為儘管幼犬人的社群網絡是所有靈長類中最大的，卻完全沒有大到能打造城市或國家。

一般來說，我們的社交圈數量不會多於一百五十人。科學家在一九九〇年代得出這個極限數字，當時兩個美國研究者要一組志願者列出他們寄了耶誕卡的所有朋友和家人。平均數為六十八戶人家，包含大約一百五十個人。[25]

當你開始觀察，就會發現這個數字到處都會出現。從羅馬軍團到虔誠的殖民地開拓者，從公司部門到我們在臉書上的真正朋友，這個神奇的門檻會四處出沒，並主張人類的腦子還沒準備好應付一百五十段以上的有意義關係。

問題在於，儘管一百五十個客人可以撐起一場不錯的派對，卻遠遠不足以蓋金字塔或把火箭送上月球。那種規模的計畫需要遠多於一百五十人的團體來合作，所以領導者們就需要激勵我們。

要怎麼激勵？用迷思。我們學會「想像」自己跟未曾謀面的人有密切關係。宗教、國家、公司、民族——這些其實全都只存在於我們自己心中，在我們領導者和我們自己所講述的敘事中。從來沒有人見過「法國」，或者和「羅馬天主教會」握過手，但如果我們同意參與這種虛構就沒差了。

這種迷思最顯著的例子，當然，就是上帝。或者稱為元祖老大哥。早在青少年時，我就已經在想為什麼我從小信到大的基督教造物主，那麼在乎人類和我們世俗的平凡作為。那時候，我不知道我們的遊牧祖先對神有著非常不一樣的概念，而他們的神不怎麼關心人類的生命（見第五章）。

問題在於：我們從哪裡弄來這種對單一全能上帝的信仰？這種有「會被人類罪惡所觸怒的上帝」的信仰？科學家最近想到一個很吸引人的理論。要了解它，我們得要回溯到第三章，也就是我們了解到幼犬人的雙眼有什麼獨特之處的那一章。多虧了我們虹膜周圍的眼白，我們可以追隨彼此的視線方向。這讓我們得以進入別人心靈的一瞥，在打造信任的羈絆上至關重要。

當我們開始和成千上萬的陌生人形成一個大群體共同生活，一切就都變了。我們就真的是「看不到彼此」（譯註：原文 lost sight of 亦指「忽略」）。你不可能和幾千幾萬甚至幾百萬人四目相接，我們彼此的不信任就開始滋長。愈來愈多人開始懷疑別人在團體裡揩油；懷疑自己做牛做馬的時候，別人都在一邊蹺腳涼快。

所以統治者需要有人來密切注意大眾。某個聽到了一切也看到了一切的誰。一隻全視之眼。上帝。

所以新神祇會是復仇心很強的那一型，也就不意外了。[26] 上帝變成了超級利維坦，一週七天二十四小時窺探每個人。就連你的思想也不安全。「就是你們的頭髮，也都被數過了。」《聖經》在馬太福音第十章第三十節這麼說。從現在開始是無所不知的存在在天上守望，一直在監督、一直在監視，且一直在——有必要時——做出痛擊。

迷思是幫助人類和我們的領導者做出一些其他物種從未做過的事情的關鍵。它讓我們能夠和幾百萬陌生人共同進行極大規模的工作。不僅如此，這套理論還主張，偉大的文明就是從這些巨大的捏造能力中誕生的。猶太教和伊斯蘭教、民族主義和資本主義——都是我們想像的產物。「一切都以說故事為中心，」以色列歷史學家尤瓦爾・諾瓦・哈拉瑞在他二〇一一年的著作《人類大歷史》（*Sapiens*）中寫道，「也以『說服人們相信這故事』為中心。」[27]這是一個很吸引人的理論，但有一個缺點。它忽視了百分之九十五的人類歷史。

事實上，我們的遊牧祖先老早就跨過這一百五十人的神奇門檻。[28]的確，我們是以小團體進行狩獵和採集，但各個團體都會固定交換成員，讓我們變成一個巨大的幼犬人交叉授粉網的一部分。我們已經在第三章看到了這種現象，當時提到的巴拉圭阿切族和坦尚尼亞的哈札族等部族，其成員一輩子會認識超過一千個人。[29]

而且，史前人類也有著豐富的想像力。我們一直在編造巧妙的迷思傳給彼此，而那又潤滑了大眾合作的巨輪。位於今日土耳其的世界最古老神殿哥貝克力（見第五章）就是一個例證，透過幾千人的共同努力而興建起來。

唯一的差別是，那些迷思在史前時代比較不穩固。酋長可以立刻遭到推翻，而紀念碑也會火速被推倒。用兩位人類學家的話來說就是：

> 我們的史前祖先可不是在某種初始的天真幼稚中一直空轉，直到不平等的精靈不知道怎麼跑出關著它的瓶子；他們似乎是成功地在一個規律的基礎上把

瓶子開了又關，把貧富不均限制在例行性的古裝劇裡，一邊興建紀念碑一邊打造諸神和王國，然後又再度歡欣鼓舞地把它們拆解。[30]

幾千幾萬年來，我們都有本錢來對別人告訴我們的故事抱持疑心。如果有哪個大嘴巴站出來，宣布他可是被上帝之手挑選出來的，你大可不理他。如果那個人變成了討厭鬼，他背後早晚會中一支箭。幼犬人友善，但不天真。

這一切要到軍隊和指揮官出現才徹底改變。試試看挺身對抗一個把所有敵對者都剝皮、活活燒死或者車裂成四塊的大力士。你的批判突然間好像沒那麼緊要了。「這就是為什麼，」馬基維利寫道，「所有武裝的先知都獲勝，而所有未武裝的先知都被打敗了。」

從這時候開始，要罷黜諸神和諸王就不再那麼容易了。此時要是不支持某個迷思，有可能會要你的命。如果你信錯了神，就自己保密。如果你相信民族國家是愚蠢的幻象，頭可能都會不保。「做一些安排，好在他們不再相信時能用武力讓他們相信，」馬基維利建議，「這是很有用的方法。」[31]

你可能會認為如今在這個多因素綜合體裡，暴力已經不是重要部分了——至少在有無聊官僚制度但條理清楚的民主政體裡不是。但別搞錯了：暴力的「威脅」依舊切切實實地存在著，而且四處瀰漫。[32] 有孩子的家庭就因為這樣，而會抵押貸款繳不出來而被踢出自己的家園。移民就是因為這個理由，而不能就那麼直接蹓躂著走過我們稱作「歐洲」和「美國」的虛構體邊界。我們也是因為這個理由而持續相信金錢。

想想一件事就好：為什麼人要躲在我們稱作「公司」的牢籠裡，一週躲四十個小時換來一點金屬和紙片或者銀行帳戶上的幾個數字？是因為我們被掌權者的宣傳所拉攏成功了嗎？而且，如果是這樣的話，為什麼幾乎沒有異議者？為什麼沒有人往稅務單位那邊走過去說：「嘿先生，我剛讀了一本有趣的書是在講迷思的力量，然後我發覺錢是幻覺，所以我今年就不繳稅了。」

理由不言自明。如果你無視帳單或不繳稅，你會被罰錢或者監禁。如果你不樂意服從，當局就會追著你跑。錢可能是虛構物，但它可是有實實在在的暴力威脅來強加施行。[33]

3

當我讀了達契爾·克特納的著作並更加了解權力心理學之後，我開始看出私有財產制和農耕的發展，可以用什麼方法來讓幼犬人誤入歧途。

幾千幾萬年來，我們都選擇好人來掌權。我們在史前時代就已經很清楚權力會令人腐化，所以我們也借助一套羞辱和同儕壓力的體制來讓團體成員受控。

但到了一萬年前，要推翻掌權者變得難上太多。當我們定居於城市和國家、而我們的統治者獲得了整支軍隊的指揮權時，幾句閒話或者不失準頭的飛矛都不夠用了。帝王就是有辦法不讓自己被罷黜。總統們可不是被嘲笑和奚落所推翻的。

有些歷史學家懷疑我們現在其實依賴貧富不均。舉例來說，尤瓦爾·諾瓦·哈拉瑞就寫道，「複雜的人類社會似乎需要想像的等級制度和不公正的區別對待。」[34]（這類陳述保證會讓金字塔頂端的人相當同意。）

但吸引我的地方在於，那之後世界各地的人還是一直在找方法馴服他們的領袖，甚至在酋長和帝王出現後也一樣。一個很明顯的做法就是革命。每一次革命，不管是法國大革命（一七八九）、俄國革命（一九一七），或者阿拉伯之春（二〇二），都是由同一股力量推動。大眾想要推翻專制統治者。

不過大部分的革命最終都失敗了。一個專制統治者下來沒多久，一個新的領袖又上位，並發展出對權力的貪得無厭。法國大革命之後是拿破崙。俄羅斯革命之後就是列寧和史達林。埃及也是，後來又回歸到另一個獨裁者。社會學家把這稱作「寡頭鐵律」：就算是自誇著一切自由平等理想的社會主義者和共產主義者，都很難免疫於權力過大帶來的腐敗影響。

有些社會藉由細緻安排分權體制來解決這問題——又稱作「民主制度」。儘管這個詞是主張由眾人而治之（在古希臘文中，*demos* 是指「眾人」而 *kratos* 是指「權力」），但通常都不是這樣運作的。

盧梭早就觀察到，這種形態的政府比較正確的說法是「選舉產生的貴族階級」，因為實際上人民一點都沒有掌權，反而是獲准決定誰對我們有權。此外，我們必須察覺到一件重要的事，那就是這個模式會設計成這樣，其實是要排除普通基層成員。就以美國憲法為例：歷史學家大多同意，它「本質上是一份貴族文件，設計來阻礙該時期的民主趨勢」。[35] 美國開國元勛可從來都沒有打算讓平民百姓積極參與政治。即便到了現在，儘管任何公民都可以競選公職，但你若接觸不到捐贈者和遊說者的貴族人際網，就很難贏得選舉。因此美國的「民主體制」展現出王朝的傾向——想想甘迺迪家族、柯林頓家族、布希家族——也就不意外了。

我們一而再地盼望更好的領袖，但那些願望也一而再地粉碎。克特納教授說，原因就在於權力使人失去當初之所以獲選的善良和謙遜，或者說，他們打從一開始就從沒擁有過那些傑出特質。在一個組織等第分明的社會，馬基維利們都會先人一步。他們有打敗對手的終極祕密武器。

他們恬不知恥。

我們前面看過，幼犬人經演化而能體驗羞恥感。我們會成為動物界所有物種中少數會臉紅的物種之一，其實有其用意。幾千幾萬年來，感到羞恥是最能確保馴服領袖的方法，而到了今日還是能發揮效用。羞恥心比守則規範、斥責脅迫都更有效率，因為感覺到羞恥的人會自律。其方式包括了，當他們令別人失望時會支吾其詞，或者在察覺自己成了惹人閒話的對象時，會出現洩漏心思的臉紅。[36]

當然，羞恥感也有陰暗的一面（舉例來說，由貧窮誘發的羞恥感），但試著想像一下，如果羞恥感不存在的話，社會會變成什麼樣。會變成地獄。

不幸的是，不管成因是對權力成癮，或者是身為天生具有反社會特質的極少數，永遠都會有無法感覺羞恥的人。這樣的人在遊牧部落裡撐不了多久，人們會把他們逐出團體，放他們孤獨死去。但在我們當代盤根錯節的組織中，反社會人格者其實會在生涯競賽中領先幾步。研究證實，有介於百分之四到八的企業執行長能夠診斷出反社會人格，相比之下總人口裡只有百分之一。[37]

在當代民主政體中，無恥肯定可以占到優勢。不受羞恥感妨礙的政客可以隨便做出別人不敢的事。你會稱自己為全國最傑出的思想家，或者吹噓自己床上功夫一流嗎？你會在給人逮到撒謊之後毫不遲疑就撒下一個謊嗎？多數人會被羞恥感所消耗——就像多數人會把盤裡最後一片餅乾留下來那樣。但無恥之徒毫不在乎這種事，而他們魯莽放肆的行為在媒體統治的當代中會得到好處，因為新聞會聚焦於荒謬反常之事。

在這種世界裡，不會是最友善和最有同理心的領袖爬到頂端，而是相反的人。在這個世界裡，是無恥者生存。

第十二章
啟蒙運動弄錯了什麼事

1

在我初探權力心理學之後，我的思緒回到了本書序章的故事。我突然想到，在本質上，前面那些篇章的教訓全都可以在倫敦大轟炸的故事中找到，也就是，當炸彈落下時倫敦發生了什麼事。

英國官方預測會有普遍恐慌。洗劫、暴動。這種災禍一定會引發我們內在的野獸，把我們扔進所有人對抗所有人的戰爭中。但結果發現實情正好相反，災難讓我們展現出最良善的素質。就好像他們轉開了一個集體重置開關，我們便回歸自己比較良好的那一面。

倫敦大轟炸的第二個教訓就是，我們是習於成群的動物。倫敦人假定自己在戰火下的勇氣是標準的英國人性格，他們認為自己的回復力，和他們僵硬的上唇或者冷面笑匠式的幽默感息息相關——不過就是又一個優等文化的要素。在第十章，我們看到這種群體偏誤是人之常情。我們全都過度傾向用「我們」和「他們」來思考。戰爭的悲劇在於，激勵幼犬人拿起武器的，就是人類本質中的最善良面——忠誠、同袍情誼、團結一心。

然而，我們一旦抵達前線，我們常常會失去原本誇口的美德。在第四章和第十章，我們看到人類有一種對暴力根深蒂固的厭惡。有好幾個世紀的眾多士兵甚至沒辦法逼自己扣下扳機。一堆刺刀到頭來都沒用上。大部分的死傷都是由從來不須與敵人四目交接的駕駛員或槍手從一段距離外造成。最慘烈的攻擊來自高空的倫敦大轟炸，也有這樣的一種教訓在。

當英國也跟著策劃轟炸行動時，權力的腐化影響就冒了出來。弗雷德里克・林德曼，這個邱吉爾的核心圈內人，把所有炸彈炸不爛士氣的證據都甩到一邊。他早已認定德國人會屈服，任何想駁斥他的人都會被烙上叛徒的污名。

「轟炸方針在反對聲量如此微弱的情況下強行實施，」後來一位歷史學家評論道，「這就是權力催眠人的典型範例。」[1]

霍布斯和盧梭提出的問題到此終於要迎來解答。人性本善——還是本惡？這個答案有兩面，因為幼犬人是種徹頭徹尾矛盾的生物。首先，我們是動物界中最友善的一個物種。在過去的大半時光裡，我們都居住在一個沒有帝王和貴族、沒有總統和企業執行長的平等主義世界裡。偶爾的確會有人上台掌權，然而，就如我們在第十一章看到的，他們也很快就被推翻了。

在滿長一段時間裡，我們天生對陌生人的謹慎沒有造成大問題。我們知道朋友的名字和面貌，而如果我們和陌生人碰巧相遇，我們很容易就能找到共通點。沒有廣告或政宣，沒有新聞或者戰爭使人們對立。我們可以自由離開某個團體加入另一個，並在這過程中打造更加擴大的關係網。

但那之後，在一萬年前，麻煩開始了。

從我們開始定居在一個地方並累積私有財產後，我們的群體本能就不再那麼無害了。這本能和匱乏與等級制度混合後，就徹底變得有害。而一旦領袖們開始養軍隊為自己效命，權力的腐化效應就再也擋不住了。

在這個農夫和戰士、城市和國家的新世界裡，我們都跨坐在一條細到令人不舒服的、介於友善和仇外之間的線上。渴望歸屬感的我們，很快就傾向厭惡圈外人。我們發覺很難對自己的領袖說不——即使當他們押著我們往歷史的錯誤面走，我們都很難說不。

隨著文明的黎明到來，幼犬人最醜惡的一面也開始顯現。史書一年年記錄下無數由以色列人和羅馬人、匈人（Hun）和汪達爾人（Vandal）、天主教和新教徒進行的大屠殺，除他們之外還有更多人。他們的名字換來換去，但機制維持一致：人們被友誼所激勵，被懷疑人性的強人所鼓吹，然後便會對彼此做出最駭人聽聞的事。

這是我們過去幾千幾萬年來的窘境。你甚至可以把文明史看作一場壯烈鬥爭，對抗著從古至今的最大錯誤。幼犬人是一種從天然棲息地中硬生生拔出來的動物。

一種從那之後就徹頭徹尾改變自己，來消弭自身巨大「錯配」的動物。幾千幾萬年來，我們一直都拚了命在驅除第五章寫到的疾病、戰爭和壓迫的詛咒——祓除文明的詛咒。

然後一直要到最近，我們看起來才像是或許做得到這件事。

2

十七世紀早期有一個運動開啟了，即是我們現在所謂的「啟蒙運動」（Enlightenment）。那是一場思想革命。從法治到民主制度、從教育到科學，啟蒙運動時期的思想家替當代世界打下了基礎。

乍看之下，湯瑪斯．霍布斯這一類啟蒙主義思想家似乎和更早之前的教士及牧師沒多大差別。他們都根據同一個假設來往下思考，也就是人性腐敗。蘇格蘭哲學家大衛．休謨將啟蒙運動觀點總結為「每一個人應該被假定為無賴，而在他所有的作為中，除了私利之外就沒有其他目標」。[2]

然而，根據這些思想家所言，我們有一個辦法能駕馭我們的自私自利並從中獲得成效。他們說人類有一項傑出的才能，一個讓我們有別於其他生物的可取之處。我們可以牢牢抓住的就是這項天賦。這是我們或許可以寄託大量希望的奇蹟。

理性思考。

不是同理心，或者情感，或者信念。是理性思考。如果要說啟蒙運動的哲學家對什麼有信心，那就是理性思考的力量。他們逐漸深信，人類可以設計出預先把天生自私算計在內的聰明制度。他們相信，我們可以在我們比較陰暗的本能上塗一層文明。或者，更準確地說，我們可以藉助我們的邪惡本質來為公眾利益效力。

如果說啟蒙運動的思想家有支持過哪一種罪行的話，那就是貪婪，在「私惡即公利」（private vices, public benefits）這句格言下鼓吹的貪婪。[3] 這也代表了「個人層面的反社會行為可以對更廣大社會產出成果」這種巧妙的概念。啟蒙運動經濟學家亞當．斯密（Adam Smith）在一七七六年的經典著作、他第一本捍衛自由市場原則的著書《國富論》（*The Wealth of Nations*）中，著墨了這個想法。書中，他寫下這段名言：「我們可不能期待屠夫、釀酒人或麵包師出於慈悲給我們晚餐，而是要期待出於他們對自身利益的考量。我們著眼的不是他們的人性，而是他們的利己，且永遠不要跟他們談我們自己的需要，而是要談他們的利益在哪。」

現代經濟學家主張，不應該壓制自私，而是要鬆綁。藉此，對於財富的欲望，就會達到所有傳教大軍從未達成的情況：把全世界的人聯合起來。如今，我們在超市買雜貨付帳時，是和成千上萬名對我們手推車內貨品有著生產分配貢獻的人一同合作。不是出於我們心中的善，而是因為我們在顧自己。

啟蒙運動的思想家使用同一種原則來鞏固他們的當代民主模式基礎。就以全世界目前仍然生效的最古老憲法——美國憲法為例。由開國元勛起草的這份憲法，是以「我們本質裡的自私天性需要約束」這種悲觀看法為前提。出於這原因，他們創造了一個「制衡」的體制，其中每一個人都密切提防著彼此。

其想法是，如果那些掌權的人（從右派到左派，從共和黨到民主黨），不論是在哪個最高政府機構（從參議院到眾議院，到白宮和最高法院）都彼此密切提防的話，那麼，儘管美國人還是有著腐敗的本質，但將能夠和諧共處。[4]而這些理性主義者相信，唯一能管束這些易腐敗政客的方法，就是讓他們和其他政客保持平衡。用美國政治家詹姆斯・麥迪遜（James Madison）的話來說就是：「必須以野心來對抗野心。」

同時，這個時代也見證了現代法治的誕生。這裡又有另一種解藥來處理我們比較陰暗的本能，因為正義女神就定義上來說是眼盲的。正義不受同理心、愛心或任何偏見所阻礙，只由理性思考所主宰。同樣地，理性思考也為我們那套讓所有人承受同樣手續、規範和法律的新官僚系統提供了基礎。

從現在開始，你想跟任何人做生意都行，不管他們信什麼教或者哪種教義都行。一個邊際效應是，在那些法治有力的國家，在那些確保人們會尊重規章和契約的國家，人們對單一復仇上帝的信仰減弱了。人們對國家的信仰取代了天父的功用。因此宗教在啟蒙運動後採用了友善許多的行事方式。如今，只剩少數國家還會遵從上帝的審判之眼，而教宗不再召集殘忍的十字軍，而是發表關於「柔性革命」的感人演說。[5]

能夠在丹麥或瑞典這類國家找到最密集的無神論者群體，會是一個巧合嗎？這些國家也有最健全的法治制度，以及最值得信任的官僚體制。[6]在這一類國家，宗教已經遭到取代。就像大規模生產曾經逼走了傳統工匠那樣，官僚也搶走了上帝的工作。

於是就這樣，我們從兩、三百年前進入理性時代。綜合考慮下來，我們得做出的結論是，啟蒙運動曾經是人類的勝利，為我們帶來資本主義、民主制度以及法治。統計數字一看就明白。我們的生活愈來愈快速改善，而整個世界和過往相比也是空前地富有、安全、健康。[7]

不過兩百年前，任何一種定居生活都還代表著極度赤貧，不管你活在世界的哪裡都一樣。今日，只有少於百分之十的全球人口還適用這種說法。我們幾乎已經征服了好幾種最大規模的傳染病，而且，即使新聞可能讓你不這麼想，但過去幾十年來，一切的速度，從孩童死亡數和饑餓數到謀殺人數以及戰爭傷亡人數，全部都驚人地大幅下降了。[8]

所以，如果我們不相信陌生人，是要怎麼和諧共處呢？我們是要怎麼驅逐一萬年來不斷折磨我們的，那些文明、疾病、奴隸制度和壓迫的詛咒呢？啟蒙運動冷酷、堅硬的理性思考，為這個古老的兩難處境提供了一個答案。

而這便是最佳解答——到目前為止而已。

因為，我們就老實承認吧，啟蒙運動也有陰暗面。過去幾個世紀我們了解到資本主義可以暴走，反社會人格者可以掌權，而一個由規則和禮節支配的社會不太在乎個別的人。

歷史學家指出，如果啟蒙運動給了我們平等，它也發明了種族主義。十八世紀的哲學家率先把人類分類成打從根本不同的「人種」（race）。舉例來說，大衛·休謨就寫到，他「傾向懷疑黑種人〔……〕天生就低於白種人」。在法國，伏爾泰（Voltaire）也同意：「即使他們的理解能力並非在本質上和我們不同，至少也是遠遠遜色許多的。」這樣的種族歧視想法後來編入了法律和行為規範中。在美國〈獨立宣言〉中寫下「人生而平等」這不朽名言的湯瑪斯·傑佛遜（Thomas Jefferson），是一名奴隸主。他也說過：「我到現在都還沒碰到哪個黑人說出過平鋪直敘水準以上的思考。」

接著就是歷史上最血腥的衝突。猶太人大屠殺是在啟蒙運動過往的搖籃中展開。它是由超現代官僚體制所實行，在那體制中集中營的管理工作是交給黨衛隊的「經濟和行政」部門。許多學者因此認為，六百萬猶太人的滅絕不只是殘暴的極致，也是現代性的極致。[9]

當我們檢驗啟蒙運動對人性的描繪時，矛盾就突顯了出來。表面上，大衛．休謨和亞當．斯密等哲學家採取的是一個犬儒主義的觀點。當代資本主義、民主體制和法治都是建立在人皆自私的原則上。但如果你實際上讀他們的書，你會察覺到啟蒙運動的作者們完全不是頑固的犬儒主義者。在出版（注定要成為資本主義聖經的）《國富論》的十七年前，亞當．斯密寫了一本書叫《道德情操論》（*The Theory of Moral Sentiments*）。在這本書中，我們可以找到像下面這樣的段落：

> 無論一個人可能有多自私，他的本性必然還是會有某些準則，促使他關心其他人的命運，並認定他們的快樂是自己不可或缺的，儘管除了眼見他人快樂的自身愉悅外，他無法從中得到什麼。

亞當．斯密和休謨等影響力深遠的理性主義者，堅持強調人類在同理心和利他性方面的強大能力。那麼，如果這些哲學家全都同意我們值得讚賞的特質，為什麼他們的制度（民主、商業和工業）總是以悲觀主義為前提？他們為什麼持續培養一種對人性的負面觀呢？

我們可以從大衛·休謨的一本書追到答案，在那本書裡，這位蘇格蘭哲學家清楚明白說出這段正好和啟蒙運動相反的思想：

> 因此，每個人都被假想成一名惡棍，是一個正當的政治行為準則：不過在此同時，一個行為準則在政治上為真，在事實上卻不真實，也似乎有點奇怪。

換句話說，休謨認為，我們的行動必須要「像是」人都有自私天性那樣，即便我們知道他們不是那樣。當我了解到這一點時，有一個詞閃過了我腦海：反安慰劑。這會不會就是啟蒙運動——乃至於當代社會——搞錯的地方？也就是我們持續根據一個錯誤的人性模型來運作？

我們在第一章看到，有些東西可以成真，只是因為我們相信——而悲觀主義就這麼成為了自我實現的預言。當現代經濟學家假定人天生自私時，他們提倡了促進自利行為的政策。當政客說服了自己，說政治是犬儒的遊戲，那情況就會變成他們認為的那樣。

所以現在我們得問：有沒有別條路可走？

我們能不能動動腦，來驅使理性去設計出新的體制？根據對人類本性截然不同的觀點來運作的制度？如果學校和企業、城市和國家都指望著人的最佳素質，而不是設想著人最糟的一面，情況會變成什麼樣呢？

這些問題就是本書剩餘篇幅的焦點。

第四部

新的現實主義

所以我們某種程度上得要是理想主義者，因為接著我們就會成為真實、真正的現實主義者。

——維克多．弗蘭克（Viktor Frankl, 1905–97）

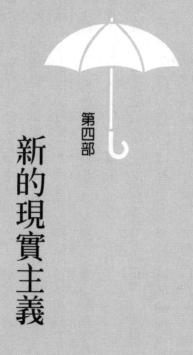

1

我第一次上哲學課是十九歲。那天早上，坐在烏特勒支大學（Utrecht University）某講堂的明亮日光燈下，我認識了英國數學家兼哲學家伯特蘭・羅素（Bertrand Russell, 1872–1970）。從該處該時開始，他就成了我的新英雄。

羅素除了是傑出的邏輯學家以及一間創新學校的創辦人之外，他還是同性戀擁護者的先鋒，一位預料到俄羅斯革命會悲慘終結的自由思想家，一位因公民不服從而在八十九歲那年被拘禁的反戰行動者，超過六十本書和兩千篇論文的作者，以及空難生還者。他也得過諾貝爾文學獎。

我個人最欣賞羅素的一點，是他在智慧上的正直，他對真實的忠貞。羅素了解，人在「相信什麼適合自己」這件事上有過於人性的傾向，而他一輩子都在抵抗這種傾向。他一而再、再而三地逆流而行，清楚知道那要付出多大代價。他有一段話令我印象特別深。一九五九年，英國廣播公司問羅素，他有沒有什麼建議要給未來世代。他回答說：

當你學習任何東西或者思考任何哲學問題時，只該問自己事實有哪些，那些事實證明什麼是真實。永遠別被自己希望相信的事、或者自以為如果別人信了就會對社會有益的事所分心，只要專心一意去看事實是什麼。

這段話對我影響深遠。知道這段話時，我剛好開始質疑自己對上帝的信仰。身為布道者的兒子及學生基督教社團成員，我的本能是讓我的懷疑隨風而去。我知道我要什麼：我希望有死後的生命，為了死後能導正世上所有犯下的錯誤，也為了讓我們不要孤處在宇宙中的這一小塊石子上。

但從那之後，羅素的警語就一直縈繞我心：「永遠別被自己希望相信的事所分心。」

寫這本書時，我盡了我所能。

我是否有按照羅素的建議？我希望有。同時，我有我自己的疑慮。我知道我需要眾多挑剔的讀者給我大量協助，來幫我寫作時不要走偏。然而，用羅素自己的話來說，「我們的信念沒有哪個是完全真實的；全都至少有一部分的含糊錯誤陰影。」

所以，如果我們的目標是盡可能接近真實，那麼我們就得避開確定性，並在路上的每一步都質問自己。「懷疑的意志」，羅素如此稱呼這個方法。

我要到研讀這位英國思想家的多年後，才發現他的準則包含了一個引用來源。羅素發明了「懷疑的意志」這句話，來把自己放在一位美國哲學家威廉・詹姆斯（William James, 1842–1910）的對立面。

而這就是我現在想要向你介紹的人。威廉・詹姆斯是美國歷史上許多重要人物的導師，包括了西奧多・羅斯福（Theodore Roosevelt，又稱「老羅斯福」）、葛楚・史坦（Gertrude Stein）、威廉・愛德華・伯格哈特・杜波依斯（W. E. B. Du Bois）等人。他是一個受人喜愛的人。根據見過他的羅素所言，詹姆斯「充滿了仁慈的溫暖」。

然而，羅素沒那麼喜歡詹姆斯的想法。一八九六年，詹姆斯發表了一段演說，不是在談懷疑的意志，而是「相信的意志」。詹姆斯聲稱，有些東西就是得要以信仰來接受，即使我們無法證明為真。

好比說友誼。如果你老是習慣懷疑別人，你的舉止就會表現出保證讓你被討厭的模樣。就是「因為」我們去相信，友情、愛情、信任和忠誠才會成真。儘管詹姆斯承認，我們可以證明一個人的信念為錯，但他主張，「透過希望進行的詐欺」還是比「透過恐懼進行的詐欺」來得好。

伯特蘭・羅素並不喜歡這種精神修煉。儘管他喜歡詹姆斯這個人，但並不喜歡他的哲學。他說，真實無關乎一廂情願。這句話多年來也是我的座右銘——直到我開始懷疑「懷疑」本身。

2

時間是一九六三年，羅素接受英國廣播公司訪問的四年後。

在美國麻薩諸塞州的劍橋，年輕的心理學家羅勃・羅森塔爾（Bob Rosenthal）決定在他位於哈佛大學的實驗室嘗試一個小實驗。他在兩個鼠籠旁放了不同的標誌，來標示其中一籠老鼠為特別受訓過的聰明樣本，而另一群則是蠢笨的。

那天稍晚，羅森塔爾指示學生把老鼠放進迷宮，並記錄每一隻花多少時間找到出路。他沒跟學生說的是，事實上這裡面沒有哪隻動物特別突出——牠們全都是普通的實驗鼠。

但接著某件不尋常的事情發生了。學生「相信」比較聰明的那群老鼠，真的表現比較好。簡直有如魔法。那些「聰明」的老鼠儘管和「笨」的同類沒有差別，表現卻是兩倍優秀。

一開始，沒人相信羅森塔爾。「針對這場實驗，任何部分我都很難發表。」他幾十年後這麼回憶道。[1]就連他自己一開始也很難接受，這裡頭沒有神祕力量來起作用，反而有一個完全合理的解釋。羅森塔爾後來才了解到，他的學生對待「聰明」老鼠——那些他們期望比較高的老鼠——比較溫暖而溫柔。這樣的對待改變了老鼠的行為，強化了牠們的表現。

實驗之後，有一個激進的想法在他心中生根；他堅信自己發現了一個看不見但基本的力量。「如果人期望老鼠變聰明就真的變聰明的話，」羅森塔爾在《美國科學家》（*American Scientist*）雜誌上推測，「那麼，認為學生若受老師期望就可以變聰明，應該也不會太牽強。」

幾週後，這位心理學家收到了一封信。寄信者是舊金山司布魯斯小學（Spruce Elementary School）的校長，她讀了羅森塔爾的文章之後提出了一個無法拒絕的提議。「請讓我知道我能否效勞。」她寫道。[2]羅森塔爾根本不作他想。他立刻動手設計了一個新實驗。這次他的受試對象不是實驗鼠，而是孩童。

新學期開始時，司布魯斯小學的老師得知有一位備受推崇的科學家羅森塔爾博士要給他們的學生做一個測驗。這個「學習變化測驗」會顯示那年誰將在學校進步最多。

實際上那就是一個普通智力測驗，然後，一旦分數結算之後，羅森塔爾和研究團隊就沒在管這分數了。他們丟銅板來決定要跟老師說哪些孩子「天分高」。同時，他們什麼都沒跟孩子講。

毫無疑問地，期望的力量很快就開始發揮魔力。老師們更加關注、更加鼓勵、更加讚揚「聰明」組的學生群，因此也改變了學生看待自己的看法。這個效應在最年幼的孩子身上最明顯，他們一年內智力分數平均起來就增加了二十七點。增加最多的是那些外貌是拉美裔的男孩，也就是通常在加州會受到最低期望的群體。[3]

羅森塔爾把他這項發現命名為畢馬龍效應（Pygmalion Effect），來自一名神話故事中的雕刻家；他實在太迷戀自己的作品，導致諸神決定讓他的這尊雕像活過來。我們全心投入的信念——不論是真實還是想像——也同樣可以活過來，在世界上產生十分真實的改變。畢馬龍效應就類似安慰劑效應（我在第一章討論過），只是說，這些期望不是對自己有益，而是對別人有益。

我一開始心想，這麼老的研究一定早就被證明錯誤了，就跟所有從一九六〇年代以來各種迎合傳媒的其他實驗一樣。

完全不是。五十年下來，畢馬龍效應依舊是心理學研究的一大發現。這種效應已經在軍方、大學、法庭、家庭、養老院和各種組織裡進行的實驗中測試過幾百回。[4]確實，這個效應並不是到處都像羅森塔爾想的那麼強，尤其是在兒童的智力測驗表現上。即便如此，二〇〇五年一項關鍵的回顧研究做出結論，認為「大量的自然證據和實驗證據證明，教師的期望明顯是會影響學生——至少有時候會」。[5]高期望可以是種強效工具。當管理者使用時，員工表現會更好。軍官使用時，士兵會更英勇善戰。護理師使用時，病患會更快康復。

儘管如此，羅森塔爾的發現並沒有引發他和研究團隊所期待的革命。「畢馬龍效應是明明有效卻過少運用的偉大科學，」一位以色列心理學家如此感嘆。「它本來該改變世界的程度不應只限於此，而這實在是太令人失望了。」[6]

我要講的壞消息還不只如此：一如正面期待會有非常真實的效應，惡夢也可以成真。畢馬龍效應的反面就是所謂的「魔像效應」（Golem Effect），名稱來自一個猶太民間故事，有一個本來要保衛布拉格市民的東西反而變成了怪物。就跟畢馬龍效應一樣，魔像效應也無所不在。當我們對某人有了負面期待，我們就不會經常看他們。我們會與他們保持距離。我們不會那麼常對他們微笑。基本上，我們會做的事，正好就跟羅森塔爾的學生把「笨」老鼠放進迷宮的時候做的事情一樣。

有鑑於倫理上我們反對讓人遭受負面期待，所以，針對魔像效應所做的研究很少也就不意外了。但我們對此所得知的事非常震撼。好比說，一九三九年由心理學家溫德爾．強森（Wendell Johnson）於美國愛荷華州戴文波特（Davenport）進行的研究。他把二十個孤兒分成兩組，跟其中一組說他們是善於表達的好講者，而另一組則說他們注定要變成口吃者。這個如今被稱作「怪物研究」（The Monster Study）的惡名昭彰實驗，最後讓許多人一輩子都有言語障礙。[7]

魔像效應是一種反安慰劑：這種反安慰劑導致窮學生更加落後，讓無家可歸者失去希望，讓孤立的年輕人極端化。它也是種族歧視背後的潛在機制，因為當你接受低下期待時，你就不會盡全力表現，而這又進一步降低了其他人的期待，因此更進一步削弱了你的表現。也有證據主張，魔像效應和其惡劣的負面期望累積循環，可以徹底摧毀整個組織。[8]

3

畢馬龍效應和魔像效應被編入了我們世界的網絡中。每天，我們讓彼此更聰明或更愚蠢，更強或更弱、更快或更慢。我們沒辦法不透過凝視、肢體語言和聲音洩漏期望。我對你的期待，決定了我對你的態度，而我對你所做的行止，又影響了你的期待以及你對我的所作所為。

如果你仔細想想，就會發現這已經來到了人間百態的核心癥結。幼犬人就像一種天線，一直在體會他人。別人的手指被門夾到，你會猛地一顫。走鋼索的人在細繩上平衡身體時，你會感覺自己的肚子在翻攪。有人打呵欠時，你幾乎不可能不跟著打。我們天生就會鏡映他人。

大部分時候，這種鏡映運作良好。它會促進連結和良好氣氛，就像所有人一起在舞池跟著曲子跳那樣。人們就是基於這個理由，而以正面看待我們鏡映他人的自然本能，但這種本能也是雙面刃。我們也會鏡映負面情緒，好比說仇恨、嫉妒和貪婪。[9]而當我們接受他人的壞想法——把這些想法想成是我們周圍每個人抱持的想法——的時候，結果可能會慘烈無比。

就以經濟泡沫為例。一九三六年，英國經濟學家約翰．梅納德．凱因斯（John Maynard Keynes）做出結論，認為金融世界和選美比賽有著驚人的相似性。想像一下一百名參賽者在你面前，但你得要挑選的不是你自己最喜歡的，而是要指出哪一位是「其他人」會偏好的。[10]在這種情況下，我們的傾向是要去猜別人會怎麼想。同樣地，如果每個人都覺得別人會覺得某股要上漲，那麼該股就會上漲。這可以持續很長一段時間，但到頭來泡泡會破掉。舉例來說，一六三七年一月鬱金香熱潮橫掃荷蘭時就發生過這種事，單一個鬱金香球莖瞬間就以超過熟練工匠年薪的十倍價格賣出，但在幾天內就變得一文不值。

這種泡沫並不只限於金融圈，這種事無處不在。杜克大學（Duke University）的心理學家丹．艾瑞利（Dan Ariely）曾經在大學課堂上做過一次傑出的示範。為了解釋他的行為經濟學領域，他跟班上同學講了些聽起來學術到了極點的定義。然而學生不知道的是，他用的這些辭彙都是電腦產出的，用一連串隨機辭彙和句子胡亂拼湊，來產生關於「辯證神祕理論」和「新解構理性主義」之類的鬼扯。

艾瑞利的學生——世界頂尖大學的學生們——全神貫注地聆聽這堆言語大雜

熗。時間一分一秒過去。沒有人笑出聲。沒有人舉手。沒有人透露出一點他們聽不懂的跡象。

「而這就讓我們來到了這個大哉問……」艾瑞利終於做出結論。「為什麼都沒人問我到底是在講啥麼鬼?」[11]

在心理學圈內，該教室的情況稱作「多數無知」(pluralistic ignorance) ——對了，不是喔，這個詞不是機器生出來的。艾瑞利的學生個別都沒辦法跟上他的講述，但因為看到其他同學都全神貫注在聽，他們便假定是自己有問題。(那些參加過主題為「網路社群之擾亂性共創」之類討論會的讀者，一定很熟悉這個現象。)

儘管在上述情況中對人無害，但研究證實，多數無知的效應也可以非常慘烈——甚至達到致命程度。就想想暴飲。個別去調查每個大學生的話，大部分人會說喝到掛不是他們最喜歡的消遣。但因為他們假設「其他」學生熱愛喝酒，他們就會嘗試跟著喝，喝到最後每個人都在水溝吐。

研究者已經蒐集了一大堆資料，證明這種負向螺旋也可以成為更深沉的社會邪惡的一個因子，好比說種族歧視、集體性侵、榮譽殺人、支持恐怖分子和獨裁政體，甚至種族滅絕。[12]儘管罪犯們各自的心中都譴責這些行徑，但他們擔心自己是特例，因此決定隨波逐流。畢竟，如果說有哪件事一直令幼犬人覺得為難、辦不到，那就是對抗團體。我們寧願選擇一磅的極度悲慘，勝過幾盎司的羞恥感或者社會不適。

這就讓我忍不住想：我們對人性的負面想法，有沒有可能其實是一種多數無知？我們對於「多數人都力求個人利益最大化」的恐懼，會不會是來自於「別人都是這麼認為」的假想？所以我們才會在大多數人內心深處渴求更善良團結生活的同時，採納了一種憤世嫉俗的觀點？

有時候我會想起，螞蟻怎麼會困在一個圈圈裡爬個不停。螞蟻的模式是會跟著彼此的費洛蒙痕跡。這通常會導致螞蟻走出整齊的軌跡，但偶爾會有一整組螞蟻走偏了路，最終淪落在持續的圓圈中「長途行進」。幾萬隻螞蟻可能會被困在幾百英尺寬的圓圈裡團團轉。牠們盲目地一直走下去，直到力量耗盡及食物缺乏而死去。

不時就有家族、組織甚至整個國家彷彿就困在這種螺旋中。我們不停打圈子走，對彼此抱著最壞的猜想。沒什麼人出來反抗，於是我們就往我們自己的滅亡行進過去。

羅勃．羅森塔爾的學術生涯至今已五十年，而時至今日，他仍然想弄清楚我們如何能用期望的力量來獲益。因為他知道，信任一如仇恨，同樣也有傳染力。信任通常是從某個膽敢反抗潮流的人開始——人們一開始覺得他看似不切實際，甚至天真。在本書的下個部分，我要向你介紹幾個這樣的人。全然相信員工的管理者；讓孩子完全自由玩耍的老師；還有把選民當作有創造力、有志投身事務的公民來看待的民選官員。

這些人的背後有威廉．詹姆斯所謂的「相信的意志」在推動他們。這些人用他們自己的形象再造了世界。

第十三章
內在動機的力量

1

我老早就很想認識喬斯·德·勃洛克（Jos de Blok）。讀過他在居家醫療組織「鄰里照護」（Buurtzorg）方面的成就之後，我心裡有個直覺告訴我，他就是一位新現實主義的倡導者。也是一位人性新觀念的提倡者。

但老實說，第一次和他談話時，他可不讓我覺得像是偉大思想家。在某次過於籠統的陳述中，他根本否定了整個管理專業：「管理是狗屎，放別人做自己的事就好。」

好喔，喬斯，你心想。再喝一杯吧。但接著你會發現：這可不是什麼瘋人說瘋話。這個人打造了一個極為成功的組織，還雇用了超過一萬四千人。這個人五度獲選荷蘭年度最佳雇主。從紐約到東京，各地大學教授千里迢迢來到阿爾默洛鎮（Almelo），只為親眼見證他的智慧。

我回頭去看看喬斯·德·勃洛克接受過的訪問。我很快就笑了出來：

訪問者：你會做什麼來激勵自己？報導說史蒂夫．賈伯斯（Steve Jobs）每天早上會對著鏡子問自己：如果今天是我的最後一天，我會做什麼？

喬斯：我也讀了他的書，但我一個字也不信。[1]

訪問者：你有出席過商業聯誼會嗎？

喬斯：大部分情況下，那種場合除了每個人在重申每個別人的看法之外就沒別的了。我不來這套。[2]

訪問者：你怎麼激勵員工？

喬斯：我不幹。那樣感覺高人一等。[3]

訪問者：喬斯，你在海平線上的那一點是什麼——或者說激勵你和團隊的那個遠大目標是什麼？

喬斯：我沒有遠大目標。我不太會被一個點激勵到。[4]

儘管聽起來不太可能發生，但同樣這個人也獲得了倫敦皇家文藝會（Royal Society of Arts）備受尊崇的阿爾伯特獎章（Albert Medal），讓他和發想出全球資訊網的提姆．柏內茲—李（Tim Berners-Lee）、闡明DNA結構的弗朗西斯．克里克

（Francis Crick）、傑出物理學家史蒂芬·霍金（Stephen Hawking）等人並列。二〇一四年十一月，到頭來是英國學術界頂尖人物前來聽這位荷蘭小鎮的受表彰者喬斯·德·勃洛克發表主題演講。德·勃洛克用他的破爛英語坦言，一開始他以為這是在開玩笑。

但這可不是開玩笑。

其實早就該這樣了。

2

要了解德·勃洛克的想法創新在哪——與破解DNA並駕齊驅——我們就得回到二十世紀初。那是企業管理首度亮相的時候。這一門新科學領域牢牢扎根於霍布斯式的人性天生貪婪觀點。我們需要管理人來讓我們一直規規矩矩行事。這種想法認為，管理人得要提供正確的「誘因」給我們。銀行家能有紅利拿，是因為那會讓他們更努力工作。領取失業救濟金有附帶條件，是用來逼人們動起來。孩子們成績被打F等，好讓他們下學期更加努力。

吸引人的地方在於，二十世紀的兩個主要意識形態——資本主義和共產主義——都共享這種人性觀點。資本主義者和共產主義者都會跟你說，只有兩種方法可以讓人動起來：胡蘿蔔和棍子。資本主義者靠的是胡蘿蔔（讀音：錢），而共產主義者談的主要是棍子（讀音：懲罰）。儘管有那一切的差別，雙方都同意一個基本前提：人不會自我推進。

你現在可能會想說：喔，有那麼糟嗎？好比說，我就很積極有動機啊。我沒打算跟你吵。事實上，我可以保證你說得沒錯。我的意思是，我們往往覺得「別人」缺乏動機。史丹佛大學的奇普．希思（Chip Heath）教授把這稱為我們的外在動機偏差（extrinsic incentives bias）。也就是說，我們習慣假設別人只會被錢所推動。舉例來說，在一個針對法律系學生進行的調查中，希思發現百分之六十四的人說，他們研讀法律是因為長久以來的夢想，或者說他們對此感興趣。但只有百分之十二的人相信自己的同學也這麼想。那剩下的人怎麼覺得？他們覺得別人都是為了錢才進來的。[5]

就是這種認為人皆自私的觀點，為資本主義打下了基礎。「員工最想從雇主得到的就是高薪，遠超過其他需求。」全世界最早發跡的一位企業顧問弗雷德里克．泰勒（Frederick Taylor）在約一百年前這麼斷言。[6] 泰勒以發明「科學管理」而聲名大噪，這種方法以「必須盡可能精準測量表現，以讓工廠盡可能有效率」的概念為前提。在每一條生產線上都要布署管理人，碼錶隨時準備就緒，來記錄鎖一個螺絲釘或裝一箱東西要多久。泰勒自己就把理想員工比喻成沒有腦的機器人：「既笨又冷靜，讓他還比較像頭牛。」[7]

泰勒抱著這種歡欣鼓舞的中心思想，一路成為史上最有名的一位管理科學家。二十世紀初，全世界都為了這個想法而飄飄然——共產主義者、法西斯主義者和資本主義者都一樣。泰勒的管理哲學持續擴散，從列寧到墨索里尼，從雷諾（Renault）到西門子（Siemens）無一不受其感染。就如其傳記作家的文字所言，泰勒主義「像病毒那樣適應環境，幾乎無入而不自得」。[8]

當然，從泰勒那時到現在已經有太多變化。現在很多新創企業能讓你穿人字拖進公司。如今許多員工可以彈性安排自己的工作時段。但泰勒的人性觀點，以及人們對「只有胡蘿蔔和棍子能讓人動起來」的深信不疑，還是一如往常地無所不在。泰勒主義繼續活在工時表上，活在計費工時和關鍵績效指標（KPI）上，活在醫生的論質計酬（pay-for-performance）方案上，活在一舉一動都被閉路電視監控的倉庫工身上。

3

第一絲異議悄悄地在一九六九年夏天出現。

愛德華．德西（Edward Deci）是正在攻讀博士學位的年輕心理學家，而當時整個領域完全是由行為主義（behaviourism）所主宰。這套理論——就像泰勒的理論一樣——認為人是得過且過的懶惰生物。唯一強大到能鞭策我們行動的，就是獎勵的承諾，或者懲罰的恐懼。

然而德西有一種難以擺脫的感覺，覺得這套理論不合理。畢竟，人老是在做各種不符合這套行為主義者觀點的蠢事。好比說爬山（難！）、當志工（沒錢！）、生小孩（辛苦！）。事實上，我們持續從事賺不到一毛錢又徹底累死人的活動——而且出於自願。為什麼？

那年夏天德西碰巧遇到一個奇怪的異常情況：在某些案例中，胡蘿蔔和棍子會導致行為表現「懈怠」。當他給志願學生一美元拼拼圖時，他們就對這工作失去興趣。「錢或許能夠，」德西後來解釋道，「收買一個人對某個活動的內在動機。」[9]

這項假說實在太創新，導致經濟學家談都不談就直接把它駁回。他們堅持原觀點，認為財富誘因只會增加動機，所以如果一個學生樂在拼拼圖，一份獎勵會讓他更熱情。心理學同行也對德西及其想法不屑一顧。「我們掉出主流，」他的研究共事者兼最好的朋友理查・萊恩（Richard Ryan）如此回憶道。「獎賞有時會損害動機的這種想法，對行為主義者來說可惡至極。」[10]

但接下來，證實德西懷疑的研究開始穩定累積。好比說以下這個一九九〇年代晚期在以色列海法（Haifa）進行的研究。那裡有家連鎖日托中心碰到了一個窘境；四分之一的家長太晚來接小孩，過了關門時間才到。導致小孩大呼小叫，工作人員又被迫超時工作。所以該組織決定推行逾時收費：家長晚到一次收三美元。

辦法聽起來不錯，對吧？現在家長要準時抵達的誘因不只一個，而是兩個——既有道德誘因，也有金錢誘因。

新方針宣布了，而晚到的家長……增加了。沒多久，就有三分之一的家長在關門後抵達，約莫在數週內，就增加到百分之四十。原因明白了當：家長把逾時費當成額外收費而不是罰金，免去了他們準時接孩子的義務。[11]

之後的其他眾多研究，也證實這個發現為真。到頭來，在某些條件下，人們做事情的理由沒辦法全部都往上累積。有時候，理由會彼此抵銷。

幾年前，麻薩諸塞大學（University of Massachusetts）的研究者分析了五十一個有關工作場所經濟誘因的效應研究。他們發現了「壓倒性證據」，證明紅利可以減弱員工的內在動機和道德標準。[12]就好像這還不夠糟糕似的，他們居然還發現紅利和目標可以削弱創造力。外在誘因大致上來說會獲得同等回報。按工時給付就會增加更多工時。按發表數目給稿費就會得到更多發表文章。按手術量來給付，手術就會更多。

西方資本主義經濟和前蘇聯經濟的相似之處又一次多到驚人。蘇聯時代的管理人根據指派的目標來行事。當目標提高——好比說在家具工廠——家具的品質就大幅下降。接著當上面決定桌椅要以重量計價時，突然間工廠就會生產出重到無法移動的產品。

這聽起來或許滿好笑的，但悲哀的真相是，今日許多組織還是有這種事。以診療次數為基礎來支薪的外科醫生，往往會讓他們的手術刀變利，而不是給予更好的照護。要求員工以最低工作時數為基礎計費（好比說一年一千五百小時）的大型律師事務所，並不會刺激律師工作得更好，只會工作得更久。不論共產主義還是資本主義，這兩個體制中的數字暴政都會壓倒我們的內在動機。

所以，紅利完全是浪費錢嗎？也不完全。行為經濟學家丹．艾瑞利的研究證實，當工作簡單固定時，紅利就會有效，就像泰勒在生產線上用碼錶去量的工作一樣。[13]換句話說，就是當代經濟體愈來愈傾向用機器人去做的那類工作，而機器人並不需要內在動機。

但我們人類就不行。

不幸的是，愛德華．德西的教訓根本就沒什麼機會落實到日常實作。人們仍然太常被當成機器人對待。在公司是這樣，在學校是這樣，在醫院是這樣，在社會服務方面也是這樣。

我們一而再、再而三假定其他人只在乎他們自己。除非等下有獎賞，否則人們都更喜歡閒晃。一項英國研究最近發現，絕大部分的人口（百分之七十四）比較認同樂於助人、誠實和公正等價值，而較不認同財富、地位和權勢。但差不多同樣高比例的人（百分之七十八）認為「別人」比他們實際情況來得更自私自利。[14]

有些經濟學家認為，這種對人性的不準確反應不是什麼問題。比如說，曾獲諾貝爾獎的經濟學家密爾頓·弗利曼（Milton Friedman）就主張，只要你的預測最終證明正確，對別人的不正確臆測就不重要。[15]但弗利曼忘了把反安慰劑效應算進去：光是相信某事就可以讓某事成真。

你做某件事拿的錢多寡，可以把你變成一個全然不同的人。兩位美國心理學家幾年前證明，以鐘點計價的律師和顧問會把自己所有的時間都標上價碼，即使下班時間也一樣。這會有什麼結果？那些小心翼翼算計鐘點的律師，也比較不願意做無償服務。[16]

實在很難想像我們居然會因為目標、紅利以及對懲罰的預期而犯下這麼多錯：

- 想想那些只專注每季結果，最後落得把整間公司搞垮的企業執行長。
- 那些被人用論文產量來評分，因而在評分誘惑下提出假研究結果的學術人員。
- 那些被人用標準化考試成績來評估，所以碰到無法量化的技能就跳過不教的學校。
- 持續治療病人才有錢拿，因此就讓病人接受多於必要療程的心理師。

• 靠著出售次級房貸賺取紅利，最終讓全球經濟瀕臨崩潰的銀行家。

這名單寫不完。在泰勒過世一百年後，我們依舊忙著大幅削弱彼此的內在動機。一項針對一百四十二國共二十三萬人進行的大型研究揭露，只有百分之十三的人真的覺得自己「相當投入」工作。[17]百分之十三。你好好思考一下這些數字，就會發現世界上有多少雄心壯志和氣力正等著要被浪費掉。

以及，換個方法辦事的空間有多大。

4

而這就可以讓我們回來談喬斯·德·勃洛克。直到二〇〇六年初，他都還是荷蘭一間大型醫療組織的董事會成員。他冒出一個又一個「自我導向的團隊」以及「放手管理」之類的想法，多到惹火他的管理階層同事。德·勃洛克自己沒受過企業培訓，也沒有相關學位。他幾年前才開始念經濟學，最後卻輟學跑去當看護。

「頂端的人和實際做事的人之間的鴻溝——不管是醫療、教育，或者你要講哪個都行——全都非常巨大，」當我造訪德·勃洛克位於阿爾默洛的辦公室時，他這麼告訴我。「管理者往往都同個鼻孔出氣。他們安排各式各樣的課程和會議，在那裡面跟彼此說自己做得沒錯。」

那讓他們跟真實世界脫鉤。「有一種概念說，動手的人沒本事運籌帷幄。」德·勃洛克繼續說道，「他們缺乏願景。但出去幹活的人其實滿腦子想法，他們想到千百種東西，卻沒人聽，因為管理人覺得自己得要搞一些工作外的聚會，來憑空想像一些計畫來給那群工蜂看。」

德·勃洛克對事物有非常不同的看法。他把員工看作一種由內在力量推動的專業人員，在應該如何完成自己工作這方面他們也是專家。「在我的經驗裡，管理人往往沒什麼想法。他們會拿到工作，是因為他們合乎某個體制，因為他們會聽令行事。不是因為他們有遠見。他們跑去上一些『高效能領導』課程，然後就突然覺得自己是關鍵人物，是革新者。」

當我向德·勃洛克指出「醫療管理人」是一九九六至二〇一四年間荷蘭成長最快的職業類別時，他長嘆了口氣。[18]

「這一堆MBA課程的結果是，人們深信他們學到了一種指揮世界的便利方法。你有人資、財務、資訊部。最終，你開始相信，你所在的組織所完成的東西中，有一大部分是因為你。你跟一堆管理人都這麼想。但拿掉管理層，工作還是會一如往常繼續進行——搞不好還更順利。」

從這一類陳述得以證明，德．勃洛克往往是在逆流而行。

他是比較崇尚不管理的管理者。一位有實作經驗的執行長；一名在組織頂端的無政府主義者。所以當照護變成產品而病人成了消費者時，德．勃洛克決定放棄他的管理職，開始做點新東西。他在巨大的官僚荒地上夢想著一片綠洲，一片不是由市場力量和成長所推動，而是由小團隊和信任所推動的地方。

於是「鄰里照護」便在恩斯赫德（Enschede）這個荷蘭東側的十五萬人城鎮，由四名看護組成的團隊開張。如今，它在全國已有超過八百個團隊正在運作。然而，讓鄰里照護與眾不同的，不是這個組織如何，而是它並「不」如何。它沒有管理人，沒有客服中心也沒有籌畫者。它沒有業績目標或者分紅。營運費用以及浪費在會議上的時間都微不足道。鄰里照護沒有那種坐落首府的招搖總部，就只在偏遠的阿爾默洛鎮裡一個醜陋的創業園區中占了某塊不起眼的街區。

每一個十二人團隊都有最大的自主權。團隊自行計畫行程表，並自行雇用同事。此外，和該國其他無限照本宣科的照護產業不同的是，他們的團隊不提供代號

H126（「個人照護」）、代號H127（「額外個人照護」）、代號H120（「特殊個人照護」），或者代號H136（「追加遠端個人照護」）。不不，鄰里照護就只提供一種東西：照護。在由保險公司定義而十分詳盡的「照護產品」之「產品全目錄」中，鄰里照護現在有自己的代號：R002——「鄰里照護」。

除此之外，該組織有一個可以讓同事匯集知識經驗來共享的企業網路。每支隊伍都有自己的訓練預算，而每五十個團隊都有一個輔導員，卡住的時候可以求救。最後，有一個總公司在管財務的事情。

就這樣了。靠著這簡單的竅門，鄰里照護儘管沒有人資團隊，仍五度被公告為該國「最佳雇主」；儘管沒有行銷部門，卻得了一個「照護類別最佳行銷獎」。「員工和顧客的滿意度高到不可思議，」畢馬威（KPMG，國際最大型會計師事務所之一）的一位顧問做出結論。「儘管花的成本只比平均少一些，他們的照護品質卻明顯超越平均。」[19]

沒錯，鄰里照護對病人比較好，對員工比較善良，對納稅人來說比較便宜。可以說是三贏局面。同時，組織還持續成長。每個月，都有許多看護離開其他單位來加入鄰里照護。也不意外：這裡給他們更多自由和更多收入。最近鄰里照護取得了某破產同業的一部分事業之後，德．勃洛克便宣布：「我們要做的第一件事就是加薪。」[20]

不要誤會我的意思：鄰里照護並非完美無瑕。裡頭有意見不合，也會出錯——真的，他們幾乎都是普通人。而且，由於德．勃洛克的目標始終都是回歸荷蘭一九八〇年代那套簡單不複雜的居家醫療，整個組織的架構真要說起來，反而是非常老式的。

但最重要的一點是，德．勃洛克當初在二〇〇六年開創的事業，根本就是不可思議。你或許可以說他的組織混合了左右派的長處，藉由獨立的從業人員提供小規模照護來節省納稅人的錢。

德．勃洛克如下總結他的哲學：「要把事情搞難很簡單，但要搞到簡單就很難。」過往的紀錄明顯證明，經理人比較喜歡把事情搞複雜。「因為那讓你的工作看起來比較有趣，」德．勃洛克解釋道。「那可以讓你跟別人說：看吧，你需要我來掌握那種複雜狀況。」

那會不會也驅動了我們所謂「知識經濟」的一大部分？會不會是系出同門的管

理人和顧問把簡單的東西盡可能弄複雜，所以我們才會需要他們來掌舵，領導我們穿過所有的複雜問題？有時候，我私底下會偷偷覺得，這不只是華爾街銀行家的獲利模式，也是那些兜售晦澀高深術語的後現代哲學家得以獲利的模式。這兩種人都把簡單東西搞得複雜到不可理喻。

德．勃洛克做的事恰巧相反：他選擇簡約性。儘管一場場醫療研討大會上，都有著高薪的趨勢觀察家預告著破壞和革新，他卻相信更重要的是要保留有效的方法。「世界從延續所獲得的益處，比持續改變來得多，」他如此斷言。「現在他們有了變遷管理人、變遷代理人等等，但我觀察過社群裡的實際照護行為，三十年來這份工作其實沒什麼變化。你需要在艱難的處境下和某個人建立關係；那是持續不變的事。當然，你可能要加入一些新洞見和新技術，但基本的並沒有變。」

德．勃洛克會告訴你，需要改變的，是照護「體制」。近幾十年來，醫療已經成了律師的殖民地。「你現在處在對立陣營中。一邊賣，另一邊買。上禮拜我才在一間醫院裡聽他們跟我說：我們現在有自己的銷售團隊了。根本瘋了！現在不少醫院都有商業部門和收購團隊，裡頭裝滿了一點醫療背景也沒有的人。有人買，有人賣，但沒人知道這裡頭是在幹嘛。」

同時，官僚體系持續增生，因為當你把醫療變成市場，你最後就會埋在成堆的文書作業下。「沒有人相信彼此，所以他們開始打造這一切的安全措施；各式各樣產生大量繁文縟節的查核。這根本莫名其妙，」德．勃洛克說。「保險公司的顧問和行政人員都在增加，實際給予照護的人卻持續減少。」

在醫療的資金提供上，德．勃洛克提倡另一種途徑。他說，丟掉產品心態，讓照護再一次成為中心要旨，大幅簡化成本。「計費愈簡單，就會愈強化實際照護，」他解釋道。「計費愈複雜，那些玩家就更會努力尋找體制漏洞，愈來愈把平衡點倒向會計部門，直到由這些人來定義照護為止。」

跟德．勃洛克談過後，很快就能明白他的經驗已經可以超越照護領域。這些也能應用在其他地方：從教育和執法，到政府和產業。

一個絕佳的例子是法威（FAVI），一間提供汽車零件的法國公司。當尚—法蘭索瓦．佐貝賀斯特（Jean-François Zobrist）於一九八三年獲派新任執行長的時候，法威仍有著僵硬的層級架構，仍用最老派的方式行事。努力工作，你就會拿到紅利。晚打卡，就扣你的薪資。

從第一天開始，佐貝賀斯特就想像了一個組織，在那之中不是由他、而是由他的員工做決定。在那組織裡，員工覺得準時抵達是自己的責任（而你可以確信，如果他們沒有準時抵達，他們一定有適當理由）。「我夢想有那樣一個地方，」佐貝賀斯特後來詳述道，「每個人都把那裡當家看待。當家就好，不多也不少。」[21]

他當執行長的第一個行動，就是把管理人員監看整個工作區的大窗戶用磚封起來。接著他把打卡鐘扔掉，把儲藏室的鎖拿掉，然後砍了紅利制度。佐貝賀斯特把公司分成了二十五到三十名員工的「小工廠」，然後讓他們自己去選團隊領導者。他讓這些人完全自主做決定：決定薪資、工時、任用，以及所有其他事。每支團隊都直接向他們的顧客負責。

佐貝賀斯特也決定，當公司的老管理人退休時不要找人取代，並裁撤了人資、企劃和行銷部門。法威切換成一種「逆授權」的工作方法，各團隊一切按自己的方式做，除非他們自己需要請人來管理。

這聽起來或許像開給某間燒錢嬉皮公社的一道處方，但法威的生產力其實「提高」了。公司人數從一百擴張到五百，而且還繼續征服了百分之五十的變速叉市場。汽車關鍵零件的平均生產時數從十一天掉到了僅僅一天。當競爭者被迫遷廠到低收入國家的同時，法威的廠房仍在歐洲不動如山。[22]

一路走來，佐貝賀斯特的哲學不過就那麼簡單。如果你把員工當成負責可靠的人那樣對待，他們就會是那種人。他甚至寫了一本書來探討這件事，書名為：《相信人性本善的公司》（*L'entreprise qui croit que l'homme est bon*）。

5

鄰里照護和法威這類公司都證明了，當你把對人性的懷疑換成更正面的觀感時，一切都會改變。

成為最重要價值的是技術和才能，而不是獲利和生產力。就想想在其他工作、其他行業裡，這會代表什麼意思。執行長會出於對公司的信念而掌舵，學者會因求知若渴而挑燈夜戰，教師會因為覺得對學生有責任而教書，心理師會等病人有必要才給予治療，銀行家會從他們提供的服務得到滿足感。

當然，已經有不少教師和銀行家、學者和經理人在熱情的驅使下幫助他人。然而，並非「因為」有那座由目標、規則和程序構成的迷宮「而」如此，而是「即使」有那些障礙「卻依然」如此。

愛德華．德西，這位反轉我們對動機之看法的美國心理學家，認為問題不應該還是如何推動他人，而是如何形塑一個人們會推動自己的社會。這個問題既不保守也不進步，不資本主義也不共產主義。它談的是一種新運動——一種新的現實主義。因為沒有什麼比「因為想做而做」的人更強大。

第十四章
遊戲人

1

與喬斯・德・勃洛克對話後的幾天裡，我心裡反覆想著同個問題：如果整個社會都奠基於信任的話，會怎麼樣呢？

我覺得，如果要這樣猛轉一百八十度，我們就得要從頭開始。我們得從孩子開始。但當我一埋首於教育文獻，就得面對幾個殘酷事實。過去幾十年中，人們一直都用很有條理的方式扼殺著兒童的內在動機。大人們過去一直用功課、體育、音樂、戲劇、私人輔導、模擬測驗來填滿孩童的時間——而這活動清單似乎沒有終點。那就代表說，有另一項活動的時間更少了：玩耍。說到玩耍，我指的是廣義的玩耍——好奇心使你想去哪就去哪的自由。去探索發現、去實驗創造。不是沿著任何家長或老師畫下的路線，而是只因為想做而做。為了其中的樂趣。

不論在何處，孩子的自由都遭到了限制。[1] 一九七一年，英國七至八歲的孩童尚有百分之八十自己走路上學。如今，僅僅只剩百分之十。最近針對十個國家一萬兩千組家長進行的民調揭露，監獄囚犯待在室外的時間還比多數孩子多。[2] 密西根大學的研究者發現，一九八一年至九七年間，小孩待在學校的時間增加了百分之十八；花在功課上的時間增加了百分之一百四十五。[3]

社會學家和心理學家對這樣的發展同聲發出警告。美國一項長期研究發現，孩童的「內控」(internal locus of control) 在降低，代表他們愈來愈覺得自己的生命被他人所決定。在美國，這樣的轉變是如此嚴重，以至於二〇〇二年的孩童平均比一九六〇年代百分之八十的孩童都更覺得自己不那麼「能掌控自己」。[4]

儘管這類數字在我自己的國家沒那麼誇張，但趨勢是一樣的。二〇一八年，荷蘭研究者發現，每十個孩子裡，就有三個孩子一週只在外頭玩一回或根本沒出去玩。[5] 同時，一項由經濟合作暨發展組織（OECD，全球智庫）針對學童執行的大型研究發現，在所有接受調查的國家中，就屬荷蘭學童最缺乏動機。考試和成績單大大削弱他們的內在動機，以至於他們面對沒有評等的功課時，專注力就消失了。[6]

還沒提到那個最大的轉變：家長如今花更多時間在孩子身上。閱讀的時間；幫忙做功課的時間；帶他們去體育練習的時間。荷蘭人花在養育上的時間比一九八〇年代多了百分之一百五十。[7]而在美國，有工作的母親陪小孩的時間，比一九七〇年代全職家庭主婦花的時間還多。[8]

為什麼？這種轉變的背後是什麼？這可不是說，家長彷彿突然暴增了海量的時間出來。正好相反，自從一九八〇年代以來，各地家長的工作都是更加辛勞。或者那就是關鍵：我們以工作以外的一切為代價，放不下工作。當教育政策的決策者開始敦促排名和成長，家長和學校也會著迷於考試和成果。

現在，孩子們被分門別類的時間點，已經是前所未有地早。分類成能力和希望都滿滿的那類，或者都比較少的那類。家長擔心著：我的女兒接受的挑戰夠不夠多？我的兒子有沒有跟上他的同儕？大學會不會收他們？最近針對一萬名美國學生進行的研究揭露，百分之八十的人認為，自己的家長在乎優等成績勝過同情心和仁慈等特質。[9]

同時，有一種很普遍的想法，認為某些有價值的東西正在流逝。好比說自發性；好比說童心。身為家長，你已經被「如何讓自己和孩子堅強對抗實現目標的壓力」的小提醒轟炸過一輪。有一整類的書都在談怎樣工作少一點、多留心周圍事物。但如果這一點點勵志文章其實解決不了問題的話怎麼辦？

要更了解發生什麼事，我們需要定義「玩耍」是什麼意思。玩耍不受限於固定的規矩和守則，走向未定且不受限制。它不是那種家長在邊線上大吼大叫的假草根運動（譯註：Astroturfing，刻意隱藏背後贊助者或支配者，偽裝成自發性草根行動）的運動場；那是沒有家長監督的孩子在外頭嬉戲，隨著他們一路進展而創造出自己的遊戲。

當孩子們從事這種玩耍時，他們會自己思考。他們會接受風險並打破規則框架，並在過程中訓練他們的心靈和動機。形式自由的玩耍，也是用來對抗無聊的天然解方。近來我們給孩子各式各樣的人造娛樂，從按照詳細組裝指示才能完成的樂高星際大戰雪地戰機（LEGO® Star Wars Snowspeeder™），到有電子烹飪音效的德國米勒廚房美食豪華套組（Miele Kitchen Gourmet Deluxe）。

問題在於，如果每件東西一來就是預備好等著組合，我們還有辦法耕耘自己的好奇心和想像力嗎？[10] 無聊可能才是創造力的泉源。「你沒辦法教出創造力，」心理學家彼得．格雷（Peter Gray）寫道，「你能做的就只有讓它綻放。」[11]

生物學家們有個共識是，玩耍的本能深植於我們天性中。幾乎所有的哺乳類都會玩耍，而許多其他動物也難忍住不玩。阿拉斯加的渡鴉喜歡全速滑下蓋滿雪的屋頂。[12]在澳洲的一片海灘上，有人看到鱷魚為了好玩在衝浪，而加拿大的科學家則觀察到章魚對著空藥罐高速噴水。[13]

表面上看來，玩耍似乎是頗沒意義的打發時間。但最耐人尋味之處就在於，行為顯得最有玩性的動物就是最聰明的動物。我們在第三章看到馴化的動物一輩子都在玩耍。更有意思的是，沒有哪個物種享有的童年像幼犬人那麼長。荷蘭歷史學家約翰．赫伊津哈（Johan Huizinga）早在一九三八年就寫道，玩耍給生命帶來意義。他封給我們一個稱號叫 Homo ludens——「遊戲人」。赫伊津哈說，一切我們稱為「文化」的，都起源自玩耍。[14]

人類學家懷疑，人類歷史大部分的時光裡，大人都允許小孩愛玩多久玩多久。儘管個別的狩獵採集文化可能極不相同，但玩耍文化看起來在各地都非常相似。[15]研究者說，最顯著的一點就是給予少年的大量自由。既然遊牧民族很少覺得他們能夠支配孩子的發展，小孩也就獲准能整天玩耍，從一早到深夜玩個不停。

但如果小孩從來不上學，他們轉大人時有準備好面對生活嗎？答案是，在這些社會裡，玩耍和學習是同一件事。幼童學走路講話不需要考試跟成績。這些事自然會從他們腦中冒出來，因為他們渴望探索世界。同樣地，狩獵採集者的孩子也是透過玩耍來學習。抓蟲子、做弓箭、學動物的叫聲——叢林裡能做的事情太多了。而生存需要大量的動植物知識。

同樣地，孩童藉由一起玩來學習合作。狩獵採集者的孩子幾乎總是在混合式團體中玩耍，所有年齡的男生女生全都混在一起。小孩子跟大孩子學習，而大孩子覺得有責任要把知道的事情告訴小孩子。不意外地，這些社會裡幾乎沒聽說過有什麼競爭遊戲。[16]形式自由的玩耍不像大人的競技，前者持續需要參與者做出妥協。如果有哪個人不高興，他們隨時可以停手（但接著每個人就都沒得玩了）。

2

當人類開始定居一地，玩耍文化也經歷了激烈改變。

對孩童來說，文明的出現給他們掛上「枯燥乏味的農業勞動」這套沉重軛具，也帶來了「孩子需要養育」的想法，就像一個人種番茄需要灌溉那樣。因為，如果孩子生下來就是壞種，你就不可以放任他們自行其是。他們首先要獲得那層文明的飾面，而這通常需要鐵腕。家長該打小孩的概念只是近代才起源的想法，起源自我們居於城市的農業祖先。[17]

第一套教育體制，也隨著第一座城市和第一個國家的出現而來到。教會需要虔誠的追隨者，軍隊需要忠誠的士兵，而政府需要苦幹的勞動者。三者一致同意，遊玩是敵人。「我們也不允許任何玩樂時間，」英國牧師約翰・衛斯理（John Wesley, 1703–91）在他為自己學校立下的校規中如此規定。「小時候玩的孩子，長大就會一直玩。」[18]

宗教教育一直到十九世紀才被國家教育體制所取代，套用一位歷史學家的說法，在後面這種體制中，「一位法國教育部長可以炫耀說，既然此刻是上午十點二十分，那他便知道全法國的某一類學生現在都正在上《西塞羅》（*Cicero*）的哪一段。」[19]好的公民意識得從小就灌輸，而那些公民也得學習愛自己的國家。地圖上都已經勾勒出法國、義大利和德國的輪廓了；那麼，現在便是製造法國人、義大利人和德國人的時候了。[20]

工業革命時期，有一大部分的乏味生產工作都落到了機器頭上。（當然不是每個地方都這樣——在孟加拉，孩子仍在操作縫紉機，來生產我們的特價品。）那改變了教育的目標。現在，孩子得要學習讀寫、學習設計事物和組織事物，好讓他們轉大人的時候可以自力更生。

要到十九世紀末，孩童才再度擁有比較多玩耍時間。歷史學家稱這時期為自由式玩耍的「黃金年代」，當時禁止了童工，家長也愈來愈常放任孩子自己行事。[21]在歐洲和北美的許多街坊鄰里，人們甚至連盯孩子一眼都嫌麻煩，孩子們也就幾乎整天四處晃蕩。

然而從一九八〇年代起，隨著生活不論在職場還是在教室都愈來愈忙，那段黃金時代也轉瞬而逝。個人主義以及講求成就的文化取得了優先地位。家庭組織變得愈來愈小，而家長開始擔心他們的後代能否達標。

太愛玩的孩子現在搞不好還會被送去看醫生。近幾十年來，行為障礙的診斷案例大幅成長，其中的最佳範例恐怕就是ADHD（attention deficit hyperactivity disorder，注意力不足過動症）。我曾聽一位精神科醫師評論道，這是唯一一種季節性的行為障礙：暑假期間看起來無足輕重的情況，到了學校又開學時，就害不少小孩要服用利他能（Ritalin）。[22]

的確，我們對小孩的態度比一百年前寬鬆太多，而學校也不再像十九世紀那樣宛如監獄。表現不良的孩子不會挨巴掌，但會領藥。學校不再填鴨，但教的課程卻是空前五花八門，盡可能把最多知識傳遞給學生，好讓他們在「知識經濟」中找到高薪工作。

教育成了一段吃苦耐勞的經歷。一個正在把成就至上的社會規則內化的新世代正要登場。這個世代正學著在一個以履歷表和薪資支票作為成功主要指標的世界裡，展開永無休止的競爭。這個世代沒那麼想打破規則框架，沒那麼有意做夢或者放膽去做、去幻想或探索。簡單來說，就是一個忘記怎麼玩耍的世代。

3

有別條路可以走嗎？

我們能不能回到一個給自由和創造力更多空間的社會？

我們能否打造一種不去約束、而是釋放我們玩耍需求的遊樂場和學校？

第一個問題的答案是有，第二個是能，第三個還是能。

卡爾·泰奧鐸·索倫森（Carl Theodor Sørensen），一位丹麥景觀設計師，在設計出好幾種遊樂場以後，才發現遊樂場讓孩子無聊到麻痺。沙坑、溜滑梯、鞦魘……普通的遊樂場是一名官僚的夢想兼一個孩子的噩夢。索倫森認為，孩子會比較喜歡在廢物堆積場和工地裡玩耍，也沒什麼好奇怪的。

這想法激發他設計出某些在那年代全然新穎的東西：一個沒有規則或安全規範的遊樂場。一個孩子自行掌管的地方。

一九四三年，在德國占領期間，索倫森在哥本哈根郊區的安姆德魯（Emdrup）測試了他的想法。他把一塊七萬五千平方英尺（約兩千一百坪）的地方填滿了破車、柴堆和舊輪胎。孩子們可以用槌子、鑿子和螺絲起子來砸、來敲打、來修補。他們可以爬樹生火，挖坑造小屋。或者，就如索倫森後來所說的：他們可以「夢想並想像，然後把夢和想像都化為真實」。[23]

他的「廢物遊樂場」大獲成功，每天平均吸引了兩百個孩子來到安姆德魯。就算有不少「搗蛋鬼」，但沒過兩秒鐘，就會發現「那些本來會在乏味的遊樂場響起的噪音、尖叫和打鬥都沒了，因為機會實在太多，孩子們根本不需要爭」。[24]那裡雇用了一個「領玩者」來注意大小事，但他會讓自己保持超然。「我無法、也確實不會去教小孩任何事情，」第一位領玩者約翰．貝爾泰森（John Bertelsen）拍胸脯保證。[25]

在戰爭結束的幾個月後，一位英國景觀設計師造訪了安姆德魯：赫特伍德的艾倫男爵夫人（Lady Allen of Hurtwood）承認，她在那裡見識到的東西「令我徹底為之傾倒」。[26]接下來幾年，她利用她的影響力來傳播這套廢物福音，詠唱著：「骨頭斷掉總比精神壞掉好。」[27]

很快地，從倫敦到利物浦，從考文垂（Coventry）到里茲（Leeds），全英國被轟炸過的廢墟都開放孩童進入。不久前這些地方還迴盪著德軍轟炸機帶來的死亡與破敗，如今卻都響起了歡欣的喊叫聲。這批新遊樂場成為英國重建的象徵，以及該國復原力的證明。

當然，不是每個人都如此興致勃勃。大人總是有兩個理由反對這種遊樂場。第一：它們很醜。事實上，它們根本礙眼。但在家長眼中雜亂的地方，孩子們卻看到了機會。在大人無法忍受污穢的地方，孩子們無法忍受自己被搞得很無聊。

反對理由二：廢物遊樂場很危險。細心保護孩子的家長擔心安姆德魯會造成一連串的骨折、摔破頭等意外。但一年後，園區最嚴重的受傷事件也只用上了一片OK繃。有一家英國保險公司對此的印象實在太好，以至於開始針對廢物遊樂場收取比標準遊樂場更低的保險費。[28]

即便如此，到了一九八〇年代，這種在英國稱作「冒險遊樂場」的地方還是開始經營困難。隨著安全規範大量增生，製造商發覺可以靠著行銷一批自稱「安全」的裝備來大發利市。結果呢？到了現在，安姆德魯這種遊樂場和四十年前相比，只剩相當少的數量。

然而，到了最近，人們再度對卡爾．泰奧鐸．索倫森的這個舊點子燃起興趣。本來就該這樣了。科學現在提供了堆疊如山的證據，證明有風險的自由式玩耍有益孩童身心健康。[29]「在所有我幫助人了解的事情裡，」索倫森晚年如此結論道，「廢物遊樂場是最醜的一件，但對我來說卻是最棒也最美麗的。」[30]

4

我們可以再把這往前推一步嗎？

如果孩子可以在戶外掌控更大幅度的自由，那在室內呢？許多學校的運作方式還是像美化的工廠，依照鐘響、課表和考試來安排籌畫。但如果孩子是透過玩耍來學習，為什麼不把教育安排成合乎玩耍的樣子？這是藝術家兼校長謝夫．杜魯曼（Sjef Drummen）幾年前想到的問題。

杜魯曼是那種永遠不失玩耍本事的人，也是始終討厭規矩權威的那一類人。當他來火車站載我時，他很沒品地把車橫停在腳踏車道上。有了我被關在這裡聽他演說，他便開啟了接下來幾個鐘頭都不曾停歇的獨白，偶爾我試著插個問題進去。他笑咧了嘴，承認自己在硬要人接受他的想法方面是出了名地討人厭。

但我之所以搭火車前來荷蘭南端的魯魯蒙特城（Roermond），並不是為了杜魯曼喋喋不休的天賦。我會前來，是因為這裡發生了某件不尋常的事。

試著想像一個沒有班級或教室的學校。沒有功課和成績；沒有教務主任或者團隊領導人那類的層級制度——就只有一隊一隊擁有自主權的教師（或者按照這邊的說法，稱作「輔導員」〔coach〕）。實際上，掌管事務的是學生。在這間學校，主任會定期被踢出辦公室，因為孩子們需要辦公室開會。

不是喔，這可不是滑稽爸媽送搞怪小孩去念的那種菁英私立學校。這所學校什麼背景的小孩都收。校名呢？阿哥拉（Agora，譯註：希臘語 Αγορ ，原意為市集，泛指古希臘羅馬城市中人們聚集、交易、討論事物的社會經濟文化中心）。

一切都是從二〇一四年學校決定把跟外面相隔的牆壁推倒開始的。（杜魯曼表示：「把孩子關在籠子裡，他們的舉止就會像老鼠。」）接著，所有不同水平的學生全都丟在一起。（「因為真實世界就是這個樣子。」）接著每個學生得要擬出個人計畫。（「如果你的學校有一千個小孩，那你就有一千種學習途徑。」）

結果呢？

走進學校的第一個印象，就是廢物遊樂場。我沒有看到一排排列隊面著黑白板的座位，而是隨興擺放而鮮豔混亂的書桌，一個水族箱，一個圖坦卡門（Tutankhamun）陵墓的複製品，希臘石柱，一張雙層床，一條中國神話龍，以及一輛一九六九年分天藍色凱迪拉克轎車的前半截。

布連特（Brent）是阿哥拉的其中一個學生。現在十七歲的他，一直到幾年前都還在念一間雙語大學預科學校；他在那裡每科成績都很好，除了法語和德語——就這兩科被當。在荷蘭的三軌教育系統下，布連特被降轉到普通中等教育體系，後來他的成績持續落在後段，又掉到了技職體系。「他們跟我講這件事的時候，我火冒三丈地跑回家，跟我媽說我準備要在麥當勞找工作。」

但多虧了朋友的朋友，布連特最終來到阿哥拉，可以在這裡自由學習「他」想學的東西。現在他對原子彈瞭若指掌，正在草擬自己的第一個事業營運計畫，而且能夠進行德語會話。他也已經錄取了蒙德拉貢大學（Mondragon University）在上海的國際學程。

據布連特的輔導員羅布・侯班（Rob Houben）所言，布連特宣布自己錄取大學的時候覺得心裡滿矛盾的。「他跟我說：『我還想好好回報這間學校為我做的一切。』」

或者以十四歲的安潔莉克（Angelique）為例。她念的小學把她送到技職體系，但我所見的這個女生，善於分析的程度簡直嚇人。她因為某些理由而對韓國非常著迷，打定主意要前往當地念書，自己也已對該國語言下了不少工夫。安潔莉克是純素食者，而且已經累積了一整本的論點來反擊肉食者。（輔導員羅布表示：「我老是辯輸。」）

每個學生都有自己的故事。同樣也是十四歲的拉斐爾（Rafael），喜歡寫程式。他給我看了一個他在荷蘭開放大學（Open University）網站上找到的安全漏洞。他通知了網站管理員，但到這時都還沒修正。拉斐爾笑著跟我說：「如果我要引起他注意的話，我可以去改他的私人密碼。」

當他給我看某個他做了點前端工作的公司網站時，我問他不是應該為了他的付出來跟他們收錢嗎。拉斐爾用一種奇怪的表情看著我。「幹嘛這樣，會害我沒動力耶？」

比這些孩子的目標意識更讓我印象深刻的，是他們的社群意識。我交談過的幾個學生，在我以前念的學校裡，都很可能遭到無情刁難。但在阿哥拉，沒人被霸凌，我交談的每個人都這麼表示。「我們讓彼此清楚了解實情。」十四歲的米魯（Milou）說。

霸凌常被視為我們本性的一種癖好；身為小孩的某種不可或缺部分。但多年來針對霸凌盛行處累積了大量相關研究的社會學家說，不是這樣的。他們把這些盛行處稱為全控機構（total institution）。[31]社會家厄文・高夫曼（Erving Goffman）在差不多五十年前，就用以下的說法描述過這種機構：

- 每個人都生活在同個地方且服從單一個權威。
- 所有的行動都一起執行且每個人都做同樣工作。
- 活動的安排非常僵硬，通常是一小時一小時如此排定。

•有一套由明白且正式的規則所組成的制度，由一個權威施行。

當然，終極的範例就是監獄，而霸凌在那邊根本就失控了。但全控機構也會在其他地方顯現，好比說安養院。年長者關在一起之後，有可能會發展出社會階層，裡頭最大尾的仗勢欺人者，能在玩賓果的時間拿到最好的桌椅位子。[32]美國一位研究霸凌的專家甚至把賓果稱作「惡魔的遊戲」。[33]

接著還有學校。霸凌在典型英國寄宿學校的普遍程度遠遠高過其他類型學校（也就是這種學校給了威廉．高汀靈感，讓他寫出《蒼蠅王》）。[34]也沒什麼好意外的：這些學校跟監獄實在太像了。你離不開，你得要在僵硬的等級制度中爭取一席之地，學生和教職人員之間有著嚴格的區分界線。這些崇尚競爭的機構，是英國上層權勢集團不可或缺的一部分——許多倫敦政客都念過寄宿學校——但根據教育科學家所言，它們會阻礙我們的天生玩性。[35]

好消息是，情況可以改變。在阿哥拉這種形式自由的學校裡，霸凌實際上是不存在的。在這裡，你需要歇一下就可以歇一下：隨時歡迎大家這麼做。而且更重要的是，這裡的每個人都與眾不同。與眾不同是常態，因為所有不同年紀、不同能力、不同程度的孩子都混合在一起。

「在我以前的學校裡，」布連特說，「你不會跟技職掛的小孩講話。」接著他和朱普（Joep，十五歲）跟我談起上次諾亞（Noah，十五歲，原本念技職學程）針對他們嚴重缺乏的技能給他們上了一堂課：談論籌畫能力。「諾亞已經規劃好接下來一整年以及半輩子的事情了，」朱普解釋道。「我們獲益良多。」

我遊歷阿哥拉的時間愈長，我就愈是驚覺到，按照年齡和能力來區隔孩子有多瘋狂。多年來專家一直都在警告，人口中教育良好者和教育較差者之間的差距愈來愈大，但這種分歧到底是什麼時候開始出現的？裘莉（Jolie，十四歲）說：「我看不出什麼差別。我曾經聽過技職生講起事情來比所謂的優等生還要有道理太多。」

或者，以學校把一整天切成多個時段的慣常方法為例。「世界只有在學校才會被分成一塊一塊的科目，」羅布輔導員說。「這種事在其他地方都不會發生。」在大部分的學校裡，學生的心神才剛進入狀態，下一堂課的鈴聲就響起來了。還有哪個制度妨礙起學習比這更精良？

怕你快要誤解，所以我得先強調，不能太誇大阿哥拉的自由放任哲學。這學校或許推廣自由，但不是萬事皆自由。還是有最小量但至關重要的架構。每天早上，一名學生負責當天始業式。每天會有一個小時的安靜時間，而每個學生每週都要和輔導員會面一次。此外，學校對孩子們的期望很高，他們自己也都知道這點，因此會和輔導員合作設定個人目標。

輔導員是不可或缺的人。他們培育、挑戰、鼓勵並引領孩子們。坦白說，他們的工作看起來比原本那樣教書還辛苦。首先，他們得要把自己受過的大半教師訓練都丟掉。「孩子想學的大部分東西，我們都教不來，」羅布解釋道。舉例來說，他就不會說韓語，對電腦程式設計也一無所知，即便如此，他還是在安潔莉克和拉斐爾各自的路上給了幫助。

當然，最重要的問題還是：這套模式對大部分孩童都管用嗎？

有鑑於阿哥拉學生群體不可思議的多樣性，我有充分的理由相信有可能。[36] 孩子們都說習慣這套模式要花點工夫，但他們已經學會讓好奇心帶領自己前進。謝夫·杜魯曼把這和格子籠養雞場裡關著的雞相比：「幾年前我從一個農夫那邊買下幾隻。當我在院子裡把牠們放出來的時候，牠們在那站了好幾個鐘頭，就定在原地。牠們花了一個星期才鼓起勇氣移動。」

現在來講壞消息。任何一種激進的更新都不可免地會和舊體制相撞。

事實上，阿哥拉是在為一種截然不同的社會教育孩子。這間學校想要給他們空間，使他們成為自動自發、有創造力、肯投身事務的公民。但如果阿哥拉沒能符合標準化的考核準則，這間學校就沒辦法通過審查，就得跟它的政府補助金說再見了。這就是一直幫阿哥拉這類倡議者踩煞車的機制。

所以，我們或許還有一個更大的問題得問：教育的目的是什麼？我們有沒有可能已經被好成績和好薪水牢牢釘死了？

二〇一八年，兩名荷蘭經濟學家分析了一個針對三十七國兩萬七千名勞動者所做的普查。他們發現，有整整四分之一的回答者懷疑他們自己工作的重要性。[37]這些人是誰？這個嘛，他們肯定不是清潔人員、護理師或者警員。這份數據顯示，最「無意義的工作」集中於私部門——像是銀行、律師事務所以及廣告公司。用我們「知識經濟」的標準來評判，擁有這些工作就代表成功。他們名列前茅，LinkedIn上的履歷漂亮，又帶著大張的薪資支票回家。然而他們所做的工作，就他們自己的評估，卻是對社會無用。

是這世界瘋了嗎？我們花了幾十億來幫最有天賦的一群人爬到職涯巔峰，但一旦到了頂端，他們就問自己這一切是為了什麼。同時，政客們拚命鼓吹在世界各國排名中獲得更高順位的必要性，跟我們說，我們需要更多教育、要賺更多錢，要讓經濟有更大的「成長」。[38]

但那一切的文憑實際上到底代表了什麼？它們是創造力和想像力的證明，還是端正坐好、點頭稱是的能力證明？那就像哲學家伊萬・伊里奇（Ivan Illich）幾十年前說過的一樣：「學校是讓你相信你需要目前此般社會的廣告公司。」[39]

阿哥拉，這間玩耍學校，證明了有別條路可走。它屬於一個由多間學校共同制定另類課程而發起的運動。人們或許會對它們的教育方針嗤之以鼻，但有許多證據證明這套有效：英國沙福郡（Suffolk）的夏山學校（Summerhill School），從一九二一年以來就一直在證明可以把大量的自由託付給孩子。美國麻薩諸塞州薩德伯里山谷學校（Sudbury Valley School）也一樣，從一九六〇年代起有成千上萬孩子在這裡度過青春歲月——然後繼續去過著得以實現抱負的滿足人生。[40]

問題不在於：我們的孩子能不能好好掌控自由？

問題在於：我們有沒有勇氣給他們自由？

這是個迫切的問題。「玩耍的相反不是工作，」心理學家布萊恩・薩頓－史密斯（Brian Sutton-Smith）曾如此說過。「玩耍的相反是抑鬱。」[41]近來，我們之中許多人工作的方式——沒有自由、沒有玩耍、沒有內在動機——正為憂鬱症的流行添加柴火。根據世界衛生組織（World Health Organization）的資料，憂鬱症現在是排名第一的全球疾病。[42]我們最大的短缺並非存在於銀行帳戶或預算表上，而是在我們心裡。是缺少讓生命有意義之物。缺少玩耍。

造訪阿哥拉，讓我看見還有一道希望之光。後來，當謝夫・杜魯曼把我載回火車站時，他又對我咧嘴一笑。「我想我今天應該講到你耳朵長繭了。」沒錯，但我不得不佩服他：到他的學校走一趟，不管時間長短，你都會覺得不少理所當然的舊觀念開始崩解了。

但我現在懂了：這是回到開頭的旅程。阿哥拉有著和狩獵採集社會一樣的教育哲學。在一個把所有年紀、能力都不同的孩子聚在一起的社群中，由輔導員和帶頭玩耍的人輔助，並放手讓小孩自己做決定，這樣的學習效果最佳。[43]杜魯曼把這稱為「教育 0.0」——回歸遊戲人。

第十五章

民主政體是長這樣

1

這是個不太可能產生革命的環境。委內瑞拉西部的這個城市只有不到二十萬的人口，而一小群菁英分子已經掌權了幾百年。[1] 然而就是在托雷斯市（Torres）這邊的普通市民，為我們這時代最迫切的一些問題找到了一個答案。

我們要如何恢復政治中的信任？我們要怎麼阻止社會中的犬儒主義浪潮？我們要怎麼拯救我們的民主政體？

全球的民主政體都至少被七種瘟疫所侵擾。政黨持續腐化；公民不再相信彼此；少數人遭排除；選民失去興趣；到頭來貪贓枉法的政客；有錢人逃稅；以及人們日漸發覺當代民主充滿了貧富不均。

托雷斯發現了這一切難題的解藥。托雷斯這個至今已嘗試又測試了十五年的解方，其實簡單到難以置信。世界各地都有人採用了這種解方，但很少上新聞。或許是因為這種解方就跟「鄰里照護」和阿哥拉一樣，是以一種打從根本就不一樣的人性觀為前提，所產生的務實新措施。這種解方不認為人都只會若無其事而忽視危機，也不會把他們貶為憤怒選民，而是去問：如果我們每個人心中都有一位積極認真的公民，會怎樣呢？

換個說法：如果真正的民主體制可行的話會怎樣？

托雷斯的故事要從二〇〇四年十月三十一日開始說起。也就是選舉日。兩名對立的候選人角逐委內瑞拉這個市的市長：現任的哈維爾・歐洛貝薩（Javier Oropeza），一名有商業媒體撐腰的富有地主，以及沃特・卡地維伊（Walter Cattivelli），由時任總統烏戈・查維茲（Hugo Chávez）的強大政黨所支持。

這實在沒什麼好選的。歐洛貝薩或卡地維伊——不管哪個人當選，繼續主掌的還是腐敗的機構。顯然沒有任何跡象暗示托雷斯將要再造民主的未來。

其實，還有另一個候選人，只不過實在不值一提。胡力歐・查維茲（Julio Chávez，與總統無血緣）是個僅有邊緣選票的煽動者，其支持者包含了為數不多的學生、合作社和工運人士。他那可以用一句話就總結的政綱，只能說荒唐可笑至極。如果胡力歐選上市長，他就會把權力交給托雷斯市民。

他的對手根本不想花力氣跟他認真，沒人覺得他有機會。但有時候最大的革命就是從你最想不到的地方開始。該年十月的那個週日，胡力歐在這場三雄鼎立的選戰中，以百分之三十五點六的得票率驚險勝出，當選托雷斯市長。[2]

而他遵守了承諾。

這場地方革命從幾百場的集會開始。集會歡迎所有居民參加——不只是辯論議題，還要做出實際抉擇。本市投入百分之百的預算，也就是大約七百萬美元，全都供他們花用。

這位新市長說，是該要進行「真正」民主體制的時候了。民眾該要準備面對不通風的會議室、不冷不熱的咖啡、日光燈照明和無止境的記帳了。該輪到托雷斯公民來治理，而不是由公職人員和職業政客來治理了。

舊菁英們驚駭莫名地在一旁望著他們腐敗的體制被拆解。「（他們）說這樣是無政府狀態，」胡力歐（每個人都單用名來稱呼這位市長）接受一位美國社會學家訪問時回憶道。「他們說我是瘋了才會下放權力。」[3]

托雷斯所屬的拉臘州（Lara）州長，對於他的傀儡歐洛貝薩被這個新秀打敗感到憤怒不已。他決定砍掉該市預算並指派新議會。但他沒料想到新任市長的聲望正日漸高漲。成千上百的居民朝市政府行進，在預算獲得採納前拒絕返家。

到最後，人民贏了。在胡力歐當選後的十年裡，托雷斯成功達成了幾十年程度的進展。一個加州大學（University of California）的研究證實，貪污和侍從主義減少了，而人們更空前地參與政治。新住宅和新學校蓋了起來，新馬路鋪了起來，而陳舊的街區則已打理乾淨。[4]

時至今日，托雷斯有著全世界最大的其中一筆參與式預算。約一萬五千人提供資金，每年年初在全市五百六十個地方舉行集會。集會歡迎每個人來提案並選舉代表。托雷斯的人民一起決定要把他們數百萬的稅收分派到哪裡。

「以前，政府官員整天待在他們的冷氣辦公室裡，然後就在那邊做決定，」一位居民說。「他們連我們社區都沒拜訪過。所以你覺得，誰可以針對我們的需求做出比較好的決定，是一個待在自己辦公室、從來沒來過我們社區的官員，還是某個社區出身的人？」[5]

2

現在，你心裡可能會想：挺有意思的，但出了一件好事也不會讓整個民主政體都好轉。所以，某個沒人知道的地方冒險做了件沒人做過的事，為什麼「那」能稱作革命？

問題是，托雷斯發生的事只是眾多例子裡的一個。整個大局面幾年前就已經動了起來；當時巴西有個都會區採取了前所未有的步驟，把四分之一的預算託付給公眾。該城叫做阿列格雷港（Porto Alegre），時間是一九八九年。十年後，巴西已經有一百多個城市複製了這個點子，接著又從巴西傳播到全世界。到二〇一六年時，從紐約到塞維利亞（Seville）、從漢堡到墨西哥城，全球已經有超過一千五百個城市制定了各種類型的參與式預算。[6]

我們這裡談的其實是二十一世紀最大的一場運動——但你很有可能根本沒聽過。就新聞而言，它就是不夠刺激有趣。公民政治家沒有實境秀明星般的外表，也沒有錢支付政治化妝師以及廣告宣傳。他們不設計精闢的俏皮話在所謂的辯論會裡拋出來，而他們對每日民調也絲毫不感興趣。

公民政治家做的，是從事冷靜的審議式對話。這聽起來頗為枯燥，但效果神奇。或許就是要靠它，才有可能對付前述七種侵擾我們疲憊老邁民主政體的瘟疫。

1. 從犬儒主義到投身事務

大部分國家的人民和當權者都有極深的分歧。當大部分抉擇都是由華盛頓、北京和布魯塞爾的官大人所定奪時，一般人如果覺得沒人聽他們的意見、沒人代表他們的看法，那又有什麼奇怪的？

在托雷斯和阿列格雷港，幾乎每個人都直接認識某個政治人物。因為有大約百分之二十的人口參與該市的預算編列，也就比較少人抱怨政治人物做錯了什麼。[7]對現況不滿意嗎？幫忙修一下。「不是高官來這裡跟我們說該做什麼，是我們自己來說，」阿列格雷港的一位參與者如此描述。「我只是個小老百姓，但我從一開始就參加了。〔……〕〔編列預算〕讓人們能發聲，就算是最窮困的人也能。」[8]

同時，對阿列格雷港市議會的信任增加了。而一名耶魯大學的政治科學家發現，在這些信任中獲益最多的是市長，因為能賦予市民權力的市長最有可能獲選連任。[9]

2. 從兩極化到信任

當阿列格雷港開始參與式預算編列實驗時，這個城市可不盡然是信任的堡壘。事實上，世界少有幾個國家比巴西人還要彼此不信任。[10] 大部分專家因此把本城市成功開啟民主之春的機會評定為非常少至沒有。在這種條件下，人們首先得聯合起來，組織社團，對付歧視以及其他大小事。先要有那些行動才能為民主準備好生根的土壤。[11]

然而阿列格雷港把這個公式顛倒過來。得要在官方開始實施參與式預算「之後」，信任才開始增加。接著社區團體倍數成長，從一九八六年的一百八十個來到二〇〇〇年的六百個。很快地，投身事務的公民便稱呼彼此為 *companheiro*——同胞兼兄弟。

阿列格雷港民眾的行為舉止，就像阿哥拉創辦人謝夫．杜魯曼養的那批曾經被關在籠子的雞。剛從籠裡放出來時，牠們彷彿牢牢釘在地上一樣立著不動。但牠們很快就適應了新環境。「最重要的事情是，」有個人說，「有愈來愈多人加入。我們歡迎那些第一次來的人。你有不拋棄〔他們〕的責任。那是最重要的事。」[12]

3. 從排除到包容

政治辯論可以複雜到一般人難以跟上。而在文憑民主體制中，那些沒錢或者教育程度低的人往往被擠到邊緣去。許多民主政體的公民，頂多就是獲准選擇他們自己的貴族階級。

但在幾百場參與式預算編列實驗中，能夠大量出席參與的，正是那些傳統上被剝奪公民權的團體。這類實驗會議自從二〇一一年在紐約開辦之後，主要吸引的便是拉丁美洲裔和非裔美國人。[13]而在阿列格雷港，有百分之三十的參與者來自最貧窮的百分之二十人口。[14]

「我第一次參與的時候並沒有把握，」一位阿列格雷港的參與者承認，「因為裡頭有那些拿大學學位的，但我們都沒有〔學位〕。〔……〕但我們慢慢就開始學習了。」[15]新的民主體制有別於老式的政治體制，不會保留位子給有錢白種男人。相反地，社會中的少數族群和比較貧窮、教育程度較低的人，遠比其他人更能大批參與其中。

4. 從自我滿足到公民身分

大致上來說，選民往往對政客不抱指望，反之亦然。但像在托雷斯和阿列格雷港實行的民主，卻是公民身分的訓練場。給人們一個機會講講事情該怎麼辦，他們在政治方面的表現就會出現些微的不同。變得更有同情心，甚至變得更加聰明。

有一位替美國加州瓦列霍（Vallejo）參與式預算撰寫報導的記者，對人們如此投入感到驚訝不已：「這裡有一整群年紀、族裔都不一樣的人，本來大可在家看他們當地的棒球隊打世界大賽，卻都跑來討論規範和選舉程序。而且不只如此，他們對此充滿熱情。」[16]

研究者一而再、再而三地提到，只要每個人都被認真看待，那麼——不管有沒有受過正式教育——幾乎每個人都有什麼值得貢獻之處。

5. 從腐敗到透明

在參與式預算編列來到阿列格雷港之前，想要講幾句話給政客聽的人，早就有心理準備會在他們辦公室外面等上好幾個鐘頭了。另外，有幾張鈔票從桌底下遞過去的話更有幫助。

根據一位花了許多年研究阿列格雷港的巴西社會學家所言，參與式過程破壞了舊有的行賄文化。人們更了解城市財務狀況，讓政客更難收受賄賂，更難安排位子給有關係的人。[17]

「我們把它（參與式預算）當成一個組織工具，」一位芝加哥居民說。「它會幫助我們的成員更加了解城市預算，接著我們就能在其他依然由市政委員控制的事務上加以敦促。」[18] 換句話說：參與式預算編列縮小了政治和人民之間的隔閡。

6. 從利己到團結

近年來不知道有多少書都在寫社會分裂？我們想要更好的醫療服務、更好的教育和更輕微的貧窮，但我們也得有意願投入其中。

儘管聽起來實在難以相信，但研究發現，參與式預算編列其實讓人們更有意願繳稅。在阿列格雷港，公民甚至要求徵收「更高」的稅——這可是政治學家一直都認為想都不用想的事情。[19]

「過去我不曾了解市政稅（council tax）要拿去支付那麼多東西，」英國東萊斯特（Leicester East）的一位參與者津津樂道。「得知它支付哪些服務，是很棒的一件事。」[20] 這就把稅重新定義成一種你身為社會成員所付出的貢獻。許多加入參與式預算編列的人說，這個經驗讓他們第一次覺得自己像是真的公民。就如一位阿列格雷港人所言，過了一年後，你就學會不再把眼光局限在自己的社區：「你得從整體來看這城市。」[21]

7. 從貧富不均到尊嚴

阿列格雷港開始進行這場民主冒險之前，一直處在非常嚴重的財政困境中。三分之一的人口在貧民窟生活。

但之後，情況開始快速轉變——比沒有採用參與式預算的城市快上太多。[22] 有自來水可用的人口從一九八九年的百分之七十五提高到一九九六年的百分之九十五，有連接城市污水管線的人口從少到可憐的百分之四十八增加到百分之九十五。兒童的就學率來到原本的三倍，道路鋪設量變成五倍，而逃稅的情況則是大幅下降。[23]

多虧了公民預算，公家錢現在比較少跑到不動產那一類擺出來好看的計畫了。

世界銀行（World Bank）發現，有更多的金額去了基礎建設、教育和醫療保健，在比較貧困的社區特別如此。[24]

美國一支研究團隊於二〇一四年發表了第一個關於「巴西參與式預算編列對社會經濟影響」的大規模研究。他們的結論清楚明白：「我們發現參與式預算編列計畫和醫療支出的增加、公民社會組織的增加，以及嬰兒死亡率的下降有強烈相關性。若參與式預算編列計畫更長期維持不變，這樣的關聯會大幅強化。」[25]

一九九〇年代中期，英國的第四頻道開播了一個新的電視節目，叫作《人民的國會》（*The People's Parliament*）。這個節目隨機邀請幾百名各行各業的英國人，針對毒品、軍火販賣和少年犯罪等爭議議題正面交鋒。在每一集的結尾，他們必須要達成和解。

根據《經濟學人》（*Economist*）報導，「許多《人民的國會》的觀眾都認為節目的辯論比下議院的辯論品質要高。前者的成員似乎會去傾聽同台辯論者講什麼，這就和後者不同。」[26]結果，第四頻道後來怎麼做呢？他們把節目停了。製作人覺得這些辯論太冷靜、太深思熟慮、太理智；他們更喜歡那種我們稱作「政治」的衝突性娛樂。

但參與式民主並不是一種為電視所編排的實驗。那是一種健全的方法，能夠對付舊民主的瘟疫。

就跟其他隨便哪種民主政體一樣，這種民主政體也有它的缺點。聚焦於年度支出，可能會犧牲該城的長期願景。更重要的是，許多參與過程都太有限。二〇〇四年一個保守聯盟掌權時，阿列格雷港的預算就遭到削減，而現在也不知道這個傳統還能不能在它源起的城市存活下去。

有時候參與式預算編列是被拿來當作幌子——是背後仍掌管一切的菁英所安排的一場假讓步。這樣的話，公民大會就只是拿來替已經做成的決定當橡皮圖章。這自然會產生犬儒主義，但這並沒有讓「拒絕公民直接發聲」成為正當的事。「把有責任心的公民當作投票機器對待，他們就會表現得像投票機器一樣，」歷史學家大衛・凡・雷布魯克（David Van Reybrouck）如此寫道，「但把他們當成成人對待，他們就會表現得像成人一樣。」[27]

3

阿諾德（Arnold）老師教我共產主義，是在我四年級的時候。「各盡所能、各取所需。」又或者是如（多年後）我在《牛津英語詞典》所讀到的：「一種社會組織理論或體制，其中所有的財產都由社群所共有，且每個人根據其能力和需求來做出貢獻、獲取結果。」[28]

身為一個小孩，這聽起來是個好主意。為什麼不把一切都拿來互相分享呢？但在接下來幾年中，我就和許多孩子一樣，得去面對令人失望的領悟：一切平等分享或許是個不錯的想法，但實際上那會淪為混亂、貧窮，甚至更糟的——血流成河。看看列寧和史達林統治的俄羅斯；毛澤東統治的中國；波布統治的柬埔寨。

如今，這個「共」開頭的詞，是具爭議意識形態的排行榜第一名。人們跟我們說，共產主義「行不通」。為什麼？因為它對人性的了解打從根本就有瑕疵。若無私有財產，我們會失去所有動機，並立刻回復到原本冷漠怠惰、寄生蟲般的模樣。

或者，反正聽說就是這樣。

即使是青少年時，我就已經覺得，光靠那幾個不給普通公民發言權的嗜血政權——那些由力大無邊的警察國家和腐敗菁英所支持的政權——就能證明共產主義的「失敗」，好像哪裡怪怪的。

我當時並不曉得的是，共產主義這種體制——至少，根據官方定義來說的共產主義——曾經在某幾百年間成功過，而那種體制和蘇聯幾乎一點也不相像。事實上，我們每天都在實作這種制度。即便經歷了幾十年的私有化，我們的經濟仍有一大部分是根據共產主義模型來運作。因為實在太普通又太明顯，所以我們都已經視而不見了。

很簡單的例子：你坐在餐桌前拿不到鹽，你說「不好意思，鹽借一下」，然後突如其來地，有人就把鹽遞給了你——不用錢。人類對於這種人類學家所謂的「日常共產主義」十分著迷，且會分享我們的公園和廣場、我們的音樂和故事、我們的海灘和床鋪。[29]

這種慷慨大方的最佳範例或許就是家庭。全世界有數十億個家以共產主義原則為核心組織起來：家長和孩子分享所有物，並在能力所及內做出貢獻。我們就是從這裡得到「經濟」（economy）這個詞，來自希臘文的 *oikonomia*，意思是「管理一戶人家」。

我們也一直在工作場所展現我們的共產主義本色。舉例來說，在寫這本書時，我就獲益於許多同事的犀利批評，而他們都沒為自己花的時間跟我討一毛錢。商務活動也是內部共產主義的狂熱粉絲，就只是因為這實在太有效率而已。

但陌生人怎麼辦？畢竟，我們不會跟每個人分享每件東西。可是反過來想，你又有多常跟向你問路的人收錢？或者，當你幫別人擋一下門，或者讓別人在你的傘下避雨時，你又有多常跟他們收錢？這些可不是一報還一報的交易；你會做這些事是因為它們是得體的事，也因為你相信其他陌生人同樣會為你做這些事。

我們的生命充滿了這種共產主義的行動。「共產主義」（communism）這個詞就是來自拉丁文的 *communis*，意指「共有」。你可以把共產主義看成是每一件其他事物——市場、國家、官僚體系——底下的基石。這或許能解釋自然災害之後大量發生的合作與利他現象，好比說二〇〇五年紐奧良颶風後的情況。在災難中，我們會回歸我們的根源。

當然，我們沒辦法時時套用共產主義那套「各盡所能、各取所需」的理想，這就和「並非所有東西都可以拿來標價」是同個道理。但若是將觀看的範圍拉遠，你就會明白，在日常的基礎上，我們與人分享的其實比我們自己留著的還要多。

這個共享基礎是資本主義不可或缺的支柱。想想有多少公司徹底仰賴消費者的慷慨大方。臉書如果沒有幾百萬的使用者免費分享圖片和影像，價值將會遠低於現況。Airbnb 如果沒了旅客無償貼出的無數評論，也沒辦法活太久。

所以，我們為什麼會對我們自己的共產主義那麼視而不見呢？或許是因為，我們共享的東西看起來實在不那麼引人注目。我們分享那類東西時都覺得理所當然。沒有人需要印小傳單去跟人解釋說，在紐約中央公園散步是件好事。乾淨的空氣不需要公眾服務宣導來指示你去吸。你也不會覺得空氣——或者你用來放鬆的海灘或者你敘述的童話——屬於某人。

只有當某人決定出租空氣、侵占海灘，或者宣稱擁有童話之著作權時，你才會注意到。你會心想，等等，這不是屬於我們所有人嗎？

這些我們共享的東西被稱作共有財（the commons）。它們差不多涵蓋任何東西——從社區庭園到一個網站，從一種語言到一座湖泊——舉凡由一個社群所共享並以民主方式掌管的就是了。有時候共有財是自然恩賜的一部分（好比說飲用水），其他則是人類的發明（好比說維基百科等網站）。

幾千幾萬年來，共有財幾乎就包含了地球上的一切。我們的遊牧祖先們幾乎沒什麼私有財產概念，更別說國家概念了。狩獵採集者把大自然視為提供所有人需求的「給予之地」，他們從來都沒想過要替某個發明或某一首曲子申請專利。就如我們在第三章看到的，幼犬人的成功要歸功於我們是剽竊大師。

只有在過去一萬年間，市場和國家才開始穩定地吞噬共有財，而且愈吞愈大塊。事情是從第一個宣稱擁有過去人人共享之土地的酋長和君王開始的。今日，侵占各種共有財的主要是跨國公司，品項從水源到救命藥物，從新科技知識到我們唱的歌。（好比說十九世紀的金曲〈生日快樂歌〉，到二〇一五年為止都還是由華納音樂集團握有相關權利，並因此賺進了幾千萬的權利金。）

又或者以廣告業，這個在全球各城鎮到處貼滿難看廣告牌的產業之興起為例。如果有人對著你家塗鴉，我們稱那為恣意毀壞他人財產罪。但廣告就會獲准破壞公共空間美觀，而經濟學家還會說那是「成長」。

共有財這個概念，是靠著一篇由美國生物學家加勒特·哈丁（Garrett Hardin）發表在《科學》期刊上的文章，而為人所接受。那是一九六八年，革命的年代。全球各地數百萬的示威者集結在一句呼告下，走上街頭抗議：「面對現實。追求不可能。」

但保守的加勒特．哈丁可不這麼覺得。他那六頁篇幅的論文一下就解決了嬉皮理想主義。標題是：〈共有財的悲劇〉（The Tragedy of the Commons）。

「想像一片開放給所有人的牧地，」哈丁寫道。「照預期來說，每名牧人會試著在共有財上盡可能養最多牲口。」然而個人層面上合理的做法，卻導致了集體災難，過度放牧除了不毛荒地之外，什麼也沒留下。哈丁是以希臘語的意涵來使用「悲劇」這個詞，也就是代表一個不幸但不可免的事件：「一件共有財中的自由，」他說，「為所有人帶來毀滅。」[30]

哈丁不害怕做出殘酷結論。面對各國是否該送食物援助衣索比亞這個問題，他的回答是：想都別想。更多的食物意謂更多的孩子，然後就是更多的饑荒。[31]就像復活節島的悲觀主義者那樣，他把人口過剩視為終極悲劇，並以限制生殖權為解方。（但他自己可不走這套，哈丁是四個小孩的父親。）

哈丁這篇論文後來一路成為有史以來刊在科學期刊上被翻印最多次的論文，全球讀過的人有數百萬，其影響力怎麼誇大也不過分。[32]「所有學生必讀〈此文〉，」一位美國生物學家於一九八〇年代如此宣稱，「如果由我決定的話，我會說全人類必讀。」[33]

最終證明，〈共有財的悲劇〉會是市場與國家成長的一道最強力背書。既然共有財注定會悲慘失敗，我們要不就需要國家看得見的手來做這種有益的工作，要不就需要市場看不見的手來拯救我們。看來，這兩招——克里姆林宮或者華爾街——就是僅有的選擇。等到一九八九年柏林圍牆倒下後，就只剩下一個選擇。資本主義贏了，於是我們就變成了經濟人（Homo economicus）。

4

說句公道話，至少有一個人從來沒因加勒特．哈丁的論點動搖過。

歐玲（Elinor Ostrom）是一位志向遠大的政治經濟學家，也是在大學不怎麼歡迎女性的年代的一位研究者。而且，和哈丁不同的是，歐玲對理論模型沒什麼興趣。她想要看看真實的人們在真實的世界裡如何行動。

她沒花多久時間就察覺到，哈丁的論文漏了一個關鍵細節。人類會說話。農人和漁人和鄰居們絕對有能力可以達成協定，來避免原野變成沙漠、避免湖泊過量捕撈，並避免水井乾涸。就像復活節島島民持續齊心協力那樣，參與式預算編列者也能透過積極對話做決定，於是普通人也就能成功管理各種共有財。

歐玲建立了一個記錄全世界各種共有財的範例資料庫，包括瑞士的共享牧地和日本的農耕地，以及菲律賓的公共灌溉和尼泊爾的備用水源等等。歐玲不管觀察何處都發現到，共用資源絕非像哈丁主張的那樣是製造悲劇的配方。[34]

的確，一個共有財是有可能成為不同利益或各種貪婪相互衝突下的犧牲品，但那絕非不可避免。總計下來，歐玲與研究團隊累積了超過五千個仍在運作中的共有財案例。許多可以追溯到數個世紀前，好比說土耳其阿拉尼亞（Alanya）的漁人，他們有一套由來已久的捕魚權抽籤傳統；又或者像瑞士村莊特伯爾（Törbel）的農人，他們經共同協調來使用為數稀少的柴火。

在歐玲一九九〇年出版的創舉之作《治理共有財》（*Governing the Commons*）中，她闡述了一套成功共有財的「設計原則」。舉例來說，社群必須有最低程度的自治，以及有效率的監控制度。但她強調，成功沒有藍圖，因為一個共有財的特性，到頭來還是由當地的脈絡所塑造。

隨著時間過去，連歐玲自己所在的大學科系都變得像個共有財。一九七三年，她和先生一同在美國印第安納大學（Indiana University）設立了他們所謂的政治理論與政策分析工作坊（Workshop in Political Theory and Policy Analysis），吸引全世界學者來研究共有財。這個工作坊——因為大學沒有規則來規定工作坊的組織架構，所以他們選擇了這種形式——成為了人們熱切討論和發現的大本營。事實上，它漸漸變成某個學術嬉皮公社，其中有著歐玲自己帶頭唱民謠的派對。[35]

幾年後的某一天，斯德哥爾摩打電話來了。歐玲獲得二〇〇九年諾貝爾經濟學獎，史上第一位女性獲獎者。[36]這個抉擇宣告了一個重大的意義。在一九八九年柏林圍牆倒塌以及二〇〇八年資本主義崩盤後，共有財——這個在國家和市場之間的另類選擇——獲取應得矚目的那一刻總算來了。

5

這或許不是突發新聞，但自從那之後，共有財就精彩地捲土重來了。

如果這看起來像是歷史在自我重複，是因為這種事早就不是第一次發生了。中世紀晚期，歐洲在歷史學家蒂娜·德·摩爾（Tine de Moor）所謂的「無聲革命」中，經歷了一場公共精神的爆發。在十一到十三世紀的期間內，有愈來愈高比例的牧場轉由集體控制，此外水利委員會、同業公會和教友團體之家都像雨後春筍般地大量出現。[37]這些共有財幾百年來都運作良好，直到在十八世紀受到壓迫為止。啟蒙運動時代的經濟學家認定，集體農地不會讓潛在產量達到最大，所以他們建議政府創造「圈地」。那代表把集體財產切割成一塊一塊，好分給有錢的地主，而在這些人掌管之下生產力將會成長。

你覺得資本主義在十八世紀的發達是自然發展嗎？不太可能吧。並不是市場看不見的手把農夫像趕羊一樣輕柔地從他們的農場趕到工廠，而是國家上了刺刀的無情之手促成的。不論世上哪個地方，那個「自由市場」都是經計畫後從上而下強加施行的。[38]一直要到十九世紀末，才有大量的工會和勞工合作社組織起來——從下而上自發組成的組織——打下了二十世紀社會安全網制度的基礎。

現在同一種情況又再度發生了。在一段時期的圈地和市場力量（由國家從上而下策畫）之後，底層慢慢醞釀起一場無聲革命，並在近年，特別是從二〇〇八年金融危機以來，引發了一場包括照護合作社、急難公基金和能源合作社等各種倡議措施的大爆發。

「歷史教導我們，人本質上是一種合作的存在，是一種合作人（homo cooperans），」蒂娜．德．摩爾指出。「自古以來，我們就一直都在打造以長期合作為主要目標的制度，特別是在市場發展和私有化都加速的時期之後。」[39]

所以，我們是要更少的共產主義，還是更多？

在我的高中經濟課上，老師教我們自私是人的天性。說資本主義深植於我們最根深蒂固的本能。買賣、交易——我們一直以個人獲利最大化為目標。別人跟我們說，的確，國家可以在我們天然的傾向上撒一層團結的外衣，但這只會從上而下發生，而且永遠不可能不靠監督和官僚體制就達成。

如今證明，這個觀點完全顛倒了。我們天生就傾向團結，反而市場才是從上而下強制推行的。一個例子，就是近幾十年裡，人們在發瘋似地把醫療變成人工市場的過程中，投入了幾十億美元。為什麼？因為要有人教，我們才會變自私。

這不是在說我們缺乏健康有效市場的案例。而且，我們當然不能忘記，過去兩百年資本主義的興起大大增進了人類的繁榮。因此德．摩爾提倡她所謂的「機構多樣性」，這想法儘管認同市場在某些情況下效果最好，而在其他情況下則是國家控制效果比較好，但在這一切的制度底下，都得要有一群決心共事的公民，來構成強大的公共基礎。

此時此刻，共有財的未來依然不確定。即使公共利益的主張正捲土重來，它們也正遭到猛攻。舉例來說，它們就遭到大量買入水源並給基因申請專利的跨國企業猛攻，遭到舉凡能撈就私有化的政府猛攻，也被出售知識給最高出價者的大學猛攻。它們也被平台經濟的降臨所攻，這種資本主義制度讓Airbnb和臉書這一類的網站能夠舀走「合作人」繁榮興旺的油水。到了後來，三不五時就會有證據證明共享經濟其實比較像剝削經濟——我們全都被剝掉一層皮。

此刻，我們仍被困在一場凶狠激烈但勝負未決的比賽中。一邊是相信整個世界注定要成為一個大公社的人，這些人是樂觀主義者——也稱作後資本主義者，會這麼稱呼大概是因為「共產主義」還是個髒字。[40]另一邊是預見矽谷和華爾街會持續掠奪共有財、預想貧富不均會持續成長的悲觀主義者。[41]

到頭來哪邊會是對的？沒人真正知道。但我押寶歐玲，此人既不是樂觀主義者也非悲觀主義者，而是可能主義者。她相信有別條路可走。不是因為她贊同某種抽象理論，而是因為她自己親眼看過那模樣。

6

在既有資本主義模型之外最有希望的一種選擇，其實已經在身邊好一陣子了。

你不會在進步的斯堪地那維亞發現它，也不會在共產中國或者拉丁美洲的無政府搖籃中發現它——不不，這個另類選擇滿出乎意料地來自美國的一個州，而且「進步」、「社會主義者」這類的詞在那個州是用來罵人的。那裡是阿拉斯加州。

這想法是從共和黨籍州長傑．哈蒙德（Jay Hammond, 1922–2005）起頭的。他是一名鐵石心腸的架陷阱毛皮獵人，二戰期間當過戰鬥機駕駛和日軍戰鬥。一九六〇年代末，當他所住的阿拉斯加州發現大量原油時，他決定讓這批油屬於全阿拉斯加人，並提議把獲益放進一個大到不行的公用撲滿裡。

這個撲滿變成了一九七六年成立的阿拉斯加永久基金（Alaska Permanent Fund）。下一個問題當然就是，這一大筆錢要拿來幹嘛。許多保守派的阿拉斯加人反對把錢交給公家，那樣只會被拿去揮霍。但還有另一個選擇。一九八二年起，每位阿拉斯加公民都會在銀行帳戶裡收到年度分紅。在情況好的年分裡，這筆分紅可以多達三千美元。

今日，永久基金分紅（Permanent Fund Dividend）——簡稱ＰＦＤ——已經完全沒有條件限制。這不是一項特權，而是權利。那讓阿拉斯加成為了與老派福利國家相對的另一種極端。通常來說，你先得要證明你病得夠重、殘障得夠重，不然就是窮到需要幫助，然後，還要等到你提交一大堆表格來證明你走投無路，你才會拿到一點點錢。

這種體制根本就是預備好了要讓人悲苦、倦怠、依賴，然而一個無條件的分紅卻做著完全不一樣的事。它培養了信任。當然有些人憤世嫉俗地假定他們的阿拉斯加同鄉會把分紅揮霍在酒精跟毒品上，但就如現實主義者們所觀察到的，實際情況並非如此。

大部分的阿拉斯加人把他們的分紅用在教育和兒女身上。兩位美國經濟學家做的深入分析證實，永久基金分紅對就業沒有不良效果，大致上還減少了貧窮。[42]針對北卡羅萊納州可與之相比的現金支付制度所做的研究，甚至揭露了許多正面的附加效應。醫療成本下降、小孩在學校表現進步，有效抵銷了最初的投入成本。[43]

如果我們採納阿拉斯加的公共財產哲學並且更廣泛加以運用，情況會如何呢？如果我們說地下水、天然氣，以及靠著納稅者的錢而得以存在的授權金，以及更多其他的東西全都屬於社區的話會怎樣？舉凡這些共有財的一部分遭到了侵占，或者地球遭到了污染，或者二氧化碳被排進了大氣層中，屆時身為社群一員的我們，不是該獲得補償嗎？[44]

像這樣子的基金可以為我們全體提供另一份大上許多的報酬。這份公民分紅，這份以信任和歸屬感為前提的無條件支付，可以給我們每個人自行做決定的自由。人民的冒險資金。

不管怎樣，永久基金分紅在阿拉斯加顯然是一場大成功。任何政客光是動了要對它做手腳的念頭，都是在冒政治自殺的風險。[45]有些人會說，那是因為每個人都在提防彼此。但它會大受歡迎，或許是因為——就像阿列格雷港和托雷斯的真正民主政體一樣——它超越了陳舊的左右對立、市場國家對立、資本主義和共產主義的對立。這是另一條路，朝著一個新社會邁進，在那之中每個人都能分到一份。

第五部

另一邊臉

如果你要出於報復而懲罰一個人就必須傷到他。如果你要再造他就必須改進他。而人不會被受傷所改進。

——蕭伯納（George Bernard Shaw, 1856–1950）

不久以前，一位年輕的社工員胡力歐·迪亞茲（Julio Diaz）下班搭地鐵要回到他在紐約布朗克斯區（Bronx）的家。就跟平常一樣，他提早一站下車，到他最喜歡的路邊餐館吃點東西。

但今晚很不一樣。當他從空無一人的地鐵站走向餐廳時，有個人從暗處跳出。一名青少年，拿著一把刀。「我就把我的皮夾給了他。」胡力歐後來跟一名記者說。得手後，這孩子正準備要逃走，但此時胡力歐做了件出乎意料的事。

「嘿，等一下，」他在搶匪背後喊著。「如果你接下來整晚還要搶別人的話，要不要把我的外套也拿去保暖。」

男孩不可置信地轉身。「你幹嘛這樣？」

「如果你甘願為了幾塊美元賭上自由，」胡力歐回答說，「我猜你應該真的需要這些錢。我是說，我就只是想吃頓晚飯，而如果你想跟我吃的話……真的喔，真的別客氣。」

孩子同意了，於是沒多久後，胡力歐和攻擊他的人就一起坐在路邊餐館的小隔間裡。服務生親切接待他們，經理順便過來聊聊，連洗盤子的都來說哈囉。

「這裡每個人你都認識，」孩子驚訝地說。「這裡你開的嗎？」

「不是，」胡力歐說。「我只是常來這邊吃。」

「但你連洗盤子的都對他很好。」

「這個嘛，沒人教你說應該要對每個人都很好嗎？」

「有啊，」那孩子說，「可是我不覺得真的有人會這樣。」

當胡力歐和搶匪吃完，帳單也來了。但胡力歐已經沒皮夾了。「我跟你說啊，」他對孩子說道。「我看這次得要你來買單了，因為你拿了我的錢，我就沒辦法付帳了。所以如果你把皮夾還我，我會很樂意請你。」

孩子把皮夾還他，胡力歐付了帳然後給他二十美元。不過他說，有個條件：這個青少年得把刀子交出來。

後來一名記者問胡力歐說，為什麼他要請本來想搶他的搶匪吃晚餐，他想都沒多想：「你知道嗎，我心裡盤算的是，如果你正直待人，你就只能希望他們也正直待你。在這複雜的世界裡，這道理真是再簡單不過了。」[1]

當我把胡力歐的善行跟一個朋友說了以後，他沒過兩秒就直接開口。「抱歉讓我吐一下。」

OK，所以這個故事有點太肉麻了。這讓我想起我小時候在教堂裡聽過的老掉牙課程。好比說《馬太福音》第五章的〈山上寶訓〉：

你們聽見有話說，「以眼還眼、以牙還牙。」只是我告訴你們，不要與惡人作對。有人打你的右臉，連左臉也轉過來由他打。有人想要告你，要拿你的裡衣，連外衣也由他拿去。有人強逼你走一里路，你就同他走二里。

你心想，當然囉。這樣盤算很棒啊，耶穌——前提是大家都是聖人。問題是：我們都太有人性了。而在真實世界中，沒有比把另外半邊臉轉過來更天真的舉動了。對吧？

直到最近，我才了解到耶穌是在提倡一種相當理性的原則。當代心理學家稱這為非互補性行為（non-complementary behaviour）。就如我前面提到的，我們人類大部分時候都在鏡映彼此。有人讚美你，你很快就投桃報李。有人講了讓你不爽的事，你便有股衝動想酸回去。前面幾章我們看到這些正負面的反饋迴路，在學校、公司和民主政體裡可以有多強大。

當別人好心對待你，你很容易就知道該怎麼做才對。容易，但還不夠。再次引用耶穌：「如果你們只愛那些愛你們的人，有什麼賞賜呢？稅吏不也這樣做嗎？如果你們只問候你們的弟兄姊妹，跟人比有什麼特別呢？」[2]

問題是，我們能不能再前進一步？如果我們不只假設我們的孩子、我們的同事、我們的鄰居是善良的，也去假設我們的敵人是善良的，那會怎樣呢？那實在難上太多，且違反我們的直覺。看看聖雄甘地（Mahatma Gandhi）以及馬丁·路德·金恩，這兩位或許堪稱二十世紀最偉大英雄的人物，他們在非互補性行為上是行家，然而他們卻不是尋常人等。

那其他人怎麼辦？你和我有沒有辦法把另一邊臉轉過來？我們能不能讓這種事大規模發生——好比說，在恐怖攻擊後或者戰爭期間，在監獄或者警察局發生呢？

第十六章
與恐怖分子喝茶

1

在挪威奧斯陸南方約六十英里（約九十七公里）的某片森林裡，有著世界上最奇怪的一座監獄。

在這裡，你看不到牢房或鐵欄杆。你看不到帶手槍或手銬的獄卒。你會看到一片白樺和松木森林，還有一片步道交叉的綿延起伏風景。環繞著整體的是一座高聳的鋼鐵牆——提醒你人們可不是自願待在這的少數東西之一。

哈爾登監獄（Halden）的囚犯都有自己的房間。有鋪設在地板下的保暖設備，有平板電視，有私人衛浴。有囚犯可以烹飪的廚房，裡頭有瓷盤和不鏽鋼刀。哈爾登也有圖書館，有攀岩場和裝備齊全的播音間，囚犯可以在裡面錄製自己的唱片。專輯是由他們自己的商標，也就是——我沒在開玩笑——「罪犯唱片」來發行。目前，有三位囚犯曾經是《挪威偶像》（*Idol*）的參賽者，而第一場監獄音樂劇正在籌畫中。[1]

哈爾登是你可能會稱作「非互補性監獄」的教科書典範。工作人員不是鏡映那些囚犯的行為，而是把自己的另一邊臉轉過來——甚至對最大尾的重刑犯也一樣。事實上，獄卒根本不帶武器。「我們跟這些人聊天，」一名獄卒說，「那就是我們的武器。」[2]

如果你心想，這應該是挪威最軟性的矯正設施，那你就錯了。哈爾登是最高安全等級監獄。關有約兩百五十名毒販、性侵者和殺人犯的這所監獄，也是該國第二大監獄。

如果你在追求的是更軟性的監獄，那其實也只在同條路上相隔幾英里的地方。不用開太久的車就會來到巴斯托伊（Bastøy），一座風光如畫的島嶼，上頭有一百一十五名重刑犯正在等最後幾年的刑期過完。這裡的情況可以和英國廣播公司的《監獄實驗》相比擬，就是那個淪為和平主義者公社而讓人打呵欠的實境秀（見第七章）。

當我第一次看到這座島的照片時，我根本不敢相信自己看到什麼。囚犯和獄卒一起煎漢堡排？游泳？在陽光下悠悠哉哉？說真的，你根本分不太出監獄工作人員和囚犯。巴斯托伊的獄卒不穿制服，而且所有人坐在同樣的桌邊一起吃飯。

在島上，有各式各樣的事情可做。有一間電影院，有日曬床和兩個滑雪坡。幾名囚犯一起組成了一個樂團，叫巴斯托伊藍調樂隊（Bastøy Blues Band），還真的幫美國德州傳奇搖滾樂團 ZZ Top 暖過場。島上也有教堂、雜貨店和圖書館。

乍聽之下，巴斯托伊彷彿比較像豪華度假村，但它其實並沒那麼悠哉。囚犯得要努力工作來讓自己的社區維持運作：他們要犁田種東西，要收成來煮東西，砍自己用的木柴並做自己需要的木工。一切都是可循環再利用的，而他們自己生產四分之一的食物。有些囚犯甚至通勤到島外去做本土的工作，利用的是囚犯自己營運的渡船。

對了還有，為了工作，這些人也可以使用刀、槌子，以及其他並非不能拿來當殺人武器的東西。如果他們需要砍倒一棵樹，也可以使用鏈鋸。就連當初殺人用的兇器是——對，就跟你猜的一樣——鏈鋸的定罪殺人犯也可以用。挪威人瘋了嗎？將一整船的殺人犯判處度假村徒刑是有多天真？如果你問巴斯托伊的工作人員，他們會說這再正常不過了。在挪威這個百分之四十監獄獄卒都是女性的國家，所有的獄卒都得完成兩年的訓練課程。他們會學到，該和囚犯交朋友，而不是高高在上羞辱他們。

挪威人稱這為「動態保安」，以便和舊式的「靜態保安」區別——後者就是有鐵欄杆牢房、帶刺鐵絲網和監視攝影機的那種。在挪威，監獄不是在避免惡質行為，而是在避免惡質意圖。獄卒知道，盡自己所能幫助囚犯準備回歸正常生活，是他們的職責。根據這個「常態原則」，牆內的生活必須盡量與牆外愈像愈好。

而且不可思議的是，這真的有效。哈爾登和巴斯托伊是平和的社群。傳統監獄是典型的「全控機構」——那種霸凌猖獗的地方（見第十四章）——但在挪威監獄裡，囚犯卻相處融洽。每次起了衝突，雙方都必須坐下來討論，而他們在握手前都不能離開。

「這真的很簡單，」巴斯托伊的典獄長湯姆．艾伯哈特（Tom Eberhardt）解釋道。「把人當作糞土對待，他們就會變成糞土。把他們當作人對待，他們的行動就會像人。」[3]

即便如此，這還是沒能說服我。理性上來說，我可以理解為什麼非互補性監獄有可能成效較佳。然而，直覺上來說，它似乎想法錯誤。那些受害者要是知道這些殺人兇手被送到快樂村，會有什麼感覺？

但當我讀了湯姆・艾伯哈特的解釋，這套做法就開始有道理了。首先，大部分的囚犯早晚有一天會獲釋。在挪威，百分之九十的人會在一年內重獲自由，所以他們很顯然將會成為「某人」的鄰居。[4]就如艾伯哈特向一位美國記者所解釋的，「我跟人們說，我們每年都會釋放鄰居出來。你希望他們放出來時是顆定時炸彈嗎？」[5]

到最後，我的推論是，有一件事比其他都來得重要：結果。這種監獄會產生什麼樣的結果？二〇一八年夏天，有一支挪威和美國經濟學家組成的研究團隊著手解答這個問題。他們觀察了「再犯率」——某個人會重複犯罪的機率。根據該團隊計算，從哈爾登和巴斯托伊這類監獄出來的前囚犯，再犯率比那些被判處社區服務或罰金的犯罪者還低了將近百分之五十。[6]

我十分震驚。幾乎百分之五十？可從來沒聽過這種事。那代表說，以平均每名定罪者來算，前者未來都會比後者少犯十一次罪。此外，若以一名前囚犯找到工作的可能性來比，前者則是比後者高了百分之四十。被關在一間挪威監獄裡真的會改變人生方向。

因此，挪威有著引以為傲的世界最低再犯率，也就不是什麼巧合了。相比之下，美國監獄體制的數字就最高。在美國，百分之六十的囚犯會在兩年後就回到牢裡，挪威相比之下只有百分之二十。[7]在巴斯托伊甚至更低——僅僅百分之十六——讓這裡成為全歐洲最棒的矯正機構，搞不好還是全球最棒的。[8]

OK，好。但挪威的方法不是貴到不可思議嗎？

上述那群經濟學家在二〇一八年發表的文章末尾計算了成本和獲利。根據他們的計算，待在挪威監獄的成本是每名定罪者六〇一五一美元——幾乎是關在美國的兩倍。然而，因為這些前受刑人接下來犯的罪比較少，他們也就替挪威執法機關省下了每人七一二二六美元。而且因為他們大部分有找到工作，也就不需要政府協助，此外他們還會繳稅，又另外替整個體制省下了平均每人六七〇八六美元。最後，但也最重要的是，受害者的人數下降了，而這是無價的。

結論是：即便用保守估計，挪威監獄體制賺回的也是原先成本的兩倍多。挪威的方法不是什麼天真的、社會主義式的反常現象。它是一個比較好、比較人性、也沒那麼貴的體制。

2

一九六五年七月二十三日那天，一個有十九名犯罪學家的委員會在美國華盛頓特區集合，召集人為總統林登．貝恩斯．詹森（Lyndon B. Johnson）。他們的任務：在接下來兩年裡，針對美國執法系統發展出一套全新願景，範圍涵蓋從警務到拘留關押的一切。

當時是動盪的一九六〇年代。一個新世代正在權力大門上猛敲，犯罪率正在上升，而陳舊的刑事司法制度已經拖著腳步跟不上時代。犯罪學家們知道，是時候來計畫做大事了。等到他們終於交出報告時，裡頭已包含了超過兩百項建議。緊急應對單位需要全面改革，警員訓練需要更有效率，還需要一個全國緊急熱線——見證九一一的誕生吧。

但其中最激進的建議，是和美國監獄的未來有關。在這一方面委員會可說直言不諱：

> 在許多機構裡的生活，就算講得最好聽也只是貧乏而徒勞，講難聽就是殘

暴又丟人到無法形容。〔……〕他們〔囚犯〕的居住環境，如果是為了要讓他們成功重回社會，那可以說是糟糕到極點的準備，而且通常只會在他們心中強化一種操控或者毀滅的模式。[9]

委員會說，是時候來全面改革了。不要再有欄杆、牢房和無止盡的走廊。「建築上來說，模範機構會盡可能類似一間普通的居住環境，」專家如此建議。「舉例來說，房間會有門而不是欄杆。囚犯會在不拘小節的氣氛下在小桌邊用餐。會有教室、休閒設施、娛樂室，或許還有商店和圖書館。」[10]

很少有人知道，美國幾乎就要打造出一套類似今日挪威的監獄體制了。這個「新世代」監獄最初的試驗版在一九六〇年代末啟用。在這些設施裡，被拘留者有自己的房間，房門都通往一個他們可以談天、閱讀並玩遊戲的公共區域，同時由一名沒有武裝的獄卒留意大小事。裡面有柔軟的地毯、附軟墊的家具，以及真正的陶瓷馬桶。[11]

看哪，專家們說：未來的監獄。

事後來看，風向的轉變——以及造成轉向的原因——實在是快到驚人。事情是從菲利普・金巴多起頭的，他在一九七三年二月為他的史丹佛監獄實驗發表了第一篇學術文章。這位從來沒造訪過真正監獄的心理學家斷言，監獄本來就是殘暴的，不管你怎麼替它裝扮都一樣。

金巴多的這個判決獲得了熱烈歡迎，並在一年後隨著臭名昭著的馬丁森報告（Martinson Report）現身而聲名大噪。這份報告背後的人物羅伯特・馬丁森（Robert Martinson）是紐約大學的社會學家，人人都知道他是個儘管有點瘋狂但傑出的人物，他也是一個意志堅決的人。馬丁森年輕時曾是一位公民權利運動者，還落得待在牢裡三十九天（包括三天單獨監禁）。這個糟糕的體驗讓他深信，所有的監獄都是野蠻的地方。

一九六〇年代末，就在學位修畢之後沒多久，馬丁森獲邀參加一個大計畫，分析從課程到療程到監督等範圍廣泛的矯正策略，目標在於幫助犯人走上正軌。馬丁森和另外兩位社會學家一起工作，從全世界超過兩百項研究中蒐集了數據資料。他們多達七百三十六頁的最終報告，非常缺乏想像力地命名為《矯正治療的效力：一場針對多項治療評估的研究調查》（*The Effectiveness of Correctional Treatment: A Survey of Treatment Evaluation Studies*）。

因為記者不太會去讀這類複雜的研究，馬丁森也在一本知名雜誌上發表了研究成果的短篇摘要。標題：〈什麼有效？〉（What Works?），結論：什麼都沒效。「除了少數孤立的例外，」馬丁森寫道，「目前為止報告過的矯治工作對再犯情況都沒有可見的效果。」[12]這位先進的社會科學家——就跟菲利普・金巴多差不多——希望每個人都能認清，監獄就是沒意義的地方，應該全部都關門。

但實情不是那樣。

一開始媒體愛死了這位充滿個人魅力的社會學家。報紙和電視節目給了馬丁森能重複他這嚴苛判定的發聲平台，而他的共同作者們則是在一旁急跳腳。事實上，在他們分析的研究中，有百分之四十八得出了正面結果，證明矯治工作是有效的。[13]

馬丁森報告的不準確摘要，替強硬派清開了路。保守的決策者宣布，這就是有些人是天生壞蛋、且會一路壞下去的證據。這證明整個矯治的概念都在違抗人性。他們宣稱，最好就是把這些壞胚子關起來，然後把鑰匙丟掉。這就開創了一個嚴厲、更嚴厲、最嚴厲的新紀元，並中斷了美國的新世代監獄實驗。

諷刺的是，馬丁森兩年後撤回了他的結論（「與我先前的立場相反，有些治療計畫確實對再犯有可見的效果」）。[14]在一九七八年的一場研討會上，一位震驚不已的教授問他，如果這樣的話自己要怎麼回去跟學生交代。馬丁森回答說：「就跟他們說我當時在胡說八道。」[15]

到了那時候，已經沒什麼人在聽了。馬丁森寫下最後一篇文章來坦承自己的錯誤，但只有一本沒人知道的期刊願意刊登。就如另一位科學家觀察到的，這篇文章「可能是矯治相關的所有刑事司法爭論中，最少人去讀的一篇文章」。[16]馬丁森的修正在報紙、廣播和電視的忽視中消失了。幾週後，這位五十二歲的社會學家從他所住的某曼哈頓公寓大樓的十五樓跳下，而那也沒上新聞。

3

此時，換成別人來上頭條：詹姆斯．Q．威爾遜（James Q. Wilson）教授。講出他的名字可能不會特別聯想到什麼，但只要我們想了解美國刑事司法體制是怎麼到達現在這種狀況，就一定得要面對這個人。在馬丁森自盡後的那些年裡，威爾遜將會改變美國歷史進程。

身為哈佛大學的政治科學教授的威爾遜，是那種對什麼都有看法的人——從生命倫理學到打擊毒品，從憲政國的未來到潛水。[17]（他也喜愛跟二十英尺長的鯊魚一起入鏡。）[18]

但他一輩子的大部分成果都以犯罪為中心。如果說有哪件事是威爾遜最討厭的，那就是把另一邊臉轉過來給人打。他不需要那種仁慈對待囚犯的新世代監獄。他說，探索犯罪行為的「起源」是浪費時間，而自由主義者在那邊喋喋不休的、所謂幼少年時期困境所造成的影響，根本是沒搞清楚。有些人純粹就是敗類，最該做的是把他們關起來。不然就處決。

「今日許多開明的讀者還認為這樣的陳述很殘酷，甚至覺得很野蠻，」這位哈佛大學的教授寫道，「而這就顯現出我們的想法有多混淆。」[19]

然而，對威爾遜來說，這完全言之成理。他一九七五年出版的書《思考犯罪》（*Thinking About Crime*）大受華盛頓首府的諸多領導人歡迎，其中包括了傑拉德・福特（Gerald Ford）總統，他在該書發行的同一年稱讚威爾遜的想法「最為有趣且幫助最大」。[20]領導的官員們大力聲援他的思想。威爾遜教授有耐心地諄諄教誨，對付犯罪的最佳處方，就是把罪犯關起來。這會難到哪去？

在讀了好幾篇有關詹姆斯．Q．威爾遜對司法制度之影響力的文章後，我突然想起來了。我以前就聽過這名字。

結果發現，一九八二年威爾遜還想到過另一個革命性概念，日後會以「破窗」理論留名青史。我第一次接觸到這個理論，是在我第一次讀到凱蒂．吉諾維斯兇殺案（以及三十八名袖手旁觀者）的同一本書裡：暢銷作家麥爾坎．葛拉威爾的《引爆趨勢》。

我還記得自己徹底被他寫威爾遜的那一章吸引住。「如果一棟樓的一扇窗戶破了沒修，」威爾遜一九八二年在《大西洋》（*The Atlantic*）月刊的一篇文章中寫道，「所有其他的窗戶很快也都會被打破。」[21]如果沒人出面干涉，毀壞財物的行徑之後就會出現占屋偷住者。接著，藥物上癮者可能會搬進來，之後誰被殺害就只是時間早晚的問題了。

「這是犯罪的流行病理論。」葛拉威爾如此評論道。[22]人行道上的垃圾、街上的遊民、牆上的塗鴉：那些都是謀殺和動亂的先兆。即便是一扇破窗都傳遞出人們沒有服從秩序的信號，通知罪犯說他們還可以再得寸進尺。所以，如果你想要對抗重大犯罪，你得從修好壞掉的窗戶開始。

一開始，我搞不懂。當每天都有人被殺的時候，幹嘛去擔心那麼不重要的違法行為？那聽起來──葛拉威爾不得不承認──「就跟鐵達尼號都朝冰山過去了還在刷甲板一樣沒道理。」[23]

但接著我讀到了第一場實驗的事。

一九八〇年代中期，紐約市地鐵滿滿都是塗鴉。公共運輸局決定該來做點什麼，所以他們請威爾遜的共同作者喬治．凱林（George Kelling）來當顧問。他建議大規模淨化。就連只有一點點塗鴉的列車，也要立刻送去刷乾淨。根據地鐵負責人所言，「我們做這事有種宗教熱忱。」[24]

接著來到第二階段。威爾遜和凱林的破窗理論不只適用於混亂，也適用於造成混亂的人。一個容許乞丐流氓任意遊蕩的城市，就是在準備往糟上更多的情況邁進。畢竟，就如威爾遜在二〇一一年所說的，「公共秩序是個脆弱的東西。」[25]不同於其他眾多科學家，他不太重視調查犯罪的結構成因，好比說貧窮或歧視。他反而強調，重要的只有一個終極原因：人性。

威爾遜相信，大部分人做的是一個簡單的成本效益計算：犯罪划不划得來？如果警察很馬虎或者監獄太舒服，保證會有更多人選擇犯罪。[26]如果犯罪率上升，解方也一樣直截了當。你就用更強的外部誘因來搞定，好比說更高的罰金、更長的刑期和更嚴酷的執法。一旦犯罪的「成本」提高，需求就會掉下來。

有一個人等不及要實踐威爾遜的理論：威廉．布拉頓（William Bratton）。而布拉頓便是我們這故事的最後一個關鍵。一九九〇年，他被指派為紐約市運輸警察局（New York City Transit Police）局長。布拉頓是威爾遜學說的熱誠信徒。這個活力十足的人，以持續向旁人發送《大西洋》月刊刊登的破窗理論文章影本而聞名。

但布拉頓想做的不只修窗戶。他想要藉著鐵腕，恢復紐約市的秩序。他挑了逃票者當作第一個目標。從現在開始，拿不出一點二五美元車票的地鐵乘客會被運輸警察逮捕、銬上手銬，然後慎重其事地整排列在地鐵月台上，讓每個人都能好好看一看。逮捕的人數變成了五倍。[27]

這對布拉頓來說連塞牙縫都不夠。一九九四年，他升任紐約市警察局長，很快地所有紐約客都體驗到了布拉頓的哲學。一開始，他的警官被許多規矩和規範所阻礙，但布拉頓把那些都清掉了。現在，任何人即便只是最輕度違規——公然飲酒、被逮到持有大麻、跟警察開玩笑——都有可能遭逮捕。套用布拉頓的話來說，就是「如果你在街上尿尿，就給我去坐牢」。[28]

奇蹟般地，新對策看起來似乎有效，犯罪率「大幅下滑」了。謀殺率呢？在一九九〇至二〇〇〇年間降低百分之六十三。搶劫呢？降低百分之六十四。偷車呢？降低百分之七十一。[29]一度被記者們嘲笑的破窗理論最終證明是天才之舉。

威爾遜和凱林成了該國最受人尊崇的犯罪學家。布拉頓局長登上了《時代》（*Time*）雜誌封面，接著還在二〇〇二年派任洛杉磯警察局局長，其後又於二〇一四年回任紐約警察局局長。他備受好幾代的警官所尊敬，他們自稱「布拉頓主義者」（Brattonistas）。[30]威爾遜甚至讚揚布拉頓「對該國的治安維護做出了最大的改變」。[31]

4

自從破窗理論首度在《大西洋》月刊刊登至今，幾乎已經過了四十年。這段期間，威爾遜和凱林的哲學已經滲透到美國最偏遠的地帶，甚至遠遠跨出國門，影響到歐洲和澳洲等地。在《引爆趨勢》中，葛拉威爾稱此理論為一大成功，而在我的第一本著作中，我對此也非常興致勃勃。[32]

我當時不知道的是，其實那時候已經沒幾個犯罪學家還信這套理論了。老實說，當我讀《大西洋》月刊的文章，讀到威爾遜和凱林的理論只是基於一場可疑的實驗時，就應該要拉響警報才對。

在這實驗中，一名研究者把一輛車停在某個體面的鄰里，一停就一個星期。他等著看，但什麼也沒發生。接著他帶了鐵鎚過來。研究者自己把其中一扇車窗打破之後，沒多久就潰堤了。在大約幾個鐘頭內，普通的路人就把整台車都拆了。

研究者的大名呢？菲利普．金巴多！

金巴多這篇從未發表在任何科學期刊上的車輛實驗，就是破窗理論的靈感來源。就像他自己的史丹佛監獄實驗一樣，這個理論從此被徹底拆穿。舉例來說，我們如今已知道，布拉頓和他那些布拉頓主義者的「創新式」維護治安，其實根本就不是造成紐約市犯罪率下降的原因。下降在那之前就已開始，而且也發生在其他城市。好比說，在警察不會去管那些不重要的惹是生非者的聖地牙哥。

二〇一五年，一項針對三十個破窗理論研究所進行的整合分析揭露，其實沒有證據證明布拉頓的侵略性維安策略對降低犯罪率有任何作用。[33]零，無，什麼都沒有。開交通罰單不會讓鄰里更安全，一如你不能靠刷甲板來拯救鐵達尼號。

我一開始的反應是：OK，所以逮捕乞丐和醉漢不會減少重大犯罪案。但能強化公共秩序還是不錯，對吧？

這就產生了一個根本的問題。我們在講的「秩序」是誰的？因為，大蘋果（紐約）的逮捕數一飛沖天時，「警察」濫權的報告也一併飆升。到了二〇一四年時，有成千成萬的示威者走上紐約以及波士頓、芝加哥和華盛頓等美國其他城市的街頭。他們的口號是：「破窗毀人命。」（Broken windows, broken lives.）

那可一點也沒誇大。根據兩名犯罪學家所言，侵略性維安會導致以下情況的人收到傳票：

> ……在布魯克林某公園吃甜甜圈的女子；在英伍德（Inwood）某公園裡下棋的人；早上四點把雙腳放在座位上的地鐵乘客；而在一個寒冷的夜晚，皇后區一對年長夫妻因為去購買必要的處方藥時沒繫安全帶而被傳喚。據說，警方吩咐男人走回家去拿身分證件——他家到藥局要走好幾個街區。當他回到藥局

時，警察已經用處方藥罐當作身分證明而開好了罰單。年長男子接下來突發的心臟病發作導致他死去。[34]

理論上聽起來棒到不行的做法，造成了愈來愈多草率的逮捕。布拉頓局長開始著迷於統計數字，麾下的警官也是。交上來數字最漂亮的警官得以升官，而那些落後的會被叫來電。結果產生了一個警官迫於壓力而盡量多開罰、盡可能多累積傳票的配額制度。他們甚至開始假造違法事件。有人在街上說話？以阻塞公用道路的名義逮捕他們。小孩在地鐵跳舞？以妨礙安寧的名義指控他們。

後來進行調查報導的記者發現，這制度到了重大犯罪卻是另一回事。警官受迫於施壓，而將大案件的報告寫得更溫和或者乾脆跳過，避免讓部門數字難看。甚至有性侵受害人接受了無止盡的詢問，因為警方企圖用小小的矛盾之處來讓他們說錯話。這樣的話，事件就不會被列入數字。[35]

帳面上來看，一切都好到不行。犯罪數字直線下墜，逮捕數一飛沖天，而布拉頓局長成了紐約的英雄。現實中，罪犯四處趴趴走，而成千成萬無辜的人成了嫌犯。時至今日，全美國的警察局仍然深信布拉頓哲學——這也就是科學家依舊認為美國警方統計數字不可靠的原因。[36]

還不只如此。人們也證明破窗策略等同於種族歧視。資料顯示，因為不當行為而被拘捕的人，僅僅百分之十是白人。[37]同時，有些黑人青少年即使從來沒有做過犯法行為，被攔下搜身的頻率仍是以月為基本單位——而且數年來都如此。[38]破窗理論毒化了執法單位和少數族群的關係，讓無數窮人背負付不起的罰金，也造成了致命的結果，就像埃里克·加納（Eric Garner）那樣，在二〇一四年因為據稱販賣單根菸（譯註：不以原包裝販售香菸，會有逃漏稅方面的疑慮）而被逮捕的過程中死去。「你每次看到我都要找我麻煩，」加納當時抗議道。「我受夠了……拜託你不要再煩我。我跟你說最後一次，我拜託你不要再煩我。」

但警員反而把他摔倒在地，還鎖住他的頸子。加納的遺言是「我沒辦法呼吸」。

要到現在，在讀過麥爾坎·葛拉威爾那本書的多年後，我才認清破窗理論是由一個徹底不實際的人性觀所支撐的。這又是飾面理論的另一個變體。它讓紐約的警察把普通人當成可能的罪犯對待：最小的一步失足，恐怕就是走向更大錯誤的第一步。畢竟，我們的文明只不過是吹彈可破的薄薄一層罷了。

同時，上層管理警察的方式就好像他們都沒有個人判斷力似的。沒有內在動機。他們的上司反覆灌輸他們，要讓部門在報紙上盡量好看。

這是否代表說，我們不用再去想著要把實際破掉的窗修好呢？當然不是。修破窗、清理房屋、聆聽當地人的擔憂，都是很好的想法。一如整齊有序的監獄會散發信任，整齊的鄰里也會感覺安全許多。[39] 而在你修窗戶之後，你可以用力把它們整個打開。

但威爾遜和凱林的論點，基本上不是在談實際破掉的窗或者照明不良的街頭。「破窗」是一個誤導人的比喻。實際上，被登記、被約束、被控管的都是普通人。

威爾遜教授到最後都堅定不移，直到二〇一二年過世前都還堅稱布拉頓主義者的方法是一大成功。然而，他的共同作者就因日漸累積的懷疑而備受煎熬。喬治・凱林覺得破窗理論太常遭到誤用。他自己關心的始終是破窗本身，而不是盡可能地多逮捕、多監禁那些黑人或棕皮膚的人。

「有太多以破窗理論之名做出的事令我後悔。」凱林在二〇一六年時承認。當他開始聽到全國各地的警察局長援引他的理論時，他心中閃過三個字：「X，慘了」。[40]

如果我們把破窗理論倒過來的話，會發生什麼事？如果我們可以重新設計監獄的話，我們能否同樣地再造警察部門？

我覺得我們可以。挪威——不然還能在哪邊——已經有社區治安的長久傳統，這種策略假定大部分人都是正派守法公民。警官設法贏得社群信任，他們已經先有一個想法是，如果人們都認識你，他們就比較有可能幫忙解決事情。鄰居們會多提供一些小提醒，家長發現小孩好像要走歪路時也會比較早通知警方。

早在一九七〇年代時，歐玲——研究共有財的經濟學家（見第十五章）——就進行了史上最大規模的美國警察局研究。她和研究團隊發現，較小規模的警力一直都比較大規模的警力表現得更好。前者比較快到場、解決比較多犯罪事件，和鄰里的關係比較好，而且這一切花的成本都比較低。更好、更人道，還沒那麼貴。[41]

社區治安這套想法在歐洲已行之有年。警察習慣與社區服務合作，甚至認為自己也是在做社工。[42]他們的訓練也很充足。美國警員訓練課程平均只有十九週長，這在歐洲大部分地方都難以想像。在挪威或德國這類國家，執法訓練要花兩年以上。[43]

但有些美國城市也在改變它們的方針。紐澤西州紐瓦克（Newark）的居民於二〇一四年選出一位黑人新市長，而他對於當代城市警察部門該像什麼樣，有著清楚的願景。他說，需要「認識人們的祖母、熟悉社區機構、把人當人看」的警察，「〔……〕而那只是起頭。如果不把你們維護安全的對象當成人，你們就會開始不人道地對待他們。」[44]

我們可不可以把「將另一邊臉轉過來」的原則再往前推一步？儘管這問題聽起來可能很荒謬，但我實在無法不去想：一個非互補性策略能不能也在反恐戰爭上生效呢？

在尋找答案的過程中，我發現這個策略早就有人試過了——事實上，就在我自己的國家裡。專家們甚至把它稱作「荷蘭做法」。事情是從一九七〇年代開始的；當時荷蘭面對著一股左翼恐怖主義的暴力浪潮。然而政府並沒有頒布新的安全法，媒體則按照執法單位所要求，對報導做出了限制。當西德、義大利和美國把最強武力——直升機、路障、部隊——都搬出來的同時，荷蘭人則是不把恐怖分子要的平台給他們。

事實上，警方甚至連「恐怖主義」這個詞都拒絕使用。他們比較偏好的用詞是「暴力政治行動主義」或者老古板的「罪犯」。同時，荷蘭的情報人員在幕後忙著滲透極端主義者的團體。他們特別關注恐怖主義者——抱歉講錯，罪犯——而沒有將一整塊人口都變成嫌疑犯。[45]

這就導致了某些喜感十足的狀況；好比說在某個紅色青年（譯註：Rode Jeugd，荷蘭的共產組織）的小小組織裡，四個人裡面就有三個是臥底。到最後，每次他們發動攻擊都因為老有人尿遁或把地圖拿反而困難重重。

「一個幕後的、適時的、謹慎的反恐政策，」一位荷蘭歷史學家做出結論，「讓本來大幅上升的暴力得以停止。」[46]當某些紅色青年造訪位於葉門的恐怖分子訓練營時，這些荷蘭恐怖分子眼見德國和巴勒斯坦戰士的認真投入而震驚不已。那恐怖到了極點，一就如一名荷蘭成員後來說的，「他們把那搞得完全沒有趣味。」[47]

「把另一邊臉轉過來」的方法還有一個比較晚近的例子，是來自丹麥的歐胡斯（Aarhus）。二〇一三年末，當地警方決定不把那些想去敘利亞戰鬥的年輕穆斯林抓起來或關起來，而是給他們一杯茶。還有一位導師。他們動員家人和朋友，確保這些青少年知道有人愛他們。同時，警方也強化了與當地清真寺的聯繫。

不少批評者批評歐胡斯的手段軟弱，或者天真。但這裡的警方選擇的其實是一種勇敢而艱難的策略。「所謂的簡單，」一位警司如此挖苦道，「是通過強硬的新法條。比較難的，是陪個別的人走一整趟真正的流程：一整個專家小組、諮商、醫療保健、協助復學、協助就業，可能還要協助尋找住處〔……〕我們不是出於政治信念才這麼做；我們這麼做，是因為認為這方法有效。」[48]

而它確實有效。當歐洲其他城市的出走敘利亞現象持續未衰，從歐胡斯前往敘利亞的聖戰士人數卻從二〇一三年的三十個掉到二〇一四年的一個，以及二〇一五年的兩個。「就我所知，歐胡斯是第一個根據可靠的社會心理學證據和原則來努力應對〔極端主義〕的。」馬里蘭大學（University of Maryland）的一位心理學家如此評論。[49]

接著還有挪威。即使該國發生了史上最駭人聽聞的恐怖攻擊，人們還是設法保持冷靜。二〇一一年右翼極端主義者安德斯．布雷維克（Anders Breivik）犯下了大屠殺後，該國首相宣告：「我們的回應是更民主、更開放，以及更人道。」[50]

做出這種回應，一定會有人指控你視若無睹，或者是挑簡單的做。但更民主、更開放以及更人道才是真正「不」容易的做法。相較之下，強硬措詞、報復、關閉邊界、扔炸彈、把世界切割成好人和壞人——那才叫簡單。那才叫假裝沒看見。

5

有些時候，情況會變得無法假裝看不見。那是現實拒絕被忽視的時刻。二〇一五年十月，美國北達科他州最高層級的監獄官員代表團，就經歷了這樣的一刻。

事情發生在某次洽公拜訪挪威的行程中。跟不知道的人說一下，北達科他是一個人口稀疏的保守州。該州的監禁率是挪威的八倍。[51]那裡的監獄呢？都是老式的圍欄；全都是長長的通道、欄杆和嚴厲的獄卒。這批美國官員並不期待從這趟旅程學到什麼。「我當時很傲慢，」一位官員日後說。「想說除了會看到我所謂的宜家（IKEA）監獄之外，到底還能看到什麼？」[52]

但接著他們看到了那幾間監獄。哈爾登、巴斯托伊。寧靜、信任。囚犯和獄卒互動的方式。

某天晚上坐在奧斯陸麗笙酒店（Radisson Hotel）酒吧的，是北達科他懲教署（North Dakota Department of Corrections）的署長。在同事間以強悍不妥協而出名的黎安・伯奇（Leann Bertsch）哭了起來。「我們怎麼會覺得把人類放在像籠子一樣的環境裡面是ＯＫ的？」[53]

一九七二至二〇〇七年間，根據人口成長調整後，囚禁在美國的人數成長了超過百分之五百。[54]而那些囚犯平均被關了六十三個月——比挪威囚犯長七倍。如今，全世界的監獄人口幾乎有四分之一都關在美國。

大規模監禁是政策有意為之的結果。威爾遜教授和其追隨者都相信，你關愈多人，犯罪率就愈低。但真相是，許多美國監獄已經轉型為罪犯訓練場——一間間代價高昂且作育更多無賴英才的寄宿學校。[55]幾年前，有消息說邁阿密的一間超巨型設施已經擁擠到多達二十四名囚犯塞在一間牢房，一週只有兩次各一小時的放風時間。結果就是在囚犯間發生了一場「殘暴的角鬥士規則鬥毆」。[56]

從這種機構放出來的人，對社會構成了真正的危險。「我們之中的絕大多數人就真的成為別人口中的樣子，」一名加州監獄的前囚犯說，「暴戾、不講理，而且沒辦法像有自制力的成年人那樣端端正正。」[57]

黎安・伯奇從挪威回國後，便認清北達科他的監獄必須改變。她和工作團隊規劃了一個新任務：「貫徹我們的人性」。[58]

第一步：擱置破窗策略。本來制定了涵蓋三百多種違規行為的規範——舉例來說，沒有把襯衫下襬紮進去，可能就會被關禁閉。如今所有挑剔的規矩都取消了。

接著，他們替獄卒擬了新的規程。別的先不提，他們一天至少得和囚犯進行兩次對話。這是一大轉變，而且遭到了相當大的反彈。「我快怕死了，」一名獄卒回憶道。「我為工作人員感到害怕，我為整個設施感到害怕。當我們談到某個特定的傢伙要離開的時候，我怕極了，但我錯了。」[59]

幾個月過去，獄卒們變得更樂在工作。他們辦了一個合唱團和繪畫班。工作人員和囚犯開始一起打籃球。而事件次數有了顯著減少。據一位獄卒所言，以前「一週至少就有三到四次」麻煩事件。「有人打算自殺，或者有人試著把牢房弄到淹水，或者整個騷亂起來。我們今年幾乎都還沒碰到這種事。」[60]

那之後，美國又有六個州的最高階官員前往挪威，其後又有更多人紛紛跟進。北達科他州的伯奇署長持續強調，改革不過就是種常識。把整堆人關起來就是個壞主意，而且明顯可證挪威模式比較好。沒那麼貴，更合乎實際。

「我可不是自由派的，」伯奇如此發誓。「我只是務實罷了。」[61]

第十七章 仇恨、不公不義和偏見的最佳解方

1

我忍不住一直思考挪威監獄背後的想法。如果我們能把另一邊臉轉過去給罪犯和恐怖分子預備軍打，或許我們還能以更大的規模來運用同個策略。或許我們可以讓誓不兩立的仇敵和好，甚至摧毀種族主義和仇恨。

我想起一個碰巧在某個註腳上看到、但沒有追查下去的故事。這故事在說，有兩兄弟幾十年來針鋒相對，到最後卻設法避免讓內戰全面爆發。這故事聽起來不錯，對吧？我後來在一整堆的舊筆記裡找到了這對兄弟的名字，而那之後，我便想知道他們的一切。

2

這對兄弟的故事，和二十世紀一位最有名的人物有著密不可分的關聯。一九九〇年二月十一日，有千百萬人緊盯著電視看他。被囚禁了二十七年的納爾遜·曼德

拉（Nelson Mandela），在這一天重獲自由。總算，南非的黑人白人有了和平與和解的希望。「拿起你們的槍、你們的刀和你們的大砍刀，」曼德拉在獲釋後沒多久就大喊，「然後都丟進海裡！」[1]

四年後，一九九四年四月二十六日，該國舉行了第一場「全」南非人的普選。當時的景象同樣扣人心弦：投票所前無止盡的隊伍，一共兩千三百萬名投票者。那些老到記得南非種族隔離制度（apartheid）的黑人男女，進行了他們有生以來的第一次投票。過去帶來死亡和毀滅的直升機，現在拋下了鉛筆和選票。

一個種族主義政權垮台，而一個民主政體誕生。兩週後，也就是五月十日，曼德拉宣誓就職，成為該國第一位黑人總統。在他的就職典禮中，戰鬥機拖著彩虹國色彩的凝結尾劃過天空。混合了綠、紅、藍、黑、白和金色的南非新國旗，是地球上最多彩的國旗。

比較少人知道：上述這件事本來大有可能完全不會發生。

我們今日所知的南非差點就失敗了。從曼德拉獲釋到他當選總統的四年間，這個國家其實瀕臨內戰。而完全被遺忘的，是在避免內戰發生的過程中有著關鍵作用的兩兄弟——一對同卵雙胞胎。

康斯坦德·維爾容（Constand Viljoen）與亞伯拉罕·維爾容（Abraham Viljoen）出生於一九三三年十月二十八日。小時候他們倆形影不離。[2] 這對兄弟念同所學校，待在同一班。他們聽同個老師講同一套白人優越性的宣傳。

更重要的是，他們被同一段歷史所塑造。康斯坦德和亞伯拉罕是阿非利卡人（Afrikaner）。他們是一六七一年上岸並與荷蘭殖民者通婚的法國胡格諾派（Huguenot）教徒後裔（譯註：此句是指「維爾容」這個姓氏）。這群阿非利卡人一八九九年將起身對抗英國在南非的統治政權，但最終卻被殘忍地擊潰。

兩兄弟的父親小時候體驗過英國的集中營。他無助地、眼睜睜地看著他的一個兄弟和兩個姊妹死在他們母親的懷中。康斯坦德和亞伯拉罕的家庭因此屬於一群受壓迫者，但有時候，受壓迫者會成為壓迫者，而就是這個真相日後將使兩兄弟分道揚鑣。

一九五一年，在兩人十八歲生日後沒多久，他們的母親宣布，家裡沒有錢同時送他們兩個去念普利托利亞（Pretoria）的大學。你去吧，康斯坦德對亞伯拉罕，或者人們口中的「布拉姆」（Braam）這麼說。畢竟，布拉姆是兩兄弟裡比較聰明的

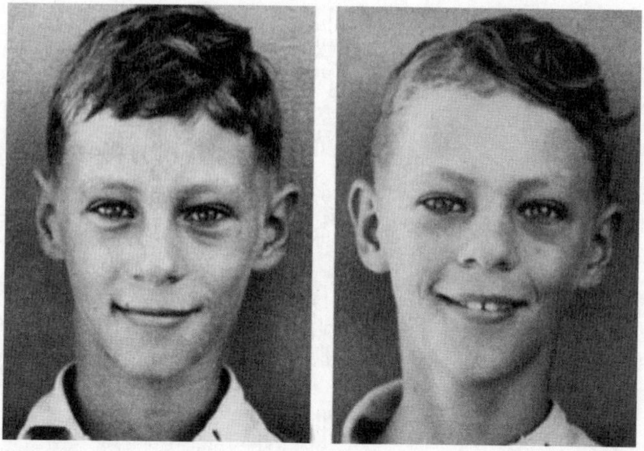

康斯坦德（左）和亞伯拉罕的學生照。資料來源：Andries Viljoen

那個。

當他的兄弟攻讀神學時，康斯坦德則是入伍從軍。軍中生活適合他，而那裡變得像是第二個家庭。當布拉姆埋首書堆時，康斯坦德則是從直升機一躍而下。當布拉姆在荷蘭和美國做研究時，康斯坦德在尚比亞和安哥拉作戰。而當布拉姆和來自全世界的學生成了朋友，康斯坦德則是和自己的同袍結下深刻的羈絆。

一年年下來，這對兄弟漸行漸遠。「我接觸了公正待遇的議題，」布拉姆後來回憶道，「以及人人平等的信念。」[3]布拉姆開始發覺，自己從小到大身處其中的南非種族隔離制度是一個犯罪體制，否定了《聖經》所教導的一切。

海外求學多年返國後，許多南非人把布拉姆當成一名逃兵，一名異端，一個叛徒。「他們說我被影響了。」他後來說道。「說當初根本就不該讓我去國外。」[4]但布拉姆沒有接受勸阻，還持續呼籲平等對待黑人同胞。一九八〇年代，他代表一個以終結南非種族隔離制度為目標的政黨投入選戰。他愈來愈清楚知道，這個種族隔離政府就是個殺人政權。

同時，康斯坦德逐漸成為南非最受人愛戴的軍人。他的軍服很快就掛滿勳章而閃閃發光。在生涯頂峰時，他成為包含陸海空軍的南非國防軍總司令。而且到一九八五年為止，他都還是南非種族隔離制度的擁護者。

最後，維爾容兄弟彼此就完全無話可說。幾乎沒人記得維爾容將軍——愛國者、戰爭英雄兼一大堆阿非利卡人的心頭好——居然還有個雙胞胎兄弟。

然而，他們的羈絆將決定南非的未來。

3

你要怎麼讓誓不兩立的敵人和解？

一位美國心理學家懷抱這個問題，於一九五六年春天出發前往南非。此時南非已經施行了種族隔離制度。跨族婚姻遭到禁止，而該年稍晚，官方還會通過一條法律，把更好的工作保留給白人。

這位心理學家的名字是高爾頓・奧爾波特（Gordon Allport），而他一輩子思索的就是兩個基本問題：一、偏見是哪邊來的，二、我們怎麼預防它？經過多年研究，他找到了一種神奇解藥。或者至少他自認為找到了。

那是什麼呢？

接觸。不多不少，就是這樣。這位美國學者懷疑，偏見、仇恨和種族主義起源自缺乏接觸。我們大幅將陌生人概括而論，是因為我們不了解他們。所以解方看起來就很明顯了：更多接觸。

大部分科學家對此不以為然，並稱奧爾波特的理論過度簡化又太天真。當時二戰的記憶猶新，因此人們的普遍共識是，更多接觸會導致「更多」摩擦。在同樣那幾年，南非的心理學家還在調查，有沒有種族生物學方面的「科學性」差異，可以讓「分隔發展」（白話說法：南非種族隔離制度）獲得正當性。[5]

對許多南非白人來說，奧爾波特的理論實在太震撼。這裡居然有個科學家聲稱，種族隔離制度不是他們問題的解答，而是成因。只要黑人白人可以見面──在學校、工作場合、教堂，或者隨便哪裡──他們就可以更加熟悉彼此。畢竟，我們只能愛我們所知道的人事物。[6]

這，概括而言，就是接觸假說。這聽起來太簡單而難以讓人相信，但奧爾波特有一些證據支持假說。他舉例指出，一九四三年發生在底特律的種族暴動中，社會學家注意到某個奇怪之處：「做鄰居的人不會在暴動時彼此找麻煩。在整個血腥星期一（Bloody Monday）的歷程中，韋恩大學（Wayne University）的學生──不分白人黑人──都平和地上課。而在軍工廠上班的白黑工人之間也沒有出現暴亂……」[7]

身為鄰居的人反而保護了彼此。當暴動者來到附近時，有些白人家庭為他們的黑人鄰居提供避難處。反之亦然。

而美軍在二戰期間收集到的資料更是了不起。規定上來說，黑人和白人士兵不應該並肩作戰，但在戰火正熱時，有時就會發生這種情況，而軍方研究室就發現，在同時有黑人排和白人排的連裡，不喜歡黑人的白人人數會少很多。講得更精準一點，少了「九倍」。[8]

奧爾波特寫了一頁又一頁接觸的正面效應。這可以應用於士兵和警察，應用於鄰居和學生。舉例來說，如果黑人孩童和白人孩童上同一間學校，就會發現他們本來的偏見沒了。這代表說布拉姆．維爾容在海外求學時體驗的並不是什麼例外狀況。那是常理。

奧爾波特這套接觸假說的最強大證據，或許是來自海上。一九三八年非裔美國人首度獲准進入海員工會時，一開始遭到了白人普遍抗拒。但一等到黑人和白人海員真的開始共事後，抗議就消失了。[9]

奧爾波特是個小心謹慎的人；他知道他的論點離無懈可擊還遠得很。搞不好是會加入混合船員組的水手一開始就沒那麼具有種族歧視。

當奧爾波特於一九五六年行經南非——在發表了他那篇接觸理論代表作的兩年後——他當初的懷疑就重新浮現了。[10]在這個好幾個世紀以來黑人白人都相鄰而居的國家，種族歧視並沒有減少，反而還看似增加了。在奧爾波特遇到的眾多阿非利卡白人中，似乎沒有人有精神障礙，然而所有人仍持續排除他人、歧視他人。所以，他的理論真的站得住腳嗎？

奧爾波特在一九六〇年代回顧了自己拜訪南非的經歷，認為他不得不承認，

對付種族主義的最好解方：一同出航。

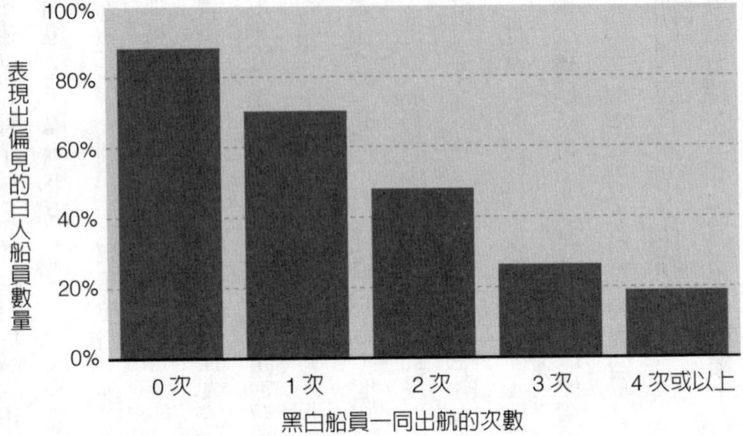

過去自己對「歷史的力量」視若無睹。[11]

4

時間是一九九三年五月七日。一萬五千名阿非利卡白人，把約翰尼斯堡以南約七十五英里（約一百二十公里）的波切夫斯特魯姆（Potchefstroom）橄欖球場擠得滿滿的。他們頭頂上有幾百面紅色和黑色的旗幟舞動著，上面有著怎麼看都頗似納粹鉤十字的符號。掛著長鬍子、穿著棕色上衣的農民們全副武裝，帶好了獵槍和手槍。[12]

大會的眾講者之一是尤金·特

雷布蘭奇（Eugène Terre'Blanche），阿非利卡人抵抗運動（Afrikaner Resistance Movement）的領袖。特雷布蘭奇長久以來著迷於阿道夫・希特勒的演說技巧，而他的黨羽就像三K黨，但更暴力。

那天球場裡滿是憤怒與恐懼。恐懼著如果曼德拉贏得了第一場全種族大選會怎麼樣，恐懼著失去他們的國旗和國歌，恐懼著整個文化的消滅。這一萬五千名憤怒的示威者也被稱作「戰到底派」（Bittereinders），名稱來自一百年前和英國人戰到底的那一派阿非利卡人。他們自認為是自由鬥士，準備使用任何必要手段。

只是說，他們缺了點東西；或者應該說，缺了某個人。他們現在需要的是一個領袖。某個指揮起來令人服氣的人，某個有模範履歷的人，某個可以像曼德拉代表「黑禍」（swart gevaar）那樣代表阿非利卡人的人物，且將在這場最終的、爭取自由的至關重要戰役中領導他們的人物。

簡單來說，就是一個像康斯坦德・維爾容那樣的人。

那天康斯坦德就在波切夫斯特魯姆現場。幾年前退休的他，現在過著平靜的農夫生活。但當暴民開始反覆喊他的名字時，他毫不遲疑。這位前將軍登上講台。

「阿非利卡人必須準備保衛自己，」康斯坦德對著麥克風大吼。「需要犧牲的血腥衝突不可避免，但我們將欣然犧牲，因為我們的目的是正當的！」

群眾欣喜若狂。

「你帶頭，」阿非利卡人們喊著，「我們跟著你！」[13]

康斯坦德就是這麼成了這個自稱「阿非利卡人民陣線」（Afrikaner Volksfront）的新聯盟的領袖。而這可不只是什麼政黨或者同盟而已，這是一支軍隊。康斯坦德正在為戰爭動員，他要不惜一切代價避免多種族大選進行。

「我們那時得要打造一股巨大的軍事力量，」康斯坦德後來回憶道。[14]在短短兩個月內，阿非利卡人民陣線招募了十五萬名阿非利卡人，包括十萬名有經驗的軍人。光是搬出「康斯坦德・維爾容」的名字就足以說服大部分人了。

同時，他們必須設計出一套進攻計畫，而那就產生了一連串神智錯亂的提案。有一個人提議，或許應該伏擊曼德拉所屬政黨「非洲民族議會」（African National Congress, ANC）的領導人。不，另一個人說，他們應該在西川斯瓦（Western Transvaal）私刑處死一萬五千個黑人並丟進一個大墳墓裡。一天天過去，人們的情緒愈來愈狂亂。

在七十五英里外的約翰尼斯堡，康斯坦德的兄弟亞伯拉罕有種強烈的不祥預感。「有時候，我覺得悲劇的古典元素正在此處匯聚成形。」他在一份寫給曼德拉和非洲民族議會的備忘錄中寫道。[15]但布拉姆也明白他必須有所行動，他知道他是全南非唯一有可能改變他兄弟心意的人。在整整四十年不相往來後，他們現在非得對話不可。

「如果他能把康斯坦德爭取過來，」一位歷史學家日後寫道，「就有可能達成一場從種族隔離制度到民主政體的和平轉移。若沒成功，戰爭就不可避免了。」[16]

一九九三年七月初，離選舉還有十個月時，布拉姆抵達了普利托利亞市區的阿非利卡人民陣線辦公室。

兩兄弟一坐定，布拉姆就單刀直入。

「你有哪些選擇？」

「就目前情況來看，」康斯坦德回答，「我們只有一個選擇，那就是開戰。」[17]

接著布拉姆給了個提議，一個他和納爾遜．曼德拉一起在最高機密下敲定的計畫。布拉姆問康斯坦德，如果是和非洲民族議會領袖們坐下來直接談談他這群人的地位，他意下如何？在此之前，這樣的提議康斯坦德已經拒絕了九次。但這一次他的回答不一樣。

這次是他兄弟來問。

所以結果是一對同卵雙胞胎，於一九九三年八月十二日一起抵達了位在約翰尼斯堡的一間別墅門口。他們本來預期會有家政人員來接待，但站在他們面前露齒笑開的是他本人。納爾遜·曼德拉。

這是歷史性的一刻：新南非英雄與舊南非英雄面對面。和平締造者對上正在動員戰爭的人。「他問我要不要喝茶，」康斯坦德在事件多年後回憶道。「我說好，他就幫我倒了一杯。他問我要不要牛奶，我說好，他就倒了牛奶。接著他問我茶要不要加糖，我說要，他就加了糖。我就只負責攪一攪而已！」[18]

他們談著談著，很明顯就看得出曼德拉是有下工夫去了解阿非利卡人的歷史和文化。曼德拉點出一百年前維爾容家族為自由對抗英國人和他自己對抗南非種族隔離制度之間的相同點，令康斯坦德印象深刻。歷史學家後來評論道，最重要的是，曼德拉以這名軍人所使用的語言和他說話。「將軍，」他用阿非利卡語說，「如果我們開戰，就不會有贏家。」

康斯坦德點了頭，「是不會有贏家。」[19]

那場首度會面開啟了康斯坦德和曼德拉兩人為期四個月的祕密會談。就連弗雷德里克・威廉・戴克拉克（Frederik Willem de Klerk）總統都被蒙在鼓裡，且今日少有史書提到這件事。然而這卻是南非歷史的重大時刻。到最後，這位前將軍被說服而放下他的武器，並帶著他的政黨加入了大選。

每一次康斯坦德跟曼德拉握手，他對這位自己一度視為恐怖分子的人就多了一分景仰。而這種感覺是互相的。曼德拉對這位將軍的敬意也愈來愈深，而且有別於自己對職業政客戴克拉克的態度，他開始信任起他。

「他拉住我兄弟的胳膊，」布拉姆日後說，「然後再也沒有放手。」[20]

5

到了那時，想出接觸理論的心理學家高爾頓・奧爾波特早就已經過世了。但一九五六年與他一起造訪南非的學生還活得好好的。

湯瑪斯・佩蒂格魯（Thomas Pettigrew）並不像當時屆退的奧爾波特，他可是個反叛者。一名社運人士。他在美國公民權利運動中起了顯著的作用，而聯邦調查局裡關於他進行活動的檔案有厚厚一疊。待在南非時，佩蒂格魯參加了一連串非法的非洲民族議會會議，而特務機關也留意到這件事。六個月後當他把護照拿給海關，護照上就被蓋了幾個大字：「禁止進入南非」。[21]

佩蒂格魯當時不知道，未來有一天他會回到曼德拉的國土上。半個世紀後，二〇〇六年時，他受邀前往一場在南非舉辦的國際心理學大會。

「我們環顧四周，」佩蒂格魯談起旅程時說，「處處都看到進步，雖然說還有很多尚待完成。」[22]德本（Durban）美麗的海灘現在開放給所有人。過往一度被惡名昭彰的監獄所占據的地點，現在聳立著憲法法庭，還有一面標誌，用南非的十一種官方語言歡迎訪客。

身為所處領域的頂尖科學家兼大會貴賓，佩蒂格魯展示了一項大規模研究，足以為他前指導教授的理論提供壓倒性的支持。佩蒂格魯與研究團隊蒐集並分析了三十八個國家的五百一十五項研究。[23]結論是：接觸是「有用」的。不只如此，社會科學裡很少有哪個發現有這麼多證據在支持。

接觸產生更多信任、更多團結和更多相互善意。它幫助你透過他人的眼光看世界。此外，它會整個改變你的為人，因為一個人若有多元的朋友圈，就比較能包容陌生人。而接觸還會傳染：當你看到一個鄰居和別人友好相處，這情況會讓你重新思考自己的偏見。

但這些研究也發現，一個負面經驗（好比說一場衝突或者一次怒目相視）給我們留下的印象，會比一個笑話或一次伸出援手來得更深刻。我們的大腦就是這樣運作的。一開始，這讓佩蒂格魯和同事們一頭霧水。因為如果我們對不良互動的記憶比較深，那接觸怎麼可能還讓我們更親密？到頭來，答案其實很簡單。因為，不愉快的事件遇到一次，愉快的互動會遇到非常非常多次。[24]

壞事或許比較深刻，但好事會以量取勝。

如果說有誰最了解接觸的力量，那人就是納爾遜．曼德拉。多年前，他曾經選擇很不一樣的路線——暴力路線。一九六〇年，曼德拉曾經是非洲民族議會武裝側翼的一名發起人。

但在牢中關了二十七年可以徹底改變一個人。隨著歲月過去，曼德拉開始認清科學家日後會證明的事情：非暴力反抗比暴力有效太多。就以艾莉卡．錢諾維斯（Erica Chenoweth）最近的研究成果為例。這位美國社會學家本來認為「曼德拉方法」太天真。她覺得在真實世界裡，權力是透過槍桿子行使的。為了證明這點，她建立了一個巨大資料庫，涵蓋了從一九〇〇年以來的反抗運動。

「接著我就跑了這些數字，」她在二〇一四年寫道，「結果非常令人震驚。」[25]超過百分之五十的非暴力運動都成功，相較之下軍事行動只有百分之二十六。錢諾維斯證實，最主要的理由是更多人加入非暴力運動。平均起來是多了「十一倍」。[26]而且不只是罩固酮太多的男人如此，女人和孩童、長者和障礙人士也是。政權就是沒本事承受這種人海戰術。這就是善壓過惡的方式——以量取勝。

在非暴力運動中，有一個成分是不可或缺的：自制。關在監獄時，曼德拉成了冷靜大師。他決定研究他的敵人，大量閱讀阿非利卡人文化和歷史的書籍。他看橄欖球賽，他學習他們的語言。「如果你用某人理解的語言跟他說話，」曼德拉解釋，「他會聽進腦袋裡。如果你用他自己的語言跟他說話，那他會聽進心裡。」[27]

曼德拉試著讓他的牢友看穿獄卒也是人，只是被體制所毒害。多年後，曼德拉也是這麼看待康斯坦德．維爾容：看作是一位正直、忠誠又勇敢，一輩子為所相信的政權戰鬥的人。

獲釋後，曼德拉能夠為了目標召集百分之九十的南非黑人。接著他把工夫下在贏取阿非利卡白人的心。當曼德拉於一九九五年六月二十四日穿著白人橄欖球隊的隊服踏入約翰尼斯堡球場，被成千上萬一度認為他是恐怖分子的男男女女以「納爾遜、納爾遜！」的歡呼聲歡迎時，堪稱是一大成功。

把曼德拉這套方法的勝利歸功於宣傳天分，是很吸引人的想法，但實際上不是。他並沒有以馬丁·路德·金恩的熱情演講，或者用溫斯頓·邱吉爾的狂熱來辯論。在他的第一場記者會上，他對擠在面前一整排毛茸茸的東西感到不知所措，直到有人在他耳邊悄悄說，那些都是麥克風。[28]

曼德拉的超能力是在其他地方。記者約翰·卡林（John Carlin）觀察到，讓曼德拉成為世界歷史上最偉大領袖之一的因素，是「他能夠在一百人裡有九十九個人判定無可救藥的人身上，看出好的一面」。[29]

曾經有人要曼德拉最親近的一位好友瓦特·西蘇魯（Walter Sisulu）講幾個曼德拉的缺點。「當他信任一個人的時候，」西蘇魯開口，「他就會竭盡全力……」

接著他猶豫了一下。

「但這或許不算缺點……」[30]

6

回顧近幾十年來最充滿希望的幾次轉型，我們每次都看到信任和接觸有過重大幫助。好比說從一九六〇年代開始的同志解放運動。隨著愈來愈多勇敢的人出櫃，他們的朋友和同事和父母也因此知道不是每個人都有一樣的性傾向。也了解到那樣很OK。

但相反的說法也合理。在唐納・川普於二〇一六年當選總統後，我們就很明顯能發現，自己還是太常活在自己的泡泡裡面了。兩位社會學家甚至證明「白人在郵遞區號層級的種族孤立或族群孤立，是川普獲得支持的最強烈預測指標」。[31]他們也發現，離美墨邊境「愈遠」的人，就愈支持那個主打興建邊境巨牆的候選人。[32]換句話說，問題不是在於川普選民和穆斯林及難民接觸過多，而是接觸過少。

同樣的模式也出現在二〇一六年英國舉行的脫離歐盟公投。在文化較不多元的社群，投票支持脫歐的居民會比較多，而且是成比例地多。[33]而在我自己的母國荷蘭，白人居民比例最高的那些地帶，投票給民粹政黨的選民比例最高。荷蘭一支社會學家研究團隊發現，當白人和穆斯林有著更多接觸（主要是在職場上）時，他們也會比較不那麼恐伊斯蘭。[34]

不只如此，多樣性也可以讓我們更友善。二〇一八年，一個新加坡大學的國際研究團隊以五項新研究為基礎證實，住在較多元社群的人，會比較常對全人類產生共鳴。因此，他們也更常對陌生人展現出友好且樂於相助的行為。二〇一三年波士頓馬拉松爆炸案發生後就證明了這一點，當時來自更多元鄰里的居民提供了比較多協助。[35]

但還不能開始慶祝。光是住在混合的鄰里還不夠。如果你都不和鄰居說話，多元存在實際上會增加偏見。[36]也有人指出，快速湧入移民的社區，支持脫歐的選民或川普選民的比例也會比較高。[37]

接觸研究者因此強調，人需要時間來習慣彼此。接觸有效，但不是立即有效。舉例來說，二〇一五年荷蘭有若干敘利亞難民收容中心開幕，引來了激烈抗議。憤怒的反對者前來吶喊怒罵，甚至丟石頭打穿玻璃。但兩年後當同一批尋求庇護者得搬到別的地方時，那股怒氣變成了憂愁。「我們這裡沒問題。事實上，各方面都滿有希望的，」一名幾年前還做出暴力威脅的人如此說。「這裡變成了一個交際場所，有點像社區中心。我還滿喜歡去那邊喝杯咖啡。」[38]

和陌生人互動是我們得學習的事，能從小時候開始更好。如果每個年輕人都可以像亞伯拉罕．維爾容大學時期那樣地旅行就再好不過了。早在一八六七年馬克．吐溫（Mark Twain）就想到了這點，他觀察到「旅遊對偏見、偏執想法和心胸狹窄都可造成致命打擊」。[39]

這不是指我們都得改頭換面。正好相反。接觸科學最引人注目的研究發現中，有一個就是，我們得要保有自己的身分認同才能消除偏見。[40]我們需要了解到，我們人人不同是OK的——這完全沒有哪裡錯。我們可以用扎實的地基，替自己的認同興建堅固的堡壘。

然後我們就可以大開窗戶。

一九五六年拜訪南非後，高爾頓．奧爾波特做出結論，認為他自己太天真了。有些社會就是病入膏肓，可以證明沉重的過往是太大的負荷。當他於一九六七年過世時，他並不知道，終有一天他先前的所有預測將證明為真。

奧爾波特那時在約翰尼斯堡的某場演講中主張了什麼？是的，人類是部落動物。是的，我們很快就會形成偏見。沒錯是的，以刻板印象來思考，似乎在我們的天性中根深蒂固。

然而奧爾波特也強調拉開視野的重要。「感到絕望，」他說，「就等於誤讀了歷史的漫長教訓。」[41]未來幾十年，南非還是要繼續背負它的種族隔離制度遺產，但那不會消弭該國過去五十年令人驚嘆的進展。

今日，康斯坦德．維爾容和亞伯拉罕．維爾容還是活在兩個不同的世界裡——一個是軍人，另一個是牧師；一個是老兵，另一個是和事佬——但長年的不相往來已經結束了。彼此的接觸已經修復了。

第十八章
當士兵爬出壕溝

1

第一次世界大戰前夕，也就是一九一四年夏天，大部分人都覺得戰爭很快會結束。我們耶誕節前就會回家了，士兵們跟他們的愛人這麼說。人們蜂擁至巴黎、倫敦和柏林市中心，提前為了某場勝仗而欣喜若狂。數百萬的新兵向前線行進，一路高歌。

然後就開始了：二十世紀那場影響深遠的大災難。[1] 因為，如果不是第一次世界大戰，第二次世界大戰也不會開打。如果沒有伊珀爾（Ypres）戰役和凡爾登戰役，就不會有《凡爾賽條約》、不會有俄國革命、不會有列寧、不會有史達林，也不會有希特勒。

到了一九一四年耶誕節，已有超過一百萬士兵喪生。前線綿延將近五百英里（約八百公里），從比利時海岸到法國瑞士邊界。在漫長的四年裡，這條前線幾乎沒啥變動。一整個世代的年輕人日復一日地大批殞沒，換來了不起不過幾畝的土地。本來應該要有著馬匹、鼓聲和號角的英雄戰役，變成了無意義的殺戮。

但就算在那些絕望歲月裡，當全歐洲被黑暗所支配時，仍有一絲微小但明亮的光芒。一九一四年十二月，天空短暫地敞開，讓數千人瞥見另一個世界。有那麼一刻，他們明白他們全體都共處其中。全體身為兄弟、身為人類而共處其中。

我希望能以這故事來結束我這本書。那是因為，我們一而再、再而三地發覺自己又回到了壕溝裡。我們實在太輕易忘記，那另一個人，一百碼外的另一個人，就跟我們一模一樣。我們一而再、再而三地，從一段距離外，透過社群媒體或線上論壇，從各種我們的安全藏身處對著彼此開火。我們讓恐懼、無知、猜疑和刻板印象擔任嚮導，替我們從沒見過的人製造一概而論的形象。

但有別種選擇。仇恨可以轉化成友誼，而死敵可以握手言和。那是我們可以相信的想法——不是因為我們有天真的權利，而是因為那真的發生過。

2

時間是一九一四年耶誕夜。夜晚清朗而冰冷。月光照亮了拉沙佩勒達爾芒蒂耶爾（La Chapelle-d'Armentières）鎮外，那塊覆滿雪並將壕溝分隔開來的三不管地帶。緊張不已的英軍高級司令部，發了一則訊息到前線：「認為敵軍可能打算於耶誕節或新年攻擊，這段期間將維持特殊警戒。」[2]

將領們都想不到，接下來實際上會發生什麼事。

大約在晚上七點或八點的時候，女王第二軍團（2nd Queen's Regiment）的艾爾伯特・莫連（Albert Moren）懷疑地眨了眨眼。另一邊那個，是什麼東西？燈光亮了起來，一個接一個。他看到了燈籠、火炬，還有……耶誕樹？這時候他聽到了聲音。「Stille Nacht, heilige Nacht.」（譯註：〈平安夜〉的頭兩句歌詞與德文歌名；該曲最初是以德文寫成）這首耶誕頌歌從沒這麼好聽過。「這令我永生難忘，」莫連後來說。「那是我一生中最重要的一刻。」[3]

不想被比過去的英軍，開始唱起一輪〈第一個耶誕〉（The First Noel）。德國人鼓鼓掌，然後以〈耶誕樹〉（O Tannenbaum）回敬。他們就這樣一來一往好一陣子，直到最後兩個敵對陣營一起用拉丁文唱起〈齊來崇拜歌〉（O Come, All Ye Faithful）。「那真的是最不可思議的一件事，」步槍兵葛拉罕・威廉斯（Graham Williams）日後回憶道，「兩國打到一半居然一起唱同一首聖歌。」[4]

有一個駐紮在比利時普魯格史特爾特（Ploegsteert）鎮北邊的蘇格蘭軍團甚至

更進一步。約翰・弗格森（John Ferguson）下士聽見敵軍壕溝有人呼喚，問他們要不要來點菸草。「往有光的地方走！」那個德國人大喊。於是弗格森啟程進入三不管地帶。

「很快〔我們〕就像認識好幾年那樣交談起來，」他後來寫道。「真是神奇的景象——德國人和英國人就這樣三兩成群，範圍幾乎就跟我們的前線一樣長！我們可以在黑暗中聽見笑聲和看見點亮的火柴〔……〕我們在這裡和不過幾個小時前還想殺掉的人們談天說笑！」[5]

第二天早上，也就是耶誕節，勇敢的那幾個士兵又再度爬出壕溝。他們走過帶刺的鐵絲，去和敵方握手。接著他們對那些留在後方的人打手勢。「我們同聲歡呼，」女王西敏步槍兵團（Queen's Westminster Rifles）的雷斯利・沃金頓（Leslie Walkington）如此記得，「然後我們就像足球觀眾一樣魚貫而出。」[6]

人們交換起禮物。英國人給了巧克力、茶和甜點；德國人分享雪茄、酸泡菜和杜松子酒。他們講笑話、拍合照，就彷彿一場歡樂大團圓。他們比了不止一場足球，用頭盔來當球門柱。[7]一場比賽由德國人以三比二獲勝，另一場則是英國人獲勝，四比一。

在法國北部，弗勒爾拜（Fleurbaix）村的西南方，敵對的兩邊共同舉行了葬禮。「德國人在一邊列隊，」亞瑟．佩勒姆－伯恩（Arthur Pelham-Burn）中尉後來寫道，「英國人則在另一邊，軍官們站在最前頭，每個人都脫下頭盔。」[8] 當他們的同袍——被敵方開火殺害的同袍——下葬時，他們唱著〈上主是我的牧者〉（The Lord is my Shepherd / Der Herr ist mein Hirt），歌聲合而為一。

那天晚上，整條前線處處都有耶誕宴。一名英國士兵發現自己跟在德國隊伍中，被護送到一間酒窖裡，並和一名巴伐利亞士兵開了一瓶一九〇九年分的凱歌香檳（Veuve Clicquot）。人們交換地址，並約好戰後在倫敦或者慕尼黑見面。

如果不是有那一切的證據，那些連自己遇上都不太相信的士兵所留下的大量目擊紀錄，你應該很難相信這種事曾發生過。

「你就想想看，」奧斯華．提利（Oswald Tilley）在一封寫給父母的信裡驚訝地說，「想想當你正在吃火雞之類的時候，我居然正要和幾個鐘頭前還想著要殺掉的人聊天握手！這實在太驚人了！」[9] 德國中尉庫特．辛密許（Kurt Zehmisch）也得一直捏自己臉頰：「多虧了足球和耶誕〔……〕死敵短暫地像朋友一樣相見歡，」

他驚嘆道，「這實在是美好又奇怪到了極點。」[10]

大部分的英國人對於德國人如此友善都感到震驚不已。在老家的親友都被《每日郵報》（*Daily Mail*）那類報紙的宣傳和假新聞所煽動。超過百分之四十的報紙發行量都是被一個人所操控：諾思克利夫子爵（Lord Northcliffe），他是那時代的魯柏・梅鐸（Rupert Murdoch），對輿論有極大的影響力。德國人被描繪成凶殘的匈人，把嬰兒串在刺刀上到處跑，還把牧師吊死在教堂的鐘上。[11]

就在戰事爆發前不久，德國詩人恩斯特・里斯薩瓦（Ernst Lissauer）寫下了〈對英格蘭之恨的讚美詩〉（Hymn of Hate against England），其普及程度和國歌不相上下。數百萬的德國學童得要把這背起來。德國報紙宣稱，法國人和英國人十分不敬上帝，以至於他們連耶誕節都不慶祝。

這裡同樣出現了清楚的模式。愈遠離前線，仇恨愈強。在大後方——在政府辦公室和新聞編輯部，在客廳和酒吧——對敵人的敵意很巨大。但在壕溝裡，士兵們卻發展出相互理解。「我們聊過之後，」一名英國士兵在一封家書中寫道，「我真心覺得我們的報紙報導實在是誇張到離譜。」[12]

有很長一段時間，人們都把一九一四年的耶誕休戰當成沒有根據的虛構事件。不過是個感人的童話，甚至還有更糟的看法：說那是叛國者撒的謊。假期結束後，戰爭就重新開始了。又有幾百萬士兵遭到殺害，而實際發生在那個耶誕節的事變得愈來愈難以置信。

一直要到一九八一年，英國廣播公司播出紀錄片《三不管地帶的和平》（*Peace in No Man's Land*），人們才開始清楚知道，這段傳說不只是三兩謠言而已。整整三分之二的英國前線都在那年耶誕停止戰鬥。比較常見的例子，是德國人主動向英國人表達善意（在比利時和法國前線上也有發生過）。總計起來，超過十萬名士兵放下了武器。[13]

事實上，一九一四年耶誕節的和平並不是孤立案例。同樣的事情也發生在西班牙內戰和波爾戰爭期間；這情況也發生在美國南北戰爭、克里米亞戰爭和拿破崙戰爭中。但沒有哪個地方像法蘭德斯的耶誕節那樣地普遍而突然。

從頭到尾讀著士兵們寫的信，我反覆冒出一個問題：如果這些人，這些困在已奪走一百萬人命的恐怖戰爭裡的人，都能夠爬出他們的壕溝，那麼，是什麼阻止了此時此地的我們，做出一樣的事？

我們也一樣，被煽動仇恨者和蠱惑民心的政客慫恿到針鋒相對。《每日郵報》這類報紙一度散播嗜血匈人的故事，現在它們則報導著偷竊的外國人、兇殘的移民和性侵的難民紛紛入侵，說他們——神乎其技地——同時偷走工作又懶得工作，並在空閒時又設法踐踏我們由來已久的傳統和價值。

仇恨就是這樣再度灌輸到社會裡。這次的禍源不只報紙，還包括部落格和推特文，在社群媒體上散播的謠言和有害的網路惡搞。就算是最高明的事實查核者，面對這種猛毒也是無能為力。

但如果反過來也行，會怎樣呢？如果這些宣傳不只散播對立，也能讓人們團結一心呢？

3

在二〇〇六年的哥倫比亞，卡洛斯・羅德里格斯（Carlos Rodriguez）和胡安・巴布羅・賈西亞（Juan Pablo García）在馬倫洛威（MullenLowe）這間全球頂尖廣告公司工作。大部分時候，他們替貓飼料想出廣告，或者把新品牌的洗髮精賣給消費者。但這一天，該公司接到一個不尋常的要求。

客戶是哥倫比亞的國防部長。案子呢？他希望廣告公司在該國對抗拉丁美洲最老牌游擊隊「哥倫比亞革命軍」（Fuerzas Armadas Revolucionarias de Colombia, FARC）的戰鬥中出力協助。政府希望用游擊行銷來轟炸游擊隊。

哥倫比亞的內戰到了此時已超過五十年，奪走約二十二萬人的性命。哥倫比亞國軍、右翼準軍事團體以及哥倫比亞革命軍等游擊作戰，都犯過最令人髮指的戰爭

德國士兵在壕溝裡慶祝耶誕。《每日見聞報》（*Daily Sketch*），一九一五年一月。照片來源：*Getty*

罪行。有一整個世代的人從小到大都不知道什麼叫和平。而軍方現在清楚明白，這場戰爭永遠不可能靠蠻力打贏。

馬倫洛威的廣告人接受了部長的要求，並像過往每個案子那樣，藉由訪問目標對象來進行這個案子。在一年的時間裡，廣告公司和將近一百位前哥倫比亞革命軍戰士對談。研究者試圖弄清楚，是什麼驅使他們走入叢林，以及是什麼讓他們留在那裡。他們每次訪問的結論都一樣：這些人都是尋常的男男女女。

反抗軍有著和我們全體都一樣的需求、夢想和欲望。「你一旦真正了解他們不是游擊隊，而是人類，」卡洛斯後來解釋道，「溝通就徹底改變了。」[14]事實上，顧問們得出的結論，根本就和二戰期間訪問數百位德國戰俘的心理學家莫里斯・雅諾維茨做出的結論一模一樣（見第十章）。卡洛斯和胡安了解到，他們的宣傳不是要去攻擊哥倫比亞革命軍的意識形態，而是要更貼近「家」這個目標。

別的先不提，廣告團隊發現，每年復員（譯註：官兵解除職務返回民間）人數都是在同一個時間點達到高峰：耶誕節。看起來，游擊隊似乎就跟任何人一樣，比較想回家放假。所以卡洛斯和胡安用來說動老闆的點子就很簡單：「或許我們瘋了，但如果我們在叢林中央放一棵耶誕樹，你覺得如何？」[15]

於是耶誕節計畫（Operation Christmas）就於二〇一〇年十二月開始。在夜色掩護下，搭乘黑鷹直升機的兩支特殊部隊深入敵方領域。他們在該處九個戰略點的七十五英尺高（約二十三公尺）樹林間，投下兩千個耶誕燈飾。他們在這些「耶誕樹」上附加了動態偵測器和標語，只要有人經過就會亮起來。「如果耶誕節能來到叢林裡，你們也可以回家去。復員囉。耶誕節，一切都可能成真。」

這項行動獲得壓倒性成功。一個月內，有三百三十一名游擊反抗者放棄戰鬥。許多人說是耶誕樹害的。「我們的指揮官沒有生氣，」一名反抗軍說，「這和我們看過的其他宣傳不一樣……他被打動了。」[16]

同時，馬倫洛威的廣告團隊持續訪問前反抗軍。他們就是這樣才知道，儘管幾乎所有的反抗軍都知道耶誕樹這回事，但大部分人都沒親眼看到過。那是因為哥倫比亞革命軍往往是走叢林高速公路——也就是河流。而那又激發了廣告人的下一個點子。

光河行動（Operation Rivers of Light）於二〇一一年十二月發動。那些住在河流附近、曾經是哥倫比亞革命軍主要徵兵來源的哥倫比亞人，被要求寫信給他們加入反抗軍的兄弟姊妹、兒女親友。訊息內容：回家吧，我們在等你。

這些信件跟著小禮物塞進了六千八百二十三個浮球——透明的耶誕裝飾品——中，接著那些浮球就丟進了河裡。晚上，球裡小小的光亮讓整條河一閃一閃，就彷佛整條河都被溜進敵方領域的星光點亮一樣。結果呢？又有一百八十名反抗軍放下武器，包括一名哥倫比亞革命軍的炸彈製造者。

所以行動就這麼持續下去。翌年發動的是伯利恆行動（Operation Bethlehem）。在訪談中，卡洛斯和胡安得知，游擊隊常常在叢林中分不清方向。即便他們想回家，也不一定就能找到路。所以行銷公司從軍用直升機上投下了幾千個小燈。他們也在地上立了巨大的信號燈，光束足以刺穿天空，幾英里外都看得到。試圖走出叢林的反抗軍只需要往上看，就像牧羊人跟著星星而抵達伯利恆。

接著，廣告團隊決定搬出殺手鐧。

馬倫洛威的那些人發現，如果說有什麼是游擊隊員在叢林裡會想念的，那就是他們的媽媽。他們從哥倫比亞特勤機關取得了一份小孩在哥倫比亞革命軍的母親名單。有些人已經超過二十年沒看到孩子了。卡洛斯和胡安跟她們要了反抗軍的兒時舊照片，而廣告團隊把這些（只有游擊隊員本人才認得出來的）照片放在哥倫比亞革命軍進行戰鬥的叢林的某些地方。照片上都有一段簡單的圖說：「在你當游擊隊員前，你是我的孩子。」

這又成功了，說服了兩百一十八名迷途子女回家，來到父母身邊。[17]一旦重聚，他們就獲得特赦，並被送往重新融入社會的計畫，幫助他們學習一門技能，並找到一份工作。整個宣傳活動背後的祕訣？反抗軍沒被當成怪物，而被當作普通人。「我們不是在尋找罪犯，」胡安解釋道，「而是在尋找一個孩子，迷失在叢林裡的孩子。」[18]

這一切的寬宏大量是從哪來的？為什麼那些反抗軍能獲得特赦、技能訓練以及工作？哥倫比亞的人們是怎麼出於善意體諒，而讓過去就留在過去？

當我拿這些問題追問荷西．米蓋爾．索柯洛夫（Jose Miguel Sokoloff），也就是胡安和卡洛斯在馬倫洛威的上司時，他笑了。「我覺得我們的宣傳活動可能稍微誇大了願意再給反抗軍一次機會的人數。」[19]

倒不是說他們有很多選擇。廣告公司不得不面對歐洲在一九一四年面對的同一個自相矛盾。你離前線愈遠，仇恨就愈強。「那些從來沒被戰爭影響的人往往是最糟糕的強硬派。」荷西證實。但那些自己被綁架過的人，或者失去所愛的人，反而想要拋下過去。

廣告團隊決定鎖定那些經歷。他們要假裝全哥倫比亞人都會張開雙臂歡迎返鄉的反抗軍，希望能引發一段自我實現的預言。結果成功了。自從二〇一〇年以來，有成千上萬的游擊隊員返家，在幾年內把哥倫比亞革命軍的成員從兩萬削減到少於一半。

當然，這樣的出走並不是完全都歸功於荷西和廣告團隊發起的行動，但在哥倫比亞國防部那邊，他們深信和平宣傳活動起了關鍵作用。而財政部毫無疑問地同樣對這結果非常開心，因為耶誕燈泡比炸彈和手榴彈都便宜太多了。[20]

馬倫洛威的宣傳活動為二〇一一年開始的哥倫比亞和平進程，提供了一個關鍵動能。[21]幾年後，總統胡安·曼努埃爾·桑托斯（Juan Manuel Santos）——也就是起用了馬倫洛威的國防部長——獲得了諾貝爾和平獎。在超過半個世紀的戰鬥後，衝突結束了。翌年，哥倫比亞革命軍交出成千上萬的武器，剩下的最後一名戰士也走出了叢林。

「今天是特別的一天，」桑托斯總統宣布，「是武器被換成了言語的一天。」[22]

4

這不是說哥倫比亞突然變成了某種太平王國。其他反抗團體依舊占據叢林，而左翼哥倫比亞革命軍的復員，如今卻為極右派準軍事部隊和毒販騰出空間。半個世紀血腥殺戮的傷疤也永遠不會完全消失。

即便如此，這仍是一個充滿希望的故事。哥倫比亞廣告團隊見證的，是一百年前就見識過的同一種善良感染力。一九一四年那個耶誕，當和平像傳染病一樣散布時，只有少數士兵對此免疫。其中一個罕見的例外，是第十六巴伐利亞預備步兵團（16th Bavarian Reserve Infantry Regiment）的一名二十五歲頑固下士，他公開宣稱「戰爭期間不該發生這樣的事」。他的名字是阿道夫．希特勒。[23]

大部分其他的軍人，都把壕溝間的停戰當作人生中的一個精華時刻而牢記在心。每一回率先朝他人伸出手的，都是最靠近戰鬥的人。友誼的精神從下層行伍一路往上爬，直到它甚至影響到尉級、校級或上校級的軍官。

最終，隨著將軍們使出渾身解數中止了和平的瘟疫，他們也就證明了，會抗拒這種和平的只有最頂端的領袖。十二月二十九日，德國陸軍司令部下令嚴格禁止與敵軍交好。而英國一位陸軍元帥也響應行動，下令停止所有的友好示意。[24]不聽令者將送軍法審判。

在接下來幾年裡，軍事領袖就比較有所準備。一九一五年耶誕節，英國高級司令部日夜轟炸戰略地點，來鎮壓任何一丁點耶誕節情懷。皇家威爾奇燧發槍兵團（Royal Welch Fusiliers）的威恩・古力菲斯（Wyn Griffith）中尉就寫道，他們收到了「嚴格的命令（……）我們得要繼續被仇恨的精神徹底支配，用子彈回應敵方任何的向前靠進」。[25]

然而，如果是由多數士兵來決定，戰爭應該早在一九一四年耶誕節過後就結束了。「如果任憑我們決定，」一名英軍少校宣稱，「根本就沒人會再開一槍。」[26]

成千上萬的士兵盡了全力維繫和平。他們在前線間來回傳遞信件，偷偷地傳。「明天要警戒，」一個法國單位寫信給德國單位，「有個將軍要來視察我們的陣地（……）我們得要開火。」一個英國營從德軍那收到了類似的信件：「我們仍是你們的戰友。如果我們被迫開火，我們會打偏高。」[27]

有時候，前線上的士兵會設法把停火狀態延長好幾週。儘管有那一切的鎮壓措施，休戰還是持續發生。一九一七年當法國一半的師發動兵變時，德國這邊甚至根本沒發覺有出什麼問題。他們猜法國士兵就只是在堅持長久以來的不開槍默契協定而已。[28]

整場戰爭期間，和平隨時都威脅著要爆發。軍事史學家東尼．艾許沃斯（Tony Ashworth）將一九一四年耶誕節描寫成「一座冰山突然間整座浮出水面」。[29]因為，即便是戰爭期間，仍有一座和平的高山準備好要隨時升起。將領、政客和戰爭販子若要把這座山推回地表下，他們就得要用上所有可用的手段，從假新聞到蠻力。人類並非天生愛打仗。

我們——包括我自己——都需要記得，其他人和我們都非常像。在電視上發脾氣的憤怒選民，統計數字裡的難民，大頭照上的罪犯：他們每個都是有血有肉的人類，要是當初人生有那麼一點不一樣，或許他就會成為我們的朋友、家人、愛人。就像一位英軍所明白的，他們就跟我們一樣，「家裡也有他們愛的人。」[30]

當我們躲在自己的壕溝裡，我們就看不到現實。有人引誘著我們去認為，有一小群煽動仇恨的少數人反映了全人類。好比那一小群必須為推特和臉書上的酸言恨意負責的匿名網路酸民。[31]就連最尖酸的鍵盤正義鄉民，其他時候也可能是個體貼的朋友，或者是有愛心的照料者。

相信人天生好心，並不是感情用事、也不是天真。相反地，相信和平與原諒，是勇敢而切乎實際的。荷西·米蓋爾·索柯洛夫跟我講起了哥倫比亞軍方某名幫忙散布廣告公司耶誕節訊息的軍官。幾個月後，那名軍官在戰鬥中喪生。荷西回憶起自己從這位朋友學到的事情，還是會情緒激動起來。「我會想做這件事，」那名軍官對他說，「是因為寬宏大量讓我更強大。那也會讓我的弟兄感覺更強大。」[32]

那是個和時間一樣悠久的真理。因為，就跟生命中所有最好的事物一樣，你給的愈多，擁有的就愈多。信任和友誼是如此，和平也正是如此。

跋

應恪守的十條規則

如果你拍了一部片，是在講一個男的綁架了一個女的，然後把她用鎖鍊鎖在暖氣裝置上五年——這種事搞不好在歷史上只發生過一回——那稱作對社會的赤裸裸現實分析。如果我拍一部像是《愛是您‧愛是我》(*Love Actually*) 那樣講人談戀愛的片，而今天英國有大約一百萬人正在談戀愛，那卻稱作過度感性地呈現一個不真實的世界。

——理查‧寇蒂斯（Richard Curtis）

傳說中德爾菲（Delphi）的阿波羅神殿（Temple of Apollo）前庭刻有兩個詞。那座神殿是個重要的朝聖場所，訪客從古希臘的四面八方來到這裡尋求神諭。

他們一進來，讀到的詞就是：*Gnothi Seauton*。「認識你自己。」

就心理學和生物學、考古學和人類學、社會學和歷史學的最新證據來看，我們只能做出結論說，人類幾千幾萬年來一直被有缺陷的自我形象所引導。長久以來，我們都假定人性自私，假定我們是野獸，甚至禽獸不如。長久以來，我們相信文明是脆弱的飾面，會在微小的挑撥下崩裂。現在我們知道，這種對人的觀點，以及這種對我們歷史的看法，都是完完全全不切實際的。

我已在本書的最後幾章試圖展現，如果我們修改人性觀，會有什麼樣的新世界在等著我們。但我可能只觸及到皮毛。畢竟，如果我們相信大部分人都正派而友好，應該是一切都會改變。我們可以徹底重新思考要如何組織學校和監獄、企業和民主政體。以及，思考我們如何生活。

我在這邊應該要表明，我不是勵志類書籍的粉絲。如果你問我，我會說我們活在一個內省太多但外省太少的時代。一個更好的世界不是從我開始，而是從我們所有人開始，而我們主要的目標就是打造不一樣的制度。就算再給一百個爬上個人生涯階梯的小祕訣，或者把你邁向財富的途徑視覺化，也都不會讓我們有什麼進展。

但後來有個朋友問我，寫這本書有沒有改變我自己的生活觀，而我發覺答案是肯定的。對人性採取務實觀點，很難不大幅影響你和他人互動的方式。所以不管有沒有用，以下是基於我過去幾年所學到的事物，而給自己定下應恪守的十條規則。

一、有疑慮時，假設最好的情況

我給自己的第一條戒律也是最難的。我們在第三章看到，即便人類經過演化而能互相連繫，實際溝通起來還是很棘手。你說了某些話卻被誤解，或者有人用怪異的眼神看著你，或者小道消息傳遞著令人惱火的批評。在每一段關係中，即便是經營多年的婚姻，我們也常常不知道另一個人對自己有什麼想法。

所以我們就猜。好比說我懷疑同事不喜歡我，不管那是不是真的，我的行為必然會以一種無助於彼此關係的方式來改變。我們在第一章看到人們有「負面偏誤」。一個令人不快的評論所造成的印象，比十個讚美加起來還深刻（雖然惡評看似比較強，但好話會以量取勝）。每當陷入懷疑時，我們往往假定最糟的情況。

同時，我們又成為所謂非對稱回饋（asymmetrical feedback）的犧牲品。基本上，它的意思是說，如果你對某人的信念遭到辜負，真相遲早會浮現。你將發現你最好的朋友已經帶著你一輩子的積蓄逃到國外，或者當初那個待修廉價舊屋的交易到頭來卻是「好到不像真的」，或者在用了六週的 Ab King Pro 健身器之後還是沒有電視上打包票的六塊肌。如果你當初太相信人，你到頭來一定會發現這一點。[1]

但如果你決定「不」信任某人，那你就永遠無從得知自己這樣對不對。因為你永遠不會得到任何回饋。好比說你被某個金髮的荷蘭仔騙過，所以你就發誓再也不相信來自荷蘭的金髮傢伙。未來的一輩子裡，你將會懷疑「所有」的金髮荷蘭仔，始終都不用去面對他們多數人都頗為正派的這個簡單現實。

所以當你懷疑他人的意圖時，你該做什麼？

去假設最好的情況，是最務實的——去認為對方是好人。通常這很正當合理，因為大部分的人都有善意。而在某人真的試圖矇騙你的這種罕例中，你回應的方式可能會產生一個非互補效果。[2]（回想一下把本來要搶他的人找去吃晚餐的那個胡力歐．迪亞茲。）

但如果你還是上當了怎麼辦？心理學家瑪莉亞．柯妮可娃（Maria Konnikova）在她很吸引人的那本談職業騙子的書裡談到了這件事。[3]你可能會猜她的關鍵訣簸是隨時警戒。但不是的。研究詐騙、詐欺的頂尖專家柯妮可娃，得出一個非常不同的結論。她說，接受並承擔你偶爾就是會被騙的現實，會好得多。那是為了享受「一輩子信任他人」這種奢華所要付出的一點小小代價。

當我們的信念到頭來遭到辜負時，我們大部分人都會感到羞恥。但如果你是個現實主義者，或許你該覺得有一點點驕傲。事實上，我的看法走得更前面：如果你從來沒被騙過，那麼你應該要問，你的基本態度是不是有點太信不過別人。

二、思考雙贏的局面

有個故事是說，有天湯瑪斯．霍布斯和某個朋友漫步在倫敦街頭，他突然停下來給一名乞討者一些錢。他的朋友十分驚訝。霍布斯自己不是說過我們天性自私嗎？但這位哲學家看不出哪裡有問題。眼見乞討者受苦讓霍布斯心裡不舒服，所以給他幾個銅板會讓自己感覺好一點。因此，他的行動是由自利心所推動的。[4]

在最近兩個世紀裡，哲學家和心理學家絞盡了腦汁想回答一個問題：有沒有純粹的無私這種東西。但老實說，我對那一大堆相關辯論其實沒那麼感興趣。因為，不妨想像一下，自己住在一個每次做出善意舉動都會感到噁心的世界。那是一個什麼樣的地獄啊？

美好的事實是，我們活在一個做好事也會感覺良好的世界。我們喜歡食物，是因為沒有食物我們會挨餓。我們喜歡性，是因為沒有性我們會絕種。我們喜歡幫忙，是因為沒有彼此的話，我們會衰亡。做善事通常會感覺良好，是因為它「就是」好。

遺憾的是，有多到數不清的公司、學校和其他機構，還是以一種迷思為核心組織起來：那就是，我們天性就是要困在與他者的競爭中。「一場交易如果要叫很棒，那你就是要贏——不是對方贏，」唐納．川普在他的書《大膽想、出狠招》（*Think Big and Kick Ass*）中這麼勸告。「你把對手打爆，然後把對你有利的東西拿了就走。」[5]

事實上，世界恰好是以相反方式運作。最好的交易是「每個人」都贏的交易。那些在挪威的監獄呢？它們比較好、比較人道也沒那麼貴。喬斯．德．勃洛克在荷蘭的居家照護組織呢？它用較低的成本提供較高的照護品質，付給員工的錢較多，並讓工作人員和患者都比較滿意。這些都是人人皆贏的情況。

在同個脈絡下，關於寬恕的文獻強調，原諒別人合乎我們自己的利益。[6]那不只是一種饋贈，更是一個好交易，因為原諒就是停止浪費能量在反感和怨恨上。事實上，你藉此解放自己好好活下去。「原諒是把一名囚犯釋放，」神學家路易斯・B・史密德斯（Lewis B. Smedes）寫道，「然後發現那名囚犯就是你。」[7]

三、多問問題

世界史上幾乎每種哲學的金科玉律（Golden Rule，又稱「恕道」）都是某種形式的以下這句話：「己所不欲，勿施於人。」兩千五百年前的中國思想家孔子就已經闡述了這一點小智慧。後來希臘歷史學家希羅多德（Herodotus）和柏拉圖思想又再度提起，幾個世紀後這規則又編寫進猶太教、基督教和伊斯蘭經文中。

如今，有幾十億的家長對他們的孩子重複這段金科玉律。它呈現為兩種特質：正面的強制令（「想怎麼被對待就怎麼待人」）以及負面的強制令（「不要對別人做你不想要他們……」）。有些神經學家甚至相信，這條規矩是人類演化千百萬年的產物，已經譜進了我們的腦中。[8]

即便如此，我還是開始覺得這金科玉律力有未逮。在第十章，我們看到同理心也可以是差勁的引路人：事實很簡單，我們不是隨時都善於察覺其他人想要什麼。

所有自認這點很強的管理人、執行長、記者和政策制定者，其實都是在搶奪別人的發聲權。也因此你很少會看到難民在電視上受訪。也因此我們的民主體制和新聞機構大部分都是單向管道。也就是因此，我們的諸多福利國家都是徹徹底底的家長式領導。

如果從問題開始就會好很多。讓公民表達他們的意見，就像阿列格雷港的參與式民主（見第十五章）。讓員工指揮自己的團隊，就像尚—法蘭索瓦·佐貝賀斯特的工廠那樣（見第十三章）。讓孩子規劃自己的學習途徑，就像謝夫·杜魯曼的學校那樣（見第十四章）。

蕭伯納替這種從類似格言（也就是所謂的「白金定律」）而來的變體，做了一個漂亮的概括總結。「『不要』自認為做了之後別人也該對你這樣做，你就跑去對別人這樣做，」他如此建議道。「他們的喜好可能不一樣。」[9]

四、緩和你的同理心，訓練你的同情心

白金定律需要的不是同理心，而是同情心。為了協助解釋差異，讓我向你介紹佛教僧侶馬蒂厄·里卡爾（Matthieu Ricard），一個對自己的思想有著傳奇運用力的

人。（如果這一點吸引到你的話，我只能說，祝你在達到他那境界的五萬小時冥想中一切順利。）

不久之前，里卡爾受神經學家塔妮亞・辛格（Tania Singer）邀請，在她的大腦掃描機裡度過了一個早晨。[10]辛格想知道，當我們感同身受時，腦中發生了什麼。更重要的是，她想要知道有沒有別種選擇。

為了準備，辛格在前一天晚上讓里卡爾看一支紀錄片，講羅馬尼亞某機構裡的寂寞孤兒們。第二天當里卡爾的大腦滑過掃描機時，辛格要他回想他們空洞的眼睛、瘦弱的四肢。里卡爾照她要求的去做，盡可能激烈地去想像那些羅馬尼亞孤兒會有什麼感受。

一小時後他整個人都垮了。

因為同理心對我們就是有這種效果，它讓我們精疲力竭。在後來的一個實驗中，辛格請一組志願者花十五分鐘把眼睛閉起來，盡可能喚起最多的同理心，每天一次，連續一週。這差不多就是他們能夠承受的最長時間了。到了那週結束時，所有的參與者都更加悲觀。一位女性說，後來她在列車上看著同行乘客時，她看到的就只有痛苦而已。[11]

辛格與里卡爾進行了第一段實驗後，她決定試一些不同的東西。她請這位僧侶再次想著羅馬尼亞孤兒，但這次不是讓自己感同身受。她反而要他運用他多年來臻於完美的技術，不是設身處地去想，而是為他們著想。里卡爾沒有去承擔他們的苦難，而是專注地回想溫暖、掛念和關心的感受。他沒有去親身體驗他們的苦痛，而是讓自己保持抽離。

在螢幕上，辛格立刻就能看到差別，因為里卡爾腦部有完全不同的部位亮了起來。同理心主要是促進就在我們耳朵上方的前腦島（anterior insula）活躍，但現在閃亮起來的卻是他的紋狀體（corpus striatum）和眼窩額葉皮質（orbitofrontal cortex）。

發生了什麼事？里卡爾的新心理狀態是我們所謂的同情。而且，和同理心不同的是，同情不會耗盡你的精力。事實上，里卡爾後來就覺得好多了。那是因為同情比較能夠控制，比較遠離，而且也更有建設性。那不是在承擔另一個人的悲傷痛苦，而是真正幫助你認清這件事然後行動。不只如此，同情還為我們注入精力，而那正是助人所需要的。

再舉一個例子，假設你的孩子怕黑。身為家長，你不會跑去縮在房間角落，跟你的兒子或女兒一起啜泣（同理）。你反而會試著去平息他的恐懼並安撫他（同情）。

所以，我們是不是都要開始像馬蒂厄．里卡爾那樣冥想？我承認這乍聽之下有一點點像新時代運動，但有一些科學證據證明，冥想可以訓練我們的同情心。[12]大腦是個可塑造的器官。如果我們會去鍛鍊身材，那為什麼不能去鍛鍊心智呢？

五、試著了解他人，就算不知道他為何有那種想法

老實說，我有試過冥想，但到目前為止都還沒什麼大進展。出於某些理由，老是有一封郵件、一則推特訊息或者另一隻羊在蹦蹦床上跳的影片要你立即關注。那個五萬小時的冥想呢？抱歉，我還有生活要過。

對我而言幸運的是，有別的方法可以拉大視野：使用十八世紀啟蒙運動哲學家的選擇方法。那是什麼？理性思考。智性。我們把事情放入理性觀點的能力，是一種需要大腦不同部位的心理流程。當我們使用智性來試圖了解某人時，會促使前額葉皮質（prefrontal cortex），一個就位於額頭正後方、在人類身上特別大到不像話的部位活躍起來。[13]

當然，我知道有大量的研究，在針對那一千零一個該皮質粗心犯錯的案例。研

究揭露，我們到頭來常常不是那麼理性自制。儘管如此，我仍認為我們要留心別去把這種研究結果講得太誇張。我們日常生活隨時都在運用理性論證和證據，我們也打造了充滿了法律規範和協定的社會。人類比我們想的還會想。而我們的理性力量可不是蓋在我們天生感性上的薄薄外層，而是我們身為人、之所以為人的基本特質。[14]

就以挪威在監獄方面的遠見，那種在我們旁人看來違反直覺的眼光為例。運用我們的智能，檢驗再犯的統計數字，便能了解到這是處理罪犯的絕佳方法。或者以納爾遜·曼德拉個人政治手腕中的倫理觀為例。他得一而再、再而三地忍住不開口，平息自己的情緒，並維持敏銳觀察和分析能力。曼德拉不只仁慈，也一樣精明。決定對他人有信心，需要的理性不會亞於感性。

當然，理解別人怎麼會那樣想，並不代表你必須跟他完全一致。你可以了解一名法西斯主義者、一名恐怖分子或者一名《愛是您·愛是我》影迷的思維模式，同時卻不需要去加入法西斯主義者、恐怖分子或者浪漫愛情電影迷的團體。（我得要說，我以身為最後這個團體的一分子而自豪。）在理性層面理解他人是一種技能。那是你可以鍛練的肌肉。

我們最需要你發揮理性能力的地方，就是不時「壓制」我們想要當好人的欲望。我們善於交際的本能，有時候會妨礙到真理和公平。因為，你想想：我們是否都曾在別人遭到不公平對待時，因為怕被人討厭而保持沉默？我們是否都曾為了維持和諧把話吞下去？我們是否都曾控訴過那些爭取自己權利的人是在找麻煩？

我認為那是本書的最大矛盾點。我曾經主張，人類已經演化成打從根本善於社交的生物，但有時候，問題其實就在於我們的社交性。歷史教過我們，進步常常起始於那些被別人嫌嘮叨甚至「不友善」的人，好比說「鄰里照護」的喬斯・德・勃洛克和阿哥拉的謝夫・杜魯曼。有膽在社交場合中站上演講台的人。那些提出不愉快的主張來讓你坐立難安的人。

珍惜這些人吧，因為他們是邁向進步的關鍵。

六、愛你的自己人一如別人愛他們的自己人

二〇一四年七月十七日，一架馬來西亞航空的波音七七七在烏克蘭格拉波貝（Hrabove）村外墜毀。機上有兩百九十八名乘客，其中一百九十三名是荷蘭人。飛

機是被支持俄羅斯的分離主義者擊落的。無人生還。

一開始，報導——那兩百九十八名死者——感覺很抽象，但接著我在某份荷蘭報紙上讀到了一個故事，卻彷彿在我肚子上重擊了一拳。[15]開頭先是一張卡爾琳．凱瑟（Karlijn Keijzer，二十五歲）和勞倫斯．范．德．葛拉夫（Laurens van der Graaff，三十歲）的照片；一張金髮男子和捲髮女孩笑容滿面的自拍照，就在他們登機前拍的。我從文章中得知他們是在阿姆斯特丹一間划艇俱樂部認識的。我讀到勞倫斯為《管好自家事》（*Propria Cures*）這份了不起的學生報撰過稿，卡爾琳則幾乎快修完了美國的博士學位。

而他們對彼此著迷。

「他們永遠會是為彼此神魂顛倒、怎樣也捨不得鬆手的快樂情侶。」報導引用了一位朋友的話。我自問，剛跳過第七版報導伊拉克當地暴行的文章，而在此處眼眶泛淚的我，是不是很假惺惺？通常來說，這種報導會讓我很煩。好比報紙報導著「兩名荷蘭公民於奈及利亞外海死去」，但當時還有滿船的人一起沉入海中。

但人類就是這樣一種受限的生物。我們更在乎比較像我們的人，那些有著同樣語言或外表或背景的人。我自己也曾是個荷蘭大學生，參加了一個大學社團。我也在那裡認識了一個有著美麗捲髮的女生，而當時若有機會的話，我也會樂於為《管好自家事》寫文章。（「對那些認識勞倫斯的人來說，」他的報刊同事寫道，「用上了防空飛彈才有辦法消滅他那強壯的身體，其實也沒什麼好訝異的。」）[16]

把兩人死前幾小時自拍的微笑照片寄給報社的，是卡爾琳的兄弟。「我唯一的要求是，」他寫道，「你們要讓我國和全世界看到我和另一個姊妹以及父母經歷的痛苦。這是荷蘭境內幾百人感受到的痛苦。」

而他沒說錯。每個人都有認識的誰是有認識的人坐在飛機上。在那幾天裡，我以一種前所未有的方式感受著荷蘭。

為什麼我們比較在乎看起來像我們的人？在第十章中我寫道，邪惡在一段距離外行事。距離讓我們在網路上對陌生人怒罵。距離幫助士兵忽視自己對暴力的厭惡。而距離也讓歷史上最駭人聽聞的罪行得以發生，從奴隸制度到猶太人大屠殺。

但選擇同情這條路，你就會察覺自己和陌生人的區別有多小。同情心帶領你來到自身之外，直到那些親密的人事物和世上其他的一切都同等分量。否則佛陀為什麼拋棄他的家庭？否則耶穌為什麼去教導信徒拋下父母妻兒兄弟姊妹？

但或許你可以做得過火一些。

或許同胞之愛只是從小處著手。但如果一個人充滿了自我厭惡，他們怎麼有辦法愛任何人？如果某人忽略了家人朋友，他們怎麼可能承擔世界的重擔？我們掌握不了小處就承擔不了大事。那一百九十三名荷蘭乘客中，有許多無懼批評、要讓世界更好的男男女女，從愛滋病研究者到人權鬥士。然而，損失最重的是那些最親近他們的人。

身為人類，我們就會做區別。我們厚此薄彼，更在乎我們的自己人。這沒什麼好羞恥的——這樣才有人性。但我們也應該了解到，那些其他人，那些遠處的陌生人，也有他們愛的家人。他們就跟我們一樣是人。

七、避開新聞

近日最大的一個距離感來源就是新聞。看晚間新聞可能讓你覺得跟現實更合拍，但真相是，新聞會扭曲你對世界的觀感。它往往把人概括成一個個團體，好比說政客、菁英、種族主義者和難民。更糟的是，新聞還會把鏡頭拉近對準害群之馬。

社群媒體也是如此。一開始只是幾個仗勢欺人的霸凌者在一段距離外亂噴仇恨發言，卻被演算法推到了我們臉書和推特的頁面頂端。這些數位平台利用我們的負面偏誤來賺錢，使用者表現得愈差勁，它們的利潤就愈高。因為差勁的行為會抓住我們的注意力，就是這樣的東西能產生最多點擊，而我們點擊哪邊，廣告收入就到哪邊。[17] 這就把社群媒體變成了一種放大我們最糟特質的系統。

神經學家指出，我們對新聞以及推播通知的胃口，都展現出所有上癮的症狀，而矽谷老早就明白了這一點。臉書和 Google 等公司的管理人嚴格限制自己孩子花在網路和「社群」媒體上的時間。即便教育大師頌揚著學校裡的 iPad 和數位技術，但科技菁英就像毒梟一樣，會保護他們自己的孩子不受自己的毒品企業影響。[18]

我的經驗談？有好幾個：避開電視新聞和推播通知，改讀更精緻的週日報刊以及深度特寫，線上或非線上的都可。擺脫你的螢幕，跟有血有肉的真人見面。仔細想想你拿什麼資訊餵養你的心智，就像你會留意你拿什麼食物餵自己的身體那樣。

八、不要揍納粹分子

如果你是一個熱切追隨新聞的人，那你會很容易受困於絕望感受。當別人都在閃躲責任，你做資源回收、繳稅、捐錢給慈善團體又有什麼意義？

如果這樣的想法吸引到你，要記得，憤世嫉俗只是懶惰的另一種說法。這是一種推卸責任的藉口。因為，如果你相信大部分人都很糟糕，你就沒必要為了不公義生氣。反正不管怎樣，世界都會下地獄。

還有一種行動主義看起來有憤世嫉俗之虞。就是那種自以為在做好事、但多半只在乎個人形象的人。走這條路的人會成為那種「自己最懂」的反抗者，到處施捨建議，但對他人卻沒有一絲真正的尊重關心。壞消息就成了好消息，因為壞消息（「全球暖化正在加速！」、「貧富不均比我們想的還嚴重！」）證明了他們一直以來都是對的。[19]

但還是有別種方法，德國小鎮文西德爾（Wunsiedel）就做了證明。一九八〇年代晚期，阿道夫．希特勒的副手魯道夫．赫斯（Rudolf Hess）下葬在當地的墓園，而文西德爾很快就成為新納粹的朝聖地。即使到現在，每年八月十七日赫斯忌日當天，那些光頭黨還是會在鎮上遊行，希望煽動暴亂。

而每一年，說巧不巧地，反法西斯主義者也前來讓新納粹分子求仁得仁。不可免地，總是會出現一段影片，顯示有人得意洋洋地揍了某個納粹分子。但之後證明這種行動的效果適得其反。就像轟炸中東成了恐怖分子的天降甘霖一樣，揍納粹分子只會更強化極端主義者。這讓他們證明自己在自己的世界觀中是正確的一方，也因此要吸引新血加入比之前容易太多。

文西德爾決定嘗試一個不一樣的策略。二〇一四年，一個叫作法比安·維希曼（Fabian Wichmann）、平常妙語如珠的德國人，想到一個了不起的點子。如果整座小鎮把紀念魯道夫·赫斯的遊行變成一場慈善競走的話會怎樣？居民超愛這個點子。新納粹分子每走一公尺，鎮民就保證捐贈十歐元給維希曼幫助人們脫離極右團體的組織「脫離—德國分部」（EXIT-Deutschland，譯註：「脫離」在瑞典另有兩個分部）。

搶在遊行活動開始前，鎮民就先標示了起跑和終點線。他們做了布旗感謝競走者的付出。同時，那些新納粹分子對於正在進行的事一無所知。當天，文西德爾高聲歡呼迎接他們，並在他們通過終點線時給他們灑滿了紙花。最後總結，該活動為目標籌募到超過兩萬歐元。

維希曼強調，像這樣的一個活動過後，重要的是讓門繼續敞開。二〇一一年夏天，他的組織在德國某個極端主義者舉辦的搖滾音樂節中發放T恤。這些滿是極右符號的T恤乍看之下似乎是在支持新納粹意識形態。但洗過之後，一段不同的訊息就會浮現。「你的T恤能這樣，你也沒問題。我們可以幫你擺脫極右。」[20]

這聽起來好像很老土，但在接下來的幾週裡打給「脫離—德國分部」的電話增加了百分之三百。維希曼看出自己的訊息成功讓新納粹分子迷失方向。在他們預期要作噁厭惡的地方，他們卻得到了一隻伸出來的手。

九、出櫃：做善事不必羞愧

要伸出那隻手，你還需要一個最重要的東西。勇氣。因為你大有可能被標上一個半手愛心或者愛現的標籤。「你施捨的時候，不可在你面前吹號……」耶穌在〈山上寶訓〉中警告過，而且「你禱告的時候，要進你的內屋，關上門，禱告你在暗中的父」。[21]

表面上，這聽起來像是合理的建議。誰想要被人覺得假高尚？暗中做善事安全太多，或者至少準備好一個理由：

「找點事來忙。」

「反正我不缺這個錢。」

「履歷會比較好看。」

當代心理學家發現，當人們出於內心的善意做了某些事情時，他們通常都會捏造自私的動機。這在飾面理論最根深蒂固的西方個人主義中最盛行。[22]而這也合理：如果你假定大部分人都自私，那麼任何善舉就都天生可疑。就如一位美國心理學家所言：「人似乎不願意承認，他們的行為有可能是被真正的同情心或善意所推動的。」[23]

不幸的是，這種三緘其口有著反安慰劑的效果。當你假裝自己是個自我中心的人，你就強化著其他人對人性的憤世嫉俗想法。更糟的是，隱藏你的善舉，就是把這些善舉隔離起來，使它們無法用來當作他人的典範。而那實在是很可惜，因為幼犬人的祕密超能力，就是我們實在太會模仿彼此。

不要誤會我的意思：激勵他人不是叫你炫耀你的善舉，而行善並不代表自吹自擂。在〈山上寶訓〉中，耶穌警告門徒不要做其中一件事，但他同時鼓勵門徒做另一件事：「你們是世上的光。城造在山上，是不能隱藏的。人點了燈，不會放在量器底下，而是放在燈台上，就照亮一家人。照樣，你們的光也應當照在人前，讓他們看見你們的好行為……」[24]

兩名美國心理學家於二〇一〇年用一個了不起的實驗，證明了做好事有傳染力。[25]他們安排了一個有賭注的遊戲，在那之中一百二十名互不相識的志願者被分成四人一組的遊戲團。每個人開局拿到一些現金，要不要拿錢出來湊一筆公費，或者要拿多少出來，都可以自由選擇。第一輪過後，所有的團體都要洗牌搬風，所以永遠不會有哪兩個人在同個組裡待過兩次。

接下來發生的事情就是一場名副其實的生錢魔術（譯註：指魔術表演中把紙鈔摺起來，再打開就變成另一張的技法）。只要有人在第一輪多貢獻過一塊美元到公費裡，團體中的其他玩家下一輪（平均）就會多貢獻二十分錢，即便他們是和完全不同的人一起玩。這個效應持續到了第三輪，那時候玩家平均又會再多貢獻五分錢。最後算下來，每貢獻一美元都會變成超過兩倍。

我常常會回想這個研究，因為我想要記住。每一件善事都像丟進池塘的一顆石子，往所有方向送出波紋。「我們通常看不見自己的慷慨如何透過社交網大量傾瀉，」一位研究者評論道，「看不到它進而影響另外數十個、甚至幾百個人的過程。」[26]

善意是有感染力的。而且太有感染力，甚至還影響了那些僅從遠處看著善意的人。其中一個率先於一九九〇年代末期研究這效應的心理學家是強納森．海德（Jonathan Haidt）。[27]在他的一篇文章中，他講了一個故事，是一個學生幫助一名老太太在雪中鏟出從車庫通到馬路的車道。他的一個朋友看了這無私的舉動後寫道：「我好想跳出車外抱抱這個傢伙。我好想唱歌飛奔，或者大跳大笑。整個人活躍起來。我好想說一些人的好話，寫一首美麗的詩或情歌，在雪裡像小孩一樣玩。跟每個人說他的善行。」[28]

海德發現，人常常因為一個簡單的慷慨舉動而驚訝感動。當這位心理學家問他的受試對象，這種經驗怎麼影響他們，他們會描述一種無法抵擋的衝動，讓他們也想要出去幫幫誰。

海德把這種情感稱作「提升」（elevation）。人因為天生如此，所以一個簡單的善意跡象就會讓我們感到「溫暖」以及「酥麻」。而吸引人的地方在於，我們連從別人那聽說這些故事也會出現這種效應。那就彷彿我們按了一個精神重設鈕，消除了我們的憤世嫉俗感，於是我們就再次擁有一個清晰的世界觀。

十、要切乎實際

最後，來說那條我所恪守的最重要規則。

如果要說我寫這本書有什麼企圖的話，那就是改變「現實主義」這個詞的意義。在當代用法中，「現實主義者」變成了和憤世嫉俗者——某個有著悲觀看法的人——同樣意思，這不就清楚說明了問題所在嗎？

事實上，不了解實際狀況的是憤世嫉俗者。事實上，我們是活在A星球，就是人們會十分想善待彼此的地方。

所以實際一點吧，勇敢一點吧。誠實面對你的天性，交出你的信任。在光天化日下做好事，且不要為了自己的慷慨寬容而羞赧。一開始人們可能會當你是天真好騙，但記住，今日的天真想法可能就是明日的常識。

該要有新的現實主義了。該要對人類有新看法了。

致謝

二〇一三年一月，荷蘭哲學家羅伯．范貝爾何（Rob Wijnberg）來訊問我要不要喝杯咖啡。他跟我說，他想來討論開辦全新新聞平台的計畫。他想像了一份出版品，上頭沒有新聞、沒有廣告也沒有憤世嫉俗。我們反而會提供解方。

幾個月內，日後稱作「通訊員」（*De Correspondent*）的這個網站創下了群眾募資的世界新紀錄，而我也有了份新工作。這本書就是我在「通訊員」工作了七年的成果。它是與那些砥礪我、讓我進步、甚至推翻我想法的讀者們進行無數次對話下的產物。而它也是我有幸能夠追尋我個人著迷之物的成果，且是由那個稱作內在動機的神奇之物所推動的結果。

我要感謝那邊的所有同事。當然要感謝羅伯，沒人能像他那樣激勵我。感謝耶瑟．弗列德里克（Jesse Frederik），他教我要更挑剔自己的想法。感謝米魯．克萊恩．蘭克霍斯特（Milou Klein Lankhorst），她再度證明自己是歐洲最棒的書籍發行人。也要感謝安德列亞斯．容克斯（Andreas Jonkers），身為副社長的他對本書有著無價的貢獻。

我運氣很好，能夠有哈爾敏克・梅德朵普（Harminke Medendorp）同意編輯本書的荷蘭文原版。哈爾敏克是她那領域的佼佼者，能夠用幾個犀利的問題讓你明白自己實際上想說什麼。我也要感謝所有讀過本書荷蘭文手稿的同事：湯瑪斯・凡赫斯特（Tomas Vanheste）、茂里茨・馬爾坦（Maurits Martijn）、羅松・史密茲（Rosan Smits）、馬爾尼克斯・德布朗那（Marnix de Bruyne）、桑妮・布勞烏（Sanne Blauw）、米希爾・德侯（Michiel de Hoog）、約翰尼斯・費瑟（Johannes Visser）、湯瑪・史德林（Tamar Stelling）、亞爾摩・摩梅斯（Jelmer Mommers）、阿爾言・范・費樂（Arjen van Veelen）、麥特・佛默樂（Maite Vermeulen）、利非・波爾（Riffy Bol）、夏洛特・雷馬克（Charlotte Remarque），以及安娜・佛瑟斯（Anna Vossers）。當你和這樣的一群人共事時，你很難覺得別人會自私到哪去。

我也要感謝馬提亞斯・凡・克拉佛勒（Matthias van Klaveren）、山姆・德馬赫特（Sem de Maagt）、何布・特・霍斯特（Huib ter Horst）和卡爾琳・金馬（Carlijn Kingma）讀過原書的一部分並提供了寶貴建議。卡爾琳是歐洲最有才華的藝術家，而她根據本書創作的作品，就算在我的著作都被資源回收之後，也應該會長長久久地繼續擺在美術館展示。

英語譯本的部分，我要由衷感謝伊莉莎白．曼頓（Elizabeth Manton）和艾莉卡．摩爾（Erica Moore）。翻譯是困難且價值常常遭低估的技藝，也是她們精通的一門藝術。我也要謝謝利特爾布朗（Little, Brown）的編輯班．喬治（Ben George），以及布魯姆斯伯里出版社（Bloomsbury）的阿雷西．基施鮑姆（Alexis Kirschbaum），他們幫助我進一步淬煉文字；以及我的作家經紀人蕾貝加．卡特（Rebecca Carter）與艾瑪．派利（Emma Parry），她們打從最初就相信這本書；還有文字編輯理查．柯林斯（Richard Collins），感謝他傑出的工作。

最後還有家人、我的親家兄弟姊妹以及朋友，我都深欠他們一分情。感謝尤利安（Jurriën）能做我的摯友。謝謝瑪芝（Maartje）所做的一切（包括英文書名）。最後感謝我的父母，貝塔．布雷格曼（Peta Bregman）和基斯．布雷格曼（Kees Bregman），這本書獻給你們。

註釋

序言

1 邱吉爾於一九三四年七月三十日在英國下議院講出這段話。

2 J. F. C. Fuller, *The Reformation of War* (London, 1923), p. 150.

3 Gustave Le Bon, *The Crowd. A Study of the Popular Mind* (Kitchener, 2001), p. 19. 初版於一八九六年發行。

4 Richard Overy, 'Hitler and Air Strategy', *Journal of Contemporary History* (July 1980), p. 410.

5 J. T. MacCurdy, *The Structure of Morale* (Cambridge, 1943), p. 16.

6 引言出自 Richard Overy, *The Bombing War. Europe 1939–1945* (London, 2013), p. 185.

7 Angus Calder, *The People's War. Britain 1939–1945* (London, 1991), p. 174.

8 Overy, *The Bombing War*, p. 160.

9 Robert Mackay, *Half the Battle: Civilian Morale in Britain During the Second World War* (Manchester, 2002), p. 261.

10 引言出自 Overy, *The Bombing War*, p. 145. 一九四一年初時，只有百分之八的防空避難所還有人使用。見 Overy, p. 137.

11 Sebastian Junger, *Tribe. On Homecoming and Belonging* (London, 2016).

12 Richard Overy, 'Civilians on the frontline', *Observer* (6 September 2009).

13 Mollie Panter-Downes, *London War Notes 1939–1945* (New York, 1971), p. 105.

14 Overy, *The Bombing War*, p. 264.

15 甚至連認識弗雷德里克・林德曼的朋友，都清楚形容他是個「總是覺得自己什麼都對，而且從來沒打算要讓步或承認失敗」的人，「傾向把反對他的看法當成是對他個人的羞辱，」而且「從來都沒人制止他因為不懂而對一個主題誇誇其談」。見 Hugh Berrington, 'When does Personality Make a Difference? Lord Cherwell and the Area Bombing of Germany', *International Political Science Review* (January 1989).

16 引言出自 Brenda Swann and Francis Aprahamian, *J. D. Bernal. A Life in Science and Politics* (London, 1999), p. 176. 研究者要兩千名孩童用作文來談談他們的經驗。今日讀這些作文，深感他們的勇氣驚人。「我被埋住了，我割傷了，可是我還是幫忙把死傷者拖出來。」一名十歲男孩這麼寫起他被摧毀的家。見 Martin L. Levitt, 'The Psychology of Children: Twisting the Hull–Birmingham Survey to Influence British Aerial Strategy in World War II', *Psychologie und Geschichte* (May 1995).

17 Solly Zuckerman, *From Apes to Warlords. An Autobiography, 1904–1946* (London, 1988), p. 405. 在該書的一九七八年的第一版裡，Zuckerman 把赫爾報告的標題頁上加進去當成附錄，因此違反了直到二〇二〇年都還生效的禁令。

18 引言出自 Charles Webster and Noble Frankland, *The Strategic Air Offensive Against Germany 1935–1945* (London, 1961), p. 332.

19 C. P. Snow, 'Whether we live or die ', *Life* magazine (3 February 1961), p. 98.

20 Overy, *The Bombing War*, p. 356.

21 引言出自 Jörg Friedrich, *The Fire. The Bombing of Germany 1940–1945* (New York, 2006), p. 438.

22 引言出自 Friedrich Panse, *Angst und Schreck* (Stuttgart, 1952), p. 12.

23 Friedrich, *The Fire*, pp. 418–20.

24 這份英國報告一直要到五十年後才釋出。見 Sebastian Cox (ed.), *British Bombing Survey Unit, The Strategic Air War Against Germany, 1939–1945. The Official Report of the British Bombing Survey Unit* (London, 1998).

25 John Kenneth Galbraith, *A Life in Our Times* (Boston, 1981), p. 206. 最關鍵的一個問題，當然就是如果同盟國減少投入空軍而增加陸軍和海軍，會有什麼結果？二戰後，諾貝爾獎得主帕特里克．布萊克特（Patrick Blackett）寫到，要是這樣的話戰爭可以提早六至十二個月結束。而德國這邊也得出同樣的結論。納粹德國裝備與軍火部長阿爾伯特．史佩爾（Albert Speer）表示，他最擔心的就是對德國基礎設施的攻擊，而德國空軍指揮官赫爾曼．戈林（Hermann Göring）最記得的就是對煉油廠的攻擊。到了一九四四年秋天時，德國的儲油已經在逐漸減少。坦克熄火，飛機停在機庫裡，而火砲只能用馬來拖拉。但那並沒有阻止英國轟炸德國平民。一九四四年最後三個月裡，百分之五十三的轟炸都對準了都會區，只有百分之十四瞄準了煉油廠。到了那時候英國幾乎已經停用了燒夷彈，因為知道已經沒什麼東西好燒了。但同一時間，德國的反而恢復產油了。見 Max Hastings, *Bomber Command* (London, 1979), pp. 327–34.

26 Edward Miguel and Gerard Roland, 'The Long Run Impact of Bombing Vietnam', *Journal of Development Economics* (September 2011), p. 2.

第一章　新的現實主義

1 Tom Postmes, 出自寫給作者的電子郵件，9 December 2016.

2 Jack Winocour (ed.), *The Story of the Titanic As Told by Its Survivors* (New York, 1960), p. 33.

3 引言出自 Rebecca Solnit, *A Paradise Built in Hell. The Extraordinary Communities that Arise in Disaster* (New York, 2009), p. 187.

4 Frans de Waal, *The Bonobo and the Atheist. In Search of Humanism Among the Primates* (New York, 2013), p. 43.

5 Gary Younge, 'Murder and Rape – Fact or Fiction?', *Guardian* (6 September 2005).

6 引言出自 Robert Tanner, 'New Orleans Mayor Orders Police Back to Streets Amid Increasingly Violent Looting', *Seattle Times* (1 September 2005).

7 Timothy Garton Ash, 'It Always Lies Below', *Guardian* (8 September 2005).

8 Jim Dwyer and Christopher Drew, 'Fear Exceeded Crime's Reality in New Orleans', *New York Times* (29 September 2005).

9 Havidán Rodríguez, Joseph Trainor and Enrico L. Quarantelli, 'Rising to the Challenges of a Catastrophe: The Emergent and Prosocial Behavior Following Hurricane Katrina', *The Annals of the American Academy of Political and Social Science* (No. 1, 2006).

10 Matthieu Ricard, *Altruism. The Power of Compassion to Change Yourself and the World* (New York, 2015), p. 99.

11 Enrico L. Quarantelli, 'Conventional Beliefs and Counterintuitive Realities', *Social Research: An International Quarterly of the Social Sciences* (No. 3,

2008), p. 885.

12 引言出自 AFP/Reuters, 'Troops Told "Shoot to Kill" in New Orleans' (2 September 2005).

13 Trymaine Lee, 'Rumor to Fact in Tales of Post-Katrina Violence', *New York Times* (26 August 2010).

14 Solnit, *A Paradise Built in Hell*, p. 131.

15 引言出自 CNN Money, 'Coke Products Recalled' (15 June 1999).

16 B. Nemery, B. Fischler, M. Boogaerts, D. Lison and J. Willems, 'The Coca-Cola Incident in Belgium, June 1999', *Food and Chemical Toxicology* (No. 11, 2002).

17 Victoria Johnson and Spero C. Peppas, 'Crisis Management in Belgium: the case of Coca-Cola', *Corporate Communications: An International Journal* (No. 1, 2003).

18 引言出自 Bart Dobbelaere, 'Colacrisis was massahysterie', *De Standaard* (2 April 2000).

19 Karolina Wartolowska et al., 'Use of Placebo Controls in the Evaluation of Surgery: Systematic Review', *British Medical Journal* (21 May 2014).

20 Clayton R. Critcher and David Dunning, 'No Good Deed Goes Unquestioned: Cynical Reconstruals Maintain Belief in the Power of Self-interest', *Journal of Experimental Social Psychology* (No. 6, 2011), p. 1212.

21 Sören Holmberg and Bo Rothstein, 'Trusting other people', *Journal of Public Affairs* (30 December 2016).

22 Jodie Jackson, 'Publishing the Positive. Exploring the Motivations for and the Consequences of Reading Solutions-focused Journalism', *constructivejournalism.org* (Fall 2016).

23 舉例來說，可見 Wendy M. Johnston and Graham C. L. Davey, 'The psychological impact of negative TV news bulletins: The catastrophizing of personal worries', *British Journal of Psychology* (13 April 2011).

24 Hans Rosling, *Factfulness* (London, 2018), p. 50.

25 Chris Weller, 'A top economist just put the fight against poverty in stunning perspective', *Business Insider* (17 October 2017).

26 Toni van der Meer et al., 'Mediatization and the Disproportionate Attention to Negative News. The case of airplane crashes', *Journalism Studies* (16 January 2018).

27 Laura Jacobs et al., 'Back to Reality: The Complex Relationship Between Patterns in Immigration News Coverage and Real-World Developments in Dutch and Flemish Newspapers (1999–2015)', *Mass Communication and Society* (20 March 2018).

28 Nic Newman (ed.), *Reuters Institute Digital News Report. Tracking the Future of News* (2012). 另見 Rob Wijnberg, 'The problem with real news – and what we can do about it', *Medium.com* (12 September 2018).

29 引言出自 Michael Bond, 'How to keep your head in scary situations', *New Scientist* (27 August 2008).

30 Rolf Dobelli, 'Avoid News. Towards a Healthy News Diet', *dobelli.com* (August 2010).

31 Frans de Waal, *The Bonobo and the Atheist*, pp. 38–9.

32 Michael Ghiselin, *The Economy of Nature and the Evolution of Sex* (Berkeley, 1974), p. 247.

33 Joseph Henrich et al., 'In Search of Homo Economicus: Behavioral Experiments in 15 Small-Scale Societies', *American Economic Review* (No. 2, 2001).

34 David Sloan Wilson and Joseph Henrich, 'Scientists Discover What Economists Haven't Found: Humans', *Evonomics.com* (12 July 2016).

35 引言出自 David Sloan Wilson, 'Charles Darwin as the Father of Economics: A Conversation with Robert Frank', *The Evolution Institute* (10 September 2015).

36 Thucydides, *History of the Peloponnesian War*, translated by Rex Warner (1972), pp. 242–5.

37 Saint Augustine, *The Confessions of Saint Augustine*, translated by Maria Boulding (2012), p. 12.

38 Thomas Henry Huxley, *The Struggle for Existence in Human Society* (originally published in 1888).

39 Herbert Spencer, *Social Statistics*, Chapter XVIII, paragraph 4 (1851).

40 「我拒絕相信人性的趨勢始終向下沉淪。」被邱吉爾當作「半裸苦行僧」而不以為然的印度獨立運動傳奇領袖聖雄甘地如此說過。「人的善良有如火焰，可以隱藏但永遠不能澆熄。」被犯罪政權囚禁二十七年的納爾遜・曼德拉如此說過。

41 Emma Goldman, *Anarchism and Other Essays* (Stillwell, 2008), p. 29. Originally published in 1910.

42 這人是瑪麗・林德加德，我們會在第九章再見到她。

第二章　真實的《蒼蠅王》

1 威廉・高汀在本書於一九八〇年代發行的有聲書序言中如此回憶。見 William Golding, *Lord of the Flies. Read by the author* (Listening Library, 2005).

2 John Carey, *William Golding. The Man Who Wrote Lord of the Flies* (London, 2010), p. 150.

3 William Golding, *The Hot Gates* (London, 1965), p. 87.

4 Arthur Krystal (ed.), *A Company of Readers. Uncollected Writings of W. H. Auden, Jacques Barzun and Lionel Trilling* (2001), p. 159.

5 引言出自 Carey, *William Golding*, p. 82.

6 同上，p. 259.

7 收錄於 'Dit gebeurt er als je gewone kinderen vrijlaat in de wildernis', *De Correspondent* (6 June 2017).

8 Frans de Waal, *The Bonobo and the Atheist*, p. 214.

9 MaryAnn McKibben Dana, 'Friday Link Love: Doubt, Virginia Woolf, and a Real-Life Lord of the Flies', *theblueroom.org* (3 May 2013).

10 Susanna Agnelli, *Street Children. A Growing Urban Tragedy* (London, 1986).

11 Jamie Brown, 'Mates Share 50-Year Bond', *Daily Mercury* (12 December 2014).

12 引言出自 Kay Keavney, 'The Dropout Who Went to Sea', *The Australian Women's Weekly* (19 June 1974).

13 除了特別註記以外，本章所有彼得・華納和馬諾・托陶的發言都是節錄自我自己的訪談內容。

14 尤其可讀 Keith Willey, *Naked Island – and Other South Sea Tales* (London, 1970).

15 澳洲電影人史蒂夫．包曼於二〇〇七年訪問了大衛，他好心地和我分享了他（未公開）的影像。這段話是節錄自包曼的紀錄片。

16 Willey, *Naked Island*, p. 6.

17 引言出自 Scott Hamilton, 'In remote waters', *readingthemaps.blogspot.com* (18 November 2016).

18 Peter Warner, *Ocean of Light. 30 years in Tonga and the Pacific* (Keerong, 2016), p. 19.

19 席雍也是這麼記得的。「我們緊緊地相互扶持，」他在電話裡跟我這麼說。「每次有爭吵，我就試著讓小弟們冷靜下來。接著他們會哭，他們會道歉，然後就沒事了。每次都是這樣。」

20 其實這樣算幸運的。這些男孩以為自己靠近薩摩亞，所以向南航行，但真要去的話應該要往北才對。

21 Willey, *Naked Island*, p. 33.

22 Warner, *Ocean of Light*, p. 89.

23 Charlotte Edwardes, 'Survivor Game Show Based on Public School', *Daily Telegraph* (3 June 2001).

24 Robert Evans and Michael Thot, '5 Ways You Don't Realize Reality Shows Lie', *Cracked.com* (7 July 2014).

25 Girl Scout Research Institute, 'Girls and Reality TV' (2011).

26 Robert Sapolsky, *Behave. The Biology of Humans at Our Best and Worst* (London, 2017), p. 199.

27 Bryan Gibson et al., 'Just "Harmless Entertainment"? Effects of Surveillance Reality TV on Physical Aggression', *Psychology of Popular Media Culture* (18 August 2014).

28 引言出自 CBC Arts, 'George Gerbner Leaves the Mean World Syndrome', *Peace, Earth & Justice News* (8 January 2006).

29 一位教師接受紀錄片導演史蒂夫．包曼採訪之內容，收錄於導演與我分享的未公開素材。

第三章　幼犬人的興起

1 《牛津英語詞典》將人族定義為「分類學上為人族（Hominini）的靈長類，包含了那些被認為是人類、與人類有直接祖先關係，或者與人類血緣相當密切的物種」。範圍更廣的人科（hominids，或 Hominidae）包括了類人猿（great ape，譯註：這個詞有時也可以指人科）。

2 Charles Darwin, 'To Joseph Dalton Hooker', *Darwin Correspondence Project* (11 January 1844).

3 Richard Dawkins, *The Selfish Gene. 30th Anniversary Edition* (2006), p. ix. 一九七六年首度出版。後來道金斯把這段話拿掉了（見本章結尾）。

4 Claire Armitstead, 'Dawkins Sees off Darwin in Vote for Most Influential Science Book', *Guardian* (20 July 2017).

5 Michael J. Edwards, 'Fascinating, But at Times I Wish I Could Unread It', Amazon.com 上的評論（一九九九年八月七日）。這是該書在 Amazon 上評分最高的其中一個評論。

6 Marcus E. Raichle and Debra A. Gusnard, 'Appraising the Brain's Energy Budget', *PNAS* (6 August 2002).

7 E. Hermann et al., 'Humans Have Evolved Specialized Skills of Social Cognition: The Cultural Intelligence Hypothesis', *Science* (7 September 2007).

8 Joseph Henrich, *The Secret of Our Success. How Culture Is Driving Human Evolution, Domesticating Our Species, and Making Us Smarter* (Princeton, 2016), pp. 16–17.

9 同上，pp. 17–21.

10 Maria Konnikova, *The Confidence Game* (New York, 2016). 可以在本書的跋更進一步認識柯妮可娃的精彩作品。

11 Charles Darwin, *The Expression of the Emotions in Man and Animals* (New York, 1872), p. 309. 二〇一八年有人發表了一項以五隻藍黃金剛鸚鵡進行的小型研究，主張這種鸚鵡也有害臊的能力。見 Aline Bertin et al., 'Facial Display and Blushing: Means of Visual Communication in Blue-and-Yellow Macaws (Ara Ararauna)?', *PLoS One* (22 August 2019).

12 Johann Carl Fuhlrott, 'Menschliche Überreste aus einer Felsengrotte des Düs-

selthals. Ein Beitrag zur Frage über die Existenz fossiler Menschen', in *Verhandlungen des Naturhistorischen Vereins der preußischen Rheinlande und Westphalens* (Part 16, 1859), pp. 131–53.

13 這個學會的德文名稱是「下萊茵自然與醫學學會」（Niederrheinische Gesellschaft für Natur- und Heilkunde）。

14 Paige Madison, 'The Most Brutal of Human Skulls: Measuring and Knowing the First Neanderthal', *British Journal for the History of Science* (No. 3, 2016), p. 427.

15 「笨人」這個名字是生物學家恩斯特・海克爾（Ernst Haeckel）提議的，但因為解剖學家威廉・金（William King）在兩年前就創造了「尼安德塔人」這個名字，因此前者始終未能廣受採納。

16 引言出自 João Zilhão, 'The Neanderthals: Evolution, Paleoecology, and Extinction', in Vicki Cummings, Peter Jordan and Marek Zvelebil, *The Oxford Handbook of the Archaeology and Anthropology of Hunter-Gatherers* (Oxford, 2014), p. 192.

17 Thomas D. Berger and Erik Trinkaus, 'Patterns of Trauma among the Neandertals', *Journal of Archaeological Science* (November 1995).

18 Thomas Wynn and Frederick L. Coolidge, *How to Think Like a Neanderthal* (Oxford, 2012), p. 19. 如果你還在想像尼安德塔人是一種野蠻洞穴人的話，改變主意吧。二〇一八年，有一組考古學家把兩百九十五個尼安德塔人的頭蓋骨骨折數量和同一時期的智人（我們的直系祖先）相比。結果發現什麼呢？沒有差別。尼安德塔人的生活並沒有比我們過去的生活更野蠻。看起來，我們也曾經是某種原始的競技牛仔。見 Judith Beier et al., 'Similar Cranial Trauma Prevalence among Neanderthals and Upper Palaeolithic modern humans', *Nature* (14 November 2018).

19 Paola Villa and Wil Roebroeks, 'Neandertal Demise: An Archaeological Analysis of the Modern Human Superiority Complex', *PLoS One* (30 April 2014).

20 Yuval Noah Harari, *Sapiens. A Brief History of Humankind* (London, 2011), p. 19.

21 Jared Diamond, 'A Brand-New Version of Our Origin Story', *New York Times* (20 April 2018).

22 關於這個故事，除了特別註記以外，我的主要資料來源都是 Lee Alan Dugatkin and Lyudmila Trut, *How to Tame a Fox (and Build a Dog). Visionary Scientists and a Siberian Tale of Jump-Started Evolution* (Chicago, 2017).

23 Lee Alan Dugatkin and Lyudmila Trut, 'How to Tame a Fox and Build a Dog', *American Scientist* (No. 4, 2017).

24 Dugatkin and Trut, *How to Tame a Fox*, p. 58.

25 同上，p. 124.

26 Robert L. Cieri et al., 'Craniofacial Feminization, Social Tolerance, and the Origins of Behavioral Modernity', *Current Anthropology* (No. 4, 2014).

27 人類並不是尼安德塔人的直系後代（儘管說，有鑑於許多人有尼安德塔人的 DNA，智人和尼安德塔人很明顯有共同生下過後代）；然而，我們五萬年前未馴化的智人祖先卻和尼安德塔人相近太多，代表他們的外觀也會陽剛許多。見 Brian Hare, 'Survival of the Friendliest: Homo sapiens Evolved via Selection for Prosociality', *Annual Review of Psychology* (2017).

28 Brian Hare, *The Genius of Dogs. Discovering the Unique Intelligence of Man's Best Friend* (London, 2013). p. 40.

29 同上，p. 88.

30 Brian Hare, 'Survival of the Friendliest – Brian Hare, Duke Forward in Houston', YouTube (20 January 2016). 在三分五十六秒提及。

31 馴化對毛皮的黑色素表現有所影響，這也就解釋了迪米崔的狐狸為何有白點。Brian Hare, 'Survival of the Friendliest: *Homo sapiens* Evolved via Selection for Prosociality', *Annual Review of Psychology* (2017).

32 Ricardo Miguel Godinho, Penny Spikins and Paul O'Higgins, 'Supraorbital Morphology and Social Dynamics in Human Evolution', *Nature Ecology & Evolution* (No. 2, 2018). 另見 Matteo Zanella, 'Dosage analysis of the 7q11.23 Williams region identifies BAZ1B as a major human gene patterning the modern human face and underlying self-domestication', *Science Advances* (4 December 2019).

33 Henrich, *The Secret of Our Success*, p. 214.

34 James Thomas and Simon Kirby, 'Self domestication and the evolution of

language', *Biology & Philosophy* (27 March 2018).

35 Peter Turchin, *Ultrasociety. How 10,000 Years of War Made Humans the Greatest Cooperators on Earth* (Chaplin, 2016), p. 48.

36 Joris Luyendijk, 'Parasitair', *NRC Handelsblad* (13 December 2012).

37 Julia Carrie Wong, 'Uber's "hustle-oriented" culture becomes a black mark on employees' résumés', *Guardian* (7 March 2017).

38 Jeremy Lent, *The Patterning Instinct. A Cultural History of Humanity's Search for Meaning* (New York, 2017), pp. 94–5.

39 Julianne Holt-Lunstad, 'Testimony before the US Senate Aging Committee', *aging.senate.gov* (27 April 2017).

40 Helen Louise Brooks, 'The Power of Support from Companion Animals for People Living with Mental Health Problems: A Systematic Review and Narrative Synthesis of the Evidence', *BMC Psychiatry* (5 February 2018).

41 一九八〇年代晚期，演化人類學家大衛・巴斯（David Buss）在三十七個國家進行了一場調查，詢問幾萬人尋找伴侶的條件。得到的答案因性別不同而有些許差異。男性較為在乎對方外貌，女性較為在乎對方財力。這當然在媒體激起一陣波瀾。被完全忽略的事情是，有一個特質是全體一致的首要條件：善心。見 Dacher Keltner, 'The Compassionate Species', *Greater Good Magazine* (31 July 2012).

第四章　馬歇爾上校和不願開槍的士兵

1 引言出自 Melyssa Allen, 'Dog Cognition Expert Brian Hare Visits Meredith', *meredith.edu* (October 2016).

2 Carsten K. W. De Dreu et al., 'The Neuropeptide Oxytocin Regulates Parochial Altruism in Intergroup Conflict Among Humans', *Science* (11 June 2010).

3 Raymond Dart, 'The Predatory Transition from Ape to Man', *International Anthropological and Linguistic Review* (No. 4, 1953).

4 同上。

5 引言出自 Rami Tzabar, 'Do Chimpanzee Wars Prove That Violence Is Innate?' *bbc.com* (11 August 2015).

6 Richard Wrangham and Dale Peterson, *Demonic Males: Apes and the Origins*

of Human Violence (New York, 1996), p. 63.
7 Richard Lee, *The !Kung San* (New York, 1979), p. 398.
8 Steven Pinker, *The Better Angels of Our Nature. Why Violence Has Declined* (London, 2011), p. 36.
9 同上，p. xxi.
10 同上。
11 關於馬金戰役，見 Anthony King, *The Combat Soldier. Infantry Tactics and Cohesion in the Twentieth and Twenty-First Centuries* (Oxford, 2013), pp. 46–8.
12 Bill Davidson, 'Why Half Our Combat Soldiers Fail to Shoot', *Collier's Weekly* (8 November 1952).
13 引言出自 King, *The Combat Soldier*, p. 48.
14 S. L. A. Marshall, *Men Against Fire. The Problem of Battle Command* (Oklahoma, 2000), p. 79.
15 同上，p. 78.
16 引言出自 John Douglas Marshall, *Reconciliation Road: A Family Odyssey* (Washington DC, 2000), p. 190.
17 同上。
18 David Lee, *Up Close and Personal: The Reality of Close-Quarter Fighting in World War II* (London, 2006), p. 19.
19 引言出自 Max Hastings, 'Their Wehrmacht Was Better Than Our Army', *Washington Post* (5 May 1985).
20 Richard Holmes, *Acts of War. Behaviour of Men in Battle* (London, 1985), p. 376.
21 Dave Grossman, *On Killing. The Psychological Cost of Learning to Kill in War and Society* (New York, 2009), p. 31.
22 R. A. Gabriel, *No More Heroes. Madness and Psychiatry in War* (New York, 1987), p. 31.
23 Major T. T. S. Laidley, 'Breech-loading Musket', in *The United States Service Magazine* (January 1865), p. 69.
24 Grossman, *On Killing*, pp. 23–6.

25 同上，p. 23.

26 George Orwell, *Homage to Catalonia* (London, 2000), p. 39. Originally published in 1938.

27 Randall Collins, *Violence. A Micro-sociological Theory* (Princeton, 2008), p. 53.

28 同上，p. 11.

29 引言出自 Craig McGregor, 'Nice Boy from the Bronx?', *New York Times* (30 January 1972).

30 Lee Berger, 'Brief Communication: Predatory Bird Damage to the Taung Type-Skull of Australopithecus africanus Dart 1925', *American Journal of Physical Anthropology* (31 May 2006).

31 關於這方面的爭論，見 John Horgan, 'Anthropologist Brian Ferguson Challenges Claim that Chimp Violence is Adaptive', *Scientific American* (18 September 2014).

32 Michael L. Wilson et al., 'Lethal Aggression in Pan is Better Explained by Adaptive Strategies than Human Impacts', *Nature* (18 September 2014).

33 Brian Hare, 'Survival of the Friendliest: Homo sapiens Evolved via Selection for Prosociality', *Annual Review of Psychology* (2017), pp. 162–3.

34 Robert Sapolsky, 'Rousseau with a Tail. Maintaining a Tradition of Peace Among Baboons', in *War, Peace, and Human Nature. The Convergence of Evolutionary and Cultural Views* (Oxford, 2013), p. 421.

35 John Horgan, 'The Weird Irony at the Heart of the Napoleon Chagnon Affair', *Scientific American* (18 February 2013).

36 Robert Sapolsky, *Behave. The Biology of Humans at Our Best and Worst* (London, 2017), p. 314.

37 R. Brian Ferguson, 'Born to Live: Challenging Killer Myths', in Robert W. Sussman and C. Robert Cloninger (eds), *Origins of Altruism and Cooperation* (New York, 2009), pp. 258–9.

38 引言出自 Christopher Ryan and Cacilda Jethá, *Sex at Dawn. How We Mate, Why We Stray, and What It Means for Modern Relationships* (New York, 2010), p. 196.

39 Douglas Fry, 'War, Peace, and Human Nature: The Challenge of Achieving Scientific Objectivity', in Douglas Fry (ed.), *War, Peace, and Human Nature. The Convergence of Evolutionary and Cultural Views* (Oxford, 2013), pp. 18–19.

40 同上，p. 20.

41 Douglas P. Fry and Patrik Söderberg, 'Lethal Aggression in Mobile Forager Bands and Implications for the Origins of War', *Science* (19 July 2013).

42 Kim R. Hill et al., 'Hunter-Gatherer Inter-Band Interaction Rates. Implications for Cumulative Culture', *PLoS One* (24 June 2014).

43 K. R. Hill et al., 'Co-residence Patterns in Hunter-Gatherer Societies Show Unique Human Social Structure', *Science* (11 March 2011). 另見 Coren L. Apicella, 'Social networks and cooperation in hunter-gatherers', *Nature* (26 January 2012).

44 Jonathan Haas and Matthew Piscitelli, 'The Prehistory of Warfare. Misled by Ethnography', in Douglas Fry (ed.), *War, Peace, and Human Nature*, pp. 178–81.

45 同上，pp. 181–3.

46 有兩個挖掘遺址一致被拿來當作史前戰事的第一個「證據」。第一個是北蘇丹的傑貝爾薩哈巴（Jebel Sahaba），一九六四年時考古學家發現了六十一個大約可以追溯至一萬三千年前的頭骨，其中二十一個有死於暴力的痕跡。更晚近的分析把數字減少到四個。見 Robert Jurmain, 'Paleoepidemiolgical Patterns of Trauma in a Prehistoric Population from Central California', *American Journal of Physical Anthropology* (12 April 2001). 傑貝爾薩哈巴的人們住在尼羅河肥沃的河岸，還為死者蓋了大墓地，代表他們很有可能已經定居。第二個常常被提到的是肯亞圖爾卡納湖（Lake Turkana）附近的納塔魯克（Naturuk），那裡找到二十七具（有暴力痕跡的）骨骸，估計都有一萬年的歷史。二〇一六年當考古學家於《自然》雜誌發表這個發現時，全世界的媒體便緊緊抓著這件事不放，把這當作是人類天生好戰的「證據」。但納塔魯克這項發現的重要性還有爭議。許多考古學家已經指出，圖爾卡納湖畔是一塊豐饒的地帶，許多狩獵採集者在此匯集，因此他們很有可能已經鞏固了他們的財產，並放棄了遊牧生活方式。在這篇文章發表的幾個月後，《自然》刊出了另一支考古學家團隊的反應，他們根本就懷疑「這些『受害者』因暴力而死」的這個結論是否能成立。大部分媒體忽略了後面這篇文章。見 Christopher M. Stojanowski et al., 'Contesting the Massacre at Nataruk', *Nature* (24 November 2016). 即便沒有上述這些爭議，我們也必須要了解到——除了傑貝爾薩哈巴和納塔魯克以外——其實根本就沒有任何史前戰爭的證據；而和這一點成為鮮明對比的，就是有大量毫無爭議的考古證據（包括洞穴壁畫和萬人塚等），證明了人類自從開始生活在永久定居地並進行農耕「之後」，便出現了戰爭。

47 R. Brian Ferguson, 'Pinker's List. Exaggerating Prehistoric War Mortality', in Douglas Fry (ed.), *War, Peace, and Human Nature*, pp. 126. 另見 Hisashi Nakao et al., 'Violence in the Prehistoric Period of Japan: The Spatio-Temporal Pattern of Skeletal Evidence for Violence in the Jomon Period', *Biology Letters* (1 March 2016).

第五章　文明的詛咒

1 引言出自 Sarah Blaffer Hrdy, *Mothers and Others. The Evolutionary Origins of Mutual Understanding* (2009), p. 27.

2 Catherine A. Lutz, *Unnatural Emotions: Everyday Sentiments on a Micronesian Atoll & Their Challenge to Western Theory* (Chicago, 1988).

3 Christopher Boehm, *Hierarchy in the Forest. The Evolution of Egalitarian Behavior* (Cambridge, 1999), p. 68. 另見 Christopher Boehm, *Moral Origins. The Evolution of Virtue, Altruism and Shame* (New York, 2012), pp. 78–82.

4 The '!' stands for a clicking sound that is part of the !Kung language.

5 Robert Lee, *The !Kung San: Men, Women, and Work in a Foraging Society* (Cambridge, 1979), p. 244.

6 同上，p. 246.

7 引言出自 Blaffer Hrdy, *Mothers and Others*, p. 27.

8 Lee, *The !Kung San*, pp. 394–5.

9 如果沒有發明出簡單但有效的拋射式武器，換句話說就是說學會丟石頭、擲飛矛或射箭的話，恐怕就沒辦法制止那些過度自負的酋長了。比對了挖掘出來的智人骨骸證明，我們的肩膀和手腕隨著時間進化，讓我們變成了更好的投手。雖然人類準頭很夠，但黑猩猩及紅毛猩猩就不太行（憤怒的黑猩猩可能偶爾會丟東西，但通常打不中）。考古學家認為我們的拋射式武器改良的程度可能遠勝過任何尼安德塔人使用的東西。根據演化人類學者彼得·圖爾欽（Peter Turchin）這應該被視為人類歷史的關鍵發明，甚至比火、農耕和輪子都還重要。沒有拋射式武器，我們人類裡更有侵略性的成員就會有多上更多的後代，而幼犬人就永遠沒機會馴化自己了。

10 個別來說，覓食者比較偏好自己親族結成一夥人。如果男人們有單一個當權者，他們會支持自己的家人。然而如果男女共享權力，他們就得要妥協折衷。他們會想跟自己兩邊的家人都一起住，因此產生了一個更複雜的社交網。這正是我們常常在遊牧狩獵採集者這邊觀察到的情況。見 M. Dyble et al., 'Sex Equality Can Explain the Unique Social Structure of Hunter-Gatherer Bands', *Science*, Vol. 348, Issue 6236 (15 May 2015). 另見 Hannah Devlin, 'Early Men and Women Were Equal, Say Scientists', *Guardian* (14 May 2015).

11 Blaffer Hrdy, *Mothers and Others*, p. 128.

12 同上，p. 134.

13 Nicholas A. Christakis, Blueprint. *The Evolutionary Origins of a Good Society* (New York, 2019), pp. 141–3.

14 Carel van Schaik and Kai Michel, *The Good Book of Human Nature. An Evolutionary Reading of the Bible* (New York, 2016), p. 51.

15 這不是指一九六〇年代的嬉皮覺得人生來就是要自由戀愛的說法是對的。婚姻完美契合我們的天性，幼犬人則是少數從事「成對結合」——又稱浪漫愛情——的哺乳類之一。確實，我們並非人人都是至死不渝的英雄人物，但科學告訴我們親愛關係是人類普世的慾望。見 Christakis, *Blueprint*, p. 168.

16 引言出自 E. Leacock, *Myths of Male Dominance. Collected Articles on Women Cross-Culturally* (New York, 1981), p. 50.

17 Jared Diamond, *The World Until Yesterday. What Can We Learn from Tradi-*

tional Societies? (London, 2013), p. 11.

18 在美國路易斯安那州東北有一個考古遺址，整片地域滿滿都是只可能由人力堆出的土墩，年分可以追溯至三千二百年前。其中最大的一個鳥墩（Bird Mound），有七十二英尺高（約二十二公尺），需要每籃五十五磅（二十五公斤）重的沙土共八百萬籃才堆得起來。考古研究顯示，這項工程花的時間不會超過幾個月，而且是至少一萬名工人齊心協力的勞動成果。見 Anthony L. Ortmann, 'Building Mound A at Poverty Point, Louisiana: Monumental Public Architecture, Ritual Practice, and Implications for Hunter-Gatherer Complexity', *Geoarcheology* (7 December 2012).

19 Jens Notroff, Oliver Dietrich and Klaus Schmidt, 'Building Monuments, Creating Communities. Early Monumental Architecture at Pre-Pottery Neolithic Göbekli Tepe' in James F. Osborne (ed.), *Approaching Monumentality in Archeology* (New York, 2014), pp. 83–105.

20 Erik Trinkaus et al., *The People of Sunghir: Burials, Bodies, and Behavior in the Earlier Upper Paleolithic* (Oxford, 2014).

21 David Graeber and David Wengrow, 'How to Change the Course of Human History (at Least, the Part That's Already Happened)', *Eurozine* (2 March 2018).

22 「互抱求生」這個詞是生物學家馬丁・諾瓦克（Martin Nowak）發明的。見 Martin Nowak, 'Why We Help', *Scientific American* (No. 1, 2012), pp. 34–9.

23 Van Schaik and Michel, *The Good Book of Human Nature*, pp. 44–5.

24 同上，pp. 48–9.

25 Gregory K. Dow, Leanna Mitchell and Clyde G. Reed, 'The Economics of Early Warfare over Land', *Journal of Development Economics* (July 2017). 這篇文章的第二段對考古證據有一番不錯的概述。

26 Douglas W. Bird et al., 'Variability in the Organization and Size of Hunter-Gatherer Groups. Foragers Do Not Live in Small-Scale Societies', *Journal of Human Evolution* (June 2019).

27 Turchin, *Ultrasociety*, p. 163.

28 R. Brian Ferguson, 'Born to Live: Challenging Killer Myths', in Robert W. Sussman and C. Robert Cloninger (eds), *Origins of Altruism and Cooperation* (New York, 2009), pp. 265–6.

29 Genesis 3:19–24. 另見 Van Schaik and Michel, *The Good Book of Human Nature*, pp. 44–5.

30 同上，pp. 50–51.

31 賈德・戴蒙曾寫過我們怎麼因發明農業而整個搞砸的經典文章。見 Jared Diamond, 'The Worst Mistake in the History of the Human Race', *Discover Magazine* (May 1987).

32 James C. Scott, *Against the Grain. A Deep History of the Earliest States* (New Haven, 2017), pp. 104–5.

33 Jean-Jacques Rousseau, *A Dissertation On the Origin and Foundation of The Inequality of Mankind and is it Authorised by Natural Law?* Originally published in 1754.

34 Van Schaik and Michel, *The Good Book of Human Nature*, pp. 52–4.

35 Hervey C. Peoples, Pavel Duda and Frank W. Marlowe, 'Hunter-Gatherers and the Origins of Religion', *Human Nature* (September 2016).

36 Frank Marlowe, *The Hadza. Hunter-Gatherers of Tanzania* (Berkeley, 2010), p. 61.

37 同上，pp. 90–93.

38 引言出自 Lizzie Wade, 'Feeding the gods: Hundreds of skulls reveal massive scale of human sacrifice in Aztec capital', *Science* (21 June 2018).

39 引言出自 Richard Lee, 'What Hunters Do for a Living, or, How to Make Out on Scarce Resources', *Man the Hunter* (Chicago, 1968), p. 33.

40 James C. Scott, *Against the Grain*, pp. 66–7.

41 Turchin, *Ultrasociety*, pp. 174–5.

42 Scott, *Against the Grain*, pp. 27–9.

43 For an extensive historical overview, see David Graeber, *Debt. The First 5,000 Years* (London, 2011).

44 Scott, *Against the Grain*, pp. 139–49.

45 同上，p. 162.

46 Owen Lattimore, 'The Frontier in History', in *Studies in Frontier History: Collected Papers, 1928–1958* (London, 1962), pp. 469–91.

47 引言出自 Bruce E. Johansen, *Forgotten Founders* (Ipswich, 1982), Chapter 5.

48 James W. Loeven, *Lies My Teacher Told Me. Everything Your American History Textbook Got Wrong* (2005), pp. 101–2.

49 引言出自 Junger, *Tribe*, pp. 10–11.

50 同上，pp. 14–15.

51 這類別的名作是 Edward Gibbon 的 *The Decline and Fall of the Roman Empire* (1776)。至於近期本類的暢銷書是 Jared Diamond 的 *Collapse* (2005)。

52 有些學者質疑《伊利亞德》和《奧德賽》根本不應該歸功於單一作者，他們主張荷馬這個名字應該被當成一個封給精彩希臘傳說的標籤。這會代表說，從來就沒有荷馬這個人。

53 Adam Hochschild, *Bury the Chains: Prophets and Rebels in the Fight to Free an Empire's Slaves* (Boston, 2005), p. 2.

54 Max Roser and Esteban Ortiz-Ospina, 'Global Extreme Poverty', *OurWorldInData.org* (2018).

55 這是盧梭《社會契約論》（*The Social Contract*，一七六二年首次出版）的開門第一句話。

56 Bjørn Lomborg, 'Setting the Right Global Goals', *Project Syndicate* (20 May 2014).

57 Max Roser and Esteban Ortiz-Ospina, 'Global Extreme Poverty'.

58 引言出自 Chouki El Hamel, *Black Morocco. A History of Slavery, Race, and Islam* (Cambridge, 2013), p. 243.

59 西非的茅利塔尼亞是全世界最晚廢止奴隸制的國家，於一九八一年廢止。

60 在波斯和羅馬時代，國家的擴張已經讓世界日漸安全，雖然聽起來自相矛盾，但邏輯上可以解釋。隨著國家和帝國成長，愈來愈多公民住的地方就會離邊界愈來愈遠。戰爭是在邊界上打的；邊界內的生活就更平安了。這種情況的一個例證就是羅馬治世（Pax Roma-

na），由最強大的利維坦發動的大規模作戰確保了長期的穩定。至少在這種意義下，霍布斯是對的：一個全能的皇帝比一百個失意的小國王要來得好。見 Turchin, *Ultrasociety*, pp. 201–2.

61 José María Gómez et al., 'The Phylogenetic Roots of Human Lethal Violence, Supplementary Information', *Nature* (13 October 2016), p. 9.

62 二〇一七年，美國登記有二八一三五〇三人死亡。根據全國暴力死亡通報系統（National Violent Death Reporting System），這些死者中有一九五〇〇人是遭人殺害。同一年間，荷蘭登記有一五〇二一四人死亡，其中一五八人是遭人殺害。

63 這個故事應該是杜撰的。'Not letting the facts ruin a good story', *South China Morning Post* (29 September 2019).

第六章　復活節島之謎

1 我這邊有關羅赫芬生平和其遠征的記事，是根據這本由 Roelof van Gelder 寫的傑出傳記 *Naar het aards paradijs. Het rusteloze leven van Jacob Roggeveen, ontdekker van Paaseiland (1659–1729)* (Amsterdam, 2012).

2 F. E. Baron Mulert, *De reis van Mr. Jacob Roggeveen ter ontdekking van het Zuidland (1721–1722)*, (The Hague, 1911), p. 121.

3 H. J. M. Claessen, 'Roggeveen zag geen reuzen toen hij Paaseiland bezocht', *NRC Handelsblad* (18 April 2009).

4 這名瑞士旅館經營者是艾利希・馮・丹尼肯（Erich von Däniken），而他的書名是 *Chariots of the Gods? Unsolved Mysteries of the Past*.

5 Lars Fehren-Schmitz, 'Genetic Ancestry of Rapanui before and after European Contact', *Current Biology* (23 October 2017).

6 Katherine Routledge, *The Mystery of Easter Island. The Story of an Expedition* (London, 1919).

7 Reidar Solsvik, 'Thor Heyerdahl as world heritage', *Rapa Nui Journal* (May 2012).

8 引言出自 Jo Anne Van Tilburg, 'Thor Heyerdahl', *Guardian* (19 April 2002).

9 William Mulloy, 'Contemplate The Navel of the World', *Rapa Nui Journal* (No. 2, 1991). Originally published in 1974.

10 Jared Diamond, *Collapse. How Societies Choose to Fail or Succeed* (New York, 2005), p. 109.

11 J. R. Flenley and Sarah M. King, 'Late Quaternary Pollen Records from Easter Island', *Science* (5 January 1984).

12 而戴蒙則是欠了歷史學家克萊夫・龐廷（Clive Ponting）一筆；後者在他的書 *A Green History of the World* (1991) 中寫到了復活節島。龐廷在該書第一頁，就把羅赫芬發現復活節島時的島上模樣描述成：「大約三千人住在污穢的茅屋或洞穴裡，進行著幾乎永無止盡的戰事，且不顧一切地試圖增補島上已不足的食物供給，而訴諸於人吃人。」

13 Paul Bahn and John Flenley, *Easter Island, Earth Island* (London, 1992).

14 Jan J. Boersema, *The Survival of Easter Island. Dwindling Resources and Cultural Resilience* (Cambridge, 2015).

15 Carlyle Smith, 'The Poike Ditch', in Thor Heyerdahl (ed.), *Archeology of Easter Island. Reports of the Norwegian Archaeological Expedition to Easter Island and the East Pacific* (Part 1, 1961), pp. 385–91.

16 Carl P. Lipo and Terry L. Hunt, 'A.D. 1680 and Rapa Nui Prehistory', *Asian Perspectives* (No. 2, 2010). 另見 Mara A. Mulrooney et al., 'The myth of A.D. 1680. New Evidence from Hanga Ho'onu, Rapa Nui (Easter Island)', *Rapa Nui Journal* (October 2009).

17 Caroline Polet, 'Indicateurs de stress dans un échantillon d'anciens Pascuans', *Antropo* (2006), pp. 261–70.

18 See Vincent H. Stefan et al. (ed.), *Skeletal Biology of the Ancient Rapanui (Easter Islanders)*, (Cambridge, 2016).

19 Carl P. Lipo et al., 'Weapons of War? Rapa Nui Mata'a Morphometric Analyses', *Antiquity* (February 2016), pp. 172–87.

20 引言出自 Kristin Romey, 'Easter Islanders' Weapons Were Deliberately Not Lethal', *National Geographic* (22 February 2016).

21 Terry L. Hunt and Carl P. Lipo, 'Late Colonization of Easter Island', *Science* (17 March 2006).

22 Ronald Wright, *A Short History of Progress* (Toronto, 2004), p. 61.

23 Hans-Rudolf Bork and Andreas Mieth, 'The Key Role of the *Jubaea* Palm

Trees in the History of Rapa Nui: a Provocative Interpretation', *Rapa Nui Journal* (October 2003).

24 Nicolas Cauwe, 'Megaliths of Easter Island', *Proceedings of the International Conference 'Around the Petit-Chausseur Sit'* (Sion, 2011).

25 考古學家卡爾・利波（Carl Lipo）和泰瑞・杭特（Terry Hunt）認為，有些石像是利用繩索而不是樹木來直挺挺地「推著走」到定位，就跟你挪動冰箱和洗衣機的方式一樣。這個方法需要的人力也比較少。見 Carl Lipo and Terry Hunt, *The Statues that Walked. Unraveling the Mystery of Easter Island* (New York, 2011). 利波和杭特的故事在媒體上很受歡迎，但讓・波爾瑟馬仍然相信大部分的石像是一大群人用樹幹滾到定位的，因為這種集體合作事件背後的驅動因素並不是效率。

26 E. E. W. Schroeder, *Nias. Ethnographische, geographische en historische aanteekeningen en studien* (Leiden, 1917).

27 S. S. Barnes, Elizabeth Matisoo-Smith and Terry L. Hunt, 'Ancient DNA of the Pacific Rat (*Rattus exulans*) from Rapa Nui (Easter Island)', *Journal of Archaeological Science* (Vol. 33, November 2006).

28 Mara A. Mulrooney, 'An Island-Wide Assessment of the Chronology of Settlement and Land Use on Rapa Nui (Easter Island) Based on Radiocarbon Data', *Journal of Archaeological Science* (No. 12, 2013). 老鼠對島上農業就不成禍害嗎？波爾瑟馬認為不會。「大部分的作物是塊莖類，」他解釋說，「長在土裡頭。而香蕉則是長在矮樹上，就沒那麼吸引老鼠了。」

29 引言出自 'Easter Island Collapse Disputed By Hawaii Anthropologist', *Huffington Post* (6 December 2017).

30 Jacob Roggeveen, *Dagverhaal der ontdekkings-reis van Mr. Jacob Roggeveen* (Middelburg, 1838), p. 104.

31 Bolton Glanvill Corney, *The Voyage of Captain Don Felipe González to Easter Island 1770–1* (Cambridge, 1908), p. 93.

32 Beverley Haun, *Inventing Easter Island* (Toronto, 2008), p. 247.

33 James Cook, *A Voyage Towards the South Pole and Round the World*, Part 1 (1777).

34 Henry Lee, 'Treeless at Easter', *Nature* (23 September 2004).

35 The book in question is Thor Heyerdahl et al., *Archaeology of Easter Island. Reports of the Norwegian Archaeological Expedition to Easter Island and the East Pacific* (Part 1, 1961), p. 51.

36 Thor Heyerdahl, *Aku-Aku: The Secret of Easter Island* (1957).

37 這位 Carl Behren 的紀錄被收錄在以下此書附錄中：Glanvill Corney, *The voyage of Captain Don Felipe González to Easter Island 1770–1*, p. 134.

38 Cook, *A Voyage Towards the South Pole and Round the World*, Chapter 8.

39 有些科學家認為石像是在一場地震中倒下的。其他人則認為有些摩艾是被放倒在過世酋長的墳墓上。見 Edmundo Edwards et al., 'When the Earth Trembled, the Statues Fell', *Rapa Nui Journal* (March 1996).

40 這也引發了「鳥人祭儀」（Birdman Cult），在這項年度競賽中，代表不同部落的年輕人會比賽看誰先拿到該季烏領燕鷗產下的第一顆蛋。沒人知道這傳統究竟是何時開始的，但可能是在羅赫芬抵達前。這個祭儀也和摩艾有所關聯。比賽結束後，新選出的領袖會住進摩艾雕刻採石場外的一間屋子。當羅赫芬於一七二二年抵達時，即便說當時人們已經無法（用樹幹）搬運摩艾，且儘管鳥人祭儀可能也早就存在，摩艾仍然還有著確切的儀式功能。

41 Josh Pollard, Alistair Paterson and Kate Welham, 'Te Miro o'one: the Archaeology of Contact on Rapa Nui (Easter Island)', *World Archaeology* (December 2010).

42 Henry Evans Maude, *Slavers in Paradise: The Peruvian Labour Trade in Polynesia, 1862–1864* (Canberra, 1981), p. 13.

43 Nicolas Casey, 'Easter Island Is Eroding', *New York Times* (20 July 2018).

第七章　史丹佛大學的地下室裡

1 引言出自 Ben Blum, 'The Lifespan of a Lie', *Medium.com* (7 June 2018).

2 Craig Haney, Curtis Banks and Philip Zimbardo, 'A Study of Prisoners and Guards in a Simulated Prison', *Naval Research Review* (1973).

3 Malcolm Gladwell, *The Tipping Point. How Little Things Can Make A Big Difference* (London, 2000), p. 155.

4 Haney, Banks and Zimbardo, 'A Study of Prisoners and Guards in a Simulated Prison'.

5 Muzafer Sherif, *Group Conflict and Co-operation. Their Social Psychology* (London, 2017), p. 85. Originally published in 1967.

6 Muzafer Sherif et al., *The Robbers Cave Experiment. Intergroup Conflict and Cooperation* (Middletown, 1988), p. 115.

7 同上，p. 98.

8 引言出自 Gina Perry, *The Lost Boys. Inside Muzafer Sherif's Robbers Cave Experiment* (London, 2018), p. 39.

9 同上，p. 138.

10 同上，p. 139.

11 同上，p. 146.

12 史丹佛監獄實驗中，有十二個學生獲派擔任囚犯角色（九個加上三個臨時頂替的），還有十二個獄卒（九個加上三個臨時頂替的）。

13 引言出自 Blum, 'The Lifespan of a Lie'.

14 Philip Zimbardo, *The Lucifer Effect. How Good People Turn Evil* (London, 2007), p. 55.

15 Peter Gray, 'Why Zimbardo's Prison Experiment Isn't in My Textbook', *Psychology Today* (19 October 2013).

16 引言出自 Romesh Ratnesar, 'The Menace Within', *Stanford Magazine* (July/August 2011).

17 Dave Jaffe, 'Self-perception', *Stanford Prison Archives*, No. ST-b09-f40.

18 'Tape 2' (14 August 1971), *Stanford Prison Archives*, No. ST-b02-f02.

19 A. Cerovina, 'Final Prison Study Evaluation' (20 August 1971), No. ST-b09-f15.

20 'Tape E' (no date), No. ST-b02-f21, pp. 1–2.

21 引言出自 Blum, 'The Lifespan of a Lie'.

22 Blum, 'The Lifespan of a Lie'.

23 同上。

24 同上。

25 引言出自 Alastair Leithead, 'Stanford prison experiment continues to shock',

BBC (17 August 2011).

26 多年來，心理學家利用金巴多的「實驗」激發學生投身實地的熱情。蒂博・勒・特錫耶跟一群說自己喜歡討論史丹佛監獄實驗的講師聊過，他們提到，因為至少講到該實驗時，學生會抬起頭不看手機。我問勒・特錫耶說，學校現在還該不該繼續教這門實驗，他語帶挖苦地回答：「史丹佛實驗是一個相當好的總覽，讓你看到科學研究所能犯的所有錯誤。」

27 引言出自：Kim Duke and Nick Mirsky, 'The Stanford Prison Experiment,' *BBC Two* (11 May 2002). 戴夫・埃謝爾曼在紀錄片中的完整語錄是：「如果我當初決定不要去逼他們，然後來看看會發生什麼事，那應該會滿有趣的。〔……〕但我們永遠不會知道。」

28 Emma Brockes, 'The Experiment', *Guardian* (16 October 2001).

29 同上。

30 Graeme Virtue, 'Secret service; What happens when you put good men in an evil place and film it for telly? Erm, not that much actually', *Sunday Herald* (12 May 2002).

31 Blum, 'The Lifespan of a Lie'.

第八章　史丹利・米爾格蘭和電擊機

1 'Persons Needed for a Study of Memory', *New Haven Register* (18 June 1961).

2 Stanley Milgram, *Obedience to Authority. An Experimental View* (London, 2009), pp. 30–31. Originally published in 1974.

3 Stanley Milgram, 'Behavioral Study of Obedience', *Journal of Abnormal and Social Psychology*, Vol. 67, Issue 4 (1963).

4 Walter Sullivan, 'Sixty-five Percent in Test Blindly Obey Order to Inflict Pain', *New York Times* (26 October 1963).

5 Milgram, *Obedience to Authority*, p. 188.

6 米爾格蘭在一九七九年三月三十一日播出的電視節目《六十分鐘》（*Sixty Minutes*）上說了這段話。

7 引言出自 Amos Elon, 'Introduction', in Hannah Arendt, *Eichmann in Jerusalem. A Report on the Banality of Evil* (London, 2006), p. xv. Originally published in

1963.

8 Arendt, *Eichmann in Jerusalem*.

9 引言出自 Harold Takooshian, 'How Stanley Milgram Taught about Obedience and Social Influence', in Thomas Blass (ed.), *Obedience to Authority* (London, 2000), p. 10.

10 引言出自 Gina Perry, *Behind the Shock Machine. The Untold Story of the Notorious Milgram Psychology Experiments* (New York, 2013), p. 5.

11 同上，p. 327.

12 同上，p. 134.

13 Gina Perry, 'The Shocking Truth of the Notorious Milgram Obedience Experiments', *Discover Magazine* (2 October 2013).

14 Milgram, 'Behavioral Study of Obedience'.

15 Perry, *Behind the Shock Machine* (2012), p. 164. 另見 Gina Perry et al., 'Credibility and Incredulity in Milgram's Obedience Experiments: A Reanalysis of an Unpublished Test', *Social Psychology Quarterly* (22 August 2019).

16 Stanley Milgram, 'Evaluation of Obedience Research: Science or Art?' *Stanley Milgram Papers* (Box 46, file 16). Unpublished manuscript (1962).

17 引言出自 Stephen D. Reicher, S. Alexander Haslam and Arthur Miller, 'What Makes a Person a Perpetrator? The Intellectual, Moral, and Methodological Arguments for Revisiting Milgram's Research on the Influence of Authority', *Journal of Social Issues*, Vol. 70, Issue 3 (2014).

18 引言出自 Perry, *Behind the Shock Machine*, p. 93.

19 引言出自 Cari Romm, 'Rethinking One of Psychology's Most Infamous Experiments', *The Atlantic* (28 January 2015).

20 Stephen Gibson, 'Milgram's Obedience Experiments: a Rhetorical Analysis', *British Journal of Social Psychology*, Vol. 52, Issue 2 (2011).

21 S. Alexander Haslam, Stephen D. Reicher and Megan E. Birney, 'Nothing by Mere Authority: Evidence that in an Experimental Analogue of the Milgram Paradigm Participants are Motivated not by Orders but by Appeals to Science', *Journal of Social Issues*, Vol. 70, Issue 3 (2014).

22 引言出自 Perry, *Behind the Shock Machine*, p. 176.

23 引言出自 S. Alexander Haslam and Stephen D. Reicher, 'Contesting the "Nature" of Conformity: What Milgram and Zimbardo's Studies Really Show', *PLoS Biology*, Vol. 10, Issue 11 (2012).

24 引言出自 Perry, *Behind the Shock Machine*, p. 70.

25 引言出自 Blum, 'The Lifespan of a Lie'.

26 同上。

27 引言出自 'Tape E' (no date), *Stanford Prison Archives*, No.: ST-b02-f21, p. 6.

28 同上，p. 2.

29 Perry, *Behind the Shock Machine*, p. 240.

30 Arendt, *Eichmann in Jerusalem*, p. 276.

31 引言出自 Bettina Stangneth, *Eichmann Before Jerusalem: The Unexamined Life of a Mass Murderer* (London, 2015).

32 引言出自 'The Adolph Eichmann Trial 1961', in *Great World Trials* (Detroit, 1997), pp. 332–7.

33 Ian Kershaw, ' "Working Towards the Führer." Reflections on the Nature of the Hitler Dictatorship', *Contemporary European History*, Vol. 2, Issue 2 (1993).

34 See, for example, Christopher R. Browning, 'How Ordinary Germans Did It', *New York Review of Books* (20 June 2013).

35 引言出自 Roger Berkowitz, 'Misreading 'Eichmann in Jerusalem', *New York Times* (7 July 2013).

36 同上。

37 Ada Ushpiz, 'The Grossly Misunderstood "Banality of Evil" Theory', *Haaretz* (12 October 2016).

38 引言出自 Perry. *Behind the Shock Machine*, p. 72.

39 Matthew M. Hollander, 'The Repertoire of Resistance: Non-Compliance With Directives in Milgram's "Obedience" experiments', *British Journal of Social Psychology*, Vol. 54, Issue 3 (2015).

40 Matthew Hollander, 'How to Be a Hero: Insight From the Milgram Experiment', *Huffington Post* (27 February 2015).

41 引言出自 Bo Lidegaard, *Countrymen: The Untold Story of How Denmark's*

Jews Escaped the Nazis, of the Courage of Their Fellow Danes –and of the Extraordinary Role of the SS (New York, 2013), p. 71.

42 同上，p. 353.

43 同上，p. 113.

44 同上，p. 262.

45 同上，p. 173.

46 同上，p. 58.

47 Peter Longerich, 'Policy of Destruction. Nazi Anti-Jewish Policy and the Genesis of the "Final Solution" ', United States Holocaust Memorial Museum, Joseph and Rebecca Meyerhoff Annual Lecture (22 April 1999), p. 5.

48 Lidegaard, Countrymen, p. 198.

49 同上，p. 353.

第九章　凱薩琳・蘇珊・吉諾維斯之死

1 這篇第一則兇殺案報導，可見於 Martin Gansberg, '37 Who Saw Murder Didn't Call the Police', *New York Times* (27 March 1964).

2 Nicholas Lemann, 'A Call for Help', *The New Yorker* (10 March 2014).

3 Gansberg, '37 Who Saw Murder Didn't Call the Police', *New York Times*.

4 Peter C. Baker, 'Missing the Story', *The Nation* (8 April 2014).

5 Kevin Cook, *Kitty Genovese. The Murder, The Bystanders, The Crime That Changed America* (New York, 2014), p. 100.

6 Abe Rosenthal, 'Study of the Sickness Called Apathy', *New York Times* (3 May 1964).

7 Gladwell, *The Tipping Point*, p. 27.

8 羅森塔爾在凱蒂的兄弟比爾・吉諾維斯拍的紀錄片 *The Witness* (2015) 中如此發言。

9 Bill Keller, 'The Sunshine Warrior', *New York Times* (22 September 2002).

10 John M. Darley and Bibb Latené, 'Bystander Intervention in Emergencies', *Journal of Personality and Social Psychology*, Vol. 8, Issue 4 (1968).

11 麥爾坎・葛拉威爾在書中說這兩個數字是百分之八十五和三十一，但原本的文獻有明白表示，這些數字是人們在「受害者」的第一次求救講完前（也就是在七十五秒內）就跑去幫忙的百分比。許多人是在那段話講完之後才有反應，但也還是在兩分半內就行動了。

12 Maureen Dowd, '20 Years After the Murder of Kitty Genovese, the Question Remains: Why?', *New York Times* (12 March 1984).

13 Cook, *Kitty Genovese*, p. 161.

14 Rachel Manning, Mark Levine and Alan Collins, 'The Kitty Genovese Murder and the Social Psychology of Helping. The Parable of the 38 Witnesses', *American Psychologist*, Vol. 62, Issue 6 (2007).

15 桑妮是假名。我不知道她的真名，但那四位救援者知道。

16 'Mannen die moeder en kind uit water redden: "Elke fitte A'dammer zou dit doen" ', *at5.nl* (10 February 2016).

17 'Vier helden redden moeder en kind uit zinkende auto', *nos.nl* (10 February 2016).

18 Peter Fischer et al., 'The bystander-effect: a meta-analytic review on bystander intervention in dangerous and non-dangerous emergencies', *Psychological Bulletin*, Vol. 137, Issue 4 (2011).

19 同上。

20 R. Philpot et al., 'Would I be helped? Cross-National CCTV Shows that Intervention is the Norm in Public Conflicts', *American Psychologist* (March 2019).

21 這段描述是根據以下三本書：Kevin Cook, *Kitty Genovese* (2014); Catherine Pelonero, *Kitty Genovese. A True Account of a Public Murder and Its Private Consequences* (New York, 2014); and Marcia M. Gallo, *'No One Helped.' Kitty Genovese, New York City and the Myth of Urban Apathy* (Ithaca, 2015).

22 她在比爾・吉諾維斯二〇一五年拍的紀錄片 *The Witness* 中如此表示。

23 Baker, 'Missing the Story'.

24 Robert C. Doty, 'Growth of Overt Homosexuality In City Provokes Wide Concern', *New York Times* (17 December 1963).

25 引言出自 Pelonero, *Kitty Genovese*, p. 18.

26 同上。

27 同上。

28 同上。

29 Saul M. Kassin, 'The Killing of Kitty Genovese: What Else Does This Case Tell Us?' *Perspectives on Psychological Science*, Vol. 12, Issue 3 (2017).

第三部　為何好人會變壞

1 清楚明白的討論，可見於 Jesse Bering, 'The Fattest Ape: An Evolutionary Tale of Human Obesity', *Scientific American* (2 November 2010).

第十章　同理心是怎麼令人盲目的

1 James Burk, 'Introduction', in James Burk (ed.), *Morris Janowitz. On Social Organization and Social Control* (Chicago, 1991).

2 舉例來說，可見於 Martin Van Creveld, *Fighting Power: German and US Army Performance, 1939–1945*, ABC-CLIO (1982).

3 Max Hastings, 'Their Wehrmacht Was Better Than Our Army', *Washington Post* (5 May 1985).

4 引言出自 Edward A. Shils and Morris Janowitz, 'Cohesion and Disintegration in the Wehrmacht in World War II', *Public Opinion Quarterly*, Vol. 12, Issue 2 (1948).

5 同上，p. 281.

6 同上，p. 303.

7 同上，p. 284.

8 Felix Römer, *Comrades. The Wehrmacht from Within* (Oxford, 2019).

9 雅諾維茨和希爾斯的第一篇文章成為戰後社會學最廣泛引用的一篇研究。社會學家普遍有個共識，認為他們的「初級團體理論」（primary group theory），也就是「士兵主要是為了他們身邊的同袍戰鬥」的概念是正確的，不過有少數的限制條件。有些科學家指出，普通的新兵之間也有那種對敵人的真正仇恨，尤其是在東方戰線（譯註：此處指二次世界大戰的德蘇戰線）。此外，如果談起二十一世紀職業軍人的話，真正確保成功的就只有三個要素：訓練、訓練和更多訓練。因此今日的社會學家也把「團體凝聚力」和「任務凝聚力」當成兩回事，代表說有效率的協同行動並不需要士兵們彼此有深厚的情誼。即便如此，義務役之間的兄弟羈絆在歷史上的大部分戰爭中曾經起過關鍵作用。

10 引言出自 Michael Bond, *The Power of Others. Peer Pressure, Group Think, and How the People Around Us Shape Everything We Do* (London, 2015), pp. 128–9.

11 Amy Chua, *Political Tribes. Group Instinct and the Fate of Nations* (New York, 2018), p. 100.

12 Bond, *The Power of Others*, pp. 94–5.

13 引言出處同上，pp. 88–9.

14 Benjamin Wallace-Wells, 'Terrorists in the Family', *New Yorker* (24 March 2016).

15 引言出自 Donato Paolo Mancini and Jon Sindreu, 'Sibling Ties Among Suspected Barcelona Plotters Underline Trend', *Wall Street Journal* (25 August 2017).

16 Deborah Schurman-Kauflin, 'Profiling Terrorist Leaders. Common Characteristics of Terror Leaders', *Psychology Today* (31 October 2013).

17 Aya Batrawy, Paisley Dodds and Lori Hinnant, 'Leaked Isis Documents Reveal Recruits Have Poor Grasp of Islamic Faith', *Independent* (16 August 2016).

18 引言出處同上。

19 J. Kiley Hamlin, Karen Wynn and Paul Bloom, 'Social Evaluation by Preverbal Infants', *Nature* (22 November 2007).

20 Paul Bloom, *Just Babies. The Origins of Good and Evil* (New York, 2013), p. 28.

21 J. Kiley Hamlin et al., 'Not Like Me = Bad: Infants Prefer Those Who Harm Dissimilar Others', *Psychological Science*, Vol. 24, Issue 4 (2013).

22 凱倫・威恩（Karen Wynn）於二〇一四年二月十五日在美國有線電視新聞網（CNN）的《安德森・庫珀 360》（*Anderson Cooper 360*）中說了這段話。

23 Bloom, *Just Babies*, pp. 104–5.

24 包括了二十六項研究的第一個整合分析做出的結論為，嬰兒對好人的偏好是「根深蒂固的經驗發現結果」。但不是每個人都被此說服。有些複製漢姆林這項研究的科學家也發現同樣的效應，但其他人則沒有發現明顯的相關性。見 Francesco Margoni and Luca Surian, 'Infants' Evaluation of Prosocial and Antisocial Agents: A Meta-Analysis', *Developmental Psychology*, Vol. 54, Issue 8 (2018).

25 Susan Seligson, 'Felix Warneken Is Overturning Assumptions about the Nature of Altruism', *Radcliffe Magazine* (Winter 2015).

26 在 YouTube 上的瓦內肯 TEDx 演講（標題：「需要協助嗎？去找兩歲小孩」）中，你可以看到一段動人的影片，是一個孩子爬出球池去幫助需要幫助的人。

27 不止如此，瓦內肯還發現，如果你真的把糖果或玩具拿給一個幼童當獎勵，之後他們幫忙的情況會「變少」，因為那不是他們的動機（見第十三章談內在動機）。Felix Warneken and Michael Tomasello, 'Extrinsic Rewards Undermine Altruistic Tendencies in 20-Month-Olds', *Development Psychology*, Vol. 44, Issue 6 (2008).

28 Stephen G. Bloom, 'Lesson of a Lifetime', *Smithsonian Magazine* (September 2005).

29 引言出處同上。

30 引言出處同上。

31 Rebecca S. Bigler and Meagan M. Patterson, 'Social Stereotyping and Prejudice in Children. Insights for Novel Group Studies', in Adam Rutland, Drew Nesdale and Christia Spears Brown (eds), *The Wiley Handbook of Group Processes in Children and Adolescents* (Oxford, 2017), pp. 184–202.

32 Yarrow Dunham, Andrew Scott Barron and Susan Carey, 'Consequences of "Minimal" Group Affiliations in Children', *Child Development*, Vol. 82, Issue 3 (2011), p. 808.

33 另見 Hejing Zhang et al., 'Oxytocin Promotes Coordinated Out-group Attack During Intergroup Conflict in Humans', *eLife* (25 January 2019).

34 顯然我不孤單。見 Elijah Wolfson, 'Why We Cry on Planes', *The Atlantic* (1 October 2013).

35 Paul Bloom, *Against Empathy. The Case for Rational Compassion* (New York, 2016), p. 15.

36 Daniel Batson, 'Immorality from Empathy-induced Altruism: When Compassion and Justice Conflict,' *Journal of Personality and Social Psychology*, Vol. 68, Issue 6 (1995).

37 Michael N. Stagnaro and Paul Bloom, 'The Paradoxical Effect of Empathy on the Willingness to Punish', Yale University, unpublished manuscript (2016). 另見 Bloom, *Against Empathy*, p. 195.

38 心理學家把這稱作「教化差距」（moralisation gap）——覺得「施加於我們（或者我們在乎的人）身上的傷害，沒來由地就是比我們施加於人的傷害嚴重很多」的傾向。對我們所愛之人的攻擊讓我們生氣到尋仇，而我們尋仇時認為這種行動既適度且有正當性，但「別人」這樣做就太過分了，這種想法又促使我們再度反擊。（你在人際關係中可能有經歷過這種逐漸升溫的爭吵。教化差距也能夠幫助我們理解以色列和巴勒斯坦幾十年來的血戰。許多人責怪人缺乏同理心，但我開始相信中東那邊反而是太多同理心在起作用。）

39 George Orwell, 'Looking Back on the Spanish War' (August 1942).

40 Grossman, *On Killing*, p. 122.

41 引言出處同上，p. 126.

42 John Ellis, *The World War II Databook. The Essential Facts and Figures for All the Combatants* (London, 1993), Table 57, p. 257.

43 那要怎麼解釋一九九四年造成八十萬圖西族（Tutsi）以及一定數量的胡圖族（Hutu）慘遭屠殺的盧安達種族滅絕呢？在西方，這個例子常常被用來把人類描繪成嗜血的「怪物」，但那主要是因為我們對歷史的了解實在太少了。最近一位歷史學家寫到，「有充足的證據證明盧安達平民的大規模滅絕是仔細籌備、組織精良、官僚系統的活動所達到的終極頂點，利用了大眾傳播、政治宣傳、民政單位以及軍事後勤等等的現代手段。」實際上的殺戮是由極少數人執行的，估計百分之九十七的胡圖族都沒有參與其中。見 Abram de Swaan, *The Killing Compartments. The Mentality of Mass Murder* (New Haven and London, 2015), p. 90.

44 Lukasz Kamie ski, *Shooting Up. A Short History of Drugs and War* (Oxford, 2016).

45 Lee, *Up Close and Personal*, p. 27.

46 狙擊手往往都是士兵裡頭那百分之一到二對殺人沒有天生的厭惡感的精神病態。見 Susan Neiman, *Moral Clarity. A Guide for Grown-Up Idealists* (Princeton, 2008), p. 372.

47 Dave Grossman, 'Hope on the Battlefield', in Dacher Keltner, Jason Marsh and Jeremy Adam Smith (eds), *The Compassionate Instinct. The Science of Human Goodness* (New York, 2010), p. 41.

48 Grossman, *On Killing*, p. 178.

49 許多打過一戰和二戰的士兵精神也受到創傷；然而，相比之下越戰的創傷程度卻高上許多。當然，這也要怪其他因素（好比說越戰老兵回國後受到的冷酷對待），但所有的證據都顯示，最大的因素是當初調教這些士兵殺人的方式。近期三項以一千兩百位越南老兵、兩千七百九十七位伊拉克戰爭老兵以及三百一十七位波灣戰爭老兵為對象的研究就證明，（靠著他們接受的調教而能夠）殺過人的士兵，得到創傷後壓力症候群的風險高上太多。見 Shira Maguen et al., 'The Impact of Reported Direct and Indirect Killing on Mental Health Symptoms in Iraq War Veterans', *Journal of Traumatic Stress*, Vol. 23, Issue 1 (2010); Shira Maguen et al., 'The impact of killing on mental health symptoms in Gulf War veterans', *Psychological Trauma. Theory, Research, Practice, and Policy*, Vol. 3, Issue 1 (2011); and Shira Maguen et al., 'The Impact of Killing in War on Mental Health Symptoms and Related Functioning', *Journal of Traumatic Stress*, Vol. 45, Issue 10 (2009).

50 Frederick L. Coolidge, Felicia L. Davis and Daniel L. Segal, 'Understanding Madmen: A DSM-IV Assessment of Adolf Hitler', *Individual Differences Research*, Vol. 5, Issue 1 (2007).

51 Bond, *The Power of Others*, pp. 94–5.

第十一章　權力是怎麼令人腐化的

1 引言出自 Miles J. Unger, *Machiavelli. A Biography* (London, 2011), p. 8.

2 Niccolò Machiavelli, *The Prince*, translated by James B. Atkinson (Cambridge, Mass., 2008), p. 271. Originally published in 1532.

3 Machiavelli, *The Discourses*. 引言出處同上，p. 280.

4 Dacher Keltner, *The Power Paradox. How We Gain and Lose Influence* (New York, 2017), pp. 41–9.

5 Melissa Dahl, 'Powerful People Are Messier Eaters, Maybe', *The Cut* (13 January 2015).

6 若想了解概要，可讀：Aleksandra Cislak et al., 'Power Corrupts, but Control Does Not: What Stands Behind the Effects of Holding High Positions', *Personality and Social Psychology Bulletin*, Vol. 44, Issue 6 (2018), p. 945.

7 Paul K. Piff et al., 'Higher Social Class Predicts Increased Unethical Behaviour', *Proceedings of the National Academy of Sciences*, Vol. 109, Issue 11 (2012), pp. 4086–91.

8 Benjamin Preston, 'The Rich Drive Differently, a Study Suggests', *New York Times* (12 August 2013).

9 見 Jeremy K. Boyd, Katherine Huynh and Bonnie Tong, 'Do wealthier drivers cut more at all-way stop intersections? Mechanisms underlying the relationship between social class and unethical behavior' (University of California, San Diego, 2013). And Beth Morling et al., 'Car Status and Stopping for Pedestrians (#192)', *Psych File Drawer* (2 June 2014).

10 Keltner, *The Power Paradox*, pp. 99–136.

11 Jeremy Hogeveen, Michael Inzlicht and Suhkvinder S. Obhi, 'Power Changes How the Brain Responds to Others', *Journal of Experimental Psychology*, Vol. 143, Issue 2 (2014).

12 Jerry Useem, 'Power Causes Brain Damage', *The Atlantic* (July/August 2017).

13 舉例來說可見 M. Ena Inesi et al., 'How Power Corrupts Relationships: Cynical Attributions for Others' Generous Acts', *Journal of Experimental Social Psychology*, Vol. 48, Issue 4 (2012), pp. 795–803.

14 Keltner, *The Power Paradox*, pp. 137–58.

15 Varun Warrier et al., 'Genome-Wide Analyses of Self-Reported Empathy:

Correlations with Autism, Schizophrenia, and Anorexia Nervosa', *Nature, Translational Psychiatry* (12 March 2018).

16 Lord Acton, 'Letter to Bishop Mandell Creighton' (5 April 1887), published in J. N. Figgis and R. V. Laurence (eds), *Historical Essays and Studies* (London, 1907).

17 Frans de Waal, *Chimpanzee Politics. Power and Sex Among Apes* (Baltimore, 2007), p. 4. Originally published in 1982.

18 Frans de Waal and Frans Lanting, *Bonobo. The Forgotten Ape* (Berkeley, 1997).

19 Natalie Angier, 'In the Bonobo World, Female Camaraderie Prevails', *New York Times* (10 September 2016).

20 Frans de Waal, 'Sex as an Alternative to Aggression in the Bonobo', in Paul R. Abramson and Steven D. Pinkerton, *Sexual Nature/Sexual Culture* (Chicago, 1995), p. 37.

21 Christopher Boehm, 'Egalitarian Behavior and Reverse Dominance Hierarchy', *Current Anthropology*, Vol. 34, Issue 3 (1993), p. 233.

22 Christina Starmans, Mark Sheskin and Paul Bloom, 'Why People Prefer Unequal Societies', *Nature Human Behaviour*, Vol. 1, Issue 4 (2017).

23 另見 Rutger Bregman and Jesse Frederik, 'Waarom vuilnismannen meer verdienen dan bankiers', *De Correspondent* (2015).

24 這個理論最知名的擁護者就是哈拉瑞，在他的著作《人類大歷史》(2011) 中表明了立場。

25 Robin Dunbar, *How Many Friends Does One Person Need? Dunbar's Number and Other Evolutionary Clues* (Cambridge, Mass., and London, 2010), p. 26.

26 本理論最有說服力的辯護出自 Ara Norenzayan, *Big Gods* (2013). 另見 Harvey Whitehouse et al., 'Complex Societies Precede Moralizing Gods Throughout World History', *Nature* (20 March 2019) and Edward Slingerland et al., 'Historians Respond to Whitehouse et al. (2019), "Complex Societies Precede Moralizing Gods Throughout World History" ', *PsyArXiv Preprints* (2 May 2019).

27 Harari, *Sapiens*, p. 34.

28 Douglas W. Bird et al., 'Variability in the organization and size of hunter-gatherer groups: Foragers do not live in small-scale societies', *Journal of Human Evolution* (June 2019).

29 Hill et al., 'Hunter-Gatherer Inter-Band Interaction Rates. Implications for Cumulative Culture'.

30 Graeber and Wengrow, 'How to Change the Course of Human History (at Least, the Part That's Already Happened)'.

31 Machiavelli, *The Prince*, p. 149.

32 David Graeber, *The Utopia of Rules. On Technology, Stupidity and the Secret Joys of Bureaucracy* (Brooklyn and London, 2015), pp. 31–3.

33 嚴肅的經濟學家也因此能事先預測我們所謂的「比特幣」神話注定要落空，美元則還有好幾十年的優勢。美元的背後有世界上最強的軍隊撐腰，而比特幣則只有信念在撐。

34 Harari, *Sapiens*, p. 153.

35 引言出自 Noam Chomsky, 'What is the Common Good?', *Truthout* (7 January 2014).

36 近期 #MeToo 運動再一次證明了羞恥感有多有效。二〇一七年十月開始，有幾千名女性用一種讓人想起母巴諾布猿約束對手以及遊牧部落平息惡霸人物的方式，打倒了一連串的男性侵害者。公開羞辱這些罪犯後，其他人在從事類似行為的時候就會三思。

37 Olivia Solon, 'Crazy at the Wheel: Psychopathic CEOs are Rife in Silicon Valley, Experts Say', *Guardian* (15 March 2017). 另見 Karen Landay, Peter, D. Harms and Marcus Credé, 'Shall We Serve the Dark Lords? A Meta-Analytic Review of Psychopathy and Leadership', *Journal of Applied Psychology* (August 2018).

第十二章　啓蒙運動弄錯了什麼事

1 C. P. Snow, 'Science and Government', The Godkin Lectures (1960).

2 David Hume, 'Of the Independency of Parliament', in Essays, Moral, Political, and Literary (1758, Part 1).

3 見 Bernard Mandeville 的名詩 'The Grumbling Hive: Or, Knaves turn'd Honest', *The Fable of The Bees: or, Private Vices, Public Benefits* (1714).

4 Marshall Sahlins, *The Western Illusion of Human Nature* (Chicago, 2008), pp. 72–6.

5 His Holiness Pope Francis, 'Why the Only Future Worth Building Includes Everyone', TED Talks (April 2017).

6 Ara Norenzayan, *Big Gods* (Princeton, 2013), p. 75.

7 如果你不相信，這本書會讓你了解真相：Hans Rosling, *Factfulness. Ten Reasons We're Wrong About the World – and Why Things Are Better Than You Think* (New York, 2018).

8 要對此事有概括了解，可見個人前作 *Utopia for Realists* (London, 2017) 的第一章。

9 舉例來說，可見 Zygmunt Bauman, *Modernity and the Holocaust* (Ithaca, 1989), and Roger Griffin, *Modernism and Fascism. The Sense of a Beginning under Mussolini and Hitler* (Basingstoke, 2007).

第四部　新的現實主義

1 引言出自 Hanna Rosin and Alix Spiegel, 'How to Become Batman', *NPR* (23 January 2015).

2 引言出自 Katherine Ellison, 'Being Honest About the Pygmalion Effect', *Discover Magazine* (December 2015).

3 同上。

4 Dov Eden, 'Self-Fulfilling Prophecy and the Pygmalion Effect in Management', *Oxford Bibliographies* (20 October 2016).

5 Lee Jussim and Kent D. Harber, 'Teacher Expectations and Self-Fulfilling Prophecies: Knowns and Unknowns, Resolved and Unresolved Controversies', *Personality and Social Psychology Review* (1 May 2005). 另見 Rhona S. Weinstein, 'Pygmalion at 50: harnessing its power and application in schooling', *Educational Research and Evaluation* (11 December 2018).

6 Dov Eden, 引言出自 Ellison, 'Being Honest About the Pygmalion Effect'.

7 Franklin H. Silverman, 'The "Monster" Study', *Journal of Fluency Disorders*,

Vol. 13, Issue 3 (1988).
8 John C. Edwards, William McKinley and Gyewan Moon, 'The enactment of organizational decline: The self-fulfilling prophecy', *International Journal of Organizational Analysis*, Vol. 10, Issue 1 (2002).
9 Daisy Yuhas, 'Mirror Neurons Can Reflect Hatred', *Scientific American* (1 March 2013).
10 John Maynard Keynes, *The General Theory of Employment, Interest, and Money* (London, 1936), Chapter 12.
11 Dan Ariely, 'Pluralistic Ignorance', *YouTube* (16 February 2011).
12 Pinker, *The Better Angels of Our Nature* (2011), pp. 561–5.

第十三章　内在動機的力量

1 Hedwig Wiebes, 'Jos de Blok (Buurtzorg): "Ik neem nooit zomaar een dag vrij",' *Intermediair* (21 October 2015).
2 同上。
3 同上。
4 Haico Meijerink, 'Buurtzorg: "Wij doen niet aan strategische flauwekul",' *Management Scope* (8 October 2014).
5 Gardiner Morse, 'Why We Misread Motives', *Harvard Business Review* (January 2003).
6 引言出處同上。
7 Frederick Taylor, *The Principles of Scientific Management* (New York, 1911), Chapter 2, p. 59.
8 引言出自 Robert Kanigel, *The One Best Way. Frederick Winslow Taylor and the Enigma of Efficiency* (Cambridge, 2005), p. 499.
9 Edward L. Deci, 'Effects of Externally Mediated Rewards on Intrinsic Motivation', *Journal of Personality and Social Psychology*, Vol. 1, Issue 1 (1971), p. 114.
10 引言出自 Karen McCally, 'Self-Determined', *Rochester Review* (July–August 2010).
11 Uri Gneezy and Aldo Rustichini, 'A Fine is a Price', *Journal of Legal Studies*,

Vol. 29, Issue 1 (2000).

12 Samuel Bowles and Sandra Polanía Reyes, 'Economic Incentives and Social Preferences: A Preference-Based Lucas Critique of Public Policy', *University of Massachusetts Amherst Working Papers* (2009).

13 Amit Katwala, 'Dan Ariely: Bonuses boost activity, not quality', *Wired* (February 2010).

14 *Perceptions Matter: The Common Cause UK Values Survey*, Common Cause Foundation (2016).

15 Milton Friedman, 'The Methodology of Positive Economics', in *Essays in Positive Economics* (Chicago, 1966).

16 Sanford E. DeVoe and Jeffrey Pfeffer, 'The Stingy Hour: How Accounting for Time Affects Volunteering', *Personality and Social Psychology Bulletin*, Vol. 36, Issue 4 (2010).

17 Steve Crabtee, 'Worldwide, 13% of Employees Are Engaged at Work', *Gallup* (8 October 2013).

18 Wiljan van den Berge and Bas ter Weel, *Baanpolarisatie in Nederland. CPB Policy Brief*, Statistics Netherlands (2015), p. 14.

19 引言出自 Enzo van Steenbergen and Jeroen Wester, 'Hogepriester van de kleinschalige zorg', *NRC Handelsblad* (12 March 2016). 有些競爭者批評，「鄰里照護」有把具嚴重問題的病患轉移到其他照護供應者的情況，但沒有證據支持這說法。相反地，畢馬威的顧問 David Ikkersheim 的研究顯示，「鄰里照護」即使經過醫療負擔量校正，還是比較好且比較便宜。見 David Ikkersheim, 'Buurtzorg: hoe zat het ook alweer?,' *Skipr* (9 May 2016).

20 引言出自 Stevo Akkerman, 'Betere zorg zonder strategische fratsen', *Trouw* (1 March 2016).

21 引言出自 The Corporate Rebels, 'FAVI. How Zobrist Broke Down Favi's Command-And-Control Structures', *corporate-rebels.com* (4 January 2017).

22 Patrick Gilbert, Nathalie Raulet Crozet and Anne-Charlotte Teglborg, 'Work Organisation and Innovation – Case Study: FAVI, France', *European Foundation for the Improvement of Living and Working Conditions* (2013).

第十四章　遊戲人

1 Stephen Moss, *Natural Childhood Report* (National Trust), p. 5.

2 John Bingham, 'British Children among Most Housebound in World', *Daily Telegraph* (22 March 2016).

3 S. L. Hofferth and J. F. Sandberg, 'Changes in American Children's Time, 1981–1997', in S. L. Hofferth and J. Owens (eds), *Children at the Millennium: Where Have We Come from? Where Are We Going?* (Stamford, 2001).

4 Peter Gray, 'The Decline of Play and the Rise of Psychopathology in Children and Adolescents', *American Journal of Play*, Vol. 23, Issue 4 (2011), p. 450.

5 Jantje Beton/Kantar Public (TNS NIPO), *Buitenspelen Onderzoek 2018*, jantjebeton.nl (17 April 2018)

6 Frank Huiskamp, 'Rapport: Nederlandse leerlingen zijn niet gemotiveerd', *NRC Handelsblad* (16 April 2014).

7 *Gezinsrapport. Een portret van het gezinsleven in Nederland*, Netherlands Institute for Social Research (The Hague, 2011).

8 Rebecca Rosen, 'America's Workers: Stressed Out, Overwhelmed, Totally Exhausted', *The Atlantic* (27 March 2014).

9 Jessica Lahey, 'Why Kids Care More About Achievement Than Helping Others', *The Atlantic* (25 June 2014).

10 舉例來說，可見 C. Page Moreau and Marit Gundersen Engeset, 'The Downstream Consequences of Problem-Solving Mindsets: How Playing with LEGO Influences Creativity', *Journal of Marketing Research*, Vol. 53, Issue 1 (2016).

11 Peter Gray, 'The Play Deficit', *Aeon* (18 September 2013).

12 *How to Tame a Fox (And Build a Dog)* (2017), p. 73.

13 Sarah Zielinski, 'Five Surprising Animals That Play', *ScienceNews* (20 February 2015).

14 Johan Huizinga, *Homo Ludens. Proeve eener bepaling van het spel-element der cultuur* (1938).

15 Peter Gray, 'Play as a Foundation for Hunter Gatherer Social Existence', *American Journal of Play* (Spring 2009).

16 Jared Diamond, *The World Until Yesterday. What Can We Learn From Traditional Societies?* (London, 2013), p. 204.

17 同上，p. 194.

18 引言出自 J. Mulhern, *A History of Education, a Social Interpretation* (New York, 1959), p. 383.

19 James C. Scott, *Two Cheers for Anarchism. Six Easy Pieces on Autonomy, Dignity and Meaningful Work and Play* (Princeton, 2012), pp. 54–5.

20 關於這個流程的影響深遠作品是 Eugen Weber, *Peasants into Frenchmen: The Modernization of Rural France, 1870–1914* (Stanford, 1976).

21 Howard P. Chudacoff, *Children at Play. An American History* (New York, 2008).

22 Peter Gray, 'The Decline of Play and the Rise of Psychopathology in Children and Adolescents' (2011).

23 引言出自 Robert Dighton, 'The Context and Background of the First Adventure Playground', *adventureplay.org.uk*

24 引言出自 Colin Ward, *Anarchy in Action* (London, 1996), p. 89.

25 引 言 出 自 Arvid Bengtsson, *Adventure Playgrounds*, Crosby Lockwood (1972), pp. 20–21.

26 引言出自 Penny Wilson, 'children are more complicated than kettles. the life and work of Lady Allen of Hurtwood', *theinternationale.com* (2013).

27 同上。

28 同上。

29 Mariana Brussoni et al., 'What is the Relationship between Risky Outdoor Play and Health in Children? A Systematic Review', *International Journal of Environmental Research and Public Health*, Vol. 12, Issue 6 (8 June 2015).

30 引言出自 Rebecca Mead, 'State of Play', *The New Yorker* (5 July 2010).

31 Erving Goffman, 'On the Characteristics of Total Institutions' (1957).

32 Robin Bonifas, *Bullying Among Older Adults. How to Recognize and Address an Unseen Epidemic* (Baltimore, 2016).

33 Matt Sedensky, 'A surprising bullying battleground: Senior centers', Associated Press (13 May 2018).

34 Randall Collins, *Violence. A Micro-sociological Theory* (Princeton, 2008), p. 166.

35 就以《哈利波特》（*Harry Potter*）系列知名的霍格華茲（Hogwarts）學院為例。在 J．K．羅琳（J. K. Rowling）吸引人的幻想世界中，這學校是個神奇的地方，但在現實面來說，我卻懷疑那對許多孩子會是地獄般的場所。孩子（在班級裡）按年齡分組，也按性格特質分組（分成不同的學院，好比說葛來分多［Gryffindor］和史萊哲林［Slytherin］）。掌權人士鼓勵學生進行計分複雜的競爭。如果你要離開，你唯一的選擇是耶誕節和暑假。教育學家普遍同意，霍格華茲本身就是個製造霸凌文化的源頭。

36 不要誤會我的意思。當代社會中當然有不可或缺的基本技能，好比說讀寫。也確實有孩子學起這些技能時就是比較沒天分。在這樣的情況下，就必須要有受過訓練的教師做專業指引。

37 Robert Dur and Max van Lent, 'Socially Useless Jobs', Tinbergen Institute Discussion Paper (2 May 2018).

38 David Graeber, 'On the Phenomenon of Bullshit Jobs: A Work Rant', *Strike! Magazine* (August 2013).

39 Ivan Illich, *Deschooling Society* (New York, 1971).

40 Peter Gray, *Free to Learn. Why Unleashing the Instinct to Play Will Make Our Children Happier, More Self-Reliant, and Better Students for Life* (New York, 2013).

41 引言出自 Lois Holzman, 'What's the Opposite of Play?', *Psychology Today* (5 April 2016).

42 ' "Depression: Let's Talk" Says WHO, As Depression Tops List of Causes of Ill Health', World Health Organization (30 March 2017).

43 Peter Gray, 'Self-Directed Education – Unschooling and Democratic Schooling', *Oxford Research Encyclopedia of Education* (April 2017).

第十五章　民主政體是長這樣

1 委內瑞拉的「市」（municipality）有點像美國某些州的郡。但在委內瑞拉，這裡會有地方政府運作並選出市長。

2 Gabriel Hetland, 'Emergent Socialist Hegemony in Bolivarian Venezuela: The Role of the Party', in Susan J. Spronk and Jeffery R. Webber, *Crisis and Contradiction: Marxist Perspectives on Latin America in the Global Political Economy* (Leiden, 2015), p. 131.

3 Gabriel Hetland, 'How to Change the World: Institutions and Movements Both Matter', *Berkeley Journal of Sociology* (3 November 2014).

4 想要看切實可信的描述，可見 Gabriel Hetland, 'Grassroots Democracy in Venezuela', *The Nation* (30 January 2012).

5 引言出處同上。

6 Dmytro Khutkyy, 'Participatory budgeting: An empowering democratic institution', *Eurozine* (31 October 2017).

7 *Brazil: Toward a More Inclusive and Effective Participatory Budget in Porto Alegre* (World Bank, 2008), p. 2.

8 引言出自 Martin Calisto Friant, 'Sustainability From Below: Participatory Budgeting in Porto Alegre', First Ecuadorian Congress of Urban Studies (November 2017), p. 13.

9 Paolo Spada, 'The Economic and Political Effects of Participatory Budgeting', Congress of the Latin American Studies Association (2009).

10 Esteban Ortiz-Ospina and Max Roser, 'Trust', OurWorldInData.org (2018).

11 對此論點的批評，可見 Omar Encarnación, *The Myth of Civil Society. Social Capital and Democratic Consolidation in Spain and Brazil* (Basingstoke, 2003).

12 引言出自 'Porto Alegre's Budget Of, By, and For the People', *Yes! Magazine* (31 December 2002).

13 Ginia Bellafante, 'Participatory Budgeting Opens Up Voting to the Disenfranchised and Denied', *New York Times* (17 April 2015).

14 Mona Serageldin et al., 'Assessment of Participatory Budgeting in Brazil', Harvard University Center for Urban Development Studies (2005), p. 4.

15 Gianpaolo Baiocchi, 'Participation, Activism, and Politics: The Porto Alegre Experiment in Deliberative Democratic Theory', in Archon Fung and Erik Olin Wright (eds), *Deepening Democracy. Institutional Innovations in Em-*

powered Participatory Governance (New York, 2001), p. 64.

16 Alana Semuels, 'The City That Gave Its Residents $3 Million', *The Atlantic* (6 November 2014).

17 Baiocchi, 'Participation, Activism, and Politics: The Porto Alegre Experiment in Deliberative Democratic Theory'.

18 Gianpaolo Baiocchi and Ernesto Ganuza, 'Participatory Budgeting as if Emancipation Mattered', *Politics & Society*, Vol. 42, Issue 1 (2014), p. 45.

19 George Monbiot, *Out of the Wreckage. A New Politics for an Age of Crisis* (London, 2017), p. 130.

20 Anne Pordes Bowers and Laura Bunt, 'Your Local Budget. Unlocking the Potential of Participatory Budgeting', *Nesta* (2010).

21 Gianpaolo Baiocchi, 'Participation, Activism, and Politics: The Porto Alegre Experiment and Deliberative Democratic Theory', *Politics & Society*, Vol. 29, Issue 1 (2001), p. 58.

22 世界銀行的研究者做出的結論也認為，快速進展全是多虧了參與式預算編列。該市預算分給醫療和教育的比例從一九八五年的百分之十三增加到一九九六年的百分之四十。見 Serageldin et al., 'Assessment of Participatory Budgeting in Brazil'.

23 Patrick Kingsley, 'Participatory democracy in Porto Alegre', *Guardian* (10 September 2012).

24 Serageldin et al., 'Assessment of Participatory Budgeting in Brazil'.

25 Michael Touchton and Brian Wampler, 'Improving Social Well-Being Through New Democratic Institutions', *Comparative Political Studies*, Vol. 47, Issue 10 (2013).

26 'Back to the Polis: Direct Democracy', *The Economist* (17 September 1994).

27 David Van Reybrouck, *Against Elections. The Case for Democracy* (London, 2016).

28 'Communism', *oxforddictionaries.com*.

29 Graeber, *Debt*, pp. 94–102.

30 Garrett Hardin, 'The Tragedy of the Commons', *Science*, Vol. 162, Issue 3859 (13 December 1968).

31 John Noble Wilford, 'A Tough-minded Ecologist Comes to Defense of Malthus', *New York Times* (30 June 1987).

32 Ian Angus, 'The Myth of the Tragedy of the Commons', *Climate & Capitalism* (25 August 2008).

33 John A. Moore, 'Science as a Way of Knowing – Human Ecology', *American Zoologist*, Vol. 25, Issue 2 (1985), p. 602.

34 Tim Harford, 'Do You Believe in Sharing?' *Financial Times* (30 August 2013).

35 同上。

36 Officially: The Sveriges Riksbank Prize in Economic Sciences in Memory of Alfred Nobel.

37 Tine de Moor, 'The Silent Revolution: A New Perspective on the Emergence of Commons, Guilds, and Other Forms of Corporate Collective Action in Western Europe', *International Review of Social History*, Vol. 53, Issue S16 (December 2008).

38 有關這段歷程的經典著作是 Karl Polanyi, *The Great Transformation. The Political and Economic Origins of Our Time* (Boston, 2001). Originally published in 1944.

39 Tine de Moor, 'Homo Cooperans. Institutions for collective action and the compassionate society', Utrecht University Inaugural Lecture (30 August 2013).

40 舉例來說，可見 Paul Mason, *Postcapitalism. A Guide to Our Future* (London, 2015).

41 舉例來說，可見 Shoshana Zuboff, *The Age of Surveillance Capitalism. The Fight for a Human Future at the New Frontier of Power* (London, 2019).

42 Damon Jones and Ioana Elena Marinescu, 'The Labor Market Impacts of Universal and Permanent Cash Transfers: Evidence from the Alaska Permanent Fund', *NBER Working Paper* (February 2018).

43 針對北卡羅萊納州的這個研究以及其他地方的無條件基本收入，我都寫過文章探討。見 *Utopia for Realists. And How We Can Get There* (London, 2017), pp. 51–4. 我現在比較偏好使用「公民分紅」這個詞，而不是「基本收入」；因為要強調我們談的是來自公共財產的收益。

44 Peter Barnes, *With Liberty and Dividends For All. How To Save Our Middle Class When Jobs Don't Pay Enough* (Oakland, 2014).

45 Scott Goldsmith, 'The Alaska Permanent Fund Dividend: An Experiment in Wealth Distribution', *Basic Income European Network* (September 2002), p. 7.

第五部　另一邊臉

1 Michael Garofalo, 'A Victim Treats His Mugger Right', NPR Story Corps (28 March 2008).

2 Matthew 5:46.

第十六章　與恐怖分子喝茶

1 挪威監獄系統的清楚概述，可見 Ryan Berger, 'Kriminalomsorgen: A Look at the World's Most Humane Prison System in Norway', *SSRN* (11 December 2016).

2 一名獄卒在麥可．摩爾（Michael Moore）的紀錄片 *Where to Invade Next?* (2015) 中如此表示。

3 引言出自 Baz Dreizinger, 'Norway Proves That Treating Prison Inmates As Human Beings Actually Works', *Huffington Post* (8 March 2016).

4 'About the Norwegian Correctional Service', *www.kriminalomsorgen.no* (visited 17 December 2018).

5 Dreizinger, 'Norway Proves That Treating Prison Inmates As Human Beings Actually Works'.

6 Manudeep Bhuller et al., 'Incarceration, Recidivism, and Employment', Institute of Labor Economics (June 2018).

7 Berger 'Kriminalomsorgen: A Look at the World's Most Humane Prison System in Norway', p. 20.

8 Erwin James, 'Bastoy: the Norwegian Prison That Works', *Guardian* (4 September 2013).

9 Genevieve Blatt et al., *The Challenge of Crime in a Free Society, President's Commission on Law Enforcement and Administration of Justice* (1967), p. 159.

10 同上，p. 173.

11 Jessica Benko, 'The Radical Humaneness of Norway's Halden Prison', *New York Times* (26 March 2015).

12 Robert Martinson, 'What Works? Questions and Answers about Prison Reform', *The Public Interest* (Spring 1974).

13 Michelle Brown, *The Culture of Punishment: Prison, Society, and Spectacle* (New York, 2009), p. 171.

14 Robert Martinson, 'New Findings, New Views: A Note of Caution Regarding Sentencing Reform', *Hofstra Law Review*, Vol. 7, Issue 2 (1979).

15 引言出自 Adam Humphreys, 'Robert Martinson and the Tragedy of the American Prison', *Ribbonfarm* (15 December 2016).

16 引言出自 Jerome G. Miller, 'The Debate on Rehabilitating Criminals: Is It True that Nothing Works?' *Washington Post* (March 1989).

17 Richard Bernstein, 'A Thinker Attuned to Thinking; James Q. Wilson Has Insights, Like Those on Cutting Crime, That Tend To Prove Out', *New York Times* (22 August 1998).

18 'James Q. Wilson Obituary', *The Economist* (10 March 2012).

19 James Q. Wilson, *Thinking About Crime* (New York, 1975), pp. 172–3.

20 引言出自 Timothy Crimmins, 'Incarceration as Incapacitation: An Intellectual History', *American Affairs*, Vol. II, Issue 3 (2018).

21 George L. Kelling and James Q. Wilson, 'Broken Windows', *The Atlantic* (March 1982).

22 Gladwell, *The Tipping Point*, p. 141.

23 同上，p. 142.

24 同上，p. 143.

25 Holman W. Jenkins, Jr, 'The Man Who Defined Deviancy Up', *The Wall Street Journal* (12 March 2011).

26 James Q. Wilson, 'Lock 'Em Up and Other Thoughts on Crime', *New York Times* (9 March 1975).

27 Gladwell, *The Tipping Point*, p. 145.

28 引言出處同上，p. 146.

29 'New York Crime Rates 1960–2016', *disastercenter.com*

30 Donna Ladd, 'Inside William Bratton's NYPD: Broken Windows Policing is Here to Stay', *Guardian* (8 June 2015).

31 引言出自 Jeremy Rozansky and Josh Lerner, 'The Political Science of James Q. Wilson', *The New Atlantis* (Spring 2012).

32 見 Rutger Bregman, *Met de kennis van toen. Actuele problemen in het licht van de geschiedenis* (Amsterdam, 2012), pp. 238–45.

33 Anthony A. Braga, Brandon C. Welsh and Cory Schnell, 'Can Policing Disorder Reduce Crime? A Systematic Review and Meta-Analysis', *Journal of Research in Crime and Delinquency*, Vol. 52, Issue 4 (2015).

34 John Eterno and Eli Silverman, 'Enough Broken Windows Policing. We Need a Community-Oriented Approach', *Guardian* (29 June 2015).

35 P. J. Vogt, '#127 The Crime Machine', *Reply All* (podcast by Gimlet Media, 11 October 2018).

36 Dara Lind, 'Why You Shouldn't Take Any Crime Stats Seriously', *Vox* (24 August 2014). 另見 Liberty Vittert, 'Why the US Needs Better Crime Reporting Statistics', *The Conversation* (12 October 2018).

37 Michelle Chen, 'Want to See How Biased Broken Windows Policing Is? Spend a Day in Court', *The Nation* (17 May 2018).

38 秩序本身到頭來變成了一種感覺。二〇〇四年，芝加哥大學的研究者接連問了一群研究對象說，他們在白人鄰里和黑人鄰里各自看到了多少面「破窗」。受試對象全體一致評定非裔美國人多的鄰里比較亂，即便垃圾、塗鴉和群聚遊蕩的盛行率跟白人鄰里相等，看法也還是如此。見 Robert J. Sampson and Stephen W. Raudenbush, 'Seeing Disorder: Neighborhood Stigma and the Social Construction of "Broken Windows" ', *Social Psychology Quarterly*, Vol. 67, Issue 4 (2004). 令人難過的事情是，威爾遜和凱林早就在一九八二年發表於《大西洋》月刊的文章中預料到了這件事，他們寫道：「我們怎麼保證〔……〕膚色和祖籍〔……〕不會也成為區分受歡迎跟不受歡迎的基礎？簡而言之，我們怎麼保證警察不會變成鄰人偏執信念的代理者？對這個重要的問題，我們無法提供完全令人滿意的回答。」

39 見 Braga, Welsh, and Schnell, 'Can Policing Disorder Reduce Crime? A Systematic Review and Meta-Analysis'.

40 引言出自 Sarah Childress, 'The Problem with "Broken Windows" Policing', *Frontline* (28 June 2016).

41 Vlad Tarko, Elinor Ostrom. *An Intellectual Biography* (Lanham, 2017), pp. 32–40.

42 Arthur A. Jones and Robin Wiseman, 'Community Policing in Europe. An Overview of Practices in Six Leading Countries', Los Angeles Community Policing (lacp.org).

43 Sara Miller Llana, 'Why Police Don't Pull Guns in Many Countries', *Christian Science Monitor* (28 June 2015).

44 引言出自 Childress, 'The Problem with "Broken Windows" Policing'.

45 Beatrice de Graaf, *Theater van de angst. De strijd tegen terrorisme in Nederland, Duitsland, Italië en Amerika* (Amsterdam, 2010).

46 引言出自 Quirine Eijkman, 'Interview met Beatrice de Graaf over haar boek', *Leiden University* (25 January 2010).

47 引言出自 Joyce Roodnat, ' "Het moest wel leuk blijven" ', *NRC Handelsblad* (6 April 2006).

48 引言出自 Jon Henley, 'How Do You Deradicalise Returning Isis Fighters?', *Guardian* (12 November 2014).

49 引言出自 Hanna Rosin, 'How A Danish Town Helped Young Muslims Turn Away From ISIS', *NPR Invisibilia* (15 June 2016).

50 引言出自 Richard Orange, ' "Answer hatred with love": how Norway tried to cope with the horror of Anders Breivik', *Guardian* (15 April 2012).

51 Prison Policy Initiative, 'North Dakota Profile' (*prisonpolicy.org*, visited 17 December 2018).

52 引言出自 Dylan Matthews and Byrd Pinkerton, 'How to Make Prisons More Humane', *Vox* (podcast, 17 October 2018).

53 Dashka Slater, 'North Dakota's Norway Experiment', *Mother Jones* (July/August 2017).

54 National Research Council, *The Growth of Incarceration in the United States.*

Exploring Causes and Consequences (Washington DC, 2014), p. 33.

55 Francis T. Cullen, Cheryl Lero Jonson and Daniel S. Nagin, 'Prisons Do Not Reduce Recidivism. The High Cost of Ignoring Science', *The Prison Journal*, Vol. 91, Issue 3 (2011). 另見 M. Keith Chen and Jesse M. Shapiro, 'Do Harsher Prison Conditions Reduce Recidivism? A Discontinuity-based Approach', *American Law and Economics Review*, Vol. 9, Issue 1 (2007).

56 'Louis Theroux Goes to the Miami Mega-Jail', *BBC News* (20 May 2011).

57 引言出自 Berger, 'Kriminalomsorgen: A Look at the World's Most Humane Prison System in Norway', p. 23.

58 引言出自 Slater, 'North Dakota's Norway Experiment'.

59 Cheryl Corley, 'North Dakota Prison Officials Think Outside The Box To Revamp Solitary Confinement', *NPR* (31 July 2018).

60 同上。

61 引言出自 Slater, 'North Dakota's Norway Experiment'.

第十七章　仇恨、不公不義和偏見的最佳解方

1 引言出自 John Battersby, 'Mandela to Factions: Throw Guns Into Sea', *Christian Science Monitor* (26 February 1990).

2 關於康斯坦德和亞伯拉罕這段故事，我的主要資料來源是 Dennis Cruywagen 的這本精彩作品 *Brothers in War and Peace. Constand and Abraham Viljoen and the Birth of the New South Africa* (Cape Town/Johannesburg, 2014).

3 同上，p. 57.

4 同上，p. 62.

5 Maritza Montero and Christopher C. Sonn (eds), *Psychology of Liberation. Theory and Applications* (Berlin, Heidelberg, 2009), p. 100.

6 Aldous Huxley, *The Perennial Philosophy* (New York, 1945), p. 81.

7 Alfred McClung Lee and Norman Daymond Humphrey, *Race Riot, Detroit 1943* (Hemel Hempstead, 1968), p. 130.

8 Gordon Allport, *The Nature of Prejudice* (Reading, 1979), p. 277. Originally published in 1954. 研究者問美國士兵以下問題：「有些師底下的某些

連同時包含了黑人排和白人排。如果你的單位是以這類方式編組的話，你覺得如何？」回答「我會很不喜歡」的比例，在種族完全隔離的單位為百分之六十二，而有黑人排的連裡，則是有百分之七的人這麼認為。

9 Ira N. Brophy, 'The Luxury of Anti-Negro Prejudice', *Public Opinion Quarterly*, Vol. 9, Issue 4 (1945).

10 Richard Evans, *Gordon Allport: The Man and His Ideas* (New York, 1970).

11 Gordon Allport, 'Autobiography', in Edwin Boring and Gardner Lindzey (eds), *History of Psychology in Autobiography* (New York, 1967), pp. 3–25.

12 John Carlin, *Invictus. Nelson Mandela and the Game that Made a Nation* (London, 2009), p. 122.

13 引言出處同上，p. 123.

14 同上，p. 124

15 同上，p. 135.

16 Cruywagen, *Brothers in War and Peace*, p. 143.

17 引言出處同上，p. 158.

18 引言出自 Simon Kuper, 'What Mandela Taught Us', *Financial Times* (5 December 2013).

19 引言出自 Cruywagen, *Brothers in War and Peace*, p. 162.

20 引言出自 Carlin, *Invictus*, p. 252.

21 對此佩蒂格魯的回應是：「先生，您剛剛可是把最高榮譽頭銜頒給我了呢！」引言出自 Frances Cherry, 'Thomas F. Pettigrew: Building on the Scholar-Activist Tradition in Social Psychology', in Ulrich Wagner et al. (eds), *Improving Intergroup Relations: Building on the Legacy of Thomas F. Pettigrew* (Oxford, 2008), p. 16.

22 Thomas F. Pettigrew, 'Contact in South Africa', *Dialogue*, Vol. 21, Issue 2 (2006), pp. 8–9.

23 Thomas F. Pettigrew and Linda R. Tropp, 'A Meta-Analytic Test of Intergroup Contact Theory', *Journal of Personality and Social Psychology*, Vol. 90, Issue 5 (2006).

24 Sylvie Graf, Stefania Paolini and Mark Rubin, 'Negative intergroup contact is

more influential, but positive intergroup contact is more common: Assessing contact prominence and contact prevalence in five Central European countries', *European Journal of Social Psychology*, Vol. 44, Issue 6 (2014).

25 Erica Chenoweth, 'The Origins of the NAVCO Data Project (or: How I Learned to Stop Worrying and Take Nonviolent Conflict Seriously)', *Rational Insurgent* (7 May 2014).

26 Erica Chenoweth and Maria J. Stephan, 'How The World is Proving Martin Luther King Right About Nonviolence', *Washington Post* (18 January 2016). 另見 Maria J. Stephan and Erica Chenoweth, 'Why Civil Resistance Works. The Strategic Logic of Nonviolent Conflict', *International Security*, Vol. 33, Issue 1 (2008), pp. 7–44.

27 引言出自 Penny Andersen et al., *At Home in the World. The Peace Corps Story* (Peace Corps, 1996), p. vi.

28 Carlin, *Invictus*, p. 84.

29 同上，p. 252.

30 同上。

31 引言出自 Thomas F. Pettigrew, 'Social Psychological Perspectives on Trump Supporters', *Journal of Social and Political Psychology*, Vol. 5, Issue 1 (2017).

32 同上。

33 Chris Lawton and Robert Ackrill, 'Hard Evidence: How Areas with Low Immigration Voted Mainly for Brexit', *The Conversation* (8 July 2016). 另見 Rose Meleady, Charles Seger and Marieke Vermue, 'Examining the Role of Positive and Negative Intergroup Contact and Anti-Immigrant Prejudice in Brexit', *British Journal of Social Psychology*, Vol. 56, Issue 4 (2017).

34 Michael Savelkoul et al., 'Anti-Muslim Attitudes in The Netherlands: Tests of Contradictory Hypotheses Derived from Ethnic Competition Theory and Intergroup Contact Theory', *European Sociological Review*, Vol. 27, Issue 6 (2011).

35 Jared Nai, 'People in More Racially Diverse Neighborhoods Are More Prosocial', *Journal of Personality and Social Psychology*, Vol. 114, Issue 4 (2018), pp. 497–515.

36 Miles Hewstone, 'Consequences of Diversity for Social Cohesion and Prejudice: The Missing Dimension of Intergroup Contact', *Journal of Social Issues*, Vol. 71, Issue 2 (2015).

37 Matthew Goodwin and Caitlin Milazzo, 'Taking Back Control? Investigating the Role of Immigration in the 2016 Vote for Brexit', *British Journal of Politics and International Relations*, Vol. 19, Issue 3 (2017).

38 引言出自 Diane Hoekstra, 'De felle tegenstanders van toen gaan het azc in Overvecht missen', *Algemeen Dagblad* (29 September 2018). 另見 Marjon Bolwijn, 'In Beverwaard was woede om azc het grootst, maar daar is niets meer van te zien: "We hebben elkaar gek gemaakt" ', *De Volkskrant* (1 February 2018).

39 Mark Twain, *The Innocents Abroad, or The New Pilgrims' Progress* (1869).

40 Rupert Brown, James Vivian and Miles Hewstone, 'Changing Attitudes through Intergroup Contact: the Effects of Group Membership Salience', *European Journal of Social Psychology*, Vol. 29, Issue 5–6 (21 June 1999).

41 Gordon W. Allport, 'Prejudice in Modern Perspective', The Twelfth Hoernlé Memorial Lecture (17 July 1956).

第十八章　當士兵爬出壕溝

1 這個詞是歷史學家喬治・F・坎南（George F. Kennan）在他的著作 *The Decline of Bismarck's European Order: Franco-Russian Relations 1875–1890* (Princeton, 1979) 的引言裡發明的。

2 Malcolm Brown and Shirley Seaton, *Christmas Truce. The Western Front December 1914* (London, 2014), p. 68. Originally published in 1984.

3 同上，p. 71.

4 同上，p. 73.

5 同上，pp. 76–7

6 Malcolm Brown, *Peace in No Man's Land* (BBC documentary from 1981).

7 Luke Harding, 'A Cry of: Waiter! And the Fighting Stopped', *Guardian* (1 November 2003).

8 Brown and Seaton, *Christmas Truce*, p. 111.

9 同上，p. 115.

10 引言出自 Simon Kuper, 'Soccer in the Trenches: Remembering the WWI Christmas Truce', *espn.com* (25 December 2014).

11 當代歷史學家指出，儘管德國人確實在一九一四年犯下了戰爭罪行，但那也遭到英國的宣傳大肆渲染。要到二十五年後，才能清楚看出這種假新聞的效果有多慘烈。到了二戰期間，當有消息傳出德國以極大規模犯下最駭人滔天大罪的時候，有很大比例的英國人和美國人都懷疑其真實性。有鑑於媒體在一戰期間誇大事物的程度，人們會對毒氣室的故事半信半疑，也是很合理的。見 Jo Fox, 'Atrocity propaganda', British Library (29 January 2014).

12 Brown and Seaton, *Christmas Truce*, p. 126.

13 Thomas Vinciguerra, 'The Truce of Christmas, 1914', *New York Times* (25 December 2005).

14 引言出自 TED Stories, 'Colombia: Advertising Creates Peace', YouTube (24 January 2018).

15 同上。

16 Tom Vanden Brook, 'Propaganda That Works: Christmas Decorations', *USA Today* (13 August 2013).

17 Lara Logan, 'How Unconventional Thinking Transformed a War-Torn Colombia', CBS News, *60 Minutes* (11 December 2016).

18 引言出自 TED Stories, 'Colombia: Advertising Creates Peace'.

19 二〇一七年十一月九日作者採訪荷西．米蓋爾．索柯洛夫時所言。

20 耶誕節行動的成本達到三〇一一〇〇美元。光河行動花了二六三〇〇〇美元，而母親之聲（Mother's Voice）行動則是五四六〇〇〇美元。

21 就連哥倫比亞革命軍都這麼認為，因為和平對談其間他們要求馬倫洛威停止宣傳活動。那讓他們損失太多成員了。

22 Sibylla Brodzinsky, ' "Welcome to Peace": Colombia's Farc Rebels Seal Historic Disarmament', *Guardian* (27 June 2017).

23 引言出自 Vinciguerra, 'The Truce of Christmas, 1914'.

24 Brown and Seaton, *Christmas Truce*, p. 198.

25 同上，p. 248.
26 同上，p. 238.
27 Stanley Weintraub, *Silent Night* (London, 2001), p. 172.
28 Tony Ashworth, *Trench Warfare 1914–1918. The Live and Let Live System* (London, 2000), p. 224. Originally published in 1980.
29 同上，p. 24.
30 同上，p. 143.
31 Erin E. Buckels, Paul D. Trapnell and Delroy L. Paulhus, 'Trolls Just Want to Have Fun', *Personality and Individual Difference*, Vol. 67 (September 2014).
32 Jose Miguel Sokoloff, 'How Christmas Lights Helped Guerillas Put Down Their Guns', TED (October 2014).

跋

1 Detlef Fetchenhauer and David Dunning, 'Why So Cynical? Asymmetric Feedback Underlies Misguided Skepticism Regarding the Trustworthiness of Others', *Psychological Science*, Vol. 21, Issue 2 (8 January 2010).
2 有一些簡單又高明的研究證實，接近他人時想像他人意圖為良善，會改變他們的舉止。心理學家把這個稱作「貼品德標籤」。舉例來說，一九七五年美國心理學家理查・米勒（Richard Miller）以國小學童做了一個研究，他隨機選出一組人，跟他們說他們「整潔」。至於第二組，研究者盡全力把孩子弄整潔，第三組則是放牛吃草。結果呢？結果證明第一組比其他人整潔多了。見 Christian B. Miller, 'Should You Tell Everyone They're Honest?', *Nautilus* (28 June 2018).
3 Maria Konnikova, *The Confidence Game. The Psychology of the Con and Why We Fall for It Every Time*, (Edinburgh, 2016).
4 Bloom, *Against Empathy*, p. 167.
5 引言出自 Dylan Matthews, 'Zero-sum Trump. What You Learn from Reading 12 of Donald Trump's Books', *Vox.com* (19 January 2017).
6 Marina Cantacuzino, *The Forgiveness Project. Stories for a Vengeful Age* (London, 2016).
7 Lewis B. Smedes, *Forgive and Forget. Healing the Hurts We Don't Deserve* (San

Francisco, 1984).

8 Donald W. Pfaff, *The Neuroscience of Fair Play. Why We (Usually) Follow the Golden Rule*, Dana Press (2007).

9 George Bernard Shaw, *Maxims for Revolutionists* (1903).

10 Matthieu Ricard, *Altruism. The Power of Compassion to Change Yourself and the World* (New York, 2015), pp. 58–63.

11 同上，p. 62.

12 Daniel Goleman and Richard Davidson, *The Science of Meditation. How to Change Your Brain, Mind and Body* (London, 2018). 但也可見 Miguel Farias and Catherine Wikholm, *The Buddha Pill. Can Meditation Change You?* (London, 2015).

13 Paul Bloom, 'Empathy for Trump voters? No, thanks. Understanding? Yes', *Vox.com* (23 February 2017).

14 Bloom, *Against Empathy*, pp. 213–41.

15 Jarl van der Ploeg, ' "Ze zullen altijd die enorm verliefde bom geluk blijven" ', *De Volkskrant* (21 July 2014).

16 'In memoriam: LvdG (1984–2014)', *Propria Cures* (19 July 2014).

17 舉例來說，可見 Chung Sup Park, 'Applying "Negativity Bias" to Twitter: Negative News on Twitter, Emotions, and Political Learning', *Journal of Information Technology & Politics*, Vol. 12, Issue 4 (2015).

18 Chris Weller, 'Silicon Valley Parents Are Raising Their Kids Tech-Free – And It Should Be a Red Flag', *Business Insider* (18 February 18, 2018).

19 Rebecca Solnit, *Hope in the Dark. Untold Histories, Wild Possibilities* (Chicago, 2016), p. 23.

20 Fabian Wichmann, '4 Ways To Turn The Neo-Nazi Agenda On Its Head', *Huffington Post* (25 August 2017).

21 Matthew 6:2–6

22 法國哲學家亞歷西斯・德・托克維爾（Alexis de Tocqueville）一個半世紀前就談過這一點。「美國人……喜歡把他們生命中幾乎每一個舉動都用自利原則來解釋。」他這麼寫道。旅途中遇過了眾多樂於協助的人之後，托克維爾認為美國人是在讓自己蒙受損失。「但這些美國人，」這位哲學家評論道，「根本沒準備好去承認他們確實屈從於這種感情。」見 Dale T. Miller, 'The Norm of Self-Interest', *American Psychologist*, Vol. 54, Issue 12 (1999).

23 同上，p. 1057.

24 Matthew 6:14–16

25 James H. Fowler and Nicholas A. Christakis, 'Cooperative Behavior Cascades in Human Social Networks', *PNAS*, Vol. 107, Issue 12 (2010).

26 引言出自 University of California, San Diego, 'Acts of Kindness Spread Surprisingly Easily: Just a Few People Can Make a Difference', *ScienceDaily* (10 March 2010).

27 Jonathan Haidt, 'Elevation and the Positive Psychology of Morality', in C. L. M. Keyes and J. Haidt (eds), *Flourishing: Positive Psychology and the Life Well-Lived*, American Psychological Association (2003), pp. 275–89.

28 引言出自 Jonathan Haidt, 'Wired to Be Inspired', in Dacher Keltner, Jason Marsh and Jeremy Adam Smith (eds), *The Compassionate Instinct. The Science of Human Goodness* (New York, 2010), p. 90.

next 295

人慈：橫跨二十萬年的人性旅程，用更好的視角看待自己

作　　者—羅格．布雷格曼（Rutger Bregman）
譯　　者—唐澄暐
主　　編—陳家仁
編　　輯—黃凱怡
企　　劃—藍秋惠
協力編輯—聞若婷
封面設計—許晉維
版面設計—賴麗月
內頁排版—林鳳鳳

總 編 輯—胡金倫
董 事 長—趙政岷
出 版 者—時報文化出版企業股份有限公司
108019 台北市和平西路三段 240 號 4 樓
發行專線—（02）2306-6842
讀者服務專線— 0800-231-705、（02）2304-7103
讀者服務傳真—（02）2302-7844
郵撥— 19344724 時報文化出版公司
信箱— 10899 臺北華江橋郵局第 99 信箱
時報悅讀網— http://www.readingtimes.com.tw
法律顧問—理律法律事務所 陳長文律師、李念祖律師
印　　刷—家佑印刷有限公司
初版一刷— 2021 年 8 月 27 日
初版十八刷— 2024 年 9 月 18 日
定　　價—新台幣 600 元
（缺頁或破損的書，請寄回更換）

時報文化出版公司成立於一九七五年，並於一九九九年股票上櫃公開發行，於二〇〇八年脫離中時集團非屬旺中，以「尊重智慧與創意的文化事業」為信念。

ISBN 978-957-13-9211-0
Printed in Taiwan

人慈：橫跨二十萬年的人性旅程,用更好的視角看待自己/羅格.布雷格曼(Rutger Bregman)著；唐澄暐譯. -- 初版. -- 臺北市：時報文化出版企業股份有限公司, 2021.08
576面；14.8×21公分. -- (Next；295)
譯自：Humankind : a hopeful history
ISBN 978-957-13-9211-0(平裝)

1.哲學人類學
101.639　　110010840